東亞航路與文明之發展

陳鴻瑜 著

臺灣 學生書局 印行

序

　　東亞文明的起源，有各種學說，早期有來自非洲說，認為東亞人的祖先是從非洲移來的，他們可能是走路，也可能是航海，但航海的可能性頗低，因為尚未發明可行的航海工具。另一種說法是源自印尼的爪哇島，因為該島發現距今六十萬年前的爪哇碩人的下顎骨和牙齒。據該一說法，爪哇碩人沿著海岸線往北遷徙到印度支那半島和中國北京一帶。據考古研究，周口店北京人和越南古諒山人都是距今五十萬年前的人種。他們和印尼爪哇碩人應有某種意義的遷徙關係。

　　在中國古文獻中記載，東亞最早的越洋航行是發生在西元前第一世紀，它建構起中國和緬甸之間的航路。在西元第一世紀，又建立起中國到印度和埃及之間的航路，隨著該一航線的開闢，沿線出現許多港口以及人群的聚集，慢慢出現許多小的港口城邦。這些港市城邦國家依賴對外貿易，船隻運載中國、印度和阿拉伯的商品，官方貿易、私人走私貿易以及海盜劫掠貿易共同構成東亞地區海運的特色。到了明朝，海盜劫掠貿易和西洋列強的貿易，成為東亞更為特殊的海洋貿易特點。

　　十六世紀後，西洋列強憑其優越的船隻和航海技術進入東亞地區，打亂了東亞的傳統國際秩序，限縮了中國的朝貢貿易型態。葡萄牙以武力入侵馬六甲和摩鹿加群島、以和平方式取得澳門的貿易站權利，西班牙和荷蘭採用武力，卻未能打開中國門戶。英國人採用武力，最後才突破中國的關防，開放其港口。日本、朝鮮、越南、印尼馬塔蘭王國及其他小國都是在武力壓迫下開放其港口。唯一的例外是泰國，從葡人在 1511 年 8 月遣使到大城王朝，就對西方人友善，允許西方人居住和傳教。暹羅最後能在西方列強的環伺下，維持獨立地位，其外交策略令人激賞。

　　東亞航路的開闢，促進了該地區人種、商品和文化的交流，在十六世

紀西方勢力進入該一地區之前,文化交流的範圍限於中國、印度和阿拉伯。以後西方勢力入侵,帶進了現代化的文化和思想觀念,刺激了該地區的人從抗拒到接受,甚至於模仿和學習。在這些國家中,以暹羅接觸西方國家最早,但僅限於政府高層對西方文化有認識,一般人還是過著傳統的生活方式,保持傳統的佛教信仰,所以西化程度很低。日本就不同,從上到下社會各階層都沉浸於「脫亞入歐」以圖富強,所以很快的西化。中國則是知識分子要求改革和西化,統治階層反應遲緩,卒致爆發革命。越南統治階層則自視為正統漢文化的繼承者,沒有西化之認知,是受到法國統治,才被迫接受西化。柬埔寨早期是想引進西班牙勢力以抗衡暹羅之入侵,結果失敗。其次想利用越南之勢力以抗衡暹羅之入侵,卻成為越南之藩屬國。後來想利用法國擺脫越南和暹羅的約束,雖然如願以償,卻又落入法國之殖民地牢籠,其命運之悲慘,莫此為甚。

　　本書從中國早期對外開拓航路寫到十九世紀荷蘭控制印尼群島止,中間討論了日本、印度、阿拉伯等國家在東亞拓展海洋活動及其航路之情況,西方列強只討論葡萄牙、西班牙、荷蘭三國,他們都在東亞開拓了新航路並發揮了文化的影響力,至於以後進入東亞的英國、法國和美國,則因為沒有涉及新航路的開闢,所以略而不論。

　　本書從中國古籍記載的地名和方位,參考前人著作,考察現代的地圖,將各種前後史料予以關連性分析,重建構海洋航線,擬繪出航線的輪廓,俾知古代人如何在東亞地區往來航行,以及其所促動的人民、物產、國家和文明的起源和發展。

　　本書如有疏漏之處,敬請博雅讀者諸君賜教。

臺灣花蓮人

陳鴻瑜　敬啟

2020 年 4 月 20 日

東亞航路與文明之發展

目　次

圖目次

表目次

第一章 導 論

第一節 東亞海域的範圍

在東亞地區，未知從何時起，人類在該一海域活動，早期是遷徙，尋找適合居住的地點，等人口增殖到一定程度，就有對外貿易，以交換有無。而由於受到船隻大小之限制以及對天候掌握不定，早期船隻大都在海洋沿岸航行，因此對於整個東亞海域之瞭解，一直要到十五世紀西方人進入東亞地區，透過他們對東亞海域之測繪及使用新的製圖工具，才有明確的東亞海域輪廓。

東亞海域包括北從渤海、東海，南到南海到印度洋。該一海域為陸地、海島所包圍，西邊是中國大陸和印度支那半島，北邊是朝鮮半島，東邊是日本群島、琉球群島、臺灣，南邊是菲律賓群島、婆羅洲、印尼群島，西南邊是馬來半島。該一海域有幾個溝通日本海、太平洋和印度洋的通道，包括對馬海峽、宮古海峽、宜蘭海峽（宜蘭到與那國島之間）、巴士海峽、巴布煙海道、巴拉巴克（Balabac）海峽、奧姆拜（Ombai）海峽、巽他（Sunda）海峽和馬六甲海峽。

東亞海域呈現半封閉型，其第一島鍊的東邊是廣袤的太平洋，在十六世紀以前，太平洋東岸國家跟東亞國家沒有往來。因此位在該一海域內的國家唯有跟中國發展文化及貿易關係。因為第一世紀中國和印度開通航路後，才又與大秦（中國對統治埃及時期的羅馬帝國的稱呼）、阿拉伯和南亞國家發展文化和貿易關係。第八世紀後，阿拉伯商人和傳教士陸續到東南亞和中國傳教和貿易，才又進一步擴展雙邊的往來。

海洋航路的發現和開闢，是促成東亞地區文明與文化之發展的主因。透過航運，不同文化進行相互的交流和學習，而形成新的文化。中國文化

傳播到朝鮮半島、日本、琉球群島和臺灣。甚至南下到越南。隨著華人的移動，也進入到東南亞地區。同樣地，隨著印度人移民到東南亞地區，印度文化和婆羅門教、佛教和印度教往東傳播到東南亞國家。阿拉伯的文化和回教，也是經由海洋傳到東南亞和中國。十六世紀，西方天主教和基督教也藉由海洋航運傳入東亞國家。十六世紀從馬尼拉到墨西哥西海岸的大帆船貿易，是首次將西班牙和墨西哥文化和物產輸入東亞國家，相對地，東亞國家也經由該一航路而將文化和物產輸出到北美洲。

　　本書將逐一介紹在該一海域歷次航路開發的經過及其影響，俾讓我們瞭解在兇險的海洋航行上，人類如何突破萬難，發現新航路以及隨之形成的文明的擴散。

第二節　渡海工具

　　在大海航行，需要有航海工具，就是船隻。船隻的性能決定了它航行的遠近。早期的船隻較小，使用雙手划動的槳或櫓、篙，它們僅能在內河或海洋沿岸航行。早期中國人建造船隻都是平底船，使用在湖泊或河流還可以，在大海航行是極為危險的。船隻能否越洋航行，決定於是否使用帆、船隻構造是否使用水密隔艙、是否採用尖底船，本節將分別討論中國船隻何時具備這三個條件。至於是否使用機器動力，是十九世紀以後的事，不在本文論述之列。

一、帆的使用

　　文獻中記載的中國帆船首次出現於第三世紀東吳的著作：

　　三國時期吳國將領陸景（250-280 年）所撰的典語說：「孤特與水軍一萬，從風舉帆，朝發海島，暮至杏渚。」[1]

　　以上書記載的是中國利用風航行的帆船，但沒有說明有幾帆。東吳船

---

[1]　〔宋〕李昉等人撰，太平御覽，卷七百七十一‧舟部四，新興書局，臺北市，1959年，頁 4。

隻使用帆，可能是康泰出使外國，看到外國船隻使用帆而能迅速航行，而
加以學習。宣化從事朱應、中郎康泰出使外國的時間是在孫權執政期間，
即從 200 年到 252 年之間。康泰和朱應返國後將其所見聞寫在外國傳，後
來由太平御覽刊載康泰的著作吳時外國傳說：「從加那調州乘大舶船，張
七帆，時風一月餘日，乃入大秦國也。」[2]大秦國，指羅馬帝國控制下的
埃及。[3]加那調州，蘇繼卿認為是阿拉伯半島。[4]該文所講的時風，應就是
季節風，在阿拉伯海是在年底到隔年初吹東北風，順風航行一個月多，那
麼加那調州應該會在阿拉伯半島的東端或者伊朗南部靠近阿拉伯海沿岸一
帶。從而可知，當時的大秦船或阿拉伯船已使用七帆的帆船。

　　同樣源自康泰和朱應的外國傳但使用不同書名的南州異物志，對於該
外國帆船之特性作了詳細的描述，該書說：「外徼人隨舟大小，或作四
帆，前後沓載之。有盧頭木葉，如牖形，長丈餘，織以為帆。其四帆不
正，前向皆使邪移相聚，以取風。吹風後者激而相射，亦并得風力，若急
則隨宜增減之。邪張相取風氣，而無高危之慮，故行不避迅風激波，所以
能疾。」[5]

二、水密隔艙

　　其次，古代船隻都為木造，船板之間之密合塗料萬一失效，船隻亦會
滲漏而下沉，因此為了防止此缺失，特別設計多重水密隔艙，就是將船隻
底層使用木板將之隔成數個艙區，每個艙區自成一個獨立空間，一旦一個
艙區破損進水，將之封閉，使之不致影響整船其他艙區。船隻愈大，隔艙
也會愈多。唐代的船隻開始設有艙區，甚至有九個水密艙區，南宋的船有

---

[2]　〔宋〕李昉等人撰，太平御覽，卷七百七十一・舟部四，頁 3。

[3]　住在埃及的希臘航海家希帕勒斯（Hippalus）在第一世紀發現印度洋的季節風，埃及的
　　船隻才能航行到東印度的恆河口。接著住在埃及的希臘地理學家托勒密（Klaudios
　　Claudius Ptolemy）在 150 年的著作地理導覽（*Guide to Geographia*）記載了航行到馬來
　　半島和印尼群島的航路，足見早期埃及人已航行到東南亞。（"The Development of the
　　Printed Atlas, Part 2: Ptolemaic Atlases," http://www.mapforum.com/02/ptolemy1.htm〔2020
　　年 3 月 15 日瀏覽〕。）隨後到中國的大秦人應也是來自埃及的羅馬人。

[4]　蘇繼卿，南海鉤沉錄，臺灣商務印書館，臺北市，民國 78 年，頁 4。

[5]　〔宋〕李昉等人撰，太平御覽，卷七百七十一・舟部四，頁 3。

十三個水密艙區。[6]

三、尖底船設計

　　船隻航行受到船隻構造的影響至鉅，早期中國的船隻是平底船，只能航行於湖泊、河流以及近海沿岸，無法應付巨大的海浪，所以在海洋中航行相當危險。中國何時知道製造尖底船？最早的成文書記載首見於北宋官員及使節徐兢（1091 年 5 月 28 日－1153 年 6 月 13 日）所撰的宣和奉使高麗圖經，該書記載：

　　「舊例每因朝廷遣使先期委福建、兩浙監司顧募客舟，復令明州裝飾畧如神舟，具體而微，其長十餘丈、深三丈、濶二丈五尺，可載二千斛粟。其制皆以全木巨枋攙疊而成，上平如衡，下側如刃，貴其可以破浪而行也。其中分為三處，前一倉不安艎板，惟於底安竈與水櫃，正當兩檣之間也。其下即兵甲宿棚。其次一倉裝作四室。又其後一倉，謂之廥屋，高及丈餘，四壁施窻户，如房屋之制，上施欄楯，朱繪華焕，而用帟幕增飾，使者官屬各以階序分居之，上有竹篷，平時積疊，遇雨則鋪蓋周密。」[7]

　　上文所謂按舊例，是起於何時就會製造尖底船？查不到文獻之記載。不過，可從神舟一詞推論是在元豐元年（1078 年），因為在「元豐元年 3 月 12 日，詔使高麗涉海新舟並賜號，其一曰凌虛、致遠、安濟神舟，其次靈飛、順濟神舟。」[8] 從而可知，神舟就是尖底海船。

　　然而，從嶺外代答之記載：「至神宗熙寧 10 年（1077 年）6 月，此國〔注輦[9]〕亦貢方物。上遣內侍勞問之。」[10] 來推論，該條目相當重要，這是中國船隻首度越過安達曼海之記錄。而能遠航之船隻必定是尖底

6　「精湛的造船技術」，指南針與古代航海，https://hk.chiculture.net/0802/html/b31/0802b31.html（2020 年 4 月 1 日瀏覽）。

7　〔宋〕徐兢，宣和奉使高麗圖經，卷三十四，海道一。收入欽定四庫全書。

8　〔清〕徐松輯，宋會要輯稿，第一百四十五冊，食貨五十之四。收錄在中國哲學書電子化計畫。

9　注輦（Cholas）位在印度東南部科羅曼德爾（Coromandel）海岸，與斯里蘭卡相對。

10　〔南宋〕周去非，嶺外代答，卷二，外國門上，注輦國條。

海船，所以應該在 1077 年或稍早時間就會造尖底船了。

在此時以前，在唐朝開元 8 年（720 年）11 月曾遣使冊封南天竺王尸利那羅僧伽寶多枝摩为南天竺王。[11]此为唐朝唯一一次遣使越過安達曼海到南天竺，惟不知是搭乘何國船隻，很可能他是搭乘中國船到亞齊，然後換乘印度船或波斯船到南印度。此一推論係參照義淨和尚在 671 年從廣州搭乘波斯船到室利佛逝，再到南印度。以後直至 1077 年北宋才再度遣使到南印度。

此外，宋代史料亦記載了幾次宋朝的船舶越過安達曼海前往西南印度的故臨[12]、大食、麻離拔國[13]。如下述之記載：

「泉舶四十餘日到藍里住冬，至次年再發，一月始達〔故臨〕。」[14]

「中國舶商欲往大食，必自故臨易小舟而往，雖以一月南風至之，然往返經二年矣。」[15]

「有麻離拔國。廣州自中冬以後，發船乘北風行，約四十日到地名藍里，博買蘇木、白錫、長白藤。住至次冬，再乘東北風六十日順風方到。」[16]藍里，又寫为藍巫里、南巫里，位在亞齊一帶。[17]從藍里航行到麻離拔國，需時六十天，而從藍里航行到故臨，需時一個月，故麻離拔國位在馬拉巴海岸更北的地方，應該在科欽（Cochin）。

---

[11] 「開元 8 年（720 年）5 月，南天竺遣使獻豹皮，五色能言鸚鵡，又奏請以戰象兵馬討大食吐蕃，求有以名其軍，制書嘉焉，號为懷德軍。9 月，南天竺王尸利那羅僧伽寶多枝摩为國造寺，上表乞寺額，敕以歸化为名賜。11 月，遣使冊利那羅僧伽寶多为南天竺王。」（〔宋〕王溥，唐會要，卷一百，天竺國條。收錄在中國哲學書電子化計畫。）

[12] 故臨，位在印度西南部的奎隆（Quilon, Kollam）。「奎隆」，維基百科，https://zh.wikipedia.org/wiki/%E5%A5%8E%E9%9A%86（2020 年 4 月 3 日瀏覽）。

[13] 麻離拔，位在今西南印度馬拉巴海岸（Malabar Coast）。「麻離拔」，百度百科，https://baike.baidu.com/item/%E9%BA%BB%E7%A6%BB%E6%8B%94%E5%9B%BD（2020 年 4 月 6 日瀏覽）。

[14] 〔宋〕趙汝适撰，馮承鈞校注，諸蕃志校注，卷上，故臨條，臺灣商務印書館，臺北市，1986 年，頁 32。

[15] 〔南宋〕周去非，嶺外代答，卷二，外國門上，故臨國條。

[16] 〔南宋〕周去非，嶺外代答，卷三，外國門下，麻離拔國條。

[17] 蘇繼卿，前引書，頁 332-334。

　　上述三個條目很清楚的說明十一世紀時中國船隻可以越過安達曼海，前往印度西南部的故臨（即奎隆）。中國船隻航越印度洋到阿拉伯半島，要到鄭和時期才辦到。

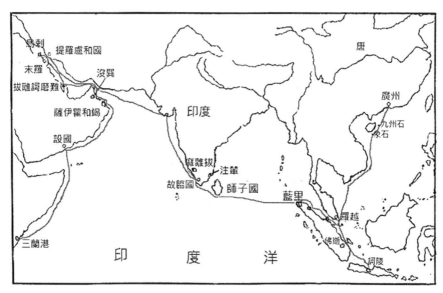

資料來源：筆者自繪。

圖 1-1：宋朝船隻航行到故臨國

　　究實而言，北宋船隻能夠遠航到印度，應該是將船隻作了很大的改進，尤其是已能製造尖底船，故北宋製造尖底船的年代應在 1077 年或稍早時間。

　　以後南宋的水軍亦改為尖底船，例如宋會要輯稿之記載：

　　(1)「高宗皇帝建炎元年（1127 年）7 月 11 日，尚書省言：『瀕海淞江巡檢下，魛魚船可堪出戰，式樣與錢塘楊子江魛魚船不同，俗又謂之釣艚船，頭方小，俗謂盪浪斗，尾闊可分水面，敞可容人兵，底狹尖如刀刃狀，可破浪。』」[18]

---

[18] 〔清〕徐松輯，宋會要輯稿，第一百四十五冊，食貨五十之八。收錄在中國哲學書電子化計畫。

　　(2)「紹興 28 年（1158 年）7 月 2 日，福建路安撫轉運司言：『昨准指揮令兩司共計，置打造出戰魛魚船一十隻，付本路左翼軍統制陳敏水軍使用，契勘魛魚船乃是明州上下淺海去處，風濤低小可以乘使，如福建、廣南海道深闊，非明海洋之比，乞依陳敏水軍建管船樣造尖底海船六隻，每面闊三丈、底闊三尺，約載二千斛。比魛魚船數已增一倍，緩急足當十舟之用。』上從之。」[19]

　　到了元代，對於海洋航行要使用尖底船，也有同樣的認識，根據元史・食貨志之記載：「家居海隅，頗知海舟之便，舟行海洋不畏深而畏淺，不慮風而慮礁，故製海舟者，必為尖底，首尾必俱置舵卒，遇暴風轉帆為難，亟以尾為首，縱其所如，且暴風之作多在盛夏，今後率以正月以後開船，置長篙，以料角定盤針以取向，一如蕃舶之制。夫海運之利以其放洋而其險也。」[20]

　　元朝出兵海外頻繁，先後越洋攻打安南、占城、日本和爪哇，使用的應多是尖底船。明朝成祖時期，鄭和航海遠洋，使用的應也是尖底船，根據明史・兵誌四之記載，「福船耐風濤，且御火。浙之十裝標號軟風、蒼山，亦利追逐。廣東船，鐵栗木為之，視福船尤巨而堅。其利用者二，可發佛郎機，可擲火球。大福船亦然，能容百人。底尖上闊，首昂尾高，柁樓三重，帆棉二，傍護以板，上設木女牆及砲床；中為四層，最下實土石，次寢息所，次左右六門，中置水櫃，揚帆炊爨皆在是。最上如露臺，穴梯而登，傍設翼板，可憑以戰。矢石火器皆伏發，可順風行。」[21]

　　由於中國至北宋末期才能製造尖底船，故在第十一世紀以前航行於中國到阿拉伯和印度海域的船隻主要是扶南船、印度船、波斯船和阿拉伯船。

　　根據南齊書之記載，早期扶南船到中國，如下所述：

---

[19]　〔清〕徐松輯，宋會要輯稿，第一百四十五冊，食貨五十之十八。收錄在中國哲學書電子化計畫。

[20]　〔清〕陳夢雷，古今圖書集成，方輿彙編職方典／山東總部／彙考，山東漕河考，職方典，第 186 卷，第 077 冊第 35 頁之 1。

[21]　〔清〕張廷玉，明史，卷九十二，志第六十八，兵四，頁 15。收錄在中國哲學書電子化計畫。

　　「齊武帝永明 2 年（484 年）。宋末（477 年），扶南王姓憍陳如，名闍耶跋摩，遣商貨至廣州。天竺道人那伽仙附載欲歸國，遭風至林邑，掠其財物皆盡。那伽仙間道得達扶南，具說中國有聖主受命。永明 2 年（484 年），扶南闍耶跋摩遣天竺道人釋那伽仙上表稱，扶南國王臣憍陳如闍耶跋摩叩頭啟曰：『天化撫育，感動靈祇，四氣調適。伏願聖主尊體起居康御（豫），皇太子萬福，六宮清休，諸王妃主內外朝臣普同和睦，鄰境士庶萬國歸心，五穀豐熟，災害不生，土清民泰，一切安穩。臣及人民，國土豐樂，四氣調和，道俗濟濟，並蒙陛下光化所被，咸荷安泰。』又曰：『臣前遣使齎雜物行廣州貨易，天竺道人釋那伽仙於廣州因附臣舶欲來扶南，海中風漂到林邑，國王奪臣貨易，並那伽仙私財。』」[22]

　　中國古籍提及古代扶南國能造大船，太平御覽引述吳時外國傳說：「扶南國伐木為船，長者十二尋，廣六尺，頭尾似魚，皆以鐵鑷露裝，大者載百人，人有長短橈及篙各一，從頭至尾，約有五十人作或四十二人，隨船大小，立則用長橈，坐則用短橈，水淺乃用篙，皆撐上應聲如一。」[23]從上可知，康泰出使扶南，可能係乘扶南船。在第三世紀時，扶南船尚未使用風帆，而使用橈及篙。

　　第三世紀的南州異物志，對於外國之大船，記載說：「外域人名船曰船（按應寫為舶），大者長二十餘丈，高去水三二丈，望之如閣道，載六七百人，物出萬斛。」[24]

　　東晉時期法顯從師子國搭乘印度船返回中國，船隻可搭乘二百人，「晉安帝義熙 9 年（413 年）9 月，從師子國東行返回中國，……即載商人大船，上可有二百餘人，後係一小船」[25]

　　唐朝時義淨從廣州搭乘波斯船到室利佛逝（蘇門答臘的巴鄰旁或稱舊港），「唐高宗咸亨 2 年（671 年），〔義淨〕坐夏楊府，初秋忽遇龔州

22　〔梁〕蕭子顯撰，南齊書，卷五十八，列傳第三十九，東南夷，扶南條。收錄在欽定四庫全書。
23　〔宋〕李昉等編撰，太平御覽，卷七百六十九‧舟部二，敘舟中，頁 4-5。
24　〔宋〕李昉等人撰，太平御覽，卷七百六十九‧舟部二，敘舟中，頁 6。
25　〔東晉〕法顯，佛國記，頁 33。收錄在欽定四庫全書。

使君馮孝詮，隨至廣府，與波斯舶主期會南行。」[26]

　　總之，至北宋末年第十一世紀時，中國開始能造尖底大海船航行到印度西南部的奎隆，應是突破上述三種造船技術所致。

---

[26] 〔唐〕義淨原著，王邦雄校注，大唐西域求法高僧傳校注，中華書局，北京市，1988年，頁152。

第二章 西元前開闢的航路

第一節 印度人東航到黃金之地

　　西元前第六世紀印度史詩拉瑪耶那（*Ramayana*）曾提及「黃金之島或黃金半島」（Suvarna-dvipa），指印度東方有一個產黃金的小島（golden-isle）或黃金之地。對於該一描述，有不同的解讀，有指緬甸半島，亦有指馬來半島。[1]然而筆者認為，以當時的地理知識，是否能夠知道馬來半島是一個半島，是有疑問的。而緬甸早期的地形則呈現半島狀，從卑謬（Prome）以南 10 公里處，伊洛瓦底江（Irrawaddy）在此出海，形成一個海灣，與今天沖積的三角洲地形不同。阿拉干（Arakan）山脈向外海突出形成一個半島地形，而在現今仰光的地方有一個小島，它可能即是早期印度人提及的產黃金的島。以後因為泥沙淤積海岸，以致下緬甸一帶成為斧頭狀半島地形。無論如何，大概在該一時期印度人和孟加拉人已航行抵達下緬甸地帶，應無疑問。[2]

　　印度人，應是東印度的呵陵伽人（Kalinga）〔其分佈在恒河盆地到基里斯那（Krishna）河口〕。[3]拉瑪耶那所提及的 Suvarna-dvipa 和 Yava-dvipa 兩個地名，dvipa 的梵文意指半島或島嶼，而 Suvarna 意指黃金，Yava 意指大麥。以當時的地理認知，該史詩所指的地方可能是下緬甸。西元前第三世紀，印度阿育王（Asoka）（?-252 B.C.）（改信佛教並將其普及推廣，定佛教為國教）之佛教傳教士到「黃金之地」（Suvarna-

---

[1]　Brian Harrison, *Southeast Asia: A Short History*, Macmillan & Co., Ltd., London, 1954, p.26.

[2]　Brian Harrison, *op.cit.*, p.26.

[3]　鍾錫金，吉打二千年，佳運印務文具有限公司，馬來西亞吉打州，1993 年，頁 262。

bhumi），其地點可能在今天的下緬甸。[4]

　　當時「黃金之地」是孟族居住地，印度傳教士在該地宣傳佛教，最後使該地的孟族信仰佛教。「黃金之地」的首都在打端（Thaton）（或譯為打塘、直通、德通）。[5]

　　從該史詩判斷，印度人可能至少在西元前第六世紀左右乘船從恆河口往東航行，沿著緬甸海岸航行。以後可能也是經過一段時間，印度人才繼續向東走經過馬塔班（Martaban）、土瓦（Tavoy）、墨吉（Mergui）、高吧（Takua Pa）、吉打（Kedah）等地，因為商人、旅客和傳教士往來，而使這些地點發展成為港口城市。在西元前第一世紀以前，印度人從高吧越過泰南半島抵達東岸的蘇叻他尼（Surat Thani）。在經過一段時間後，蘇叻他尼也發展成一個港口城市，該地的人民乘船往南邊或北邊發展，而以往北航行較具商業價值，因為該條航線可以往泰國南部、柬埔寨等地，甚至遠到中國做生意。往南邊發展的，就形成單馬令（或譯為西勢洛坤）（Nakhon Sri Thamarat）。甚至更遠到爪哇和蘇門答臘。

　　在馬來半島南部、西南部和東南部則尚未出現城市，顯示人口係從兩個方向移動的，一是從馬來半島東岸的蘇叻他尼往南發展，沿岸有單馬令、宋卡（Songkhla）（馬來語稱為 Singora）、北大年（Pattani, Patani）、丹丹（吉蘭丹）、佛羅安、彭亨等城市；另一是從馬來半島西岸的高吧往南邊移動到達馬來半島的南端，沿岸只有一個大城市（國家）吉打。

　　目前文獻所知，早期印度人從恆河往東航行到黃金島的記載有兩個來源：第一個是印度史詩拉瑪耶那。第二個是約在西元 80 年，一名住在埃及亞歷山卓（Alexandria）的希臘商人所著的厄立特里亞海航海記（*Periplus*

[4]　Brian Harrison, *op.cit.*, p.10. 越南學者明季（Minh Chi）、何文坦（Ha Van Tan）、阮泰叔（Nguyen Tai Thu）等人亦認為：「在公元前第三世紀，阿育王攻佔印度東海岸的訶陵迦（Kalinga），造成該地人口外移。他召開第三次佛教大會，採用佛教經典。其即派遣信徒四出傳教。其中由烏塔拉（Uttara）和松納（Sona）所率領的傳教隊伍被派到黃金地（Suvannabhumi）。緬甸佛教史即稱他們兩人來到緬甸傳教。」（Minh Chi, Ha Van Tan, Nguyen Tai Thu, *Buddhism in Vietnam*, The Gioi Publishers, Hanoi, 1993, pp.11-13.）

[5]　Maung Htin Aung, *A History of Burma*, Columbia University Press, New York and London, 1967, p.5.

of Eritrean Sea）中，曾記載印度人航行到東方的「黃金島」（Aurea Chersonesus）。[6]西元 150 年托勒密（Ptolemy）出版的*地理導覽*（*Guide to Geographia*），則繪出了東南亞的群島。詳第三章的討論。

第二節　徐福東渡日本

秦王 28 年（西元前 219 年），兼有天下，立名為皇帝。「既已，齊人徐市等上書，言海中有三神山，名曰蓬萊、方丈、瀛洲，仙人居之。請得齋戒，與童男女求之。於是遣徐市發童男女數千人，入海求仙人。」[7] 徐市即是徐福，他是山東人，徐市等費以巨萬計，航行到海上，最後沒有找到仙藥。

秦王 37 年（西元前 210 年）10 月癸丑，始皇出遊。「還過吳，從江乘渡。並海上，北至琅邪。方士徐市等入海求神藥，數歲不得，費多，恐譴，乃詐曰：『蓬萊藥可得，然常為大鮫魚所苦，故不得至，原請善射與俱，見則以連弩射之。』始皇夢與海神戰，如人狀。問占夢，博士曰：『水神不可見，以大魚蛟龍為候。今上禱祠備謹，而有此惡神，當除去，而善神可致。』乃令入海者齎捕巨魚具，而自以連弩候大魚出射之。自琅邪北至榮成山，弗見。至之罘，見巨魚，射殺一魚。遂並海西。」[8]

從上述秦始皇本紀的記載，徐福是在西元前 219 年率領童男女前往蓬萊島，但經過數年耗費鉅資未能找到仙藥。秦始皇在西元前 210 年南巡時到吳縣（今江蘇蘇州市），越過長江，從海上搭船到琅邪（今山東省諸城縣），遇見徐福，徐福向秦始皇解釋因為海上有大鮫魚阻擋，所以無法到蓬萊島採藥。他請求派遣善於射大鮫魚的人一同前去，從而可知，徐福在該年第二度前往蓬萊島。

關於徐福的事，還記載在史記淮南衡山列傳，其記載為，秦王坐在東

---

[6] 別技篤彥原著，潘明智譯，「西洋地圖學史對馬來西亞的認識」，*東南亞研究*（新加坡），1966 年，第二卷，頁 103-110。

[7] 〔漢〕司馬遷，史記，十二本紀，秦始皇本紀。

[8] 〔漢〕司馬遷，史記，十二本紀，秦始皇本紀。

宮，召喚伍被商量要事，伍被說：「（秦皇帝）又使徐福入海求神異物，還為偽辭曰：『臣見海中大神，言曰：「汝西皇（指西土皇帝）之使邪？」臣答曰：「然。」「汝何求？」曰：「願請延年益壽藥。」神曰：「汝秦王之禮薄，得觀而不得取。」即從臣東南至蓬萊山，見芝（指靈芝草）成宮闕，有使者銅色而龍形，光上照天。於是臣再拜問曰：「宜何資以獻？」海神曰：「以令名（指美好的聲譽）男子若振女與百工之事，即得之矣。」』秦皇帝大說，遣振男女[9]三千人，資之五穀種種百工而行。徐福得平原廣澤，止王（指自立為王）不來。於是百姓悲痛相思，欲為亂者十家而六。」[10]

　　上述淮南王劉安和伍被談話的時間應該是在西元前 210 年以前，秦始皇在該年南巡轉經山東後即在路途上病死。秦始皇在世前淮南王劉安想謀反而與伍被商議，伍被談及徐福的事，認為徐福渡日本後一去不復返。但秦始皇在西元前 210 年還見過徐福，足見司馬遷在「淮南衡山列傳」的記載與「秦始皇本紀」之記載有扞格。

　　以後中國史書一再記載徐福東渡日本一事，而且確實登陸成功。例如，根據唐初魏王李泰主編的括地誌東夷條之記載：「亶州在東海中，秦始皇遣徐福將童男女，遂止此州。其後復有數洲萬家，其上人有至會稽市易者。」[11]

　　從上述之記載可知，徐福是從中國東南方向入海到蓬萊島，也就是東海中的亶州，在該地據地稱王。以後該地連同附近的居民人數增加到一萬多人，他們有人會到會稽進行貿易。秦朝時設置會稽郡，郡治在吳縣（今江蘇蘇州市），管轄長江以南的吳國、越國故地。因此，徐福可能是從會稽出發前往亶州。亶州，應就是日本。徐福登陸的地點在紀伊半島（和歌

9　振男女，指十歲到十二歲之間的男女。參見楊顯若，六書辨通，文五十二，重四，十二震，一十五則，嘉禾瑞石軒藏版，1803 年，頁 29。

10　〔漢〕司馬遷，史記，卷一百一十八，淮南衡山列傳第五十八。

11　〔唐〕李泰主修，蕭德育等撰，括地誌輯校/004，卷四，東夷，https://zh.wikisource.org/zh-hant/%E6%8B%AC%E5%9C%B0%E5%BF%97%E8%BC%AF%E6%A0%A1/004（2020年 2 月 21 日瀏覽）。

山縣）熊野河口。[12]

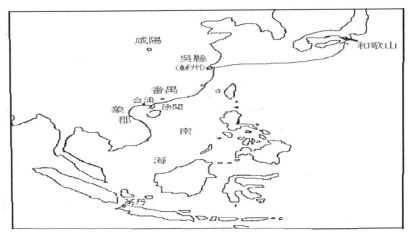

資料來源：筆者自繪。

圖 2-1：徐福渡海到日本路線圖

資料來源：「歷史與傳說」，一般財団法人新宮徐福協會，http://www.jofuku.o
r.jp/rekishi.htm（2020 年 2 月 21 日）。

圖 2-2：江戶時代松川半山繪的徐福登陸日本圖

---

[12] 「徐福公園」，維基百科，https://zh.wikipedia.org/wiki/%E5%BE%90%E7%A6%8F%E5
%85%AC%E5%9C%92（2020 年 2 月 21 日瀏覽）。

　　當時日本有原住民居住，徐福帶了三千名男女前往日本，與當地原住民通婚同化，而成為當地民族。徐福應是中國成文歷史上有記載的第一個跨海航行的人。日本該地人民也到會稽進行貿易，而有經貿上的交流。不過，可能雙方往來不密切，沒有使當地受中華文化影響，主要原因是徐福帶去的兒童可能是戰爭留下的孤兒，沒有受過教育，以及帶去的人沒有儒生（遭秦始皇迫害），或者其他原因，以致於他們在日本無法傳衍秦國時期的文字小篆。

第三節　漢使首度前往泰南半島北部和下緬甸

　　關於中國人前往南洋海島諸國最早的記錄應屬班固撰漢書（地理志，粵地條），該書記載漢武帝時曾遣使到南洋海島諸國，其航程記載如下：

　　「漢武帝以來，自日南障塞、徐聞、合浦，船行可五月，有都元國。又船行可四月，有邑盧沒國。又船行可二十餘日，有諶離國。步行可十餘日，有夫甘都盧國。自夫甘都盧國船行可二月餘，有黃支國，民俗略與珠崖相類，其洲廣大，戶口多，多異物。自武帝以來皆獻見。有譯長，屬黃門，與應募者俱入海，市明珠、璧流離、奇石、異物。齎黃金雜繒而往，所至國皆稟食為耦，蠻夷賈船，轉送致之，亦利交易。剽殺人。又苦逢風浪溺死，不者，數年來還。大珠至圍二寸以下。平帝元始中，王莽輔政，欲耀威德，厚遺黃支王，令遣獻生犀牛。自黃支船行可八月到皮宗，船行可二月到日南象林界云。黃支之南有已程不國，漢之譯使，自此還矣。」[13]

　　該段文字顯示這是南海諸國首度前往中國貿易和朝貢的最早記載。而且應是南海諸國首先搭船前往中國貿易，至於搭何國的船隻，船隻大小均無記載。

　　漢武帝時在西元前 111 年平南越，設立九郡中的日南郡，日南郡成為漢朝最南的版圖，故應在該年後始能遣使通南海諸國。他還派有譯長與南海諸國交易，而該譯長是由黃門擔任（西漢時的黃門，為宮中官員。從東

13　〔唐〕顏師古注，班固撰，漢書，地理志，粵地條。

漢起黃門令由太監擔任，故以後稱黃門即指太監），以後即形成一種制度，與東南亞外番打交道，大都由太監主其事。[14]這也是漢朝首次遣人攜帶黃金、雜繒前往上述國家進行貿易之記載，而到達時則另由當地番船運送到各地交易。另外從派譯長一事來看，可見當時兩地人民已有往來，有人知曉東南亞的語言，而且官方還訓練出翻譯人員。出海人員是透過招募的方式，顯然在這之前有民間人士熟習水路以及南洋當地土話，才能應徵引領漢朝使節到南洋各國。故與南洋島嶼諸國人民交流貿易的時間應在西元前111年之前，而官方遣使到南洋島嶼諸國應在此之後。

一、出使航路

首先將學者對該段文字內記載的國名或地名的詮釋，例示如下：

(1)「日南障塞」，應是指在日南的邊防駐地，顏師古解釋說：「漢制，每塞要處別築為城，置人鎮守，增之侯城，此即障也。」後漢書百官（五）志亦記載：「邊縣有障塞尉。」其職責是掌管邊塞安全。而徐聞位在雷州半島臨雷州海峽，合浦位在雷州半島西邊北部灣沿岸，今稱廉州，都是港口。

(2)都元國。

蘇繼卿認為都元在馬來半島南部。[15]

謝光認為都元即新唐書的陀洹和乾陀洹，即今泰國南部的碧武里（Phet Buri）（或佛丕）。[16]

泰國學者黎道綱認為都元國在泰國中部，古代金鄰大灣（暹羅灣）內。唐代陀洹國即是漢代的都元國。陀洹在今天泰國東部巴真武里府的摩

---

[14] 至 1468 年明朝才取消派太監出使外國，改派有學問的大臣。「憲宗成化 4 年（1468年）12 月，詔冊封等禮仍選廷臣有學問者，充正副使。上遣太監鄭同、翟安封朝鮮世子李晄為王，太監沈繪致故王祭，既行，遼東巡按侯英奏：『同與安皆朝鮮人，祖宗墳墓父兄宗族皆在其地，於其國王未免行跪拜禮，及有所囑託，殊輕中國之體會。』遼海僉事俞景亦以為言。禮部以聞。旨謂英所言是，今後齎賞遣內臣冊封等禮，仍選廷臣。案，此內臣不封王之始也。」（〔明〕譚希思撰，明大政纂要（五），卷二十九，清光緒思賢書局刊本，文海出版社，臺北縣，民國 77 年，頁 25。）

[15] 蘇繼卿，南海鈎沉錄，臺灣商務印書館，臺北市，民國 78 年，頁 134、185。

[16] 引自〔泰〕黎道綱，泰國古代史地叢考，中華書局，北京市，2000 年，頁 4。

訶梭古城。[17]

但許雲樵認為陀洹國在今緬甸南部靠近馬來半島北部的土瓦（Tavoy）。此地原屬暹羅所有，在拉瑪一世時（即 1782 年後）為緬甸所佔領。[18]

許雲樵又認為都元位在馬來半島東岸北大年（Pattani）和關丹之間的龍運（Dungun）。[19]

周偉民和唐玲玲亦從各種證據，包括親訪龍運，認為都元國即位在馬來半島丁加奴（登嘉樓）州的龍運。[20]

日人藤田豐八認為都元國在馬來半島。[21]

李金明說都元國位在越南南圻。[22]

朱傑勤認為早期航海技術未精，船舶習慣沿海岸而行，故都元假定為沱瀼。[23]

(3)邑盧沒國。

泰國學者黎道綱認為邑盧沒國，應在今泰國素攀府烏通。[24]

日人藤田豐八認為邑盧沒國當新唐書南蠻傳盤盤國東南之拘蔞蜜，而位於緬甸沿岸。

李金明說邑盧沒國位在暹羅的羅斛，即今華富里（Lophburi）。

朱傑勤認為邑盧沒國在暹羅灣最大入口處的叨丕（Ratburi）。[25]

(4)諶離國。

---

[17] 〔泰〕黎道綱，前引書，頁 5-17。

[18] 許雲樵，「墮羅鉢底考」，南洋學報，新加坡南洋學會出版，新加坡，第四卷，第一輯，1947 年 3 月，頁 1-7。

[19] 許雲樵，馬來亞史，上冊，新嘉坡青年書局，新加坡，1961 年，頁 192、194、196。

[20] 周偉民和唐玲玲，中國和馬來西亞文化交流史，文史哲出版社印行，臺北市，民國 91 年，頁 71-73。

[21] 引自馮承鈞著，中國南洋交通史，臺灣商務印書館，臺北市，民國 51 年，頁 2-3。

[22] 李金明、廖大珂，中國古代海外貿易史，廣西人民出版社，南寧市，1995 年，頁 3。

[23] 朱傑勤，「漢代中國與東南亞和南海海上交通路線試探」，載於朱傑勤著，中外關係史論文集，河南人民出版社，鄭州市，1984 年，頁 70-77，72。

[24] 〔泰〕黎道綱，前引書，頁 5-17。

[25] 朱傑勤，前引文，頁 73。

段立生認為諶離國在今泰國蘇叻他尼府（Surathani）。[26]

泰國學者黎道綱認為諶離國，應在今北碧府境，後來稱為頓遜。[27]

日人藤田豐八認為諶離國當賈耽入四夷道里中之驃國悉利城。

李金明說諶離國位在泰國暹羅灣頭的佛統。

朱傑勤認為諶離國是將頓遜 Tenasserim 後面的音 sserim 讀出來的急讀音。[28]

(5)夫甘都盧國。

李金明說夫甘都盧國在緬之蒲甘城。

日人藤田豐八認為夫甘都盧國當緬之蒲甘城。

朱傑勤認為夫甘都盧國在緬甸南部的卑謬。

(6)黃支國。

費瑯（G. Ferrand）認為黃支國在今南印度馬德拉斯（Madras）西南的康吉弗侖（Conjervaram），亦即大唐西域記之建志補羅（Kancipura），宋高僧傳及貞元新訂釋教目錄之建支。[29]

蘇繼卿認為黃支國在南印度東岸注輦海岸（Coramandel Coast）。[30]

韓槐準說黃支國可能位在馬來半島南端，即舊柔佛（Johore Lama）

---

[26] 段立生，泰國史散論，廣西人民出版社，南寧市，1993 年，頁 92-93。

[27] 關於頓遜的地點，蘇繼卿同意張禮千的看法，認為頓遜在泰南六坤（Ligor）內陸的董頌（Tung Sawng）。（蘇繼卿，前引書，頁 26。）
　「頓遜，梁時聞焉。一曰典遜，在海崎山上，地方千里，城去海十里，有五王並羈屬扶南。北去扶南可三千餘里，其國之東界通交州，其西界接天竺、安息，徼外諸國賈人多至其國交易焉，所以然者，頓遜迴入海中千餘里，漲海無涯岸，賈舶未嘗得逕過也。其市東西交會，日有萬餘人，珍物寶貨無種不有。」（〔宋〕鄭樵撰，通志，卷一百九十八，四夷傳第五，頓遜條，頁 29。收錄在欽定四庫全書。）
　「頓遜，在扶南之南海崎上，可三千餘里，地方千里，其國東界通交州，西界接天竺、安息，王並羈屬扶南。一曰典遜，徼外諸國賈人，多至其國市焉，所以然者，頓遜迴入海中千餘里，漲海無涯岸，船舶未曾得逕過也。其市東西交會，日有萬餘人，珍物寶貨無物不有，梁時聞焉。」（〔清〕邵星巖，薄海番域錄，京都書業堂藏板，文海出版社，臺北市，民國 60 年重印，卷十一，頁 5。）

[28] 朱傑勤，前引文，頁 74。

[29] 費瑯著，馮承鈞譯，崑崙及南海古代航行考，臺灣商務印書館，臺北市，民國 51 年，頁 111。

[30] 蘇繼卿，前引書，頁 31。

或其附近，約當今之哥打丁宜（Kota Tinggi）。[31]

　　許雲樵反對韓槐準上述的說法，而贊同費瑯的看法。他又說諶離國亦得為盤盤之前身，地望或較南下，即梁時之狼牙修。[32]

　　朱傑勤認為黃支國在康吉弗侖。

　　(7)已程不國。

　　蘇繼卿認為「已程不」在錫蘭島。[33]蘇繼頎認為「已程不」，應作「已秩丕」，即斯里蘭卡古巴利文 Sihadipa（師子洲）之譯名。[34]

　　陳佳榮的書說「已程不」，應作「已程不」，古讀「已秩不」，即斯里蘭卡古巴利文 Sihadipa（師子洲）之譯名。另一說，「已程不」位在印度南部欽格耳普特（Chingleput），或印度西南部。[35]

　　韓槐準說已程不國位在蘇門答臘舊港一帶。

　　朱傑勤和李金明說已程不即今之錫蘭島。

　　(8)皮宗。

　　張榮芳認為皮宗位在越南半島最南端的 Kamo 岬，因為該岬附近有一小島名 Byong，又有一小島名 Panjang，都與皮宗的讀音相似。[36]

　　李金明說皮宗指蘇門答臘島。

　　日人藤田豐八認為皮宗當馬來半島之彼桑（Pisang）島（即香蕉島）。

　　朱傑勤認為皮宗在越南的平山（Binh-son）。[37]

---

[31] 韓槐準，「舊柔佛之研究」，南洋學報，第五卷，第二輯，民國 37 年 12 月，頁 5-25。

[32] 許雲樵，「古代南海航程中之地峽與地極」，南洋學報，第五卷，第二輯，民國 37 年 12 月，頁 26-37。

[33] 蘇繼卿，前引書，頁 134、185。

[34] 蘇繼頎，「漢書地理志已程不國即錫蘭說」，南洋學報，新加坡南洋學會出版，新加坡，第五卷，第二輯，民國 37 年 12 月，頁 1-4。

[35] 陳佳榮、謝方、陸峻嶺編，古代南海地名匯釋，中華書局，北京市，1986，頁 158。

[36] 張榮芳，秦漢史論集（外三篇），中山大學出版社，廣州市，1995 年，頁 107-108。

[37] 朱傑勤，前引文，頁 76。

二、「步行可十餘日」的解讀

要解答漢書地理志上所記載的國名或地名的關鍵，應先解答「步行可十餘日」一詞。為何航行一段時間中需要步行？然後再繼續航行？可見當時的航路中有一段路程是不能行船航行的，考察當時船隻小，必須沿著海岸線航行的特點，沿著越南、泰國海岸航行，可以發現唯有泰南馬來半島最窄處可用步行走過。因此當時的航程可能是航抵泰南，然後步行，穿越半島，再繼續搭船航行。

據此推論，有學者將諶離國定位在泰南之說法，雖可接受，但將夫甘都盧國定位在緬甸之蒲甘，卻是令人懷疑，因為蒲甘位在今緬北伊洛瓦底江右岸的蒲甘（Pagan）[38]，而無論諶離國係指泰南哪一城市，從泰南步行至蒲甘，以當時道路未開，蓁芒遍野，該段行程步行 10 餘日是難以完成的。因此從諶離國到夫甘都盧國所以採用步行再換乘船航行來判斷，應是越過某一路地。從馬來半島地形來看，最有可能的地點就是步行 10 餘日即可越過的半島北部較窄的地方。而位在此一路線的半島東西兩岸一定有城市存在，而且是從安達曼海到暹羅灣必經之路。就此判斷，諶離國和夫甘都盧國應是位在該路線東西兩端的國家。

關於此次航行的行程，可從去程和回程二者綜合來計算。首先要確定皮宗的位置。去程從合浦到黃支國總共花了 1 年時間，回程從黃支國到皮宗花了 8 個月，從皮宗到日南花了 2 個月，因此從日南到合浦可能要花 2 個月。而從合浦到都元國要 5 個月，因此皮宗的位置應位在距日南 2 個月，而距離都元國尚有 1 個月航程的地點，就此計算，皮宗可能在越南湄公河出海口的頭頓（Vung Tau）。據此推論，則距離皮宗約 1 個月航程的都元國，可能位在今越南半島最南端的金甌岬（Mui Ca Mau）到迪石（Rach Gia）一帶。距離迪石約 10 公里的歐奇歐（Oc-eo），考古發現了中國和羅馬安敦（Antoninus Pius, A.d. 138-161）王時期的器物，顯示該地

---

[38] Keith W. Taylor, "The Early Kingdom," in Nicholas Tarling (ed.), *The Cambridge History of Southeast Asia*, Vol. 1, From early times to c. 1500, Cambridge University Press, 1999, pp.137-182, at pp.138,Map 3.1,164.

是一個東西方貿易的地點。該地也發現有四條運河溝通歐奇歐至茶膠（Ta Keo）、達諾伊（Da Noi）和吳哥波瑞城（Angkor Borei），吳哥波瑞城應是扶南的政治中心。[39]吳哥波瑞城位在〔現在柬埔寨首都〕金邊以南的茶膠省。

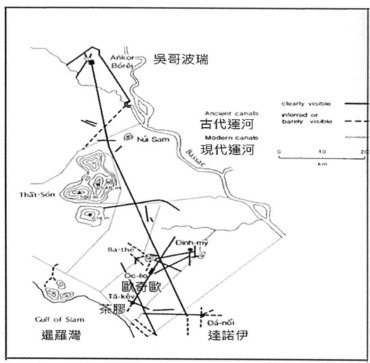

資料來源：www.ianblanchard.com/Golden_Khersonese/Text-4.PDF（2007 年 6 月 2 日瀏覽）。

圖 2-3：歐奇歐位置圖

從都元國往西航行 4 個月到邑盧沒國，其地點可能在今泰國南部暹羅灣沿岸克拉地峽（Isthmus of Kra）最窄處的尖噴。從尖噴再往南航行 20 餘日，到諶離國，其地點可能在萬崙灣（Bandon Bay）的蘇叨他尼

---

[39] Charles Higham, *The Archaeology of Mainland Southeast Asia*, Cambridge University Press, Cambridge, New York, 1989, p.252.

（Surat Thani 或 Ban Don）。蘇叻他尼應是晉穆帝升平元年（357 年）時的盤盤國。[40]泰國學者黎道綱認為盤盤在今泰國蘇叻他尼。[41]許鈺認為盤盤在泰南華欣（Hua Hin，即 Pranpuri）至佛丕（Phetburi）一帶。[42]許雲樵亦認為盤盤在華欣南方的鉢蘭補利（Pranpuri）（或作攀武里）。[43]姚枏在「古印度移民橫越馬來半島蹤跡考察記」一文，亦稱萬崙灣附近的池城（Wieng Sra），應即為古代盤盤之國名。[44]據此可知古代時盤盤應是一個相當發達的貿易城市。

然後從蘇叻他尼步行 10 餘日到夫甘都盧國。夫甘都盧國應該是位在泰南半島西岸的一個大港口高吧（Takua Pa）（或譯為大瓜巴）。

唐朝賈耽（710-785）曾撰皇華四達記，已失傳，但新唐書地理志記載他的入四夷路程七道，其中廣州通海夷道曾提及哥谷羅，即為 Takala。新唐書地理志記載說：「廣州東南海行，二百里至屯門山，乃帆風西行，二日至九州石。又南二日至象石。又西南三日行，至占不勞山（位在峴港外的占婆島），山在環王國東二百里海中。又南二日行至陵山（歸仁一帶或歸仁東北的 San-ho 岬）。又一日行，至門毒國（越南華列拉角 Cap Varella）。又一日行，至古笪國（越南芽莊 Nha Trang）。又半日行，至奔陀浪洲（越南藩朗 Phan Rang）。又二日行，到軍突弄山（越南崑崙島）。又五日行至海硤，蕃人謂之『質』，南北百里，北岸則羅越國（柔佛），南岸則佛逝國（舊港），佛逝國東水行四、五日，至訶陵國[45]（爪

---

[40] 「晉穆帝升平元年（357 年），〔扶南〕王竺旃檀奉表獻馴象，詔曰此物勞費不少，駐令勿送。其後王憍陳如，本天竺婆羅門也，有神語曰：『應王扶南。』憍陳如心悅，南至盤盤。扶南人聞之，舉國欣戴，迎而立焉。復改制度，用天竺法。憍陳如死後，王持梨陀跋摩宋文帝世奉表，獻方物。」（〔唐〕姚思廉撰，梁書，卷五十四，海南諸國條，頁 8。）

[41] 〔泰〕黎道綱，前引書，頁 126。

[42] 許鈺，「丹丹考」，載於姚枏、許鈺編譯，古代南洋史地叢考，商務印書館，上海市，1958 年，頁 3、10。

[43] 許雲樵，「墮羅鉢底考」，南洋學報，新加坡南洋學會出版，第四卷，第一輯，1947 年 3 月，頁 1-7。

[44] 姚枏，「古印度移民橫越馬來半島蹤跡考察記」，載於姚枏、許鈺編譯，古代南洋史地叢考，頁 119-135、131。

[45] W. J. van der Meulen, S. J. 說訶陵位在中爪哇。（參見 W. J. van der Meulen, S. J., "In

哇），南中洲之最大者。又西出硤，三日至葛葛僧祇國（蘇門答臘島東北岸外的伯勞威斯 Brouwers），在佛逝西北隅之別島，國人多鈔暴，乘舶者畏憚之。其北岸則箇羅國。箇羅西則哥谷羅國。又從葛葛僧祇四、五日行，至勝鄧洲（蘇門答臘島東北岸的日里 Deli 或 Langkat 一帶）。又西五日行，至婆露國（蘇門答臘西岸的巴魯斯 Barus）。又六日行，至婆國伽藍洲（可能在尼可巴島）。又北四日行，至師子國（斯里蘭卡），其北海岸距南天竺大岸百里。又西四日行，經沒來國〔南印度馬拉巴爾（Malabar）海岸一帶，古代阿拉伯人稱為 Malé 的譯音〕，南天竺之最南境。」[46]

許雲樵認為「質」，即為 Silat，海峽之意。羅越國，即為柔佛。箇羅，即為吉打。〔有些文獻認為箇羅即為克拉（Kra）〕哥谷羅，在阿拉伯文獻寫為 Qagullah，與阿拉伯語稱白豆蔻作 Qaqullah 極為接近，該地可能出產白豆蔻。酉陽雜俎記載：「白豆蔻，出伽古羅國，呼為多骨，形如芭蕉，葉似杜若。長 8、9 尺。冬夏不凋，花淺黃色，子作朵，如葡萄，其子初出，微青，熟則變白，7 月采。」伽古羅，就是哥谷羅。許雲樵即據此推論哥谷羅應為高吧。[47]

筆者於 2004 年 7 月 9-10 日前往蘇叻他尼做一次歷史考察，訪問當地人士得知，該地有一條由西南向東流入萬崙灣的大北河（Tapi），在距離海岸 4 公里的蘇叻他尼市中心的芬賓（Phunphin）區，與另一條由西向東流的奇里叻河（Khirirat）交會，從前可從萬崙灣行船進入大北河，再轉往奇里叻河，在上源處下船，改用步行，有道路通往安達曼海沿岸的大港

---

search of Ho-ling," *Indonesia*, 23 (1977). 引自 Kenneth R. Hall, "Economic History of Early Southeast Asia," in Nicholas Tarling (ed.), *op.cit.*, pp.182-275.

[46] 〔宋〕歐陽修、宋祁撰，楊家駱主編，新校本新唐書附索引，卷四十三下，志第三十三下，地理七下，入四夷之路與關成走集，廣州通海夷道。括號內的地名係根據陳佳榮、謝方、陸峻嶺編的著作古代南海地名匯釋，除了婆國伽藍洲之外，因為該書將婆國伽藍洲解讀為南印度科羅曼德爾（Coromadel）沿岸。這是有待斟酌的，因為從婆國伽藍洲「又北四日行，至師子國」，換言之，婆國伽藍洲是位在蘇門答臘島和斯里蘭卡之間，不可能先航至科羅曼德爾海岸。婆國伽藍洲應是在尼可巴群島（Nicobar Islands）。

[47] 許雲樵，「馬來亞古代史研究」，許雲樵輯，馬來亞研究講座，世界書局，新加坡，1961 年，頁 8-18。

口高吧。目前該古道已開闢成遊客觀光步行古道。

　　根據希臘地理學家托勒密（Klaudios Ptolemy）在西元 150 年的著作地理導覽（*Guide to Geographia*），書中曾指出馬來半島西側的 Takola 是一個大港口和商業城市。吉里尼（Colonel Gerolamo Emilio Gerini）上校認為 Takola 位在現在的高吧（Takua Pa）。而在第一世紀中葉時，用巴利文（Pali）寫的米林達（Milinda）王與佛教聖者那嘎西納（Nagasena 對話錄（*Milindapanha*）一書中即稱該地為 Takkola。布里格斯（Lawrence Palmer Briggs）認為梁書所說的拘利即係該地。[48]梁書中天竺傳：「吳時扶南王范旃，遣親人蘇揚使其國，從扶南發拘利口，循大海灣中，正西北入，歷灣邊數國，可一年餘，到天竺江口，逆江行七千里乃至焉。天竺王驚問曰：海濱極遠，猶有此人。即呼令觀視國內，乃差陳、宋等二人，以月氏馬四匹報旃，遣物等還，積四年方至。其時吳遣中郎康泰使扶南，乃見陳、宋等，具問天竺土俗，云：佛道所興國也。」[49]汶江亦認為拘利為 Takkola，因為在第三世紀時扶南已控制馬來半島北部的屈都昆、頓遜、九雉等國。[50]許雲樵認為拘利可能在馬來半島東岸。[51]根據古今圖書集成的說法：「都昆國，隋時聞于中國。按隋書不載。按杜氏通典：邊斗國、一云班斗。都昆國、一云都軍。拘利國、一云九離。比嵩國，並隋時聞焉。扶南度金鄰大灣南行 3 千里，有此四國。」[52]從拘利口西北行可到印度，足見拘利位在高吧的可能性頗大。

[48] 參見 Lawrence Palmer Briggs, "The Khmer Empire and the Malay Peninsula," *The Far Eastern Quarterly*, Vol.9, Issue 3, May 1950, pp.256-305. 馬林達潘哈（*Milindapanha*）一書是印度剎嘎拉（Saagara）國（在現在旁遮普（Punjab）省的西爾科特（Sialkot））（約在公元前 160-140 在位）國王馬林達（Milinda）和佛教高僧那嘎西那（Nāgasena）的對話，以後編纂成書。參見 W. Pachow, "An Assessment of the Highlights in the Milindapanha," *Chung-Hwa Buddhist Journal*, No.13.2, May 2000, pp.1-27.

[49] 〔清〕陳夢雷編，古今圖書集成（電子版），曆象彙編乾象典／都昆部／彙考，乾象典，第 101 卷，第 217 冊第 61 頁之 1。都昆部彙考（附邊斗國拘利國比嵩國）。

[50] 汶江，古代中國與亞非地區的海上交通，四川省社會科學院出版社，成都市，1989，頁 53。

[51] 許雲樵，馬來亞史，上冊，新嘉坡青年書局，新加坡，1961，頁 82-83。

[52] 〔清〕陳夢雷編，古今圖書集成（電子版），曆象彙編乾象典／都昆部／彙考，乾象典，第 101 卷，第 217 冊第 61 頁之 1。都昆部彙考（附邊斗國拘利國比嵩國）。

　　因此，夫甘都盧國可能為高吧。當時從高吧乘船 2 個月可抵達黃支國。

　　前述一些學者說黃支國是位在南印度東岸的馬德拉斯，這是極不可能的事。理由有二，第一，以當時漢使搭乘的船隻的性能來看，必然須沿岸一路從緬甸南部、北印度到南印度航行，是不可能在 2 個月抵達馬德拉斯。第二，當時的航行路線不可能從馬來半島北部直接穿越安達曼海抵達南印度，因為尚未發現季節風。有關船隻直接從斯里蘭卡穿越安達曼海到達蘇門答臘的記錄是 500 多年後的法顯的著作佛國記，故當時漢使的船隻之性能是否可以橫渡安達曼海，不無疑問。

　　由於漢書沒有指出離開夫甘都盧國後船行是往北或往南，因此就有往北或往南航行兩種可能。但從當時想交易獲取的奇石這說法來看，奇石即是珍奇寶石，而產珍奇寶石的地方分佈在泰國和緬甸一帶，亦可能從印度運來販售的，據此判斷，銷售奇石的地方可能係沿著東印度、緬甸和泰南的港口市場，漢使可能是往北走的。從高吧往北航行經 2 個月抵達黃支國，則黃支國可能位在緬甸南部的卑謬一帶。

　　勃固是由打端（或譯為打塘、直通）（Thaton）的兩位孟族公主於 573 年前往該地而建立的城市，當時稱為 Bago。[53]另一說是打端兩位兄弟在 825 年前往勃固建城的，當時該城是一海港。[54]據信馬塔班〔現稱毛淡棉（Mottama）〕是由勃固首任國王於 573 年建立的城市。[55]孟族約在西元前 300 年在打端建立第一個王國蘇瓦納布米（Suwarnabhumi）〔意即黃金之地（The Golden Land）〕。在西元前第一世紀初葉驃族在下緬甸建國，其首都在卑謬。[56]根據緬甸史書琉璃宮史之記載，室利差呾羅城（Thiri Khettara）（即卑謬）建於佛陀涅槃後的佛曆 101 年，即西元前

[53] "Bago," *Wikipedia*, http://en.wikipedia.org/wiki/Bago,_Myanmar（2007 年 5 月 29 日瀏覽）。

[54] http://www.allmyanmar.com/new%20allmyanmar.com/Bago.htm（2007 年 5 月 29 日瀏覽）。

[55] "Mottama," *Wikipedia*, http://en.wikipedia.org/wiki/Martaban（2020 年 3 月 29 日瀏覽）。

[56] Maung Htin Aung, *A History of Burma*, Columbia University Press, New York and London, 1967, p.8.

442 年。[57]從上述諸城市出現的時間來觀察，只有卑謬和打端兩個城市是在西元前就存在的，而卑謬作為黃支國之可能性較大。

在中國文獻中對於黃支國的描述十分有限，較重要的有四則。

(1)「黃支國，民俗略與珠崖相類，其州甚大，戶口甚繁，多異物。」[58]

(2)外志記載：「南，南越也，五嶺之南，至海為揚粵，今廣東地。漢時，朱崖南（原文寫為朱南崖，有誤，改為朱崖南）有都元湛，離甘都盧、黃支等國近者十餘日，遠至四五月程。其俗略與朱崖相類，其州境廣大，戶口蕃滋，多異物。漢武帝時，常遣應募人與其使俱入海，市明珠璧琉璃奇石異物，齎黃金雜繒而往，所至國皆廩食為耦，蠻夷賈船轉送致之外，彝珍貨流入中國始此。」[59]

(3)「平帝元始 2 年春，黃支國獻犀牛。按漢書‧平帝本紀云云。（注）應劭曰：黃支在日南之南，去京師三萬里。」[60]

(4)按杜氏通典：「黃支國，漢時通焉。合海、日南之南三萬里，俗略與珠崖相類。自武帝以來皆獻見，有明珠、玉璧、琉璃、奇石、異物。大珠至圍二寸以下，而至圓者，置之平地，終日不停。」

在季尼（U Ohn Ghine）所寫的「卑謬的佛陀頭髮遺址」（The Shway Sandaw of Prome）一文中，提及位在卑謬以東南 5 英里的地方有一個古代重要的海港叫茂差（Hmawza），他說該地是室利差呾羅（意即吉祥的國土）（The Fortunate Field）[61]王國的首都，過去曾是一個富有的港口，後來因為伊洛瓦底江下游泥沙往外海淤積，導致該茂差日漸衰落，現在變

57 李謀、姚秉彥、蔡祝生、汪大年等譯注，琉璃宮史，上卷，商務印書館，北京市，2017年，頁 141。

58 〔清〕陳夢雷編，古今圖書集成（電子版），方輿彙編山川典，海部彙考，考，乾象典，第 309 卷，第 208 冊第 6 頁之 2。

59 〔清〕陳夢雷編，古今圖書集成（電子版），方輿彙編邊裔典，南方諸國總部，彙考，乾象典，第 89 卷，第 216 冊第 48 頁之 1。

60 〔清〕陳夢雷編，古今圖書集成（電子版），方輿彙編邊裔典，黃支部，彙考，乾象典，第 96 卷，第 217 冊第 30 頁之 1。

61 Maung Htin Aung, op.cit., p.8.

成一個落後的小村子。[62]季尼所描述的茂差是一個繁華富有的城市，與前述中國文獻所記載的黃支國的特點差不多。惟可惜的是在茂差和孟貢（Maungun）的考古挖掘，所發現的刻有巴利文經文的石碑的殘片，都是在西元第五世紀以後的東西。[63]

另外據唐朝玄奘在貞觀 20 年（646 年）所撰的大唐西域記之記載：「三摩呾吒國（東印度境），周三千餘里。濱近大海，地逐卑濕。國大都城，周二十餘里。……從此東北大海濱山谷中有室利差呾羅國（在卑謬），次東南大海隅有迦摩浪迦國，次東有墮羅鉢底國（在泰國之佛統），次東有伊賞那補羅國，次東有摩訶瞻波國，即此云林邑是也。」[64]從而可知，直到第七世紀時，室利差呾羅還是位在海濱的山谷中。

哈維（G. E. Harvey）曾畫了一張第七世紀下緬甸的假想地形圖，在卑謬南方數公里處就是海邊，河流出海口處有仰光，以及仰光西邊有一個叫特灣特（Twante）的小島。仰光是孟族在西元 500 年左右建立的城市，原名為大公（Dagon），它出現的時間在西元後，故可知它與黃支沒有關係。

又據庫勒博士（Dr. Richard M. Cooler）的說法，在今天卑謬以南 5 英里的室利差呾羅，距離仰光西北方 180 英里，它在緬文中有下列不同的名字 Thayekhittaya、Hmawza、Pyi，在英文的著作中稱為舊卑謬（Old Prome）。不知在何時以及為何它會衰落。[65]在 allmyanmar 網站上介紹 Pyi 說，該城市約在西元前 443 年舉行佛教大會（Buddhist Council）後沒多久建立的。現在還有該城市在十五世紀時宮殿的遺跡。[66]

---

[62] http://www.triplegem.plus.com/shwesanp.htm（2007 年 5 月 29 日瀏覽）。

[63] D. G. E. Hall, *A History of Southeast Asia*, St Martin's Press, Inc., New York, 1955, p.15.

[64] 〔清〕陳夢雷編，古今圖書集成（電子版），三摩呾吒部／彙考，太宗貞觀，乾象典，第 75 卷，第 215 冊第 33 頁之 2。

[65] Dr. Richard M. Cooler, *The Art and Culture of Burma*, Chapter II The Pre-Pagan Period: The Urban Age of the Mon and the Pyu. http://www.seasite.niu.edu/burmese/Cooler/Chapter_2/Chapter_2.htm（2020 年 3 月 29 日瀏覽）。

[66] http://www.allmyanmar.com/new%20allmyanmar.com/Pyi-Pprome-Pyay.htm（2007 年 6 月 1 日瀏覽）。

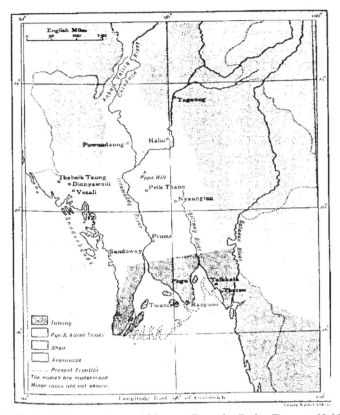

資料來源：G. E. Harvey, *History of Burma, From the Earlist Times to 10 March 1824 The Beginning of the English Conquest*, Octagon Books, New York, 1983, p.2.

圖2-4：第七世紀下緬甸假想地形圖

　　從以上各種文獻之記載，「茂差」之讀音雖不近「黃支」，不過，語音歷經年代可能改變，譬如南印度的 Cochin，中國古籍譯為「柯枝」，「爪哇」譯為「闍婆」，還有頓遜被解讀在廷那沙林（Tenasserim）和墨吉（Mergui）一帶，等等，語音有些落差，並不完全一致。無論如何，從「茂差」之地理位置以及在西元前一世紀就是一個重要港口來觀察，筆者推論它可能為黃支國之所在。

　　漢武帝時的使節是否抵達黃支國，並不清楚。在「漢平帝元始，王莽輔政」，其時間是在西元 1-7 年，「厚遺黃支王，令遣獻生犀牛」，從該

句話可知漢平帝曾遣使到黃支國，且要求其「遣獻生犀牛」。黃支國曾在
西元 2 年遣使到中國，[67]因此，漢平帝之遣使可能在此時之後。至於漢使
是否抵達黃支國？可能沒有，因為「黃支之南有已程不國，漢之譯使，自
此還矣。」。

　　以當時從印度人東行的路線是經馬來半島北部再到泰南的路線來看，
較為繁榮的交通樞紐地點應在緬甸南部的卑謬，再到打端，然後從打端沿
著安達曼海沿岸南下，沿岸的重要口岸有土瓦、墨吉和廷那沙林。然而從
前述的著作可知，緬甸南部安達曼海沿岸在西元前一世紀左右已存在的城
市，只有打端，至於土瓦、墨吉和廷那沙林可能還未形成港市，故「已程
不」國可能是位在打端一帶。

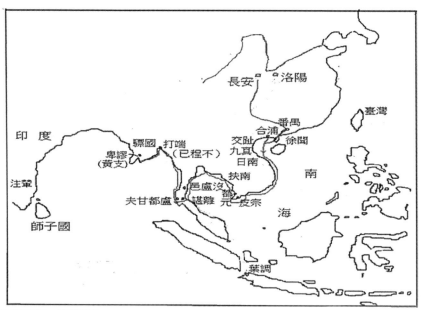

資料來源：筆者自繪。

圖 2-5：漢朝使節出使東南亞圖

---

[67] 「漢平帝元始 2 年（2 年）春，黃支國獻犀牛。」（〔唐〕顏師古注，班固撰，漢書，
卷十二，平帝紀第十二，百衲本二十四史，宋景祐本，上海商務印書館，上海市，1930
年，頁 4。）

　　「巳程不」亦可能為「巳程不」之誤寫，「巳」字，在泰語之發音為 Si，與印度梵文「Sri」同義，因此，「巳程不」之印度梵文應為 Sri-Theinbu，或者寫為 Si-Theinbu。「巳程不」是指一個偉大的「程不」國家。

　　至於漢使離開夫甘都盧國後有無往南航行的可能性？從一些古書的記載來看，在西元前第一世紀以前，馬來半島西岸南部地區港口城市並不發達，人煙稀少，漢使往南航行的可能性不大。

　　從上述的分析討論，可知西元前第一世紀時西漢使節的船隻（也可能搭乘外國船隻）只到達泰南蘇叻他尼一帶，其使節在越過泰南半島後搭乘當地人的船隻沿安達曼海沿岸到緬甸南部。

第三章　西元初期的航路

第一節　厄立特里亞海航海記

　　馬來半島既然有國家雛形出現，當地人若繼續航行到蘇門答臘，並非不可能。故引起注意的問題是馬來半島東岸和蘇門答臘何時出現國家？如果印度人和當地土著結合後形成新的族群勢力是從克拉（Kra）地峽往南移動，它必然會在馬來半島東岸建立新的人口集中的城市，或者出現新的國家。

　　目前文獻所知，最早知道印度東方有一個黃金島的記載有兩個來源：第一個是印度史詩拉瑪耶那。第二個是根據日本學者別技篤彥的著作，約在西元 80 年，一名住在埃及亞歷山卓（Alexandria）的希臘商人希帕勒斯（Hippalus）所著的厄立特里亞海航海記（*Periplus of Eritrean Sea*）（厄立特里亞海，指紅海（Red Sea））中，曾記載在印度恆河口的印度人知道東方有一個黃金島，當時稱奧里爾・查松尼素斯（黃金島）（Aurea Chersonesus）。[1]此外，西元 150 年托勒密（Klaudios Claudius Ptolemy）出版的地理導覽（*Guide to Geographia*），則繪出了馬來半島的圖。

　　在馬來半島上在西元後出現的國家，依先後順序有：在佛教教律義釋（*Niddesa*）一書曾提及在西元第二世紀時有 Tambalingam，應即為第六世紀時的 Tāmbralinga，即單馬令國。[2] 424 年的盤盤國，位在蘇叻他尼（Surathani）。442 年的婆皇國〔馬來半島的彭亨（Pahang）一帶，或指

---

[1] 別技篤彥原著，潘明智譯，「西洋地圖學史對馬來西亞的認識」，東南亞研究（新加坡），1966 年，第二卷，頁 103-110。

[2] Walter F. Vella, ed., *The Indianized States of Southeast Asia by G. Coedès*, An East-West Center Book, the University Press of Hawaii, Honolulu, 1968, p.39.

蘇門答臘東南海岸、巴鄰旁河以南〕。515 年的狼牙修國（馬來半島上的吉打州到宋卡、北大年一帶地區）。608 年的赤土（吉打、宋卡和北大年之間）。631 年的羅剎（可能在馬來半島上，亦可能在巴里島東邊的島）（「羅剎國在婆利之東……隋煬帝大業 3 年遣使常駿等使赤土國至羅剎。」）[3]。650 年的哥羅〔泰南克拉地峽〕、拘蔞蜜（可能在馬來半島東南方）。唐朝時有哥羅，「哥羅國漢時聞焉，在盤盤東南，亦曰哥羅富沙國。」[4]頓遜（指緬甸南邊的廷那沙林）、毗騫（「梁時聞焉，在頓遜之外大海洲中，去扶南 8 千里。」）[5]〔韓振華認為毗騫即為扶甘（Pugan），但未指出在今天何地〕[6]、投和〔泰國學者黎道綱亦認為投和在第六世紀初稱為墮羅鉢底國（Dvaravati），位在今天泰國中部佛統一帶。〕[7]但另外根據泰國學者伊里克（Erik Seidenfaden）的說法，墮羅鉢底國為印度化的孟族的首府，其位置在今天的華富里（Lophuri）。[8]毗騫位在「頓遜之外大海洲中」，也就是在墨吉的外海，即今之金島（King Island）。

在蘇門答臘島上，有巴魯斯（或寫為婆魯斯）（Barussae），在托勒密的地圖上曾清楚的標示它的位置。華爾特斯（O. W. Wolters）認為在蘇門答臘西北岸有一地名 Baros（Barus），就是唐朝時的郎婆露斯。[9]

第二是在 502 年，有干陀利國，後來稱為室利佛逝，「唐高宗咸亨至玄宗開元間（670-741 年），室利佛逝，一曰尸利佛誓，過軍徒弄山二千里，地東西千里，南北四千里，而遠有城十四。以二國分摠，西曰郎婆露

3　〔唐〕杜佑纂，通典，卷一百八十八，邊防四，南蠻下，羅剎條。

4　〔唐〕杜佑纂，通典，卷一百八十八，邊防四，南蠻下，哥羅條。

5　〔唐〕杜佑纂，通典，卷一百八十八，邊防四，南蠻下，毗騫條。

6　韓振華，「中國古籍記載上的緬甸」，載於韓丘漣痕、韓卓新、陳佳榮、錢江編，韓振華選集之一：中外關係歷史研究，香港大學亞洲研究中心，香港，1999 年，頁 536-560,頁 539。

7　〔泰〕黎道綱，泰國古代史地叢考，中華書局，北京市，2000 年，頁 44。

8　Erik Seidenfaden, "The Name of Lopburi," *The Journal of the Thailand Research Society*, Bangkok, Vol. XXXIII, PT. 11, November 1941, pp.147-148.

9　O. W. Wolters, *Early Indonesian Commerce, A Study of the Origins of Srivijaya*, Cornell University Press, Ithaca, New York, 1967, pp.17-18.

斯，多金、汞砂、龍腦。夏至，立八尺表，影在表南二尺五寸。國多男子，有彙它，豹文而犀角，以乘且耕，名曰它牛豹。又有獸，類野豬，角如山羊，名曰雩，肉味美，以饋膳。其王號曷蜜多。咸亨至開元間，數遣使者朝，表為邊吏親掠，有詔廣州慰撫。又獻侏儒、僧祇女各二，及歌舞官。使者為折衝，以其王為左威衛大將軍，賜紫袍、金鈿帶。後遣子入獻，詔宴于曲江，宰相會，冊封賓義王，授右金吾衛大將軍，還之。」[10]

第三是唐朝時的郎婆露斯，後稱為南巫里，今亞齊及其附近一帶。[11]同樣地，中文記載有限，無法知道該國的狀況。

第四個國家是位在蘇門答臘島北端的亞齊。張燮撰的東西洋考曾記載：「啞齊其先為大食國，蓋波斯西境也。隋大業中，有牧者探穴得文石，詭言應瑞當王，聚眾影略，遂王其地。」[12]他認為啞齊人原先是從大食國（包括伊朗和沙烏地阿拉伯）移來，後來成為該地的統治者。因此，亞齊可能在第七世紀初葉時逐漸形成國家。

在爪哇島的國家，第一個是葉調國，在後漢書曾記載在東漢順帝永建6年（131年）12月，「日南徼外葉調國」遣使到中國。[13]法國學者伯希和（Paul Pelliot）認為葉調如古爪哇語 Yawadwipa，也類似梵語的Yavadvipa，故葉調應在爪哇。[14]不過，蘇繼卿認為葉調（Yavadvipa）位在蘇門答臘東部。[15]印度學者查特基（B. R. Chatterji）認為葉調即是東晉時期法顯所經過的耶婆提。[16]葉調國的出現，與托勒密在西元150年撰書的時間很近，托勒密應該從旅人或商人知道葉調國這個國家。第二個國家

---

[10] 〔宋〕歐陽修、宋祁，新唐書，卷二百二十二下，列傳第一百四十七下，南蠻條，頁8。
[11] 蘇繼卿，南海鉤沉錄，臺灣商務印書館，臺北市，民國78年，頁332-334。
[12] 〔明〕張燮，東西洋考，卷四，啞齊條，臺灣商務印書館重印，臺北市，民國60年，頁43。
[13] 〔南朝・宋〕范曄撰，後漢書，卷六，順帝紀第六。
[14] 費瑯撰，馮承鈞譯，「葉調斯調與爪哇」，載於馮承鈞譯，西域南海史地考證譯叢，乙集，臺灣商務印書館，臺北市，民國61年，頁111-120。
[15] 蘇繼卿，前引書，頁138。
[16] B. R. Chatterji, *History of Indonesia: Early and Medieval*, Meenakhi Prakashan, Meerut, Delhi, India, 1967, p.5.

是 430 年的呵羅單，可能在西爪哇雅加達一帶。

　　如果上述推論可靠的話，則當時的船員應該也知道可以從高吧（Takua Pa）、吉打經過馬六甲海峽到葉調國。換言之，在西元 131 年之前，蘇門答臘和馬來半島的人應已知道繞過馬來半島的航線，托勒密才知道有馬來半島存在。

　　另一個重要的發展是人口的移動，從爪哇地區的馬來人開始移動到馬來半島東海岸，可以從他們今天分佈的情況，瞭解這種人口移動的方向，亦即愈往馬來半島北部馬來人人數愈少，其與泰族人交會的地點在北大年、耶拉（Yala）一帶，在單馬令和蘇叻他尼也有少數的馬來人。從此可以看出來，在馬來半島東岸的馬來人是從蘇門答臘島移去的。

　　此外，在蘇門答臘島上還出現一些新國家，其順序如下：441 年的蘇摩黎〔蘇門答臘北岸的三馬朗加（Samarlangka）〕和千陀利（「梁時通焉，在南海洲上。」）[17]（又寫為干陀利）。449 年的婆達國〔蘇門答臘島北部巴塔克（Batak）國〕。645 年的末羅瑜，首次在中國文獻上出現的國名為摩羅游，但中文記載有限，對它的瞭解不足。647 年的墮婆登〔可能在蘇門答臘島東岸巴潭島（Batam），或蘇門答臘島西岸的巴東（Padang），或蘇門答臘島東南岸的吻洞（Betong）等地〕、乙利鼻林送（馮承鈞認為乙利為一國，鼻林送為一國，而後者可能為鼻林迸之訛。鼻林迸即巴鄰旁。）[18] 筆者認為，從「乙利、鼻林送」的發音來看，「乙利」一詞可能是「巳利」之誤，「巳利」應即是 Sri 之音譯。「鼻林送」可能為「巴鄰旁」之別譯，故「乙利、鼻林送」應是「巳利鼻林送」，即 Sri Palempang。651 年的亞齊國，位在蘇門答臘島北端。[19] 656-660 年間的甘巴（Kampar）（或寫為甘畢）。670 年的室利佛逝（舊港）。

　　馬來半島東岸人口的增加，是從北印度沿著泰南半島越過克拉地峽到馬來半島東岸而逐漸擴散的。至於馬來半島西岸則跟安達曼海發現季節風

---

[17] 〔唐〕杜佑纂，通典，卷一百八十八，邊防四，南蠻下，千陀利條。

[18] 費瑯著，蘇門答剌古國考，臺灣商務印書館，臺北市，民國 59 年，頁 95。

[19] 〔明〕張燮，東西洋考，卷四，啞齊條。

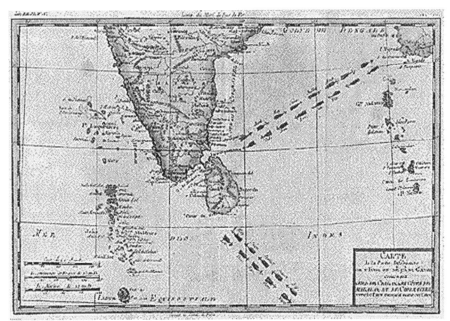

資料來源：“rare maps,” *Antique Maps of India and Sri Lanka*, http://www.raremaps.de/
　　　　　mapsindia.html（2020 年 3 月 25 日瀏覽）。

說明：“Carte de la Partie Inférieure de L'Inde en de Çàdu du Gange contant L'Isle de Ceylan,
　　　Les Côtes de Malabar et de Coromandel”. Copper etching by Rigobert Bonne (1729-
　　　1795) for “Atlas de toutes les parties connues du globe terrestre” by Guillaume Thomas
　　　Francois Raynal (1713-1796). Published 1780 in Geneva. Modern hand coloring.

圖 3-1：安達曼海季節風向

有關。據信寫作厄立特里亞海航海記的希臘航海家希帕勒斯，[20]在西元第
一世紀發現印度洋的季節風後，改變了航行的技術，船隻可以更迅速的利
用風向和風力航行越過更寬廣的海洋，不必再像以前一樣貼著海岸航行。
在安達曼海的季節風是每年 4 月到 10 月吹西南往東北方向的風，越過安
達曼海、孟加拉灣到緬甸南部和泰南一帶海岸，然後風力減弱。從 11 月
分起到隔年 3 月，風向相反，吹東北往西南方向的風，然後風力漸減弱，
至 4 月再度循環一遍。[21]

---

[20] “Hippalus,” *Wikipedia*, https://en.wikipedia.org/wiki/Hippalus（2020 年 3 月 28 日瀏覽）。

[21] Paul Wheatley, *The Golden Khersonese: Studies in the Historical Geography of the Malay
Peninsula Before A.D.* 1500, University of Malaya Press, Kuala Lumpur, 1961, pp.xviii-xix.

　　印度學者密沙普（Patit Paban Mishap）說：「受到希帕勒斯發現季節風的影響，羅馬船隻才能直接越過印度洋到印度西海岸。在印度東海岸的帕魯拉（Palura）港才扮演重要的角色。從印度東海岸的阿里卡米度（Arikamedu）來的船隻，越過孟加拉灣，進入伊洛瓦底江三角洲，刺激印度商人沿著馬來半島航行，尋求新貨物。」[22]密沙普的說法點出了南印度人利用季節風航行到緬甸南部，再前往馬來半島，而不是直接從南印度越過安達曼海到達馬來半島。最主要的原因很可能是當時的船隻還不能離開海岸太遠，仍須貼著海岸線航行，而季節風只可能使得船行速度加快。

　　根據谷士毗（Robert Guisepi）的說法：「在第一世紀時，由羅馬（帝國）資助的船舶抵達南印度和錫蘭的富有的市場。」[23]若再從在這一世紀發現季節風來看，應該是在該一世紀羅馬人才能利用季節風航行到緬甸南部或泰南半島，然後經由泰南半島前往中國。羅馬人亦可能在抵達緬甸南部的打端後，沿著薩爾溫江上溯到撣邦，再循陸路前往中國。後漢書曾記載：「東漢安帝永寧元年（120 年），撣國王雍由調復遣使者詣闕朝賀，獻樂及幻人，能變化吐火，自支解，易牛馬頭，又善跳丸，數乃至千。自言我海西人，海西即大秦也。撣國西南通大秦。明年元會，安帝作樂於庭，封雍王由調為漢大都尉，賜印綬、金銀、彩繒各有差也。」[24]該段話記載著來自大秦的雜耍團到撣國，然後跟隨撣國使節到中國。此應是大秦人最早到中國的紀錄。

關於孟加拉灣季節風風向，另外參考 A. Grimes, "The Journey of Fa-hsien from Ceylon to Canton," in Geoff Wade (selected and introduced), *Southeast Asia-China Interactions*, Reprint of articles from the Journal of the Malaysian Branch, Royal Asiatic Society, Academic Art and Printing Services Sdn. Bhd, Selangor, Malaysia, 2007, pp.167-182.

[22] Patit Paban Mishap, "India-Southeast Asian Relations: An Overview," *Teaching South Asia*, Volume I, No. 1, Winter 2001. http://www.mssu.edu/projectsouthasia/tsa/VIN1/Mishra.htm（2005 年 8 月 10 日瀏覽）。

[23] Robert Guisepi, "The Meeting of East and West in Ancient Times: The Asian Way of Life," 1992, http://www. The Meeting Of East And West In Ancient Times.htm（2004 年 8 月 15 日瀏覽）。

[24] 〔南朝‧宋〕范曄撰，後漢書，卷八十六，南蠻西南夷列傳第七十六，哀牢條，頁27。

　　惟另根據司朝福（Wilfred H. Schoff）對於厄立特里亞海航海記該書的英文譯本，內容與前述別技篤彥的著作稍有不同。該英譯本第一部分記載了希帕勒斯從埃及往南航行沿著東非海岸到坦尚尼亞（Tanzania）。其次則記載從埃及經由阿拉伯半島往東到西印度沿岸。最後則記載了希帕勒斯航行到東印度沿岸抵達恆河（Ganges）口，並聽說了遠方以前未曾到達的地方。該書記載了港口、進出口貨物，還有最重要的季風，每年季風方向的改變有利於航行到他所經過的港口。該書記載了兩件事很值得重視，第一件事是「在走到恆河最北端的這個區域之後，在海洋盡頭的地方叫做『Thinae』（支那，即中國），那裡有一個非常偉大的內陸城市，從那裡將生絲、絹絲和絲布通過雙足步行經由巴克特里亞（Bactria）運到巴里嘎沙（Barygaza）（位在西印度的阿默達巴德（Ahmedabad）），並且還通過恆河出海口到達米里卡（Damirica）（即南印度的馬拉巴海岸（Malabar Coast）），但是這片土地並不好走；幾乎很少有人從那裡來。該國位於小熊（Lesser Bear）（Ursa Minor）星座之下，據說與龐特斯（Pontus）和裏海（Caspian Sea）最遠的邊界接壤，旁邊是馬克提斯（Maeotis）湖；所有這些河流都流入大海。」[25]

　　第二件事是它記載在恆河以東的地方，「據說在這些地方附近有金礦，還使用一個叫做 caltis 的金幣。在這條河的對面，是海洋中的一個小島，是人類居住最東邊的世界的最後一部分，它也是太陽上升的地方。它被稱為克萊斯（Chryse）；在厄立特里亞海的所有地方，它的龜甲最好。」[26]

　　從該書的記載可知，在西元第一世紀印度人就稱呼中國為「支那」，而且已有中國人用走路的方式將絲織品運到東印度販賣，他們可能走的是古代雲南邊境的茶馬古道。其次，在恆河出海口的東方遠方有一個產黃金

---

[25] Wilfred H. Schoff, *The Periplus of the Erythraean Sea: Travel and Trade in the Indian Ocean by a Merchant of the First Century,* Longmans, Green, and Co., New York, 1912. "The Voyage around the Erythraean Sea," https://depts.washington.edu/silkroad/texts/periplus/periplus.html（2020 年 3 月 26 日瀏覽）。

[26] Wilfred H. Schoff, *op.cit.*

的小島，此一說法跟西元前第六世紀印度史詩拉瑪耶那的記載相同，可能是當地人告訴希帕勒斯有此一產金的小島。第三，當時發現印度洋在不同季節有季節風存在，每年 4 月到 10 月吹西南往東北方向的風，從 11 月分起到隔年 3 月，風向相反，吹東北往西南方向的風。此一季節風有助於帆船的航行。

第二節　印尼群島人到中國

在印尼史的著作中，都認為居於統治地位的印尼人係來自印度，[27]葉調國能形成一個國家並遣使到中國，應該經過一段長時間的演變。其在中國古籍中出現的時間較泰南半島的國家為晚，果如是，葉調國的人民可能是從泰南半島航行而移去的嗎？還是它本身為原生土著部落？抑或與印度人通婚混血而形成的一個新國家？由於中國古籍對於葉調國的描述缺乏，無從判斷它的屬性。如果葉調即是法顯時代出現的耶婆提，則它應位在西爪哇的萬丹（Banten）。

在爪哇島的國家，在中文文獻第一個出現的國家是葉調國，在後漢書曾記載在東漢順帝永建 6 年（131 年）12 月，「日南徼外葉調國」遣使到中國。[28]葉調國的出現，與托勒密在西元 150 年撰書的時間很近，托勒密應該從旅人或商人知道葉調國這個國家。葉調國的使節是如何航行到中國的？在中國古籍中並沒有提及。不過，以當時的船隻性能以及已知的航行路線，很可能是沿襲以前漢朝時的路線，貼著海岸航行。因此，葉調國的使節可能是從西爪哇出發後，沿著馬來半島南端、東岸，北上至北大年、單馬令（西勢洛坤、六坤）、蘇叻他尼、猜耶、泰國海岸、扶南、林邑、安南，最後到中國東漢首都洛陽。

27　例如〔印尼〕薩努西‧巴尼著，吳世璜譯，印度尼西亞史，上冊，商務印書館香港分館，香港，1980，第三章。

28　〔南朝‧宋〕范曄撰，後漢書，卷六，順帝紀第六。

資料來源：筆者自繪。

圖 3-2：葉調國人到中國之航行路線

　　如果上述推論可靠的話，則當時的船員應該也知道可以從高吧、吉打經過馬六甲海峽到葉調國。換言之，在西元 131 年之前，蘇門答臘和馬來半島的人應已知道繞過馬來半島的航線。

　　住在埃及亞歷山卓（Alexandria）港的希臘地理學家托勒密在西元150 年的著作地理導覽書中曾提及爪哇，他稱之為 Iabadij，梵文為Yavadvipa，即是法顯著作佛國記一書中提及的耶婆提，意為產粟米（小米）之島。又指出馬來半島西側的塔可拉（Tacola, Takola）是一個大港口和商業城市。他稱從緬甸到馬來半島一帶為「黃金島」（Golden Chersonese）。吉里尼（G. E. Gerini）認為塔可拉位在現在的高吧。[29]

　　儘管季節風的發現，以及船隻性能的改進，不過，直至第三和第四世紀，可能大部分的船隻還是沿岸航行。由於受到季節風的影響，從南印度往馬來半島的航線，其登岸港口在高吧和吉打，以致吉打變成從南印度到

---

[29] 參見 Lawrence Palmer Briggs, "The Khmer Empire and the Malay Peninsula," *The Far Eastern Quarterly*, Vol.9, Issue 3, May 1950, pp.256-305.

東方中國的一個轉運港，吉打成為南印度淡米爾族（Tamils）的移居地，吉打的國王也是南印度人。[30]此與馬來半島東岸的情況迥異，東岸是北印度人的移民地。狼牙修，又稱凌牙斯、龍牙犀角，從狼牙一詞即為斯里蘭卡使用的蘭卡（Lanka）來看，很可能該國也是來自斯里蘭卡的移民。[31]

　　南印度的淡米爾人應該是在孟加拉灣發現季節風後，開始移民到馬來半島北部。古納西嘎藍（S. J. Gunasegaram）即認為馬六甲、霹靂、吉打、高吧、西爪哇的多羅磨（Taruma）都是南印度人的移居地。在馬六甲葡萄牙天主教堂附近發現古印度佛塔使用的野獸頭（Makara）建築的殘餘石牆。早期南印度小乘佛教徒使用的巴利文（Pali）在該地亦甚為流行。在馬來半島的霹靂州發現第五世紀南印度的碑文。在吉打的吉打峰山下亦發現多處南印度濕婆神（Siva）廟的遺址。在高吧發現早期南印度人的濕婆神、帕瓦蒂女神（Parvati）和一尊舞女像。[32]

　　從上述的說明可知，馬來半島最早出現的國家分佈在兩個地區，一個是馬來半島西北海岸的高吧附近地區，另一個是馬來半島東海岸的宋卡和

---

[30] 許雲樵，「馬來亞古代史研究」，許雲樵輯，馬來亞研究講座，世界書局，新加坡，1961 年，頁 8-18。

[31] 狼牙一詞即為斯里蘭卡國名使用的蘭卡（Lanka），表示二者有關聯。狼牙被譯為 Langka 或 Langga，與蘭卡（Lanka）所指稱的意思相同，都是指「山」。根據鍾錫金的吉打二千年一書的記載，「狼牙修國的得名，大概是受了印度化的影響，因為印度人很早就到這地方經商，而且在那裡建立了商站。按照印度的佛教經典楞伽經裡的記載，『狼牙』（Lanka）一辭，原是傳說中是一個馬來亞峰（Mount Malaya）上面的山城。『修』這一個字音，是『蘇卡』（Sukha）音的合譯，在梵文中，它乃是『快樂世界』（Sukhavati）一詞的前半截。因此，狼牙修這個國名，可能取義于快樂的馬來亞山城。」（參見鍾錫金，吉打二千年，佳運印務文具有限公司，馬來西亞吉打州，1993 年，頁 153。）W. P. Groeneveldt 即認為不無可能是斯里蘭卡（錫蘭）的人民移民到狼牙修後，以其故居之名命名該地。（參見 W. P. Groeneveldt, *Notes on the Malay Archipelago and Malacca*, compiled from Chinese Sources, 1880, p.12.）Sri Lanka 的 Sri，意即偉大之意，故斯里蘭卡意即偉大的山城之國。
Maung Htin Aung 亦認為 Lankasuka 意即「錫蘭的快樂」（happiness of Ceylon）。Maung Htin Aung, *A History of Burma*, Columbia University Press, New York and London, 1967, p.23.

[32] S. J. Gunasegaram, "Early Tamil Cultural Influences in South East Asia," Selected Writings published 1985. http://www.tamilnation.org/heritage/earlyinfluence.htm （2005 年 6 月 28 日瀏覽）。

北大年一帶，它們是位在航運交通樞紐而出現的港口城市。而因為與爪哇的商業關係，所以馬來半島東岸的發展較西岸為早，西岸的發展要到第十五世紀馬六甲王朝成立後才有顯著的進步。國家的出現與航運線有密切關係，該類國家的性質也大都屬於混血種組構的國家，依賴對外貿易存立。一般而言，前往中國朝貢，而且中國古籍中有記載的國家，是因為有貿易的需要而前往中國，故這類國家規模較大。至於沒有到中國朝貢而中國古籍有記載者，是規模較小的國家。這些國家的人口數，不會很多，有些可能僅有數百人或數千人，上萬者屈指可數。

　　葉調國家之出現，代表著馬來半島東岸的人已經移徙到爪哇島，並形成較大的人口聚落，到第五世紀法顯抵達耶婆提時，耶婆提已變成一個重要的港口，有船隻直接航行到中國廣州。

第三節　托勒密撰的地理導覽與 南印度人和大秦人到中國

　　繼希臘航海家希帕勒斯之後，住在埃及亞歷山卓港的希臘地理學家托勒密在西元 150 年出版地理導覽，[33]書中曾提及「黃金島」，也曾提及爪哇，他稱之為 Iabadij，梵文為 Yavadvipa，即是耶婆提，意為產粟米（小米）之島。又指出馬來半島西側的 Tacola 是一個大港口和商業城市。吉

---

[33] 托勒密是第一個使用經緯度繪製世界地圖的人，他在埃及的亞歷山卓（Alexandria）城的圖書館工作，當時埃及法老王（Pharoahs）下令沒收來往旅客所攜帶的書籍，托勒密乃得以利用這些書籍及當時來往的商人和旅客提供的資料，寫成地理導覽一書並繪製成世界地圖。當羅馬帝國崩潰後，托勒密的書籍失傳，不過當時他的著作已譯成阿拉伯文，故能保存下來。惟至第十二世紀阿拉伯文本才面世，以後譯成希臘文。1400 年，一位住在義大利的拜占廷（Byzantine）的學者克里梭拉拉斯（Emanuel Chrysolaras）獲得該希臘文本，將之譯成拉丁文，最後由他的學生德安吉洛（Jacopo d'Angelo）在 1406 年完成翻譯工作。安吉洛的譯本就成為第十五世紀許多譯本的範本，並據該書繪製當年的世界地圖。關於此，引起若干爭論，因為後來繪製的地圖是否就是第二世紀托勒密所瞭解的世界模樣，有不同的看法。參見 "The Development of the Printed Atlas, Part 2: Ptolemaic Atlases," http://www.mapforum.com/02/ptolemy1.htm（2020 年 3 月 15 日瀏覽）。

里尼（G. E. Gerini）認為 Tacola 位在現在的高吧（Takkola, Tacola）。[34]
但泰國的拉查尼（Janjirayu Rachanee）卻認為高吧位在泰國南部的萬崙
（Ban Don）。[35]這種說法是錯誤的，因為在以後根據托勒密的著作所繪
的世界地圖上標示的 Tacola，是在馬來半島的西邊而非東邊。此外，法蘭
西斯（Peter Francis, Jr.）亦認為托勒密所講的 Takola 是位在今天泰南的克
龍潭（Khlong Thom），其位在高吧南方靠近普吉島（Phuket）的對岸海
邊。主要的理由是在高吧並沒有發現早期外國人從事商業活動的考古遺
址，而克龍潭則有第一世紀到第二世紀玻璃鑲嵌珠子、以及第三世紀用淡
米爾（Tamil）文寫的石碑、第一世紀到第七世紀的印璽考古遺址。[36]

　　托勒密的書記載了印尼群島，包括耶婆提島、沙巴迪巴（Sabadibar）
（即蘇門答臘）、巽他（Sinda）和巴魯斯（Barussae）等島。根據義大利
威尼斯人路士西里（Girollamo Ruscelli）於 1561 年重新繪製及修改的托
勒密地圖（參見圖 3-3），將這些島畫在今天印尼群島的位置上，但地點
有錯誤，例如巽他島的位置在巴魯斯的南邊。而且將沙巴迪巴、巽他和巴
魯斯分為三個小島群，也是錯誤。這種錯誤，到底是後來繪製地圖的人的
錯誤，還是原書記載的錯誤，無從知道。無論如何，顯然在托勒密之前已
有人知道有馬來半島和其他島嶼存在，他才能根據有關的書籍和旅客商人
的資訊情報，繪出該半島及附近的地形。

　　托勒密在緬甸南部畫出四個城市，分別為 Berobe、Sabara、
Berubóna、Sada。Berobe，可能為現在的馬塔班。Sabara，可能為現在的
勃固。Berubóna，可能為現在的建德里（Kyeintali）。Sada，可能為現在
的山都衛（Sandoway）。這些城市應該是第二世紀時重要的港口城市，
也是羅馬人、波斯人和印度人航行靠港的沿岸城市。

　　從前述西元 80 年厄立特里亞海航海記的作者希臘航海家希帕勒斯、

---

[34] 參見 Lawrence Palmer Briggs, "The Khmer Empire and the Malay Peninsula," *The Far Eastern Quarterly*, Vol.9, Issue 3, May 1950, pp.256-305.

[35] Mom Chao Chand Chirayu Rajani, *Sri-vijaya in Chaiya*, Madsray Printling, Bangkoknoi, Bangkok, 1999, p.9. 該書原文為泰文。

[36] Peter Francis, Jr., *Asia's Maritime Bead Trade: 300B.C. to the Present*, University of Hawaii Press, Honolulu, 2002, pp.32, 34.

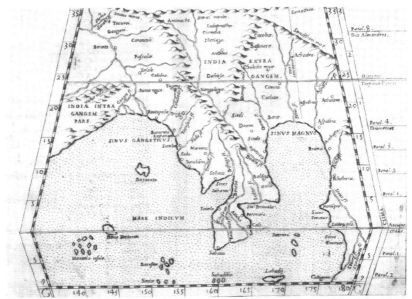

資料來源：http://www.helmink.com/Antique_Map_Ruscelli_Ptolemy_Far_East/（2006 年 4
　　　　月 6 日瀏覽）。
說明：義大利威尼斯人路士西里（Girollamo Ruscelli）於 1561 年重新繪製及修改的托勒
　　　密地圖。

**圖 3-3：義大利威尼斯人路士西里（Girollamo Ruscelli）重繪
托勒密的東南亞圖（1561）**

西元 120 年大秦雜耍團經撣國到中國、到西元 150 年的希臘地理學家托勒
密，描述了從埃及到東印度、緬甸甚至到馬來半島的航路，可能促發及引
領了印度人分別在漢桓帝延熹 2 年（159 年）和 4 年（161 年）以及大秦
人在延熹 9 年（166 年）從海道到中國。

　　在漢和帝時，天竺遣使至中國，不過當時走的是陸路，至漢桓帝延熹
2 年（159 年）、4 年（161 年），因西域叛亂迭起，交通受阻，乃改走海
道到中國。後漢書曾記載：「天竺國，西與大秦通，有大秦珍物，又有細
布、好毾㲪、諸香、石蜜、胡椒、姜、黑鹽。和帝時（89-105 年），數
遣使貢獻。後西域反叛，乃絕。至漢桓帝延熹 2 年（159 年）、4 年（161
年），頻從日南徼外來獻。」[37]

---

[37]　〔南朝宋〕范曄撰，後漢書，卷八八，西域傳‧天竺。

資料來源：“Antique map of Southeast Asia by Ruscelli (1562),” *Bartele Gallery*, http://
bartelegallery.com/shop/antique-map-of-south-east-asia-by-ruscelli/（2020 年 3
月 27 日瀏覽）。

說明：義大利威尼斯人路士西里（Girollamo Ruscelli）於 1562 年重新繪製及修改的托勒
密地圖。

**圖 3-4：義大利威尼斯人路士西里（Girollamo Ruscelli）重繪
托勒密的東南亞圖（1562）**

後漢桓帝延熹 9 年（166 年）大秦、天竺等從海道遣使到中國朝貢。
「大秦國……與安息（古波斯）、天竺交市于海中，利有十倍，……其王
常欲通使于漢，而安息欲以漢繒彩與之交市，故遮閡不得自達。至桓帝延
熹 9 年（166 年）大秦王安敦遣使自日南徼外獻象牙、犀角、玳瑁，始乃
一通焉。其所表貢，並無珍異，疑傳者過焉。」[38]安敦即是 161 年到 180
年的羅馬皇帝安東紐斯（Marcus Aureius Antonius）。可惜的是該段記載
並沒有載明航行南海的路線。從前述希臘航海家希帕勒斯和托勒密都是在

---

[38] 〔南朝宋〕范曄撰，後漢書，卷一一八，西域大秦傳。

埃及工作，而當時埃及屬於羅馬帝國統治，因此後漢書所講的大秦應是指來自埃及的羅馬人。

從埃及到中國的航線，首先是從紅海沿岸港口出發，進入阿拉伯海，再沿著印度西海岸往南航行。當時南印度最大的港口應是位在馬拉巴地區（Malabar District）的奎隆（Quilon, Kollam），該港口在腓尼基（Phoenicians）時期（西元前 1500 年到西元前 300 年之領地包括地中海東岸、南岸和西邊到西班牙海岸）和西元前 30 年羅馬征服埃及以後的羅馬帝國時期就是一個重要的港口。[39]羅馬人從擅長於航海的腓尼基人學習到航海技術，然後在控制埃及後，將其船隻和航海技術應用到紅海和印度洋。奎隆應是中國古文獻所稱的南天竺。位在奎隆北方的卡里庫特（Calicut）要到第十三世紀才成為重要的港口，[40]所以它不可能是中文文獻所稱的南天竺。大秦人的船隻會經過南天竺的奎隆港，休息補給後再從奎隆港航行到中國。

大秦和南天竺的船隻繞過印度南端後，會沿著印度東南部往北航行到龐迪車里（Pondicherry, Puducherry），[41]再從該地循著季節風航行到緬甸南部，再到馬來半島的吉打。住在印度東南部的龐迪車里及附近的淡米爾人（Tamil）就是在該航線開闢後，開始移民到馬來半島北部的吉打以及蘇門答臘島西北部。至於船隻何時能直接越過安達曼海，要到第五世紀時才有較為詳細的記載。

在開闢該航線後，大秦人、埃及人、阿拉伯人、波斯人（伊朗人）和南印度人就順著該航線而移民到東南亞。這種移動有時是整個家族的人搭

---

[39] "Kollam," *Wikipedia*, https://en.wikipedia.org/wiki/Kollam（2020 年 4 月 24 日瀏覽）。

[40] "History of Kozhikode," *Wikipedia*, https://en.wikipedia.org/wiki/History_of_Kozhikode（2020 年 4 月 24 日瀏覽）。

[41] 龐迪車里市的普都卡（Poduke, Poduca）在西元第一世紀中葉就是羅馬船隻航行的貿易終點站。"Pondicherry," *Wikipedia*, https://en.wikipedia.org/wiki/Pondicherry（2020 年 4 月 26 日瀏覽）。
普都卡，古稱阿里卡米都（Arikamedu），在西元前第二世紀是羅馬人的貿易港口。後來成為注輦國（Chola）的重要港口，當地人生產珠子、紡織品和香料，出口這類商品到羅馬。"7 Ancient Sea Ports of India," *Maritime Insight*, https://www.marineinsight.com/ports/7-oldest-sea-ports-of-india/（2020 年 4 月 29 日瀏覽）。

船外移的，例如，在中爪哇的賽連德拉（Sailendra）王朝的祖先係來自印度的占德拉（Chandella）王朝的家族，該王朝信奉婆羅門教（後來的印度教），國王的表兄因為信奉佛教而在第四世紀移到爪哇的賽連德拉。[42]唐朝時，中國稱爪哇為訶陵。訶陵遣使者入貢，最早是在唐朝貞觀年間（627-649 年），一直到第九世紀中葉。訶陵一詞，顯示該國可能來自南印度的羯陵伽（Kalinga），主要的宗教是小乘佛教。[43]在第七世紀位在蘇門答臘的末羅瑜（Melayu）的國名，係源自印度語，故末羅瑜為印度人建立的國家，且係從南印度移入者所建的國家。[44]

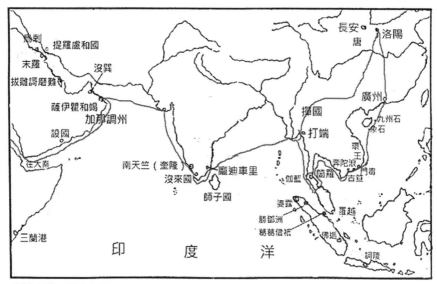

資料來源：筆者自繪。
說明：從打端登陸經撣國到中國洛陽是陸路。

圖 3-5：第二世紀南印度人和大秦人到中國之航路

---

[42] John Middleton, *World Monarchies and Dynasties*, Routledge, London and New York, 2015, p.817.
[43] 〔印尼〕薩努西・巴尼著，吳世璜譯，印度尼西亞史，上冊，商務印書館香港分館，香港，1980 年，頁 59、61。
[44] 李全壽，「馬來語言與文學」，許雲樵輯，馬來亞研究講座，世界書局，新加坡，1961年，頁 29-37。

第四節　東吳康泰和朱應出使扶南

三國時期，東吳孫權據有長江下游的浙江、福建、廣東到越北交州，因地理位置的關係，就發展東南亞的外交與貿易關係。根據三國志之記載：「漢獻帝延康元年（220 年 3-10 月），代步騭為交州刺史。……呂岱既定交州，復進討九真，斬獲以萬數。又遣從事南宣國化，暨徼外扶南、林邑、堂明諸王，各遣使奉貢。〔孫〕權嘉其功，進拜鎮南將軍。」[45]

隨後「孫權黃武 4 年（225 年），扶南諸外國來獻琉璃。」[46]「吳主孫權赤烏 6 年（243 年）12 月，扶南王范旃遣使獻樂人及方物。」[47]

孫權派遣到扶南的使節是中郎康泰、宣化從事朱應：

「吳時（229-280），遣中郎康泰、宣化從事朱應，使於扶南。扶南國人猶裸，唯婦人著貫頭。泰、應謂曰：『國中實佳，但人褻露，可怪耳。』尋始令國內男子著橫幅。橫幅，今干漫也。大家乃截錦為之，貧者乃用布。」[48]

康泰和朱應所航行的海道，是沿襲後漢桓帝時期大秦人和南天竺人到中國所走的路線，據梁書海南諸國之記載：「海南諸國大抵在交州南及西南大海洲上，相去近者，三五千里，遠者二三萬里，其西與西域諸國接壤。漢元鼎中，遣伏波將軍路博德開百越，置日南郡。其徼外諸國，自武帝以來皆朝貢，後漢桓帝世，大秦、天竺皆由此道遣使貢獻。及吳孫權時遣宣化從事朱應、中郎康泰通焉。其所經及傳聞則有百數十國，因立記傳。晉代通中國者，蓋渺，故不載史官。及宋齊，至者有十餘國，始為之傳。自梁革運，其奉正朔，修貢職，航海歲至踰於前代矣。今採其風俗粗者，綴為海南傳云。」[49]

---

[45] 楊家駱主編，新校本三國志注附索引，卷六十，吳書，賀全昌周鍾離傳第十五，鼎文書局，臺北市，1993 年，頁 1285。

[46] 〔唐〕歐陽詢撰，藝文類聚，卷八四，寶玉部下，瑠璃，頁 19。收錄在欽定四庫全書。

[47] 楊家駱主編，新校本三國志注附索引，卷四七，吳書，吳主傳第二，頁 1145。

[48] 〔唐〕李延壽撰，南史，卷七十八，列傳第六十八，扶南國條，頁 7。

[49] 〔唐〕姚思廉撰，梁書，卷五十四，海南諸國，頁 1。

　　然而，可惜的是康泰和朱應出使訪問後所寫的外國傳（吳時外國傳）失傳，以致於無法完全瞭解他們所經歷的各國的情況。以後的史書，像梁書、水經注、太平御覽、藝文類聚、古今圖書集成等書有片段引用吳時外國傳的資料。

　　無論如何，康泰和朱應出使過程中記載了一件重要的發現，就是最早有關南海和海中的沙洲及島礁，康泰在扶南傳中寫道：「漲海中，倒珊瑚洲，洲低有盤石，珊瑚生其上也。」[50]

　　康泰對於珊瑚洲的方位沒有詳細說明，較難判斷其是哪個群島。西元第三世紀，晉朝人裴淵所寫的廣州記，他提及珊瑚洲就有明確的方位，他說：「珊瑚洲，在東莞縣南五百里，昔有人於海中捕魚，得珊瑚。」韓振華認為珊瑚洲可能為現今的東沙島。[51]不過，從方位來看，東沙島位在東莞的東南方，而西沙群島是位在東莞的南方，因此，珊瑚洲可能是西沙群島。

　　早期船隻受限於性能，必須沿著海岸航行，從中國南邊港口出發後，船隻沿著越南外海航行，經過越南中部廣義、平山一帶的岸外的外羅山，南下到湄公河口，然後進入湄公河往西行溯河到扶南國，康泰和朱應應是循此航路到扶南。

　　從第三世紀後，中國能建造較大的平底船，因此有關航行南海諸國，日漸增加。對於航行到東南亞的過程也有較多的記載，譬如唐朝姚思廉撰梁書一書中的「海南諸國傳總敘」說：「海南諸國，大抵在交州南及西南大海洲上。相去近者三五千里，遠者二三萬里，其西與西域諸國接。……及吳孫權時，遣宣化從事朱應、中郎康泰通焉。其所經及傳聞，則有百數十國，因立記傳。晉代，通中國者蓋渺，故不載史官。及宋、齊，至者有十餘國，始為之傳。自梁革運，其奉正朔，修貢職，航海歲至，踰於前代

---

[50]　〔宋〕李昉等人撰，太平御覽，卷六十九，地部三十四，新興書局重印，臺北市，1959年，頁437。

[51]　見〔宋〕樂史，太平寰宇記，卷一五六，嶺南道一，廣州，東莞縣，頁十二，木刻本。另參考韓振華主編，我國南海諸島史料匯編，東方出版社，北京市，1988年，頁27。

矣。」[52]而正史中記南海諸國者，有宋書夷蠻傳、南齊書蠻夷傳、梁書諸
夷傳，李延壽的南史夷貊傳，則總其成。前述一段話記載了一個重要的訊
息，就是中國只有在三國時曾遣使到南海諸國，很可能是搭乘扶南國或他
國的船隻。以後就是南海諸國遣使到中國，此情況一直到北宋時期都是如
此。

第五節　法顯航越安達曼海和南海

　　法顯是東晉時代的和尚，受到當時陸上絲路從印度傳來的佛教的影
響，他也跟隨前人的腳步，在西元 399 年 3 月從長安出發走陸路前往印度
求法，在印度居住 10 年後，他順著恆河往東航行，然後從恆河口往南航
行到師子國，即今斯里蘭卡。在 413 年 9 月從師子國啟程返國。（參見圖
3-6）足見當時已有航線從師子國航行到耶婆提，惟不知其是始於何時。
他把該一段行程記載在佛國記一書中。

　　該書說：

　　「晉安帝義熙 9 年（413 年）9 月，從師子國東行返回中國，……即
載商人大船，上可有二百餘人，後係一小船，海行艱險，以備大船毀壞。
得好信風，東下二日，便值大風……如是大風晝夜十三日，到一島邊，潮
退後，見船漏處即補塞之。於是復前，……如是九十日許，乃到一國，名
耶婆提。其國外道婆羅門興盛，佛門不足言。停此國五月日，復隨他商
人，大船上亦二百許人，齎五十日糧，以四月十六日發。法顯於船上安
居。東北行，趣廣州。」[53]

　　據佛國記的記載，法顯從斯里蘭卡出發 15 天，抵達一個小島，可能
為尼可巴群島（Nicobar Islands）中的小島，然後再航行 90 天抵達耶婆
提。關於耶婆提的位置，有不同的看法。蘇繼卿認為耶婆提位在占卑附
近。[54]馮承鈞認為耶婆提位在爪哇。[55]克勒克（Eduard Servaas de,

---

[52] 〔唐〕姚思廉撰，前引書，頁 783。

[53] 〔東晉〕法顯，佛國記，龍溪精舍叢書本，頁 35。收錄在中國哲學書電子化計畫。

[54] 蘇繼卿，前引書，頁 71。蘇繼卿認為闍婆洲即為東晉法顯佛國記所提及的耶婆提，在

Klerck）認為托勒密說 Jawa dwipa（即 Yavadvipa）產黃金，此與事實不合，因為爪哇不產金，而蘇門答臘產金，因此很可能是當時他把蘇門答臘當成整個爪哇島。[56]日本學者別技篤彥亦認為托勒密所繪的古地圖中的 Iabadieu，應是指爪哇的古名 Yawadwipa。但他質疑 Iabadieu 不單指爪哇，而應包括爪哇和蘇門答臘兩個地方。[57]

資料來源：筆者自繪。

說明：圖中蘇門答臘島南邊的虛線是假設性航線。

圖 3-6：法顯東行返回中國路線圖

　　其次，從語音來看，耶婆提與稍晚在宋文帝元嘉 12 年（435 年）秋 7 月辛酉，遣使到中國的闍婆娑達國、闍婆國、闍婆鈔達、闍婆達國是否為

　　今蘇門答臘。而呵羅丹國，又寫為訶羅單國、呵羅旦國，可能位在占卑附近。

55　馮承鈞，中國南洋交通史，臺灣商務印書館，臺北市，民國 51 年，頁 29，註 6。

56　Eduard Servaas de, Klerck, *History of the Netherlands East Indies*, W. L. & J. Brusse, Rotterdam, 1938, p.126. 從亞齊到南邊的楠邦（Lampung）都有黃金產地。參見 Himanshu P. Ray, *The Winds of Change, Buddhism and the Maritime Links of Early South Asia*, Oxford University Press, New Delhi, 1994, p.107.

57　別技篤彥著，潘明智譯，「西洋地圖學史對馬來西亞的認識」，東南亞研究（新加坡），1966 年第 2 卷，頁 103-110。

同一地點不同的音譯？這四國使節都是在同一年抵達中國，而且多次是與扶南一起來朝貢，文獻記載如下：

(1)「宋文帝元嘉 12 年（435 年）秋 7 月辛酉，闍婆娑達、扶南國並遣使朝貢。」[58]

(2)「宋文帝元嘉 12 年（435 年）秋 7 月辛酉，闍婆娑達國、扶南國並遣使獻方物。」[59]

(3)「宋文帝元嘉 12 年（435 年），闍婆婆達國王師黎婆達陀阿羅跋摩遣使奉表，曰：『宋國大主大吉，天子足下敬禮一切，種智安穩。天人師，降伏四魔，成等正覺，轉尊法輪，度脫眾生，教化已周，入於涅槃，舍利流布，起無量塔，眾寶莊嚴，如須彌山，經法流布，如日照明。無量淨僧，猶如列宿，國界廣大，民人眾多，宮殿城郭如忉利天宮。名大宋揚州大國大吉，天子安處，其中紹繼先聖王，有四海閻浮提內，莫不來服。悉以茲水普飲一切，我雖在遠，亦霑靈潤。是以雖隔巨海，常遙臣屬，願照至誠，垂哀納受。若蒙聽許，當年遣信，若有所須，惟命是獻。伏願信受，不生異想。今遣使主佛大陀婆，副使葛抵，奉宣微誠。稽首敬禮。大吉天子足下，陀婆所啟，願見信受，諸有所請，唯願賜聽。今奉微物，以表微心。』」[60]

(4)「宋文帝元嘉 12 年（435 年），扶南國、訶羅單國並遣使獻方物。是年，闍婆鈔達國王師梨婆達訶陀羅跋摩遣使奉表，曰：『宋國大主大吉，天子足下教化一切，種智安穩。天人師，降伏四魔，咸等正覺，轉尊法輪，度脫眾生，我雖在遠，亦霑靈潤。』」[61]

(5)「宋文帝元嘉 12 年（435 年），闍婆國遣使朝貢，後絕。」[62]

(6)「宋文帝元嘉 12 年（435 年），闍婆達國國王師黎婆達阿陀羅跋摩遣使奉表曰：『宋國大主大吉，天子足下教化一切，種智安穩，天人師

---

[58] 〔唐〕李延壽撰，南史，卷二，宋本紀中第二。

[59] 〔梁〕沈約撰，宋書，卷五，本紀第五，文帝。收錄在欽定四庫全書。

[60] 〔梁〕沈約撰，宋書，卷九十七，列傳第五十七，夷蠻，頁 7-8。

[61] 〔宋〕王欽諾、楊億等奉敕撰，冊府元龜，卷九六八，外臣部十三，朝貢第一。

[62] 〔元〕脫脫撰，宋史，卷四百八十九，列傳第二百四十八，闍婆國條，頁 16-17。

降伏四魔，成等正覺，轉尊法輪，度脫眾生，我雖在遠，亦霑靈潤。』」[63]

（7）「闍婆國王奉劉宋太祖表。宋國大主大吉天子足下，敬禮一切種智安穩天人師，降伏四魔，成等正覺，轉尊法輪，度脫眾生，教化已周入于涅槃，舍利流布，起無量塔，眾寶莊嚴，如須彌山，經法流布，如日照月，無量淨僧，猶如列宿。國界廣大，民人眾多，宮殿城郭，如忉利天宮，名大宋揚州大國，大吉天子，安處其中，紹繼先聖，王有四海，閻浮提內，莫不來服，悉以茲水，普飲一切。我雖在遠，亦霑靈潤，是以雖隔巨海，常遙臣屬，願照至誠，垂哀納受。若蒙聽許，當年遣信。若有所須，惟命是獻。伏願信受，不生異想。今遣使主佛大陀婆、副使葛抵，奉宣微誠，稽首敬禮。大吉天子足下，陀婆所啟，願見信受，諸有所請，唯願賜聽。今奉微物，以表微心。」[64]

以上諸文獻出現闍婆婆達國、闍婆國、闍婆鈔達、闍婆達國 4 個國名，分別由不同的書記載同一年同一件事。清朝張廷玉撰的明史即說：「闍婆，古曰闍婆達，宋元嘉時，始朝中國。唐曰訶陵，又曰社婆，其王居闍婆城。宋曰闍婆，皆入貢。」[65]陳佳榮、謝方、陸峻嶺認為這些都是闍婆的誤寫。[66]以後以闍婆為國名載諸史籍者較多。

第三，孟加拉灣的季節風，從 4 月到 10 月吹西南風，10 月到隔年 4 月吹東北風。[67]法顯是在 9 月出發，如佛國記中說的是順著信風。但關於他的航程時間的記載明顯有錯誤。此可從他在耶婆提出發的日期倒算，他是在 4 月 16 日啟程返中國，之前在耶婆提停了 5 個月，時間應該在前一年 11 月中旬抵達耶婆提，而從師子國出發到達耶婆提的時間僅有 2 個月或多一點的時間。此與他說的合計 105 天有矛盾。因此，最大的可能是航行到耶婆提的時間有錯誤。對於此一錯誤，梁朝釋慧皎所撰的高僧傳中加

---

[63] 〔唐〕李延壽撰，南史，卷七十八，列傳第六十八，頁 12。

[64] 〔明〕張燮，東西洋考，卷十一，爪哇條，頁 155-156。

[65] 〔清〕張廷玉撰，明史，卷三百二十四，列傳第二百一十二，外國五，闍婆條，頁 24。

[66] 陳佳榮、謝方、陸峻嶺編，古代南海地名匯釋，中華書局，北京市，1986 年，闍婆婆達國條，頁 724-725。

[67] Patit Paban Mishap, *op. cit.*

以改正為 10 餘日，該書記載說：「法顯到師子國，……既而附商人船，循海而還。舶有二百許人，值報風水入，眾皆惶懼，即取雜物棄之。顯恐棄其經像，唯一心念觀世音，及歸命漢土眾僧，舶任風而去，得無傷壞。經十餘日，達耶婆提國，停五月，復隨他商，東適廣州。」[68]此一改正雖較為合理，但亦有缺點，因為法顯越過安達曼海花了 15 天，從尼可巴島到爪哇，可能也須 10 多天，合起來可能超過 30 天。

法顯先抵達的小島，可能是尼可巴群島。以後的航程，經過何路線，並不清楚。他從尼可巴群島往東航行，有三條航線，第一條是經過馬六甲海峽，直接越過蘇門答臘往東到達爪哇。第二條是進入馬六甲海峽後繞經馬來半島南端，往北沿著海岸航行到泰南。第三條是經過蘇門答臘南邊的印度洋航行到耶婆提。

第一條航線是經過馬六甲海峽，越過蘇門答臘，繼續往東航行到爪哇島，由於會經過赤道無風帶，所以航速減緩，另外就是遇上暴風雨或天氣變壞，以至於花了 90 天才抵達港口城市耶婆提，又稱為闍婆達的地方。闍婆（闍婆達）在何地？闍婆的位置曾有數次更易，清朝徐繼畬輯著的瀛環志略說，「今西爪哇的萬丹（Banten），即古闍婆所在地。」[69]印尼學者薩努西・巴尼認為在第八到九世紀，闍婆是位在中爪哇。他也認為闍婆洲即在中爪哇。[70]而位在中爪哇的港口，是否為三寶壟（Samarang）或南望（Rěmbang）？

不過，在第五世紀的爪哇港口中，以對外聯繫和貿易的便利性而論，還是以萬丹港口為耶婆提所在地的可能性最大。而萬丹是呵羅單國王都所在地。「宋文帝元嘉 7 年（430 年），呵羅單國治闍婆洲。遣使獻金剛指環、赤鸚鵡鳥、天竺國白疊、古貝葉、波國古貝等物。」[71]呵羅單國可能

---

68 〔梁〕釋慧皎撰，高僧傳，卷第三，釋經下，宋江陵辛寺釋法顯。

69 〔清〕徐繼畬輯著，瀛環志略，臺灣商務印書館，臺北市，民國 75 年重印，卷二，頁 120、129。

70 〔印尼〕薩努西・巴尼著，吳世璜譯，前引書，上冊，頁 33、53。

71 〔梁〕沈約撰，宋書，卷九十七，列傳第五十七，夷蠻，頁 4。
「宋文帝元嘉 7 年（430 年），呵羅丹國，都闍婆洲，遣使獻金剛指環、赤鸚鵡鳥、天竺國白疊古貝、葉波國古貝等物。」（〔唐〕李延壽撰，南史，卷七十八，列傳第六十

發源於今天的雅加達，後來控制萬丹及西爪哇地區。另外，亦有學者認為呵羅單國可能位在馬來半島東岸的吉蘭丹或關丹，[72]跨海佔領萬丹。但以當時的國家規模來看，這種可能性不大，也非容易之事。因此，呵羅單可能位在雅加達附近。謬連（W. J. van der Meulen, S. J.）即認為呵羅丹位在雅加達附近的塔倫河（Tarum River）盆地。[73]

泰國學者拉加尼（Mom Chao Chand Chirayu Rajani）認為法顯走的是第二條航線，航抵泰南的猜耶。他認為從法顯搭的船被風吹入赤道以南，經過異他海峽（Sunda Strait）到達爪哇，這是不可能的，因為進入赤道以南的無風帶，船隻無法航行到中國。因此，耶婆提可能位在馬來半島東海岸，才能利用季節風航向中國。[74]加拉尼之所以做此論點，主要的理論出發點是他極力主張泰南的猜耶是當時馬來群島的文化中心。他甚至認為在第七世紀興起的室利佛逝國是位在猜耶，而非在蘇門答臘的舊港。

第三條航線是航經蘇門答臘南邊的印度洋，同樣會經過赤道無風帶，以至於使得船行速度減緩，同樣可能是遇上暴風雨或天氣變壞，以致於花了 90 天繞經蘇門答臘島南端後，進入異他海峽，停靠在該海峽出爪哇海右岸的港口萬丹港。

第四，法顯假如是從萬丹港返回廣州，而且知道從萬丹到廣州的航程須「齎 50 日糧」，足見當時已有定期航線，知道此一航程須準備 50 天的糧食。而該一航線是走過去馬來半島東岸的沿岸航線呢？抑或是直接從萬

八，頁 12。）

「宋文帝元嘉 10 年（433 年）夏，林邑、闍婆婆州、訶羅單國並遣使朝貢。」（〔唐〕李延壽撰，南史，卷二，宋本紀中第二。）

「宋文帝元嘉 7 年（430 年），闍婆洲呵羅國王毗沙跋摩遣使奉獻。」（〔宋〕李昉編，太平御覽，卷七八七引，元嘉起居注。）

72 〔印尼〕薩努西‧巴尼著，吳世璜譯，前引書，上冊，頁 33、53。

73 參見 W. J. van der Meulen, S. J., "In search of Ho-ling," *Indonesia*, 23 (1977). 引自 Kenneth R. Hall, "Economic History of Early Southeast Asia," in Nicholas Tarling (ed.), *The Cambridge History of Southeast Asia*, Vol. One, From Early Times to C.1500, Cambridge University Press, UK, 1999, pp.182-275.

74 Mom Chao Chand Chirayu Rajani, "Background to the Sri Vijaya Story – Part I," *The Journal of the Siam Society*, Vol.62, Part I, January 1974, pp.174-211, at pp.196-197.

丹越過南海，經林邑、交阯外海到廣州？我們可以從他說：「東北行，趣廣州。」以及後來船隻航行都沒有靠岸的記載來判斷，可能是直接越過南海。

第五，佛國記的記載也透露出西爪哇地區宗教文化變動的情形。法顯在佛國記中說：「耶婆提。其國外道婆羅門興盛，佛門不足言。」法顯說耶婆提「其國外道婆羅門興盛」，指的是法顯本人信仰的是「正道」的佛教，因此他稱婆羅門教為「外道」，以示尊重。換言之，當時萬丹流行的是婆羅門教。

根據宋書的說法：「宋文帝元嘉 7 年（430 年），呵羅單國治闍婆洲。遣使獻金剛指環、赤鸚鵡鳥、天竺國白疊、古貝葉、波國古貝等物。」[75]意即在 430 年闍婆達變成呵羅單的屬國，而呵羅單為佛教國家。「宋文帝元嘉 10 年（433 年），呵羅單國王毗沙跋摩奉表曰，常勝天子陛下，諸佛世尊常樂安穩，三達六通為世間導，是名如來，是故至誠，五體敬禮。其後為子所篡奪。」[76]

至「宋文帝元嘉 12 年（435 年），闍婆達國國王師黎婆達阿陀羅跋摩遣使奉表曰：『宋國大主大吉，天子足下教化一切，種智安穩，天人師降伏四魔，成等正覺，轉尊法輪，度脫眾生，我雖在遠，亦霑靈潤。』」[77]這是闍婆達國最後一次遣使中國的記載，以後很可能完全被呵羅單滅國，而該國在被呵羅單統治後，也跟著改信佛教。

第六，法顯從師子國航行到耶婆提，在耶婆提等待信風，而且知道從耶婆提航行到廣州，須費 50 天時間，最重要的，有 2 百多位商人搭乘，這樣的航行，不可能是臨時安排的，而很有可能是當時固定的航線。此可以從南史的記載找出蛛絲馬跡。「宋文帝元嘉 7 年（430 年），呵羅單、林邑、呵羅他、師子等國並遣使朝貢。」[78]表面看起來這 4 個國家同時遣使朝貢，沒有什麼特別之處，在過去亦有海外國家同時遣使朝貢的記載。

75　〔梁〕沈約撰，宋書，卷九十七，列傳第五十七，夷蠻，頁 4。
76　〔唐〕李延壽撰，南史，卷七十八，列傳第六十八，頁 12。
77　〔唐〕李延壽撰，南史，卷七十八，列傳第六十八，頁 12。
78　〔唐〕李延壽撰，南史，卷二，宋本紀中第二。

但仔細思考這 4 國為何會同時遣使朝貢？以這 4 國分別散在不同地理區域，而當時交通不便，在沒有良好通信設施的情況下，這4國聯絡同時遣使，幾乎是不可能的事。因此，最大的可能是這4國剛好位在同一條航線上，即船隻從師子國出發，繼之航抵呵羅他、呵羅單和林邑，這些國家的使節即搭乘同一艘船聯袂到中國朝貢。

第七，法顯的航程中沒有提及蘇門答臘，這是很值得注意的，因為當時的船隻必須沿途靠港補充飲水和糧食，但他的航程中竟沒有停靠蘇門答臘的紀錄，是否表示當時蘇門答臘尚無重要港口？位在巴鄰旁一帶的干陀利遣使中國的時間是在441年，法顯在413年經過蘇門答臘而不入，中間有28年，應是干陀利尚未形成重要港口，所以法顯的船隻沒有靠港。

無論如何，法顯的航程記錄，對當時的航海事業做出了極為重要的貢獻，也讓世人知道在第五世紀時，人類已可以從南印度越過安達曼海以及從西爪哇越過南海航行到中國。不過，航路的改變，並沒有立即影響泰南半島的陸地路線。在第七世紀時，還出現另一條越過半島的路線，就是隋朝的使節常駿從泰南的北大年登陸，越過半島步行到馬六甲海峽沿岸的吉打。

第四章
第六世紀到第十一世紀的航路

第一節　隋朝遣使到泰南

隋文帝仁壽末年，即在 604 年授劉方為驩州道（今義安）行軍總管，以尚書右丞李綱為司馬，經略林邑。煬帝大業元年（605 年），毀林邑城擄掠而歸。漢武帝在征伐日南後隨即遣使到泰南，隋煬帝的作法也是一樣，在侵伐林邑後，接著遣使到泰南。

根據隋書的記載：

「隋煬帝大業 3 年（607 年）10 月，屯田主事常駿、虞部主事王君政等請使赤土，帝大悅，遣齎物 5 千段以賜赤土王。其年 10 月，駿等自南海郡乘舟，晝夜 2 旬，每日遇便風，至焦石山而過，東南詣陵伽鉢拔多洲，西與林邑相對，上神祠焉。又南行至師子石。自茲島嶼連接。又行 2、3 日，西望見狼牙須國之山，於是南經雞籠島。至於赤土之界，其王遣婆羅門鳩摩羅以舶 30 艘來迎，吹蠡擊鼓，以樂隋使，進金鎖，以纜駿船，月餘至其都。王遣其子那邪迦請與駿等禮見。」[1]

關於赤土的位置，有不同的說法。清朝丁謙認為赤土在馬來半島北大年、吉蘭丹（Kelantan）、登嘉樓（Trengganu）等一帶地區。[2]蘇繼卿認為赤土在馬來半島之吉陀（即吉打）。[3]許雲樵認為「赤土」即「羯荼」

---

[1]　〔唐〕魏徵撰，隋書，卷八十二，列傳第四十七，赤土條，頁 4-5。
[2]　參考許鈺，「赤土考」，載於姚枬、許鈺編譯，前引書，頁21。
[3]　蘇繼卿，前引書，頁145。

一名的轉訛而不是譯意。[4]許鈺認為赤土在宋卡（Songkhla）至北大年一帶。[5]吳翊麟認為赤土在宋卡府和博他崙府之間。[6]布里格斯亦認為赤土位在宋卡和北大年之間，也可能在吉打的西南部。[7]

　　李金明認為焦石山可能為西沙群島。陵伽鉢拔多洲，位在越南 Sa-hoi 角的 Langson 島。師子石是新加坡。[8]

　　但根據隋書後面一句話「西與林邑相對」研判，陵伽鉢拔多洲可能是越南中部廣義外海的廣東群島（Cu Lao Re），又稱外羅山，該地為船隻沿越南海岸航行必經之地。李金明認為師子石是新加坡，這是不正確的。因為後面有一句話「西望狼牙須國之山」，而「狼牙須國」，即「狼牙修國」，位在泰國南部宋卡、北大年到馬來西亞北部的吉打之間，所以船隻航行不可能已抵達新加坡。因此，師子石應該是位在暹羅灣靠近泰國南部克拉地峽東南方的斗島（龜島）。「自茲島嶼連接」，可能是指接著在南方的攀根島、蘇梅島、安通島等島群。從海上往西可以看見「狼牙須國之山」，應是指那坤是貪瑪力山脈（Nakhon Si Thamarat）的廊班芝山（Kh. Hnoung Benche）以及南邊的巒山（Kh. Luang），前者高 1975 公尺，後者高 1781 公尺，因此很容易從海上看到它。雞籠島，應是位在廊班芝山和巒山外海的島嶼。

　　常駿的船隊進入赤土的國界，就有赤土國王遣 30 艘船歡迎，足見常駿抵達的地點是一個港口，此一港口可能是今天泰國南部的宋卡或北大年，而以北大年的可能性較大，因為根據北史的記載：「赤土國，……土色多赤，因以為號。東婆羅剌國，西婆羅娑國，南訶羅旦國，北拒大海。」以地理方位來看，北大年北方面海，而宋卡係東北方面海。

　　隨後赤土國王的人員「進金鏁，以纜駿船」，「金鏁」是國王賜的鑲金的衣服（北史記載：「赤土國……男女通以朝霞、朝雲雜色布為衣，豪

4　許雲樵，馬來亞史（上冊），頁 121。

5　許鈺，前引書，頁 3、10、26。

6　吳翊麟，暹南別錄，臺灣商務印書館，臺北市，民國 74 年，頁 5。

7　Lawrence Palmer Briggs, "The Khmer Empire and The Malay Peninsula," *The Far Eastern Quarterly*, Vol.3, No.3, May 1950, pp.256-305, at p.303.

8　李金明、廖大珂，前引書，頁 21。

富之室，恣意華靡，唯金鑲非王賜不得服用。」），[9]意思是送給常駿鑲金衣服，然後將常駿船隊繫纜在港口。為何要如此作？最大的可能是不用再乘船，而改為步行。此後，常駿等人即走了一個多月才抵達赤土國的首都。換言之，北大年應只是赤土國的一個港口而已，並非王都所在地。

根據梁書的記載，「狼牙修國，在南海中，其界東西 30 日行，南北 20 日行。」[10]邱新民即認為狼牙修國即為赤土、羯荼，今馬來半島之吉打。[11]因此，常駿應是從北大年步行了 30 多天到達吉打。泰國出版的著作亦認為古代從北大年到吉打有一條古道。[12]

換言之，直至第七世紀，泰南半島尚有兩條路線可以越過半島，一條是從蘇叻他尼到高吧，另一條是從北大年到吉打。這些城市除了成為商業中心外，亦成為文化傳播中心，主要的宗教文化是深受印度影響的婆羅門教和佛教。

此外，在隋朝，泰南和印尼群島一帶也陸續出現一些新國家，例如丹丹國、多羅磨國。「丹丹國，隋時聞焉，在多羅磨國西北，振州東南。王姓剎利，名尸陵伽，理所可二萬餘家，亦置州縣，以相統頒。王每晨夕兩次臨朝。其大臣八人，號曰八座，並以婆羅門為之。」[13]丹丹國即馬來半島東岸的吉蘭丹。[14]多羅磨位在西爪哇的萬丹，[15]可能是繼呵羅單以後成立的新國家。[16]「梁武帝天監 10 年（511 年），婆利國貢金席。」[17]「普

9　〔唐〕李延壽撰，北史，卷九十五，列傳第八十三，赤土國條，頁 12。收錄在欽定四庫全書。

10　〔唐〕姚思廉撰，梁書，卷五十四，列傳第四十八，海南諸國條，頁 14-15；南史，卷七十八，列傳第六十八，狼牙修條，頁 14。收錄在欽定四庫全書。

11　邱新民，東南亞古代史地論叢，南洋學會出版，新加坡，1969 年，頁 233。

12　參見 Sujit Wongthes, ed., *Srivijaya*, The Promotion and Public Relations Office of Fine Arts Department, Bangkok, 1988, p.82.

13　〔唐〕杜佑，通典，卷一八八，丹丹傳。收錄在欽定四庫全書。

14　許鈺，前引書，頁 14-15。

15　John N., Miksic, "Heterogenetic Cities in Premodern Southeast Asia," *World Archaeology*, Vol.32, No.1, Archaeology in Southeast Asia, June 2000, pp.106-120.〔印尼〕薩努西‧巴尼，前引書，上冊，頁 32。

16　蘇繼卿，前引書，頁 281。

17　〔唐〕李延壽撰，南史，卷六，梁本紀上第六。

通 3 年（522 年）秋 8 月甲子，婆利、白題國各遣使朝貢。」[18]婆利國，
可能為巴里島（Bali）。白題國，不可考。

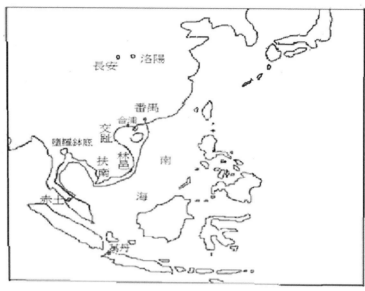

資料來源：筆者自繪。

圖 4-1：隋使出使赤土路線圖

第二節　賈耽所記廣州通海夷航路

賈耽是唐朝貞元時期（785-805 年）的宰相，凡是四夷使節到來必定
詢問他們國家方位、道里遠近而將之記載下來，以後編纂成古今郡國縣道
四夷述（四十卷）及皇華四達記（十卷），對於唐朝從廣州到四夷的海道
作了全盤的描述，堪稱是一重要的地誌著作。然而，皇華四達記一書佚
失，據稱新唐書地理志末所記載之四夷之諸交通線路，係抄錄自皇華四達
記。

---

18 〔唐〕李延壽撰，南史，本紀，卷七，梁本紀中第七，武帝下。

新唐書地理志對於廣州通海夷航路之記載如下：

「廣州東南海行，二百里至屯門山（廣東省寶安南頭以南，香港大嶼山以北，今九龍半島西北岸一帶），乃帆風西行，二日至九州石（今海南島東北面之七洲山）[19]。又南二日至象石（今海南島東南面之大洲島）[20]。又西南三日行，至占不勞山（Culao Cham，今越南之占婆（Champa）島）[21]，山在環王（即林邑、占婆）國東二百里海中。又南二日行至陵山（越南東南岸的歸仁一帶）[22]。又一日行，至門毒國（今越南綏和市一帶）。又一日行，至古笪國（今越南的芽莊一帶）[23]。又半日行，至奔陀浪州（又寫為賓同龍，今越南的藩朗（Phan Rang）一帶）。又兩日行。到軍突弄山（今越南之崑崙島）[24]。又五日行至海硤，蕃人謂之質（馬來語 Selat 之譯音，指新加坡海峽和馬六甲海峽）[25]，南北百里，北岸則羅越國（指柔佛（Johore）），南岸則佛逝國（指室利佛逝，今蘇門答臘島巨港、占卑一帶）。佛逝國東水行四五日，至訶陵國（今爪哇島），南中洲之最大者。

又西出硤，三日至葛葛僧祇國（指蘇門答臘東北岸外之望加麗島（Bengkalis）），在佛逝西北隅之別島，國人多鈔暴，乘舶者畏憚之。其北岸則箇羅國（即克拉（Kra），又作哥羅）。箇羅西則哥谷羅國（指高吧（Takaba, Takala）[26]或董里（Trang）[27]）。

又從葛葛僧祇四五日行，至勝鄧洲（或謂在蘇門答臘島東北岸的日里

---

[19] 陳佳榮「南溟網」第四章唐代與南海諸國之交通，第一節唐代的廣州通海夷道，http://www.world10k.com/blog/?p=665（2020 年 3 月 25 日瀏覽）。

[20] 陳佳榮，前引文。

[21] 陳佳榮，前引文。

[22] 陳佳榮，前引文。

[23] 陳佳榮，前引文。

[24] 陳佳榮，前引文。

[25] 蘇繼卿，南海鉤沉錄，臺灣商務印書館，臺北市，1989 年，頁 374-375。

[26] 許雲樵，「馬來亞古代史研究」，許雲樵輯，馬來亞研究講座，世界書局，新加坡，1961 年，頁 8-18。

[27] 蘇繼卿，南海鉤沉錄，臺灣商務印書館，臺北市，1989 年，頁 375。

（Deli）一帶）[28]。又西五日行，至婆露國（又名婆魯斯（Borus），指蘇門答臘西北部的亞齊一帶）。又六日行，至婆國伽藍洲（指尼可巴群島（Nicobars））。又北四日行，到師子國（指斯里蘭卡），其北海岸距南天竺大岸百里。

又西四日行，經沒來國（在印度半島南端的納蓋科伊爾（Nagercoil）），南天竺之最南境。又西北經十餘小國，至婆羅門（即印度）西境。又西北二日行，至拔颷國（今印度西北岸之布羅奇（Broach））[29]。又十日行，經天竺西境小國，五日至提颷國（指古吉拉特（Gujarat）邦的迪烏（Dieu）），其國有彌蘭大河（阿拉伯語稱印度河為 Nahr Mihran），一曰新頭河（印度河（Indus R.）），北自渤崑國（或指大勃律，今克什米爾西北之巴爾提斯坦（Baltistan）一帶）[30]來，西流至提颷國，北入於海。

又自提颷國西二十日行，經小國二十餘，至提羅盧和國（Djerrarah，或在今伊朗西部波斯灣頭的阿巴丹（Abadan）附近）[31]，一曰羅和異國，國人於海中立華表，夜則置炬其上，使舶人夜行不迷。又西一日行，至烏剌國（Al-Ubullah，或應在阿巴丹西北面之霍拉姆沙赫爾（Khorramshahr））[32]，乃大食（即阿拉伯）之弗利剌河（即今幼發拉底（Euphrates）河）[33]，南入於海。小舟泝流，二日至末羅國（在今伊拉克巴士拉（Basra）附近，或其西南之祖拜爾（Zubair）一帶）[34]，大食重鎮也。又西北陸行千里，至茂門王（當時阿拉伯哈里發（khalifah）為阿拔斯朝的訶論（Harun al-Rashid，786-809）。故或謂茂門王為 Amir al mumenin 之譯名，Amir 意為首領、君主，mummenin 意為信徒，音譯茂

28　陳佳榮，前引文。
29　陳佳榮，前引文。
30　陳佳榮，前引文。
31　陳佳榮，前引文。
32　陳佳榮，前引文。
33　陳佳榮，前引文。
34　陳佳榮，前引文。

門）[35]所都縛達城（又寫為報達，即伊拉克之巴格達（Baghdad））。

　　自婆羅門南境，從沒來國至烏剌國，皆緣海東岸行。其西岸之西，皆大食國，其西最南謂之三蘭國（在今東非坦尚尼亞（Tanzania）之三蘭港（Dar es Salaam））。自三蘭國正北二十日行，經小國十餘，至設國（今葉門之席赫爾（Schehr）一帶）[36]。又十日行，經小國六七，至薩伊瞿和竭國（或應在今阿曼之馬斯喀特（Muskat）附近）[37]，當海西岸。又西六七日行，經小國六七，至沒巽國（即今阿曼（Oman）之蘇哈爾（Sohar），為其波斯語名 Mezoen 之譯音）[38]。又西北十日行，經小國十餘，至拔離謌磨難國（或謂在波斯灣內之巴林（Bahrain）島）[39]。又一日行，至烏剌國，與東岸路合。」[40]

　　以上引文內之國名或地名，有些經考證確實知悉其現今之方位，有些則仍係推估之詞，未可據以為定論。儘管如此，唐朝時已有船隻航行中國、印度、阿拉伯半島和東非等港口，其路線跟七百多年後鄭和航路竟然大致相同，令人驚訝，唯一差別是鄭和是一個船隊航行七次所經過的航路，而唐朝是由各國遣使到中國所構成的航路。無論如何，唐朝之通海夷之航路大略如圖 4-2 所示。

---

[35]　陳佳榮，前引文。
[36]　陳佳榮，前引文。
[37]　陳佳榮，前引文。
[38]　陳佳榮，前引文。
[39]　陳佳榮，前引文。
[40]　〔宋〕歐陽修、宋祁撰，新唐書，卷四十三下，地理志下，廣州通海夷道條。

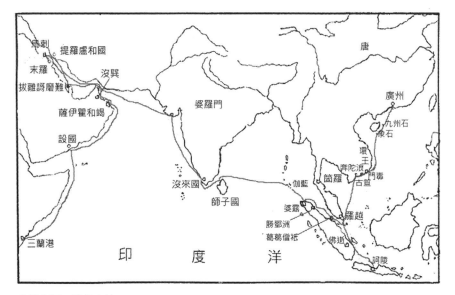

資料來源：筆者自繪。

圖4-2：廣州通海夷道

第三節　日本遣唐使到中國

　　李淵在 618 年建立唐朝，是為唐高祖。626 年，傳位給其子李世民（唐太宗），唐太宗勵精圖治，而有真觀之治美譽，使得唐朝成為東亞地區政治和文化發展最好的典範。日本遂派遣使節和學生到唐朝學習唐朝的典章制度和佛教，從 630 年派遣首任遣唐使犬上御田鍬到 894 年由菅原道真建議廢止後，前後派遣次數有不同說法，藤家禮之助認為共 12 次，東野治之、王勇根據大使的任命記載，認為共 20 次。

　　跟其他東南亞國家之使節一樣，日本派遣之遣唐使也一樣有正使和副使，有時還有位於大使上的押使，此外亦有留學生及僧人。每次出海，都有 400 到 500 人，分別乘坐二到四艘船渡海。

　　遣唐使航行的路線有三條，大致可以分為北路、南路和南島路三條。

　　（一）北路。從難波的三津浦（今大阪市南區三津寺町附近）出發，沿瀨戶內海西進，在築紫的大津浦（現在的博多）停泊。這一路段，南路

和南島路的路線亦如此。接下來北路航線與遣隋使時走的路線一樣（或者說與倭五王及卑彌呼的遣使路線一樣），從這裡出發，經壹岐、對馬，抵達朝鮮半島的南岸，然後沿朝鮮半島西岸北上，或從甕津半島末端一帶跨越黃海，抵達山東半島的一角；或從遼東半島的西端，經廟島列島在登州附近登陸。然後走陸路經萊州、青州、兗州、汴州（開封）、洛陽等地到達長安。根據新唐書日本傳記載：「新羅梗海道，更繇明、越州朝貢。」[41]新羅在 676 年統一朝鮮半島，拒斥日本，與日本發生多次衝突，日本船隻遂不經新羅海域，改走南路航線到中國。

　　（二）南路。是從博多出發後，在平戶或五島列島暫時停泊，等到順風後橫渡東海，直接到明州（今寧波）。

　　（三）南島路。沿九州的西岸南下，經薩摩向多褹（種子島）、夜久（屋久島）、奄美大島，航越東海，到明州（今寧波）。

　　上述經由南路和南島路的使節團到達明州後，走陸路經杭州、蘇州、揚州，通過大運河邗溝和通濟渠到汴州，西進至長安。[42]

　　日本遣唐使走的路線固然如上述，但亦有例外。例如日本仁明天皇承和 2 年（835 年）7 月 2 日，派參議藤原常嗣為遣唐使，圓仁和尚隨行，遇險船毀，而折回。承和 4 年（837 年）7 月，再出發，遇風折回。承和 5 年 6 月 13 日，即大唐開成 3 年（838 年）6 月 13 日從九州博多分搭船，7 月 2 日因信風關係直接抵達楊州海陵縣淮南鎮大江口。[43]會昌 4 年（844 年）7 月，因為唐武宗毀寺驅僧，圓仁被迫還俗，會昌 5 年（845 年）5 月 15 日圓仁蓄髮變裝離開長安，前往萊州（山東掖縣）而抵文登縣之勾當新羅所。會昌 7 年（大中元年）（847 年）閏 3 月 10 日間，入新羅。7 月 21 日到登州界泊船。9 月 2 日午時從赤浦渡海，出赤山莫琊

[41]　〔宋〕歐陽修纂修、宋祁撰，新唐書，列傳第一百四十五，東夷。收錄在中國哲學書電子化計畫。

[42]　〔日〕藤家禮之助著，章林譯，「日本遣唐使來華的路線及其興衰」，澎湃新聞，2019年 6 月，https://k.sina.cn/article_5044281310_12ca99fde02000y2ah.html?from=history（2020年 2 月 22 日瀏覽）。

[43]　〔日〕圓仁撰，入唐求法巡禮行記，第 1 卷，CBETA 電子佛典集成，補編，第 18冊。http://tripitaka.cbeta.org/B18n0095_001（2020 年 6 月 19 日瀏覽）。

資料來源：「遣唐使」，維基百科，https://zh.wikipedia.org/wiki/%E9%81
%A3%E5%94%90%E4%BD%BF（2020 年 2 月 22 日瀏覽）。

圖 4-3：日本遣唐使乘坐的船隻

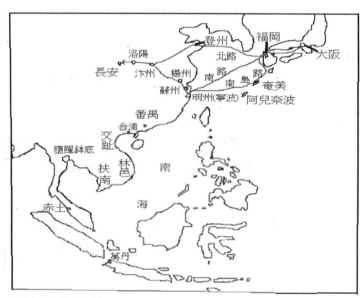

資料來源：作者自繪。

圖 4-4：日本遣唐使航路路線圖

口，向正東行。10 日平明，向東遙見對馬嶋。17 日到博太西南能舉嶋下泊船。[44]從這裡可知，後期遣唐使亦有從九州博多搭船前往楊州，回程時則是從山東登州搭船經新羅回到日本。

　　遣唐使人員在唐朝學習經史和佛典，留唐的時間有時長達 17 年，例如 717 年參加遣唐使的僧人玄昉和學者及政治家正二位右大臣吉備真備等人。日本前後有數十次派遣官員、學者和僧侶到中國學習，主要目的是瞭解中國的典章制度、學習中華文化、文字、服飾以及佛教教義，甚至於長安城市的建設格局。日本將其學自中國的典章制度和文化予以落實，也仿長安城興建京都，宮殿和寺廟之建築也學自中國。

第四節　鑑真和尚東渡日本

　　日本派遣至中國唐朝學習的人員中有和尚，他們在揚州就聽到有名望的鑑真和尚，因此在 742 年，日本留學僧榮睿、普照到達揚州，懇請鑑真東渡日本傳授佛教，為日本信徒授戒。742 年冬、744 年 1 月、745 年、

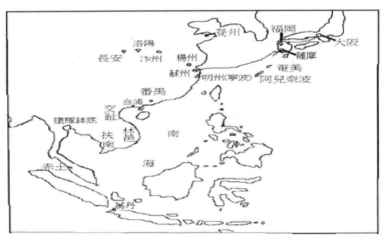

資料來源：作者自繪。

圖 4-5：鑑真和尚東渡日本路線圖

---

[44] 圓仁撰，入唐求法巡禮行記，第 4 卷。

746 年、748 年 11 月五次出海，因各種原因而未能順利渡到日本，直至 753 年 11 月，夥同 24 人，其中僧尼 17 人從蘇州黃泗浦搭日本遣唐使大船，抵達日本薩摩。第六次東渡終於成功，順利抵達日本，開啟他在日本弘揚佛法的事業，而成為日本佛教界的領袖。

第五節　大食人到廣州

在唐朝時，有許多大食、波斯人居住在廣州，形成一個「蕃坊」，有自行推選的番長自行管理。唐朝為吸引外商，儘量減少對外商的苛捐雜稅，並給予特殊的優待，例如大食人之間犯罪，依其本國法律處理。[45]但仍有發生苛待外番之情事。在唐肅宗乾元元年（758 年）9 月癸巳，大食、波斯寇廣州。[46]此乃是指當時住在廣州的大食、波斯人很多，由於受到刺史韋利的苛捐壓榨，而圍攻廣州城，韋利越城逃走，他們「搶倉庫，焚廬舍，浮海而去。」[47]當時的大食國應是指今天印尼蘇門答臘島西北端的亞齊（Ache），因為有許多阿拉伯人居住在亞齊，而被以大食稱呼。[48]第十二世紀北宋末年朱彧的萍洲可談卷二，記僑居廣州蕃坊中蕃商之食事云：「至今蕃人，但不食豬肉而已。」日人桑原騭藏即認為當時僑居廣州的蕃商多為回教徒。[49]

如果當時回教從海上傳到廣州，則它必然路經東南亞國家，因此，在此一時期東南亞應有一些國家或港口城市有回教徒在活動。前述的大食國，即屬於亞齊地區信仰回教的國家。

---

[45] 關於對外番犯罪之法律處置，參見桑原騭藏著，馮攸譯，中國阿剌伯海上交通史，臺灣商務印書館，臺北市，1985 年，頁 77-81。

[46] 〔宋〕歐陽修、宋祁撰，楊家駱主編，新校本新唐書附索引，卷六，本紀第六，肅宗，鼎文書局，臺北市，1998 年，頁 161。

[47] 〔後晉〕劉昫撰，舊唐書，卷一百九十八，西戎，波斯國條，頁 33。收錄在欽定四庫全書。

[48] 張燮稱，啞齊「其先為大食國，蓋波斯西境也。隋大業中，有牧者探穴得文石，詭言應瑞當王，聚眾影略，遂王其地。」（〔明〕張燮，東西洋考，卷四，啞齊條，臺灣商務印書館，臺北市，民國 60 年，頁 43。）

[49] 〔日〕桑原騭藏著，馮攸譯，前引書，頁 82。

資料來源：筆者自繪。

圖4-6：大食人從亞齊至廣州之路線

第六節　義淨經海路到室利佛逝和印度

據中國文獻的記載，在蘇門答臘島上最早出現的國家應是元嘉 18 年（441 年），有斤陀利國遣使到中國，斤陀利國就是宋孝武世（454-464 年）的干陀利國。

干陀利國位在何處，有不同的看法。陳能宗認為干陀利在今天印尼廖內省（Riau）英得臘其利縣（Inderagiri Hilir）固宛旦河（B. Kuantan）流域。[50]該一說法可能不夠正確，Indergiri 是一條位在蘇門答臘中部的河流，它的南邊就是占卑（Jambi）。明朝張燮的東西洋考說：「舊港，古三佛齊國也，初名干陀利。」[51]從而可知，干陀利是位在舊港。

如將蘇門答臘島和爪哇島遣使中國的時間作一比較，雖然遣使時間並無法做為國家存立時間先後的衡量標準，但誠如本文所做的假設，當國家

50　陳能宗，「古爪哇文『納卡拉柯爾塔卡麻』史詩贊頌滿者伯夷帝國版圖的三首詩譯注」，東南亞史論文集，第一集，暨南大學歷史系東南亞研究室出版，廣州，1980 年，頁 222-232。

51　〔明〕張燮，東西洋考，卷三，舊港條。

具一定規模時，才可能遣使向外尋求貿易機會。干陀利出現的時間比葉調國晚了 310 年，這是否顯示蘇門答臘的人口發展是從爪哇島和馬來半島移過去的？

563 年是干陀利國最後遣使到中國的年分。以後發生了何事未再至中國朝貢，無從知道。

干陀利國再度在中國文獻上出現的時間是在 647 年的「乙利鼻林送」，可能為 Sri Balembang 的音譯，即為室利佛逝（Sri-vijaya），首都在蘇門答臘島的巴鄰旁。[52]但中文文獻對於該國沒有進一步的記載，所知有限。670-741 年，該國國名改為室利佛逝。新唐書說：「唐高宗咸亨至玄宗開元間（670-741 年），室利佛逝，一曰尸利佛誓，……咸亨至開元間，數遣使者朝，表為邊吏親掠，有詔廣州慰撫。又獻侏儒、僧祇女各二，及歌舞官。使者為折衝，以其王為左威衛大將軍，賜紫袍、金鈿帶。後遣子入獻，詔宴于曲江，宰相會，冊封賓義王，授右金吾衛大將軍，還之。」[53]

干陀利和「乙利鼻林送」是否為當地土著建立的國家？還是由馬來半島東岸移進的印度人建立的國家，無法知道。但根據李全壽的說法，在第七世紀的末羅瑜的國名，係源自印度語，故末羅瑜為印度人建立的國家，且係從南印度移入者所建的國家。[54]關於室利佛逝的組成種族，有兩種來源，第一，干陀利可能是由當地土著和南印度人混血種人建立的國家，後來從馬來半島東岸的信仰大乘佛教的印度人大量移入，在推翻原先土著的國家取得政權後，建立室利佛逝國。第二，根據中國的文獻記載，室利佛逝從一開始就是大乘佛教國家，可能是來自猜耶、單馬令一帶的大乘佛教國家出兵南下滅了干陀利，然後建立室利佛逝國。

中國和西方的學者都認為室利佛逝位在今蘇門答臘，首府在巴鄰旁

---

[52] 蘇繼卿，前引書，頁 328。費瑯著，蘇門答剌古國考，臺灣商務印書館，臺北市，民國 59 年，頁 95。

[53] 〔宋〕歐陽修、宋祁撰，新唐書，卷二百二十二下，列傳第一百四十七下，南蠻條，頁 8。

[54] 李全壽，「馬來語言與文學」，許雲樵輯，馬來亞研究講座，世界書局，新加坡，1961 年，頁 29-37。

（或稱舊港）。泰國學者拉加尼則認為室利佛逝的首都在泰國南部的猜耶。[55]後者之說法仍有疑問，不過，很有可能猜耶曾是室利佛逝的屬國，該地佛教興盛。

義淨和尚在唐高宗咸亨 2 年（671 年）航海到室利佛逝國，停留 6 個月，學習印度梵文，再前往末羅瑜國，停留 2 個月，再前往羯荼（今吉打），從羯荼越過安達曼海到南印度，目的是到斯里蘭卡觀禮佛牙，再轉往印度。（參見圖 4-7）此一行程記載在大唐西域求法高僧傳：

「唐高宗咸亨 2 年（671 年），〔義淨〕坐夏楊府，初秋忽遇冀州使君馮孝詮，隨至廣府，與波斯舶主期會南行。復蒙使君命往崗州，重為檀主，及弟孝誕使君、存軫使君、郡君寧氏、郡君彭氏等合門眷屬，咸見資贈，爭抽上賄，各捨奇餼。庶無乏於海途，恐有勞於險地，篤如親之惠，順給孤之心，共作歸依，同緣勝境，所以得成禮謁者，蓋馮家之力也。……至 11 月遂乃面翼軫，背番禺，指鹿園而遐想，望雞峰而太息。于時廣莫初飆，向朱方而百丈雙挂，離箕創節，棄玄朔而五兩單飛；長截洪溟，似山之濤橫海，斜通巨壑，如雲之浪滔天。未隔兩旬，果之佛逝，經停 6 月，漸學聲明，王贈支持，送往末羅瑜國。復停兩月，轉向羯荼。至 12 月舉帆還乘王舶，漸向東天矣。從羯荼北行 10 日餘，至裸人國，向東望岸，可一二里許，但見椰子樹、檳榔林森然可愛。……10 載求經，方始旋踵言歸，還耽摩立底。未至之間，遭大劫賊，僅免剺刃之禍，得存

55　Mom Chao Chand Chirayu Rajani, *Sri-vijaya in Chaiya*, Madsray Printling, Bangkoknoi, Bangkok, 1999, p.29. 該書原文為泰文。學術界對於室利佛逝的地點有不同的論點，美國考古學者 Bennet Bronson 和 Jan Wisseman 則從考古發現來說明室利佛逝首府在巴鄰旁的說法是有問題的，他們結合美國和印尼的考古專家在 1974 年在巴鄰旁郊區的 Geding Suro 等四處進行考古研究，發現出土的瓷器碎片年代約在十四到十七世紀之間，亦未發現第十四世紀以前石頭或磚造建築的城牆遺址，因此他們認為室利佛逝不位在巴鄰旁和靠近巴鄰旁的地區，也可能不是在流經巴鄰旁市的木希（Musi）河的乾涸地區。他們認為巴鄰旁沒有發現早期城市的遺址，主要原因可能是早期巴鄰旁居民是住在河上的竹筏，故難以發現其使用的器物。（Bennet Bronson, Jan Wisseman, "Palembang as Srivijaya: The Lateness of Early Cities in Southern Southeast Asia," *Asian Perspectives, A Journal of Archaeology and Prehistory of Asia and the Pacific*, Hongkong, Vol. XIX, No.2, 1976, pp.220-239.）

朝夕之命。於此升舶,過羯荼國,所將梵本三藏 50 餘萬頌,唐譯可成千卷,攜居佛逝矣。」[56]

義淨在大唐西域求法高僧傳中的「無行傳」又說:「……東風汎舶,1 月到室利佛逝國。國王厚禮,特異常倫。後乘王舶,經 15 日達末羅瑜洲,又 15 日到羯荼。至冬末,轉舶西行,經 30 日到那伽鉢亶那。從此泛海 2 日到師子洲,觀禮佛牙。從師子洲復東北泛舶 1 月到訶利雞羅國,此國乃東天竺之東界也,即瞻部洲之地。」那伽鉢亶那,是位在斯里蘭卡對岸南印度的納加帕蒂南(Nagapattinam)。[57]師子洲,即今之斯里蘭卡。訶利雞羅國,應是榜葛剌,即孟加拉。

義淨從羯荼搭船直接越過安達曼海,是一個很重要的訊息,說明當時已有很多南印度人經由此一航線移民到羯荼,日後該城市漸變成南印度淡米爾人聚集的地方。

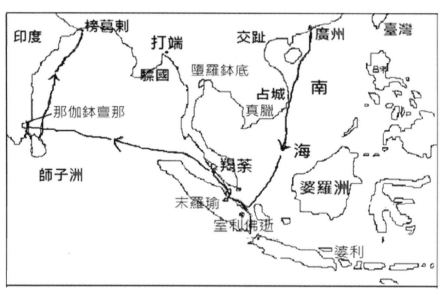

資料來源:筆者自繪。

圖 4-7:義淨西行印度路線

[56] 〔唐〕義淨原著,王邦雄校注,大唐西域求法高僧傳校注,卷下,義淨自述,中華書局,北京市,1988 年,頁 151-154。

[57] 〔唐〕義淨原著,王邦雄校注,前引書,頁 189。

　　上述兩段文字最有疑問者有三，第一，為何在同一本著作中會出現「佛逝」和「室利佛逝」不同的名詞？如果「佛逝」是省簡語，何以又使用「室利佛逝」？是否兩詞各有所指？東南亞地區使用「佛逝」（Vijaya）地名的有兩個地方，一個是越南中部占城國的闍盤（Vijaya）（又稱佛誓，為勝利之意），在今平定省。[58]

　　馮承鈞在校注諸蕃志的占城國條時，就說：「占城國勢盛時，分三部，北部名 Amaravati，在安南廣南省地，都城名 Indrapura，今茶蕎；中部名 Vijaya，今平定省地，都城名同，舊譯曰佛誓，曰闍盤，今平定省會。南部曰 Panduranga，即賓瞳龍。」[59]

　　另一個在泰國南部的猜耶，其泰文發音為 Chaiya，泰國學者主張室利佛逝即在猜耶。

　　不過，占城將都城改名為佛逝，時間在宋太宗淳化元年（990 年），新王楊陀排自稱新坐佛逝國，也就是 Vijaya。此一時間較義淨時晚了 319 年，故室利佛逝不可能位在占城。

　　第二，在「義淨自述」中說，他是在 11 月離開番禺，「未隔兩旬，果之佛逝」，也就是不到 20 天就到室利佛逝。而在「無行傳中」卻說，他是在「1 月到室利佛逝國」，換言之，從 11 月到隔年 1 月才抵達室利佛逝，因為不知道出發和抵達的時間是在月頭或月尾，故最低估計他至少要花 1 個多月到 2 個月才抵達室利佛逝國。根據前述所言，佛逝到底是指闍盤或室利佛逝，可從中國古籍中記載的航程加以判明。

　　根據宋朝歐陽修、宋祁所撰的新唐書的記載：「廣州東南海行，2 百里至屯門山，乃帆風西行，2 日至九州石，又南 2 日至象石，又西南 3 日行，至占不勞山，山在環王國東 2 百里海中，又南 2 日行至陵山，又 1 日行，至門毒國，又 1 日行，至古笪國，又半日行，至奔陀浪洲，又 2 日行，到軍突弄山。又 5 日行，至海硤，蕃人謂之『質』，南北百里，北岸則羅越國，南岸則佛逝國，佛逝國東水行 4、5 日，至訶陵國，南中洲之

<hr>

[58]　參見馬司培羅著，馮承鈞譯，前引書，頁 11。

[59]　〔宋〕趙汝适撰，馮承鈞校注，諸蕃志校注，臺灣商務印書館，臺北市，民國 75 年，頁 5。

最大者。」[60]從這段話可知,從廣州航行到室利佛逝的時間約為 18 天半。宋史亦記載「三佛齊國汎海使風 20 日至廣州。」[61]因此,「義淨自述」中所講的「未隔兩旬,果之佛逝」是可靠的,此排除了佛逝是指闍盤。

另外根據新唐書之記載,「盤盤,在南海曲,北距環王,限少海,與狼牙脩接,自交州海行 40 日乃至。」[62]從而可知,從交州航行到盤盤要 40 天,如再加上從廣州航行到交州,約 5 天,合計約在 45 天左右。此一航程頗符合到達猜耶的時間。不過,從前面引述的「廣州通海夷道條」的記載,船隻航行進入一個海峽,此一海峽就是新加坡海峽,「北岸則羅越國,南岸則佛逝國」,羅越國就是柔佛,[63]而位在海峽南邊的「佛逝」就是室利佛逝。所以室利佛逝不可能位在猜耶。

第三,室利佛逝若係位在巴鄰旁,而末羅瑜位在占卑,羯荼位在吉打,但從圖面來看,從占卑到吉打的距離遠超過從巴鄰旁到占卑的距離,需花 15 天航程,何以巴鄰旁距離占卑很近,卻需要花 15 天的時間航行?對於這個問題,引發兩種不同的假設。第一種假設是泰國的學者拉加尼認為室利佛逝國的首都在今天泰國南部的猜耶。而末羅瑜位在蘇門答臘中部甘巴(Kampar)河的莫拉塔庫司(Maura Takus),莫拉塔庫司有重要的出土文物。[64]拉加尼的理由是義淨利用東風到達室利佛逝國,假如室利佛逝國是位在巴鄰旁,而巴鄰旁是位在赤道以南的無風帶,因此室利佛逝國不可能位在赤道以南的地點。然而,該種假設亦有不能解決之難題,即如果佛逝是位在猜耶,則從廣州出發不可能在 20 天抵達猜耶。

第二種假設是,布拉德爾(Sir Roland Braddell)說,從巴鄰旁航行到

---

[60]　〔宋〕歐陽修、宋祁撰,新唐書,卷四十三下,志第三十三下,地理七下,入四夷之路　　與關戍走集,廣州通海夷道條。

[61]　〔元〕脫脫撰,宋史,卷四八九,列傳二四八,外國五,三佛齊條。

[62]　〔宋〕歐陽修、宋祁撰,新唐書,卷二二二下,列傳第一四七下,南蠻下,盤盤條。

[63]　許雲樵,馬來亞史(上冊),頁 122-124。Lawrence Palmer Briggs, "The Khmer Empire　　and the Malay Peninsula," pp.256-305.

[64]　Mom Chao Chand Chirayu Rajani, "Background to the Sri Vijaya Story – Part I," *The Journal*　　*of the Siam Society*, Vol.62, Part I, January 1974, pp.174-211, at pp.186-189.

末羅瑜（占卑）航程艱難，因為沿岸有許多島嶼，所以航行必須謹慎，速度放慢。[65]華爾特斯也解釋說，巴鄰旁位在內陸，船隻從巴鄰旁出發後沿著木希河（Musi）往下游航行到出海口，再沿海岸航行到占卑河口，然後溯流進入占卑，航行緩慢，所以花了 15 天的時間。[66]

　　筆者假設，有無可能是義淨將時間記錯了？或者手民之誤，將 5 天的航程記為 15 天？

　　無論如何，室利佛逝國的興起，代表了一個新興國家力量擴散到周邊地區，勢力最盛時有 15 個屬國；同時最重要的，該國且是佛教傳播和研究中心，當時不僅有中國的和尚，還有交阯和扶南的和尚在該國學習佛法和印度梵文。這可能是義淨沒有走更為迅速的 10 天即可越過泰南半島的傳統陸路路線前往印度，而走更花時間（從舊港到吉打要花 1 個月時間）的海路的原因。而巴鄰旁因為控制了從中國運往印度的絲織品、瓷器和其他商品、從印度運往中國的中東和阿拉伯地區生產的珠玉、香料和西洋布等商品、爪哇和摩鹿加群島出產的香料的運輸路線，而逐漸成為重要的國家，它的勢力往北擴張進入馬來半島，同時也將它的宗教和文化傳入馬來半島，使猜耶、蘇叻他尼、單馬令等地的佛教和佛陀造型染上室利佛逝色彩。

　　唐朝義淨所走的航線，是否是當時通行的航線？這是很耐人尋味的問題。因為到宋朝時，從南印度航向中國的路線，大概也是義淨時代的航線。例如宋史上記載：

　　「大中祥符 8 年（1015 年）9 月，注輦國主羅茶羅乍遣進奉使侍郎娑里三文、副使蒲恕、判官翁勿、防援官亞勒加等奉表來貢。三文等以盤奉真珠、碧玻璃升殿，布於御坐前，降殿再拜，譯者導其言曰：『願以表遠人慕化之誠。』初，羅茶羅乍既聞商船言，且曰 10 年來海無風濤，古老傳云如此則中國有聖人，故遣三文等入貢。三文離本國，舟行 77 晝夜，

[65] Sir Roland Braddell, "Notes on Ancient Times in Malaya: Che-li-fo-che, Mo-lo-yu, and Ho-ling," *Journal of the Malayan Branch of the Royal Asiatic Society* (Singapore), 24, 1, 1951, pp.1-27.

[66] O. W. Wolters, *Early Indonesian Commerce, A Study of the Origins of Srivijaya*, p.208.

歷勿丹山、娑里、西蘭山至占賓國。又行 61 晝夜，歷伊麻羅里山至古羅
國。國有古羅山，因名焉。又行 71 晝夜，歷加八山、占不牢山、舟寶龍
山至三佛齊國（按：可能是位在三佛齊國所統轄的蘇叻他尼和猜耶一
帶）。又行 18 晝夜，度蠻山水口（按：可能在湄公河口），歷天竺山，
至賓頭狼山（按：位在越南南部的賓同龍），望東西王母塚，距舟所將百
里。又行 20 晝夜，度羊山、九星山至廣州之琵琶洲。離本國凡 1 千 1 百
50 日至廣州焉。詔閤門祗候史祐之餾伴，凡宴賜恩例同龜茲使。其年承
天節，三文等請於啟聖禪院會僧以祝聖壽。明年使回，降詔羅茶羅乍，賜
物甚厚。」[67]

　　依據陳佳榮、謝方和陸峻嶺的說法：西蘭山，可能位在印度東南岸的
科羅曼多（Coromadel）；伊麻羅里山，在緬甸伊洛瓦底江口一帶；古羅
國，在吉打或克拉；加八山，可能為馬來半島的蘭卡威島（Langkawi）；
占不牢山，在馬來半島西岸霹靂河口外森美蘭（Sembilan）島或森美蘭州
沿岸；舟寶龍山，有謂新加坡 Tambrau 水道名的譯音，有謂丹寶龍，即
單馬令的誤寫，在今單馬令；天竺山，在越南崑崙島；賓頭狼山，在越南
南部的藩朗南面的巴達蘭角（Padaran）。

　　清朝丁謙所撰的宋史外國傳地理考證一書則說：西蘭山，即錫南島；
娑里，即明史瑣里，今稱錫里（按：即注輦 Cola 的譯音，在今印度科羅
曼多海岸，其首府在納加帕塔姆 Nagapattam）[68]；占賓國，即占碧城，均
在蘇門答臘中部；古羅，即闍婆傳古邏；加八山，在蘇門答臘東北海中，
今加斯巴島；占不牢山，據新唐書，即占城國；舟寶龍，當即為噶羅巴中
間三寶壟埠；天竺山，即崑崙島兩旁東西竺島；賓頭狼山，為賓陀羅轉
音；羊山，似即七洲洋；九星山，在香山縣東南。[69]

　　這是宋史的記載，令人驚訝的是印度南部的注輦國到中國的航路是經

[67] 楊家駱主編，新校本宋史并附編三種，列傳，卷四百八十九，列傳第二百四十八，外國
　　五，注輦條，鼎文書局，臺北市，1994 年。
[68] 陳佳榮、謝方和陸峻嶺等編，前引書，瑣里條，頁 691-692。
[69] 〔清〕丁謙撰，宋史外國傳地理考證，載於嚴一萍選輯，叢書集成三篇，藝文印書館印
　　行，臺北市，1972 年，頁 13。

由印度東南沿海到緬甸南部、馬來半島西岸，繞過馬來半島，到馬來半島東岸的單馬令、蘇叻他尼、猜耶，經過泰國東岸、柬埔寨、越南南部，最後航向廣州。尤其是此行所花的時間頗長，遠超過唐朝時期的航行時間。或許當時注輦使節是沿路遊歷或攬貨販賣，而非直航中國。清朝丁謙即批評說：「按此國（指注輦）入貢，決非其王所遣，蓋商舟乘便，假託貢使，希冀利益，觀其所歷之地，紆曲環繞，多非來華正道，且必沿途滯留，故費若干月日。至貢表之文采及使臣自署侍郎、副使、判官等職名，其為中國奸民假手代撰，顯然可見。歷史所載遐邦貢獻，大率類此。中國帝王侈然自大，但以萬邦玉帛誇示來茲，不復實覈所從來，誠足嘖也。」[70]丁謙揭發了宋朝時的注輦國進貢中國是一樁商人假冒貢使進貢的事。

第七節　發現從占城到呂宋的航路

在中國宋朝初年，約在第十世紀中葉，在中國文獻中記載了從越南中部的占城到呂宋的航程，該一記載主要是為了說明占城的方位，而介紹了占城和呂宋的距離和方位，這是很值得注意的紀錄。

宋朝太祖建隆 2 年（961 年）春正月，占城國王遣使來朝。根據宋史·占城本傳：「占城國在中國之西南，東至海，西至雲南，南至真臘國，北至驪州界。汎海南去三佛齊五日程。陸行至賓陀羅國一月程，其國隸占城焉。東去麻逸國二日程，蒲端國七日程。北至廣州，便風半月程。東北至兩浙一月程。西北至交州兩日程，陸行半月程。」[71]文中所講的「麻逸」，是位在菲律賓中西部的民多羅島（Mindoro）；[72]「蒲端國」是位在民答那峨島北部的布端（Butuan），在阿古山河（Agusan River）

---

[70] 〔清〕丁謙撰，宋史外國傳地理考證，頁 13-14。

[71] 〔清〕陳夢雷撰，古今圖書集成（電子版），曆象彙編乾象典，占城部，彙考，乾象典，第 103 卷，第 218 冊第 4 頁之 2。

[72] 摩逸國，又寫為麻逸國，今之菲律賓的呂宋島南部或民多羅島（Mindoro）。（參見蘇繼卿，南海鉤沉錄，臺灣商務印書館，臺北市，民國 78 年，頁 416。）E. P. Patanne 亦認為麻逸國是在民多羅島。（參見 E. P. Patanne, *The Philippines in the 6th to 16th Centuries*, Quezon City, the Philippines: LSA Press Inc., 1996, p.66.）

的下游出海口處。[73]該記載沒有提及如何從占城航行至麻逸，在該航程中會經過中沙群島和南沙群島，船隻如何避開該一危險區域而能在兩天內抵達麻逸，是令人質疑的。無論如何，該項記載證實了從越南中部和菲律賓之間開始有船隻航行。

麻逸在 971 年首度到中國廣州進行貿易。「宋太祖開寶 4 年（971 年），置市舶司於廣州後，又於杭明州置司，凡大食、古邏、闍婆、占城、浡泥、麻逸、三佛齊諸藩，並通貿易，以金銀緡錢、鉛錫、雜色白瓷器，市香藥、犀象、珊瑚、琥珀、珠琲、鑌鐵、鼊皮、瑇瑁、瑪瑙、車渠、水精、蕃布、烏楠、蘇木等物。」[74]

麻逸商人是如何前往廣州的？缺乏相關史料之記載。

上述文獻提及除了麻逸國有商人到中國貿易外，亦有勃泥國的商人。勃泥國即是位在今天婆羅洲的汶萊。從其港口詩里巴卡灣（Bandar Seri Begawan）如何越過南海前往中國廣州？這是一個謎。至目前尚未發現任何一項文件說明該項航程。無論如何，當時的船隻有可能直接越過南海嗎？直接越過南海必然會經過南沙群島，其航行必然相當危險。當時是否已知道有南沙群島的存在？缺乏文獻紀錄。如果船隻不是直接越過南沙群島，那麼，船隻越過南海只有兩條路，一是往南航行，經由婆羅洲西北角，再越過納土納島（Natuna）北面到越南南部，北上到占城，再前往中國。元朝在 1292 年出兵攻打爪哇就是走該一條航線。二是從婆羅洲北部往北航行，經由呂宋，到臺灣南部，經由澎湖，越過臺灣海峽到中國。如果是走後者的航線，則可以間接證明在 971 年時已有越過臺灣海峽的航線。不過，在成文文獻中有關航越臺灣海峽的文獻要到 1171 年才有確實的記載。換言之，從 971 年到 1171 年之二百年之間尚未發現越過臺灣海峽的文獻。

---

[73] Eufemio P. Patanñe, *The Philippines in the 6th to 16th Centuries*, Manila: LSA Press, Inc., 1996, p.107. 但蘇繼卿認為是位在菲律賓群島中西部的班乃島（Panay）西岸 Dao 附近的 Butuan。（參見蘇繼卿，前引書，頁 422。）

[74] 〔清〕陳昌齋等撰，廣東通志（五），卷一百八十，經政略二十三，華文書局股份有限公司印行，臺北市，民國 57 年，頁 2-3。

第八節　從宋朝到高麗之航路

　　宋朝時期，從中國到朝鮮半島之航路，主要是從山東半島出發。宋史記載：「宋太宗淳化 4 年（993 年）2 月，遣秘書丞直史館陳靖、秘書丞劉式使高麗。靖等自東牟（登州治所，今山東蓬萊）[75]趣八角（山東福山縣八角鎮）海口，得思柔所乘海船及高麗水工，即登舟自芝岡島（今山東芝罘島）[76]順風泛大海，再宿抵甕津口登陸，行百六十里抵高麗之境，日海州，又百里至閻州（延安），又四十里至白州（白川），又四十里至其國。」[77]當時高麗之首都在開城。

　　熙寧 7 年（1074 年），因為高麗北方與遼國爆發戰爭，為了避開戰亂，改由中國明州（寧波）到高麗的航路。北宋宣和 4 年（1122 年）詔遣給事中路允迪、中書舍人傅墨卿充國信使副往高麗，隔年（1123 年）5 月 16 日使節搭乘神舟（指尖底海船）發明州，出定海，經蓬萊山，歷白水洋、黃水洋（黃海）、黑水洋，正東望見夾界山（或指今朝鮮西南岸外的小黑山島 Sohuksando，為當時北宋、高麗領海之分界，該島屬於 Sinan 郡）[78]，經五嶼（在日本四國島西南外海）、排島（三山並列）、竹島、羣山島（其山十二峯相連）、橫嶼、唐人島、和尚島、牛心嶼、聶公嶼、紫燕島，7 月 12 日抵達禮成港（在今禮成江畔的開豐（Kaipoong）附近[79]）。高麗王派人在港口迎接中國使節，然後徒步到王城（開城）。回程亦循原路返回明州，共 42 天。[80]

　　1127 年，北宋為金國控制後，南宋到高麗的港口有明州（慶元）、

---

[75] 陳佳榮，「宋代與高麗之往來及徐兢所記航路」，南溟網，http://www.world10k.com/blog/?p=687（2020 年 4 月 1 日瀏覽）。

[76] 陳佳榮，「宋代與高麗之往來及徐兢所記航路」。

[77] 〔元〕脫脫等撰，宋史，卷四百八十七，列傳二百四十六，外國三，高麗，鼎文書局，臺北市，1980 年，頁 14040。

[78] 陳佳榮，「宋代與高麗之往來及徐兢所記航路」。

[79] 陳佳榮，「宋代與高麗之往來及徐兢所記航路」。

[80] 〔宋〕徐兢，宣和奉使高麗圖經，卷三十四，海道一；卷三十五，海道二；卷三十六、海道三；卷三十七，海道四；卷三十八，海道五；卷三十九，海道六。收入欽定四庫全書。

泉州、杭州、海門（江蘇啟東縣）和江陰。高麗與南宋來往的港口應該也
在禮成港。從而可知，為了避開金國的騷擾，南宋和高麗的船隻經由日本
四國島西南方的五嶼外海，相當費時又驚險。

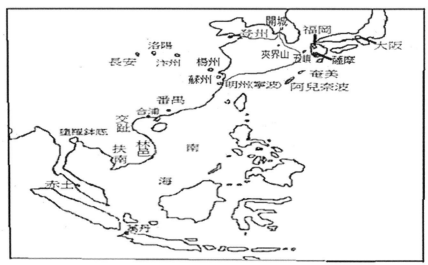

資料來源：筆者自繪。

說明：從登州到開城是北宋時期之航路。從明州到開城是北宋末期到南宋時期的航路。

圖 4-8：從宋朝到高麗之航路

第五章
第十二世紀到第十四世紀的航路

第一節　首度渡過臺灣海峽和巴士海峽

　　在隋朝時，出現了流求國的地名，關於其位在今天何地，歷史學家有不同的說法。列舉這些記載如下：

　　依據唐書地理志之記載：「泉州……自州正東海行二日至高華嶼，又二日至𪖆鼊嶼，又一日至流求國。」[1]

　　「大業 3 年（607 年）3 月癸丑，遣羽騎尉朱寬使流求國。」[2]

　　「煬帝即位，授驃騎將軍。大業 3 年，拜武賁郎將。後三歲，與朝請大夫張鎮周發東陽兵萬餘人，自義安汎海，擊流求國，月餘而至。流求人初見船艦，以為商旅，往往詣軍中貿易。稜率眾登岸，遣鎮周為先鋒。其主歡斯渴剌兜遣兵拒戰，鎮周頻擊破之。……渴剌兜自以軍疲，引入柵。稜遂填塹，攻破其柵，斬渴剌兜，獲其子島槌，鹵男女數千而歸。」[3]

　　「隋書‧流求國傳：流求國，居海島之中，當建安郡東，水行五日而至。土多山洞。其王為可老羊，妻曰多拔荼。所居曰波羅檀洞，塹柵三重，環以流水，樹棘為藩。」[4]

---

[1]　〔清〕陳夢雷撰，古今圖書集成（電子版），唐書地理志五，方輿彙編坤輿典／輿圖部／彙考，坤輿典，第 73 卷，第 057 冊第 17 頁之 2。

[2]　〔清〕陳夢雷撰，古今圖書集成（電子版），煬帝，明倫彙編皇極典／帝紀部／彙考，皇極典，第 52 卷，第 225 冊第 25 頁之 2。

[3]　〔清〕陳夢雷撰，古今圖書集成（電子版），陳稜，明倫彙編官常典／將帥部／名臣列傳，官常典，第 489 卷，第 294 冊第 48 頁之 1。

[4]　〔清〕陳夢雷撰，古今圖書集成（電子版），博物彙編草木典／棘部／紀事，草木典，

　　隋書所講的流求國的方位和國情，姑且不論是否為臺灣或琉球，[5]可以確定的是西元第七世紀初已有船隻可越過東海或臺灣海峽。以後將近有564年沒有關於中國和臺灣來往之記錄。

　　直至第十二世紀中葉，才有中國和臺灣來往的較確實的紀錄。宋朝人周必大於 1201 年撰的文忠集，曾提及「毗舍耶」地名，在該書卷六十七有「汪大猷的神道碑」上記載：「乾道 7 年（1171 年）……4 月，起知泉州。海中大洲號平湖，邦人就植粟、麥、麻。有毗舍耶蠻，揚颿奄至，肌體漆黑，語言不通，種植皆為所獲。調兵逐捕，則入水持其舟而已。俘民為嚮導，劫掠近城赤嶼州。於是春夏遣戍，秋暮始歸，勞費不貲。公即其地，造屋二百區，留屯水軍，蠻不復來。」[6]該文首次提及毗舍耶人在 1171 年至彭湖（宋代稱平湖）掠奪民家所種的粟、麥、麻。甚至抓了當地人作為嚮導，前往附近的赤嶼州（可能為臺南安平或赤嵌一帶）掠奪。汪大猷遂至彭湖造屋，囤駐水軍，以後毗舍耶人就不再來騷擾。該文亦是成文歷史中首度記載漢人越過臺灣海峽到澎湖。

　　樓鑰撰的攻媿集卷八十八「汪大猷行狀」也有相關的記載，上說：「乾道 7 年（1171 年）……4 月，起知泉州，到郡；……郡實瀕海，中有沙洲數萬畝，號平湖。忽為島夷號毗舍耶者奄至，盡刈所種。他日又登海岸殺略，禽四百餘人，殲其渠魁，餘分配諸郡。初則每遇南風，遣戍為備，更迭勞擾。公即其地，造屋二百間，遣將分屯，軍民皆以為便；不敢犯境。」[7]文中提及的「每遇南風」，是指毗舍耶人來自澎湖南邊，趁吹南風時，乘小竹筏攻擊澎湖。因此，很有可能毗舍耶人是來自南臺灣。

　　南宋人真德秀於 1218 年撰文集中「申樞密院措置沿海事宜狀」，曾

第 271 卷，第 552 冊第 38 頁之 1。

5　該一描述像臺灣的地方有：以酒祭山海神、酋長居處放置骷髏、殺人祭神、使用弓箭。不同處為：以木柵圍居、累石繫幡以為神主、一個說水行月餘始至流求、一個說水行五日而至。

6　引自臺灣史蹟研究會彙編，臺灣叢談，幼獅文化事業公司印行，臺北市，民國 73 年 11月 3 版，頁 50。陳冠學認為赤嶼州即為臺南的赤嵌。見陳冠學，老臺灣，東大圖書公司，臺北市，民國 70 年 9 月初版，頁 13。

7　引自伊能嘉矩原著，溫吉編譯，臺灣番政志（一），臺灣省文獻委員會出版，臺北市，民國 46 年 12 月，頁 27。

記載：「永寧寨（地名水澳），去法石七十里。初乾道間，毗舍耶國人，寇殺官民，遂置寨於此。其地闞臨大海，直望東洋，一日一夜可至彭湖。彭湖之人，週夜不敢舉煙，以為流求國望見，必來作過。以此言之，置寨城得其地。」[8]真德秀所講的事，是毗舍耶國人寇掠泉州附近的永寧寨。而流求國應是指臺灣，意思是指澎湖人晚上不敢生火，怕臺灣島上的毗舍耶國人看見而來騷擾。

葉適所編撰的水心集卷二十四，「周鎮伯墓誌銘」上曾記載：「永嘉人周鎮伯，字鼎臣，……白蒲延大掠流鵝灣，同巡檢輕戰而潰，君代尉，馳往，三日中生縛其酋二，剿賊無遺。」[9]該墓誌銘寫於嘉定 13 年（1220年），文中所講的「白蒲延」大掠流鵝灣（在泉州附近），可能是與前述周必大「文忠集」中提及的毗舍耶蠻入侵彭湖一事不同。按「白蒲延」是位在今天呂宋島北面的 Babuyan 群島。換言之，當時入侵泉州沿海者為白蒲延人。

宋人趙汝适於 1225 年撰的諸蕃志，該書流求國條記載：「流求國當泉州之東，舟行約五六日程。……土人間以所產黃蠟、土金、犛尾、豹脯，往售於三嶼，旁有毗舍耶、談馬顏等國。」[10]該書所講的流求國，當指今天的臺灣。但值得注意的是，該書說流求的土人將土產販售至三嶼，三嶼位在今天菲島中部的民多羅島和巴拉望島（Palawan）之間的島嶼，[11]而三嶼旁邊有毗舍耶、談馬顏等國。換言之，毗舍耶地近三嶼，都應在菲島中部。今天菲島中部仍稱為米賽亞（即毗舍耶的另一種音譯）（Bisaya 或 Visaya）。

然而在該書亦有「毗舍耶國條」，上記載：「毗舍耶，語言不通，商

8　引自臺灣史蹟研究會彙編，臺灣叢談，頁 55。
9　〔宋〕葉適，水心集，卷二十四，臺灣中華書局印，臺北市，民國 55 年 3 月，頁 4-5。
10　〔宋〕趙汝适原著，馮承鈞校注，諸蕃志校注，臺灣商務印書館，臺北市，民國 75 年 11 月臺 4 版，頁 85-86。依據藤田八豐之註解，明以前所講之流求，概指臺灣，明朝以後，始稱今之琉球。見〔宋〕趙汝适原著，馮承鈞校注，前引書，頁 86，注一。
11　William Henry Scott, *Filipinos in China Before 1500*, De La Salle University, Manila, 1989, p.5.

販不及，袒裸盱睢，殆畜類也。泉有海島曰彭湖，隸晉江縣。與其國密
邇，煙火相望。時至寇掠，其來不測，多罹生噉之害，居民苦之。淳熙間
（1174-1189），國之酋豪常率數百輩猝至泉之水澳圍頭等村，恣行兇
暴，戕人無數，淫其婦女，已而殺之。……不駕舟楫，惟以竹筏從事，可
摺疊如屏風，急則群舁之，泅水而遁。」[12]該條目所講的「毗舍耶」的地
貌，顯然與流求條目所講的「毗舍耶」不同。趙汝适在同書中兩個條目提
及相同的名稱，一般以為係指相同的地點，但細觀該兩條目之地理關係及
前後文義，顯然是指不同的地點，而有相同的名稱。換言之，當時臺灣的
土著有自稱為毗舍耶人，他們可能來自菲島中部的米賽亞地區。

宋朝馬端臨撰的文獻通考亦有類似記載，「琉球國……在泉州之東，
有島曰彭湖，煙火相望，水行五日而至。……旁有毗舍耶國，語言不通，
袒裸盱睢，殆非人類。宋淳熙間，其國之酋豪嘗率數百輩猝至泉之水澳圍
頭等村，多所殺掠。喜鐵器及匙筋。人閉戶，則免。但取其門環而去。擲
以匙筋，則俯拾之，可緩數步。官軍擒捕，見鐵騎，則競剡其甲，遂駢首
就僇。臨敵用鏢，鏢以繩十餘丈為操縱，蓋愛其鐵不忍棄。不駕舟楫，惟
以竹筏從事，可摺疊如屏風，急則群舁之，浮水而逃。」[13]馬端臨描述的
「琉球國」，應在北臺灣，而「毗舍耶國」，應該是在臺灣西部或南部某
地。

在宋史亦有毗舍耶人寇掠泉州的記載。「孝宗淳熙　年，琉求入寇泉
州。按宋史・孝宗本紀不載。按琉求本傳：琉求國，在泉州之東，有海島
曰彭湖，煙火相望。其國塹柵三重，環以流水，植棘為藩，以刀槊弓矢劍
鼓為兵器，視月盈虧以紀時。無他奇貨，商賈不通，厥土沃壤，無賦斂，
有事則均稅。旁有毗舍邪國，語言不通，袒裸盱睢，殆非人類。淳熙間，
國之酋豪嘗率數百輩猝至泉之水澳、圍頭等村，肆行殺掠。喜鐵器及匙
著，人閉戶則免，但刓其門圜而去。擲以匙著則頓拾之，見鐵騎則爭刓其
甲，駢首就戮而不知悔。臨敵用標鎗，繫繩十餘丈為操縱，蓋惜其鐵不忍

---

[12] 〔宋〕趙汝适原著，馮承鈞校注，前引書，頁 86-87。
[13] 〔宋〕馬端臨撰，文獻通考，卷三百二十七、四裔考四、琉球。

棄也。不駕舟楫，維縛竹為筏，急則群舁之泅水而遁。」[14]上述宋史所講的琉求應即是臺灣。

元朝汪大淵於 1349 年所著的島夷志略中亦有琉球和毗舍耶之記載。汪大淵曾於 1330 年從泉州出海遊歷，1334 年返國。1337 年冬，他第二次由泉州出海遊歷，1339 年夏秋返國。但無法知道他係在哪一年到過琉球。書中所講的琉球，可能即是臺灣。他在琉球條中說：「〔琉球〕地勢盤穹，林木合抱……。其峙山極高峻，自澎湖望之甚近，余登此山，則觀海潮之消長。……俗與澎湖差異。水無舟楫，以筏濟之。……知番主酋長之尊，有父子骨肉之義。他國之人，倘有所犯，則生割其肉以啖之，取其頭懸木竿。」

汪大淵的著作雖晚於諸蕃志 124 年，但所描述的琉球土著的生活，例如，有生吃人肉之習俗，沒有舟楫，使用竹筏，這些特點都與諸蕃志所講的毗舍耶人相似。因此，一個可能性是當時臺灣北部有琉球人活動，以至於將臺灣北部也認為是琉球的一部分。從康熙 23 年（1684 年），諸羅縣知縣季麒光著蓉洲文稿的說法即可證明二者有關連：「臺灣海中番島，昔人所謂乾坤東港華嚴婆洋世界，名為雞籠，考其源，則琉球之餘種，哈喇分支云云。」[15]

汪大淵在書中也提及毗舍耶，在「毗舍耶條」說：「僻居海東之一隅，山平曠，田地少，不多種植。氣候倍熱，俗尚虜掠，男女撮髻。以墨汁刺身至疏，頸門即纏紅絹，繫黃布。俗以國無酋長，地無出產，時常裹乾糧。棹小舟，遇外番，伏荒山窮谷無人之境，遇捕魚採薪者，輒生擒以歸，鬻於他國，每一人易金二兩重，蓋彼國之人遞相仿效，習以為業，故東洋聞毗舍耶之名，皆畏而逃焉。」[16]從汪大淵描述的地理特徵來看，「山平曠，田地少，不多種植。氣候倍熱」，且有海盜行為，此地理特徵

---

[14] 〔清〕陳夢雷撰，古今圖書集成（電子版），方輿彙編邊裔典／琉球部／彙考，孝宗淳熙，邊裔典，第 100 卷，第 217 冊第 48 頁之 1。

[15] 引自伊能嘉矩原著，溫吉編譯，前引書，頁 4-5。

[16] 〔元〕汪大淵，島夷志略，中國史學叢書續編，中國南海諸群島文獻彙編，臺灣學生書局，臺北市，民國 64 年元月印行，頁 339-340。

和民情與菲島中部諸島相近，而與臺灣的崇山峻嶺地貌不同，故此條目所
講的「毗舍耶」，應是指菲島中部的米賽亞，而非臺灣。

　　根據上述文獻關於毗舍耶的記載，可歸納出幾個特點：(1)毗舍耶人
還處於野蠻狀態，有生吃人肉和紋身習性。(2)毗舍耶有兩個地點，一個
與澎湖相近，煙火可相望，位在南臺灣；另一個在菲島中部。(3)在宋朝
以前，將流求視為臺灣，毗舍耶與流求相近，可能二者皆在臺灣島上，而
流求可能位在臺灣北部，毗舍耶位在臺灣南部的某一地點；[17](4)毗舍耶人
和白蒲延人曾率眾前往泉州沿海掠奪；(5)毗舍耶人曾至澎湖掠奪農作
物。(6)毗舍耶人不駕舟楫，而使用竹筏。(7)菲島的毗舍耶人有擄人買賣
之習俗。(8)流求國（臺灣）的土著曾以土產的黃蠟、土金、犛尾、豹脯
至菲島中部的毗舍耶進行貿易。

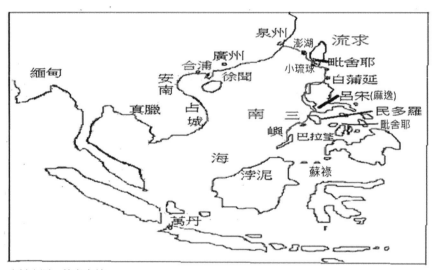

資料來源：筆者自繪。

圖 5-1：毗舍耶人渡過臺灣海峽和巴士海峽及到三嶼商販

17　〔宋〕趙汝适原著，馮承鈞校注，前引書，頁 86-87。但日本人伊能嘉矩考證說，毗舍
　　耶的發音很類似西拉雅（Siraiya），因此可能是從小琉球遷到臺南地區的西拉雅人。
　　（參見伊能嘉矩，「菲律賓群島的 BISAYA 和臺灣的 SIRAIYA 之近似」，載於載於黃
　　秀敏譯，臺灣南島語言研究論文日文中譯彙編，國立臺灣史前文化博物館籌備處，臺東
　　市，民國 82 年 6 月，頁 34-35。）

從上述諸書的記載可得出下列的認知：

第一、中國人在 1171 年以前已知道越過臺灣海峽到澎湖的航路，並在澎湖從事農作。至第十三世紀初，已有從中國泉州到澎湖、臺灣、白蒲延、菲律賓中部米賽亞的航線。

第二、臺灣的毗舍耶人在 1218 年越過臺灣海峽攻擊泉州。毗舍耶人是如何知道該一航路？如果他們從未到過泉州，應該不會知道該一航路。換句話說，毗舍耶人之所以能夠航越臺灣海峽，是否得到當時的中國人的協助？或者，在攻擊泉州之前，毗舍耶人曾與中國人一起（或俘民為嚮導）航越臺灣海峽到過泉州，所以知道該一航線。

第三、1220 年，呂宋島北部的白蒲延人大掠在泉州附近的流鵝灣。白蒲延是位在呂宋北端外海的島嶼，白蒲延人航越巴士海峽抵達南臺灣，而與毗舍耶人有來往，並從他們獲知航越臺灣海峽的航路。如果此一推論可靠的話，則有無可能在第十世紀中葉麻逸是循此航道到廣州？與此問題有關的，廣州很早就成為中國對外通商的重要港口，許多東南亞國家的使節或商人前往中國都是從廣州登岸，麻逸商人第一次前往中國就能到廣州，而非泉州，顯然麻逸商人是循其他東南亞國家的航海路線前往廣州。就此而言，麻逸商人可能不知道從呂宋經臺灣前往廣州之航路。

第四，汪大淵在 1330-1334、1337-1339 年兩次從泉州出海遊歷，曾到過臺灣，他的航路如何？沒有記載。不過，從島夷誌略一書的安排，略可窺見他的航程。該書第一個論述的地點是澎湖，他說：「自泉州順風二晝夜可至。」因此，很有可能他是先到澎湖。然後再前往「琉球」，即臺灣。在該條最後，他說：「海外諸國蓋由此始」，意即他以後前往其他國家旅行是從臺灣為起點。如果此一推論可靠，則當時應有環繞南海周邊國家的航線存在。該書三島條亦提到：「男子常附舶至泉州經紀，罄其資囊，以文其身，既歸其國，則國人以尊長之禮待之，延之上座，雖父老亦不得與爭焉。」據此可知，從菲島中部經由臺灣到泉州，已是當時的一條航路。

第二節　陳宜中流亡占城和暹國

南宋於 1277 年亡國時，群臣及人民有投降元兵者，亦有逃亡海外者，其中最有名者為左丞相陳宜中逃到占城。「元世祖至元 14 年（1277年）11 月庚寅，張鎮孫以城降。元帥劉深以舟師攻昰于淺灣，昰走秀山。陳宜中入占城，遂不返。」[18]

陳宜中到占城，本來是想先瞭解占城是否同意讓九歲的益王趙昰（即宋端宗，1276 年 6 月 14 日－1278 年 5 月 8 日在位）入境避難，結果陳宜中到占城後，就毫無音訊。「益王立，復以陳宜中為南宋左丞相。井澳（今廣東珠海市南橫琴島橫琴山下）之敗後，宜中欲奉王走占城，乃先如占城諭意，度事不可為，遂不反。二王累使召之，終不至。至元 19 年，大軍伐占城，宜中走暹，後歿於暹。」[19]

宋端宗等不到陳宜中的回音，而元兵又來追趕，所以也想到占城，其船隊航行到海南島東南邊的七里洋，因士兵折損大半及生病而折回廣東湛江硇洲島，後病死於該島。「元世祖至元 14 年（宋端宗景炎 2 年）（1277 年）11 月，元將劉深攻帝於淺灣，張世傑戰不利，奉帝走秀山，至井澳，陳宜中遁入占城，遂不返。12 月丙子，帝至井澳，颶風大作，舟敗，幾溺，帝驚悸成疾。旬餘，諸兵士稍集，死者過半。元劉深襲井澳，帝奔謝女峽，復入海，至七里洋，欲往占城，不果。」[20]

至元 19 年（1282 年），元朝出兵攻打占城，陳宜中逃到暹國避難。同一年，元朝遣使到暹國，「至元 19 年（1282 年）6 月己亥，命何子志為管軍萬戶使暹國。」[21]福拉德（E. Thaddeus Flood）認為元朝此舉的目的在探查這些宋朝難民的行蹤。[22]

---

[18] 〔元〕脫脫等撰，宋史，卷四十七，本紀第四十七，瀛國公，頁 943。

[19] 〔元〕脫脫等撰，宋史，卷四一八，列傳第一百七十七，陳宜中傳，頁 12532。

[20] 〔明〕陳邦瞻撰，宋史紀事本末，卷一百八，二王之立，頁 1177。

[21] 〔明〕宋濂等撰，楊家駱主編，新校本元史并附編二種，卷十二，本紀第十二，世祖九，鼎文書局，臺北市，1981 年，頁 244。

[22] E. Thaddeus Flood, "Sukhothai-Mongol Relations," *Journal of the Siam Society*, 57:2 (July 1969), pp.243-244.

　　當時暹國控制的海岸地帶的大城市是在佛統（Nakorn Pathom）和碧武里（或佛丕）（Phetcha Buri），因此陳宜中可能是前往當時的佛統或碧武里（或佛丕）。他們經商致富後可能與素攀武里（Suphanburi）統治者通婚。在阿瑜陀耶（Ayudhya, Ayuthya）於 1350 年建城後，這些華人才隨之遷移到城南居住。

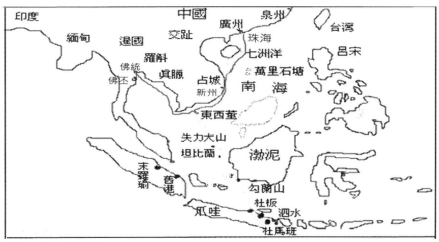

資料來源：筆者自繪。

圖 5-2：陳宜中流亡占城及暹國路線圖

第三節　元軍攻打日本、占城和爪哇之航路

一、元軍進攻日本

　　蒙古入主中國後，跟中國前任王朝一樣，遣使招諭周邊國家，要求他們前來朝貢。

　　至元 3 年（1266 年）2 月，元世祖想通好日本，以高麗與日本相鄰，可為嚮導。8 月，派遣兵部侍郎黑的、禮部侍郎殷弘、計議官伯德孝先等出使日本，先至高麗諭旨。賜書曰：「皇帝奉書日本國王：朕惟自古小國之君，境土相接，尚務講信修睦，況我祖宗受天明命，奄有區夏，遐方異域畏威懷德者，不可悉數。朕即位之初，以高麗無辜之民，久瘁鋒鏑，即令

罷兵，還其疆場，反其旄倪。高麗君臣，感戴來朝，義雖君臣，而歡若父子。計王之君臣，亦已知之。高麗，朕之東藩也。日本密邇高麗，開國以來，時通中國，至於朕躬，而無一乘之使以通和好。尚恐王國知之未審，故特遣使持書布告朕心，冀自今以往，通問結好，以相親睦。且聖人以四海為家，不相通好，豈一家之理哉？以至用兵，夫孰所好，王其圖之。」[23]

12 月，高麗國王王禃遣其樞密院副使宋君斐、借禮部侍郎金贊等引導詔使黑的、殷弘等往日本，不至而還。

至元 4 年（1267 年）正月，元朝使節黑的至高麗巨濟島且構邊浦，黑的等畏風濤之險而還。高麗國王王禃遣君斐等奉表從黑的等入朝。6 月，元世祖不相信王禃的話，再度派遣黑的與宋君斐等詔諭王禃，要求其達成通使日本的任務。9 月，王禃遣其起居舍人潘阜、書狀官李挺充國信使，持世祖璽書到日本。他們在日本太宰府[24]待六個月，亦不得要領而歸。

至元 5 年（1268 年）5 月，高麗使者宋君斐、金贊向元世祖匯報，無法傳達該信給日本。7 月，詔遣都統領脫朵兒前往高麗調查到日本之道路。9 月，命黑的、殷弘復持書往，至對馬島，日本人拒而不納，因而將日人塔二郎、彌二郎二人俘虜回中國。[25]

至元 6 年（1269 年）6 月，命高麗金有成將兩名日俘送還，俾中書省牒知其國，日本亦沒有回應。金有成留在日本太宰府守護所很長一段時間。12 月，又命秘書監趙良弼往使日本。書曰：「蓋聞王者無外，高麗與朕既為一家，王國實為鄰境，故嘗馳信使修好，為疆場之吏抑而弗通。所獲二人，敕有司慰撫，俾齎牒以還，遂復寂無所聞。繼欲通問，屬高麗權臣林衍構亂，坐是弗果。豈王亦因此輟不遣使，或已遣而中路梗塞，皆不可知。不然，日本素號知禮之國，王之君臣寧肯漫為弗思之事乎。近已滅林衍，復舊王位，安集其民，特命少中大夫秘書監趙良弼充國信使，持書以往。如即發使與之偕來，親仁善鄰，國之美事。其或猶豫以至用兵，夫誰所樂為也，王其審圖之。」趙良弼將出發之前，奏請當與日本國王相

23　〔明〕宋濂等撰，楊家駱主編，前引書，本紀第六，世祖三。

24　太宰府，位在日本九州博多的地方官署所在地。

25　〔明〕宋濂等撰，楊家駱主編，前引書，列傳第九十五，外夷一。

見時用何禮節。廷議認為與日本之關係尚未定名分，無禮數可言。元世祖同意該項意見。[26]

至元 7 年（1270 年）12 月，授趙良弼為秘書監，派其為國信使，他與書狀官 24 人出發前往日本。仍以忽林失、王國昌、洪茶丘將兵送抵海上。詔諭高麗王禃送國信使趙良弼通好日本，期於必達。等他回國時，令其暫時屯駐金州[27]等處。

至元 8 年（1271 年）6 月，日本通事曹介升等對元世祖說：「高麗迁路導引國使，外有捷徑，倘得便風，半日可到。若使臣去，則不敢同往；若大軍進征，則願為鄉導。」元世祖說：「如此則當思之。」9 月，高麗使通事別將徐稱吉偕良弼至日本之筑前今津津（在福岡縣），其筑後長官藤原給資率兵往，詰難不已，求國書。藤原給資令太宰府遣人送良弼等到對馬島。良弼既見拒，無以覆命。太宰府守護官亦恐開釁於中國，異日兵禍不易弭，乃私與良弼定約，遣彌四郎等 12 人，偽稱使介，從書狀官張鐸入朝。[28]

至元 9 年（1272 年）2 月，奉使日本之趙良弼派遣書狀官張鐸夥同日本派來的 26 人，至京師求見。高麗王禃致書日本。3 月，元世祖諭旨中書省，應儘速和日本使人商議，然後將他們遣還。安童言：「良弼請移金州戍兵，勿使日本妄生疑懼。臣等以為金州戍兵，彼國所知，若復移戍，恐非所宜。但開諭來使，此戍乃為耽羅[29]暫設，爾等不須疑畏也。」元世祖說這樣很好。[30] 5 月，高麗王禃致書日本，令必通好元朝，都沒有獲得回應。

至元 10 年（1273 年）6 月，趙良弼復使日本，至太宰府而還，報告了日本君臣爵號、州郡名數、風俗土宜等情報。9 月，襄陽生券軍至大都

---

[26] 〔明〕宋濂等撰，楊家駱主編，前引書，本紀第六，世祖三。

[27] 金州，今金海。參見王民信，王民信高麗史研究論文集，國立臺灣大學出版中心，臺北市，2010 年，頁 48。金海位在慶尚南道釜山西北方的一個城市。

[28] 〔民國〕柯劭忞撰，新元史，卷二百五，列傳第一百四十七，外國二，日本。

[29] 耽羅，是位於今日濟州島的古國名。參見「耽羅」，維基百科，https://zh.wikipedia.org/wiki/%E8%80%BD%E7%BE%85（2020 年 2 月 23 日瀏覽）。

[30] 〔明〕宋濂等撰，楊家駱主編，前引書，本紀第六，世祖四。

（北京），詔伯顏諭之，釋其械系，免死罪，聽自立部伍，俾征日本。從該訊息可知，在此時元朝已有征日本之想法。

至元 11 年（1274 年）3 月，元朝下令鳳州經略使忻都[31]、高麗軍民總管洪茶丘等將屯田軍及女直軍，並水軍，合 1 萬 5 千人，戰船大小合九百艘，準備征日本。8 月，元帥忻都、右副元帥洪茶丘、左副元帥劉復亨抵高麗，高麗以都督使金方慶等將三翼軍，共 8 千人，與忻都等由合浦（今馬山市）攻對馬島。日本將領允宗助國率 8 千騎抗禦，使譯人至船上問來故。忻都等不答，遂登陸，與日本軍相戰。助國戰死。忻都等轉攻壹岐島（或寫為一岐島），登岸立赤幟，日本將領平經高敗走，嬰城（今博多港）自守。翌日，城陷，平經高戰死。忻都等連破三島，肆行殺戮，獲婦女以索貫手心，繫於船側。[32] 11 月 20 日，因遭到日軍抵抗，及官軍不整，又箭矢用盡，[33]忻都說：「小敵之堅，大敵擒，策疲日之兵，敵日滋之眾，非完計也。不若班師。」是夜大風雨，官軍戰船角崖石多破壞，元軍乘夜撤退。[34]

這次元軍有 2 萬 5 千人、高麗軍 8 千人、梢弓水手 6 千 7 百人，總數 4 萬人，動員之船隻 9 百餘艘，包括千料舟 3 百艘、拔都魯輕疾舟 3 百艘、汲水小舟 3 百艘。有 1 萬 3 千 5 百人沒有回國，[35]可能是戰死、被俘或失蹤。

至元 12 年（1275 年）2 月，元朝派遣禮部侍郎杜世忠、兵部郎中何文著、計議官撒都魯丁，齎書使日本國。8 月，太宰府護送世忠等至鐮倉。9 月，北條時宗斬杜世忠、何文著、撒都魯丁及書狀官董畏、高麗人徐贊於龍口，梟其首。[36]殺來使，必然引發戰爭，元朝乃又準備攻打日本。

至元 14 年（1277 年），元朝同意日本遣商人持金來易銅錢，於是日

31　元史寫為忻都，新元史寫為忽敦。
32　〔民國〕柯劭忞撰，新元史，卷二百五，列傳第一百四十七，外國二，日本。
33　〔明〕宋濂等撰，楊家駱主編，前引書，列傳第九十五，外夷一。
34　〔民國〕柯劭忞撰，新元史，卷二百五，列傳第一百四十七，外國二，日本。
35　引自王民信，前引書，頁 52、54。
36　〔民國〕柯劭忞撰，新元史，卷二百五，列傳第一百四十七，外國二，日本。

本人始知宋亡。宋恭帝趙㬎是在 1276 年 2 月投降元朝。

　　至元 16 年（1279 年）2 月，元世祖下令揚州、湖南、贛州、泉州四省造戰船 6 百艘，準備攻打日本。6 月，宋降將范文虎、夏貴遣使周福、欒忠及日本僧靈果、通事陳光齎書至日本，俱為日本人斬之博多。元朝乃通知高麗國王，請其以高麗木材製造征日本的戰船。7 月，停止潭州行省造征日本及交趾戰船。8 月，范文虎建議：「臣奉詔征討日本，比遣周福、欒忠與日本僧齎詔往諭其國，期以來年 4 月還報，待其從否，始宜進兵。」又請簡閱舊戰船以充用，元世祖同意其建議。[37]

　　至元 17 年（1280 年）2 月，聽說日本殺害元朝使節杜世忠等，征東元帥忻都、洪茶丘請自率兵往討，廷議暫緩。元世祖賜諸王阿八合、那木干所部，及征日本行省阿剌罕、范文虎等西錦衣、銀鈔、幣帛各有差。6 月，召范文虎討論征日本事宜。7 月，詔召集以前願從軍者及張世傑潰軍，使征日本。8 月，命茶忽率領這批志願軍征日本。高麗王王睶到元朝朝貢，且表示將派兵 3 萬協助征日本。元朝為了表示感謝之意，就封給高麗國王王睶開府儀同三司、中書左丞相、行中書省事等頭銜。遣使召集開元等路軍 3 千征日本。賜右丞洪茶丘所將征日本新附軍鈔及甲。於是以范文虎、實都、洪俊奇為中書右丞，李庭、張巴圖為參知政事，並行中書省事。水軍萬戶都元帥張禧請行，即日拜行省平章政事，與文虎、庭等率舟師泛海東征。至日本，禧即舍舟，築壘平湖島（按即平戶島），約束戰艦，各相去五十步止泊，以避風濤觸擊。已而颶風大作，文虎、庭戰艦悉壞，禧所部獨完。[38]

　　12 月，高麗國王王睶領兵 1 萬人、水手 1 萬 5 千人、戰船 9 百艘、糧 10 萬石，出征日本，給右丞洪茶丘等戰具、高麗國鎧甲戰襖。諭諸道征日本兵取道高麗，毋擾其民。以高麗中贊金方慶為征日本都元帥，密直司副使樸球、金周鼎為管高麗國征日本軍萬戶，並賜虎符。以高麗國王王睶為中書右丞相，復授征日本軍官佩虎符。

---

[37] 〔明〕宋濂等撰，楊家駱主編，前引書，本紀第十，世祖七。

[38] 〔清〕畢沅撰，續資治通鑑，卷第一百八十五，元紀三，世祖聖德神功文武皇帝至元 17 年。收錄在中國哲學書電子化計畫。

至元 18 年（1281 年）春正月，召阿剌罕、范文虎、囊加帶同赴闕受
訓諭，以拔都、張珪、李庭留後。命忻都、洪茶丘軍陸行抵日本，兵甲則
舟運之，所過州縣給其糧食。採用范文虎之建議，增加漢軍萬人。文虎又
請馬 2 千給禿失忽思軍及回回砲匠。元世祖認為使用戰船打戰，何需用到
馬和砲？所以沒有同意。高麗王王晧遣使說，日本犯其邊境，乞兵追之，
元世祖派遣戍守金州隘口軍 5 百前往支援。賞忻都等戰功，賜征日本諸軍
鈔。2 月，詔諭范文虎等以征日本之意，征日本國軍隊啟行。給征日本軍
衣甲、弓矢、海青符[39]。征日兵力約 10 萬人。[40]

5 月，忻都、洪茶丘及金方慶、朴球、金周鼎等以蒙古、高麗、漢軍
4 萬人，戰船 9 百艘，發合浦。日本行省參議裴國佐等說：「本省右丞相
阿剌罕、范右丞、李左丞先與忻都、茶丘入朝。時同院官議定，領舟師至
高麗金州，與忻都、茶丘軍會，然後入征日本。又為風水不便，再議定會
於壹岐島。今年 3 月，有日本船為風水漂至者，令其水工畫地圖，因見近
太宰府西有平戶島者，周圍皆水，可屯軍船。此島非其所防，若徑往據此
島，使人乘船往一岐，呼忻都、茶丘來會，進討為利。」元世祖說：「此
間不悉彼中事宜，阿剌罕輩必知，令其自處之。」[41]

6 月，征日本行省臣遣使向元世祖報告稱：「大軍駐巨濟島，至對馬
島獲島人，言太宰府西六十里舊有戍軍已調出戰，宜乘虛搗之。」詔曰：
「軍事卿等當自權衡之。」庚寅，以阿剌罕有疾，詔阿塔海統率軍馬征日
本。

隨後范文虎、李庭率船 3 千 5 百艘、兵 10 餘萬至次能、志賀二島，
忻都、洪茶丘率所部會之，舳艫相銜而進，但遭日軍阻止，乃轉往肥前鷹
島。

---

39 海青符，又稱海青牌，元朝乘驛憑證之一種。有海青金牌、海青銀牌之分。因牌上鑄有
　　海東青圖像，故名。牌呈圓形，故又稱圓牌或圓符。專為軍情大事而設，元代驛傳一般
　　公事差遣憑鋪馬聖旨乘驛，遇軍務之急，則憑海青牌乘驛。參見「海青牌」，百度百
　　科，https://baike.baidu.com/item/%E6%B5%B7%E9%9D%92%E7%89%8C（2020 年 2 月
　　23 日瀏覽）。

40 〔明〕宋濂等撰，楊家駱主編，前引書，列傳第九十五，外夷一。

41 〔明〕宋濂等撰，楊家駱主編，前引書，列傳第九十五，外夷一。

8月4日，忻都、洪茶丘、范文虎、李庭、金方慶諸軍的船隊遭風濤所毀，諸將未見敵，喪全師以還，乃言：「至日本，欲攻太宰府，暴風破舟，猶欲議戰，萬戶厲德彪、招討王國佐、水手總管陸文政等不聽節制，輒逃去。本省載餘軍至合浦，散遣還鄉里。」未幾，敗卒於閻脫歸，言：「官軍六月入海，七月至平壺島（按即平戶島），移五龍山。八月一日，風破舟。五日，文虎等諸將各自擇堅好船乘之，棄士卒十餘萬於山下。眾議推張百戶者為主帥，號之曰張總管，聽其約束。方伐木作舟欲還，七日，日本人來戰，盡死。餘二三萬為其虜去。九日，至八角島，盡殺蒙古、高麗、漢人，謂新附軍為唐人，不殺而奴之。閻輩是也。」之所以造成此一局面，乃因為征日行省官員意見紛歧，故皆棄軍歸。久之，莫青與吳萬五者亦逃還，10萬之眾，只有3人逃回。[42]

根據元史，本紀第十一，世祖八之記載：「忻都、洪茶丘、范文虎、李庭、金方慶諸軍，船為風濤所激，大失利，餘軍回至高麗境，十存一二。」元世祖遂召回征日本軍隊。[43]但在同書列傳第九十五，外夷一之記載卻是「十萬之眾，得還者三人耳」。新元史一書的記載為「軍士不返者凡十餘萬人，高麗兵死者亦七千餘人。」[44]

11月，命軍器監給高麗沿海等郡、高麗國、金州等處置鎮邊萬戶府兵仗（武器），以監控日本。高麗國王請求元朝派軍守護其海城，以防日本，不允。

12月，因為征日本失敗，而罷征日本行中書省。

元世祖不因這次出兵失敗而放棄，在隔年又積極準備出兵日本。至元19年（1282年）7月，高麗國王請自造船150艘，助征日本。

至元20年（1283年）春正月。預備征日本軍糧，令高麗國備20萬石。以阿塔海依舊為征東行中書省丞相。發五衛軍2萬人征日本。發鈔3

---

[42]　〔明〕宋濂等撰，楊家駱主編，前引書，列傳第九十五，外夷一。

[43]　〔明〕宋濂等撰，楊家駱主編，前引書，本紀第十一，世祖八。

[44]　〔民國〕柯劭忞撰，新元史，卷二百五，列傳第一百四十七，外國二，日本，成文出版社，臺北市，1971年。

千錠糴糧於察罕腦兒[45]，以給軍匠。命右丞闍裏帖木兒及萬戶 35 人、蒙古軍習舟師者 2 千人、探馬赤 1 萬人、習水戰者 5 百人征日本。

3 月，前後衛軍自願征日本者，命選留五衛漢軍千餘，其新附軍令悉行。

4 月，以侍衛親軍 2 萬人助征日本。壬辰，阿塔海求軍官習舟楫者同征日本，命元帥張林、招討張瑄、總管硃清等行。命高麗王兼領征日行省，規畫征討日本事宜。癸卯，授高麗國王王睶征東行中書省左丞相，仍駙馬高麗國王（元朝以公主嫁給高麗國王）。乙巳，命樞密院集合軍官議征日本事宜。辛亥，以征日本，給後衛軍衣甲，及大名、衛輝等路新附軍鈔。

5 月，立征東行中書省，以高麗國王與阿塔海共事，給高麗國征日本軍衣甲。御史中丞崔彧言：「江南盜賊相繼而起，皆緣拘水手、造海船，民不聊生，日本之役，宜姑止之。江南四省應辦軍需，宜量民力，勿強以土產所無，凡給物價及民者必以實。召募水手，當從所欲。伺民之氣稍蘇，我之力粗備，三二年復東征未晚。」元世祖沒有接受其建議。甲戌，發征日本重囚征討占城和緬國。設高麗國勸農官四員。[46]

7 月，諭阿塔海所造征日本船，宜緩慢為之；他所扣押的商船，都令其歸還。

9 月，調黎兵（海南島黎族士兵）同征日本。

10 月，給征日本新附軍鈔 3 萬錠。

12 月，以茶忽所管軍 6 千人備征日本。

至元 21 年（1284 年）春正月，遣王積翁齎詔使日本，賜錦衣、玉環、鞍轡。王積翁由慶元（今浙江省寧波市）航海至日本近境，為舟人所害。

2 月，罷高麗造征日本船。

---

45 察罕腦兒，位在今河北省張家口市沽源縣小宏城子附近。參見「察罕腦兒」，華人百科，https://www.itsfun.com.tw/%E5%AF%9F%E7%BD%95%E8%85%A6%E5%85%92/wiki-626804-419583（2020 年 6 月 8 日瀏覽）。

46 〔明〕宋濂等撰，楊家駱主編，前引書，本紀第十二，世祖九。

10 月，詔諭行中書省，凡征日本船及長年篙手，並官給鈔增價募之。

至元 22 年（1285 年）4 月，以耽羅（韓國濟州島的古國名）所造征日本船百艘賜高麗。

6 月，命女直（即女真）、水達達[47]造船 2 百艘及造征日本迎風船。

10 月，立征東行省，以阿塔海為左丞相，劉國傑、陳巖並左丞，洪茶丘右丞，征日本。遣使通知高麗發兵 1 萬人、船 650 艘，助征日本，仍令於近地多造船。下令漕江淮經由海運米百萬石貯藏在高麗之合浦，仍令東京（指交趾）及高麗各貯米 10 萬石，備征日本。諸軍期於明年 3 月以次而發，8 月會於合浦。[48]

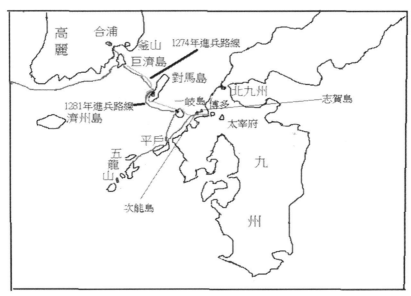

資料來源：筆者自繪。

圖 5-3：元軍進攻日本路線圖

47　水達達，位在混同江（今松花江及松花、黑龍江會合後之黑龍江）南北之臨江濱水區域。參見「水達達」，百度百科，https://baike.baidu.com/item/%E6%B0%B4%E8%BE%BE%E8%BE%BE/2095755?fromtitle=%E5%A5%B3%E7%9C%9F%C2%B7%E6%B0%B4%E8%BE%BE%E8%BE%BE&fromid=5575333（2020 年 2 月 23 日瀏覽）。

48　〔明〕宋濂等撰，楊家駱主編，前引書，本紀第十三，世祖十。

12 月，增阿塔海征日本戰士 1 萬人、回回砲手 50 人。

至元 23 年（1286 年）春正月甲戌，元世祖說：「日本未嘗相侵，今交趾犯邊，宜置日本，專事交趾。」[49]

元世祖出兵兩次征日本皆鎩羽而歸，心中有所不甘，數度召集兵馬準備再渡海擊日本，皆以日本孤遠島夷，重困民力，遂罷征日本，召阿八赤赴闕，仍解散所顧民船。[50]

成宗大德 2 年（1298 年），江浙省平章政事也速答兒建議出兵日本。成宗說，此並非時候，我再慢慢考慮。3 年（1299 年），遣僧寧一山者，加妙慈弘濟大師，搭乘商舶往使日本，都沒有獲得日本人之回應。[51]

二、元軍進攻東爪哇

蒙古忽必烈入主中國後，數次遣使爪哇要求其派遣國王到中國朝貢，均遭拒絕，且將使節孟祺黥面放回，忽必烈感到受辱，所以在 1292 年 12 月派遣 6 千名軍人攻打爪哇。[52]

12 月，遠征軍從泉州後渚出發，沿著海岸南向航行，先經過七洲洋，次到萬里石塘，也就是西沙群島。再前行到越南交趾的邊界，進入越南中部的占城。占城的位置約在今天越南中部平定、歸仁一帶。

1293 年 1 月，史弼的遠征軍船隊經過東董山、西董山、牛崎等嶼。在元代，從中國往南洋各國船隻航行的方向，在張燮的東西洋考一書中曾提及東西洋針路，他說船隻到達越南南部後要轉往柬埔寨和爪哇者，需在鶴頂山分路，鶴頂山在今天的頭頓。[53]東西洋考又說：「鶴頂山，其洋中有玳瑁洲，宜防。若往柬埔寨，由此分路。」[54]而玳瑁洲，即位在頭頓外海。如要前往爪哇，則東西洋考舉出的航行路線是：「從玳瑁洲到東西

49　〔明〕宋濂等撰，楊家駱主編，前引書，列傳第九十五，外夷一。

50　〔明〕宋濂等撰，楊家駱主編，前引書，本紀第十四，世祖十一。

51　〔明〕宋濂等撰，楊家駱主編，前引書，列傳第九十五，外夷一。

52　〔明〕宋濂等撰，楊家駱主編，前引書，卷十七，本紀第十七，世祖十四，頁 359。

53　〔明〕黃省曾、張燮著，謝方點校，西洋朝貢典錄校注、東西洋考，中華書局，北京市，2000 年，頁 302。

54　〔明〕張燮，東西洋考，卷九，西洋針路。

董、失力大山、馬鞍嶼、塔林嶼、吉寧馬哪山、勿里洞山、吉里問大山、保老岸山、椒山、思吉港饒洞。」謝方認為上述地點大概在今天的位置：「從玳瑁洲（頭頓外海的沙洲）到東西董（越南南部海島或納土納島）、失力大山（卡里曼丹西端大山）、馬鞍嶼（卡里曼丹西部淡美蘭群島）、塔林嶼（淡美蘭群島）、吉寧馬哪山（卡利馬達島）、勿里洞山（勿里洞島）、吉里問大山（吉利門島）、保老岸山（中爪哇東北部布格角）、椒山（在廚閩附近）、思吉港饒洞（梭羅河下游的蘇吉丹）。」[55]

　　然而，值得注意的是，從一地到另一地當時所用的時間，例如從鶴頂山外海的玳瑁洲前往東西董，「用丁未針，三更」，按當時用法一更約二點四小時，[56]故三更約花了七點二小時時辰；而從東西董到失力大山，「用單丁，五更；丁未，三十更」，合起來共三十五更，約花了七十四小時；從失力大山到馬鞍嶼，「用巽巳，五更」，約花了 12 小時。從上述船行時間來推算，東西董應該還離越南海岸不遠之處，最可能的地方就是頭頓東方外海的小加堆克灘（Petite Gatwick）和大加堆克灘（Gde Gatwick）。而從東西董山到失力大山，共花了 74 小時，足見東西董山不可能是納土納群島，而失力大山才可能是納土納群島。

　　另外亦可從「混沌大洋」來瞭解東西董山的位置。元史說當遠征軍船隊經過東西董等島嶼後，即進入「混沌大洋」。「混沌大洋」應是一個形容海水混濁的名詞，湄公河河水流入南海，其夾帶的泥沙流入海中，造成海水混濁，當時也可能下過雨後，海水中混有泥沙而變成混濁，故名之為「混沌大洋」。從而可知，船隊仍然是在沿海岸邊航行，而非在遠離海岸的深海中航行。如果此一推測可靠的話，則上述把東董、西董山、牛崎等嶼解釋為崑崙群島，是不妥的。因為從北往南航行，如從頭頓外海往南航行，會先經過湄公河三角洲外海的所謂「混沌大洋」，再進入崑崙群島。

---

[55]　〔明〕黃省曾、張燮著，謝方點校，西洋朝貢典錄校注、東西洋考，頁 180。

[56]　根據〔清〕施鴻保，閩雜記的說法，「海道不可里計，行舟者以聲為更漏箭，如酒壺狀，中實細沙懸之，沙從箭眼滲出，復以一箭承之，上箭沙盡，下箭沙滿，則上下更換，謂之一更。每一日夜共十更。」〔清〕施鴻保，閩雜記，福建人民出版社，福州市，1985 年。

崑崙群島位在湄公河三角洲的南側。因此，較可能的情況是東董、西董山、牛崎等嶼是前述頭頓外海的大小加堆克灘，從該處往南航行，即會經過湄公河出海的混濁海域。此外，宋史提及闍婆（即爪哇）時說：「闍婆國在南海中，其國東至海一月，泛海半月至崑崙國。」[57]宋會要番夷四之九九真里富國條，也說：「嘉定 9 年（1216 年）7 月 20 日，真里富國，……欲至中國者，自其國放洋，5 日抵波斯蘭，次崑崙洋，經真臘國，數日至賓達椰國，數日至占城界，……。」[58]明朝張燮的東西洋考一書中提及東洋針路和西洋針路時，也提到東董山和崑崙山兩個地名，分別指不同的地點。[59]足見宋朝和明朝時已知有崑崙一地，不可能在元朝時把崑崙改為東西董山，二者應是兩個不同的地點和地名。

　　遠征軍船隊繼續前行至橄欖嶼、假里馬苔及勾欄等山。格羅尼維德特（W. P. Groeneveldt）則認為橄欖嶼在今天的坦比蘭島（Tambelan），假里馬苔在卡利馬達島，勾欄山在今天的勿里洞島（Billiton）。[60]遠征軍大軍在完成整備糧草、建造小船妥當後，即於 1293 年 2 月出兵前進爪哇島。遠征軍先抵達吉利門，[61]登陸爪哇的杜並足（即今天東爪哇北岸的杜板（Tuban），或廚閩）。

　　元軍進攻爪哇的都城諫義里（Kediri），結果戰敗。6 月 30 日，遠征

57　〔元〕脫脫，宋史，卷四百八十九，闍婆傳，頁 14。

58　參見〔清〕徐松，宋會要輯稿，第一百九十七冊，番夷四，真里富國條，中華書局影印本，臺北市，1957 年，頁 7763。

59　參見〔明〕張燮，東西洋考，卷九，舟師考。

60　格羅尼維德在書中第 26 頁提到的橄欖嶼和假里馬苔都沒有指出詳細位置，勾欄山則指今天的勿里洞島。但在該書最後一頁附了一張圖，圖上標示了 1293 年元軍進爪哇的幾個島嶼名稱。參見 W. P. Groeneveldt, *Notes on the Malay Archipelago and Malacca*, compiled from Chinese Sources, 1880, p.26.

61　劉繼宣及束世澂認為是在今天的爪哇海中的 Kariman-Java 島。參見劉繼宣、束世澂，中華民族拓殖南洋史，臺灣商務印書館，臺北市，民國 60 年，頁 45。新元史對吉利門有一描述，說：「邇來物，即吉利門，至元中大兵攻爪哇，自构欄山進至吉利門，即此地也。俗尚怪妖，男女挽髻。人死以生腦慣其尸，欲葬而不腐。」見〔民國〕柯劭忞撰，新元史，卷二百五十三，列傳，頁 11。謝方亦認為是在 Kariman-Java 島。參見謝方校注，西洋朝貢典錄校注，頁 19。印尼於 1988 年出版的地圖，將該地名英文改為 Karimun Archipelago。

軍返回泉州，士卒死了三千多人，也就是約有一千多人活著回中國。

資料來源：筆者自繪。

圖 5-4：元軍出兵爪哇路線圖

第四節　汪大淵的偉大旅程

　　元朝航海家汪大淵於 1349 年出版島夷志略一書，記錄了他個人從臺灣到東非甚至地中海的航海經歷，堪稱是一部航海史上的重要著作。汪大淵最早於 1330 年從泉州出海遊歷，1334 年返國。1337 年冬，他第二次由泉州出海遊歷，1339 年夏秋返國。

　　汪大淵的著作晚於宋朝趙汝适的諸蕃志 124 年，所描述的國名或地名遠比諸蕃志一書還多，而且更遠。書上所記的國名，都是他親身到過，他將所見所聞記錄下來，因此該書堪稱為他的遊記，其寫作方式迥異於諸蕃志，趙汝适是海關官員，他本人並未出國考察，而是將船員所述記錄下來，猶如口述歷史。

　　汪大淵首站從泉州出海到澎湖再到北臺灣的琉求，然後往南到菲律賓

的三島（或三嶼）（今菲律賓中部的民多羅島、班乃島和巴拉望島）、麻逸（菲律賓馬尼拉南部）、蘇祿（菲律賓南部）等總共 99 個國家或城市，範圍遍及今天東南亞、南亞和東非地區，甚至到過義大利西西里島（Sicily）。他遊歷的最北邊是到北臺灣，東邊是到印尼的文老古（即今印尼的摩鹿加（Maluku）群島）[62]。南邊到古里地悶（今帝汶島），中間到過浡泥（今汶萊）、爪哇、舊港（印尼蘇門答臘的巴鄰旁）、蘇門答臘島的花面[63]、須文答剌和喃巫里、越南、柬埔寨的淡洋[64]、泰國、馬來半島的吉蘭丹、丁家廬（今馬來西亞登嘉樓）、彭坑（今馬來西亞彭亨）、朋加剌（今孟加拉（Bengal））、斯里蘭卡、東印度的沙里八丹和土塔[65]，西邊到西印度的曼陀郎（今印度西岸古吉拉特邦卡奇（Kutch）南部曼德維（Mandvi）東面三十英里的蒙德拉（Mundra））[66]、放拜（今印度西岸的孟買（Bombay））[67]、北溜（今印度洋中的拉克代夫（Laccadive）群島和馬爾地夫（Maldive）群島。）[68]、下里（指「鄭和航海圖」中之歇立，今印度西岸卡里庫特（Calicut）北部的 Maunt

---

[62] 文老古，即今印尼的摩鹿加（Maluku）群島。「文老古」，古代南海地名匯釋，http://mall.cnki.net/Reference/ref_search.aspx?bid=R200809105&inputText=%E6%96%87%E8%80%81%E5%8F%A4（2020 年 2 月 19 日瀏覽）。

[63] 花面，蘇門答臘島北部的巴達克（Batak）人及其居住地）。「花面」，古代南海地名匯釋，http://mall.cnki.net/Reference/ref_search.aspx?bid=R200809105&inputText=%E8%8A%B1%E9%9D%A2（2020 年 2 月 19 日瀏覽）。

[64] 淡洋，又作淡水洋、淡水湖。指今柬埔寨的洞裡薩湖（Tonle Sap）。「淡洋」，古代南海地名匯釋，http://mall.cnki.net/Reference/ref_search.aspx?bid=R200809105&inputText=%E6%B7%A1%E6%B4%8B（2020 年 2 月 19 日瀏覽）。

[65] 沙里八丹和土塔為同一地點，位在今天印度東南部淡米爾納德邦的 Nagapattinam 港口城市。參見「納加帕蒂南」，維基百科，https://zh.wikipedia.org/wiki/%E7%BA%B3%E5%8A%A0%E5%B8%95%E8%92%82%E5%8D%97（2020 年 3 月 8 日瀏覽）。

[66] 「曼陀郎」，古代南海地名匯釋，http://mall.cnki.net/Reference/ref_search.aspx?bid=R200809105&inputText=%E6%9B%BC%E9%99%80%E9%83%8E（2020 年 2 月 19 日瀏覽）。

[67] 「放拜」，古代南海地名匯釋，http://mall.cnki.net/Reference/ref_search.aspx?bid=R200809105&inputText=%E6%94%BE%E6%8B%9C（2020 年 2 月 19 日瀏覽）。

[68] 「北溜」，古代南海地名匯釋，http://mall.cnki.net/Reference/ref_search.aspx?bid=R200809105&inputText=%E5%8C%97%E6%BA%9C（2020 年 2 月 19 日瀏覽）。

Delly。或謂今科欽（Cochin）北二十英里小港阿爾瓦耶（Alwaye））[69]、加里那（或謂在今波斯灣內伊朗西南部一帶；或謂在今印度沿海，今地不詳。）[70]、古里佛（今印度喀拉拉邦北岸的卡里庫特）[71]、巴南巴西（今印度卡納塔克邦卡爾瓦爾（Karwar）東南的 Banavāsi，其西岸的霍納瓦（Honavar）即為其國主要港口。）[72]，以及東非洲的阿思里（Asili）（位在埃及紅海西岸的 Quseir）、麻那里（Manali）（位在肯亞的馬林迪（Malindi））、曾搖羅（Ceng Yaoluo）（位在坦尚尼亞的 Kilwa Kisiwani）、加將門里（Jia Jiang Menli）（位在莫三鼻克的 Quelimane）[73]、伊拉克的波斯離（今伊拉克巴士拉）[74]、麻呵斯離（又作勿斯離，今伊拉克西北部摩蘇爾（Mosur））[75]、撻吉那（位在阿拉伯半島南邊的亞丁（Aden）以東的 Tagina 港）、天堂（又作天房，今沙烏地阿拉伯的麥加）[76]，義大利西西里島南邊的哩伽塔（Licata）港[77]。

---

[69] 「下里」，古代南海地名匯釋，http://mall.cnki.net/Reference/ref_search.aspx?bid=R200809105&inputText=%E4%B8%8B%E9%87%8C（2020 年 2 月 19 日瀏覽）。

[70] 「加里那」，古代南海地名匯釋，http://mall.cnki.net/Reference/ref_search.aspx?bid=R200809105&inputText=%E5%8A%A0%E9%87%8C%E9%82%A3（2020 年 2 月 19 日瀏覽）。

[71] 「古里佛」，古代南海地名匯釋，http://mall.cnki.net/Reference/ref_search.aspx?bid=R200809105&inputText=%E5%8F%A4%E9%87%8C%E4%BD%9B（2020 年 2 月 19 日瀏覽）。

[72] 「巴南巴西」，古代南海地名匯釋，http://mall.cnki.net/Reference/ref_search.aspx?bid=R200809105&inputText=%E5%B7%B4%E5%8D%97%E5%B7%B4%E8%A5%BF（2020 年 2 月 19 日瀏覽）。

[73] 阿思里、麻那里、曾搖羅和加將門里之位置，參見 Anshan Li, *A History of Overseas Chinese in Africa to 1911*, Diasporic Africa Press, New York, 2017, p.33. https://books.google.com.tw/books?id=Xuq7QCmY6jQC&pg=PR5&lpg=PR5&dq=asli,Anshan+Li&source=bl&ots=6OpVBqihdP&sig=ACfU3U1vOjLn2KGD6gAmvzWuwedTzClVdg&hl=zh-TW&sa=X&ved=2ahUKEwi70NPx493nAhXBLqYKHT23AssQ6AEwAXoECAkQAQ#v=onepage&q=asli%2CAnshan%20Li&f=false（2020 年 2 月 19 日瀏覽）。

[74] 「波斯離」，百度百科，https://baike.baidu.com/item/%E6%B3%A2%E6%96%AF%E7%A6%BB（2020 年 2 月 19 日瀏覽）。

[75] 「麻呵斯離」，知識貝殼，https://www.zsbeike.com/cd/43472941.html（2020 年 2 月 19 日瀏覽）。

[76] 「天堂」，古代南海地名匯釋，http://mall.cnki.net/Reference/ref_search.aspx?bid=R200809105&inputText=%E5%A4%A9%E5%A0%82（2020 年 2 月 19 日瀏覽）。

　　汪大淵的旅程中還透露出從中國到勃泥和摩鹿加群島、爪哇和帝汶島
的航線。趙汝适的諸蕃志曾記載臺灣南部的毗舍耶人到菲律賓中部的三嶼
販售臺灣的土產，也記載了毗舍耶人渡海到泉州。但該書沒有記載中國漢
人船隻航行中國、澎湖、臺灣、菲律賓到勃泥的航線。汪大淵的島夷志略
則記載了他從泉州到澎湖、臺灣、毗舍耶、蘇祿、勃泥到文老古（即今印
尼的摩鹿加群島）的航線。

　　明朝時前往勃泥有循南海逆時鐘方向航行，即從越南南部越過南海，
到達爪哇島，再從爪哇島北上沿著婆羅洲西海岸到勃泥。明太祖在 1370
年派遣使節到渤泥，航行路線是從泉州抵達東爪哇，再到渤泥，即今天的
汶萊。「太祖洪武 3 年（1370 年），命福建行省都事沈秩詔諭浡泥國，
其王遣使入貢。按明外史・浡泥傳：浡泥，於古無所考，宋太宗時始通中
國。太祖洪武 3 年 8 月，命御史張敬之、福建行省都事沈秩往使。自泉州
航海，閱半年抵闍婆，又踰月至其國。」[78]顯然明朝使節是先航行到東爪
哇，再前往渤泥。

　　值得注意的是，1372 年元月，呂宋遣使向中國朝貢。1405 年，合貓
里（位在今天的呂宋東南方的沙瑪島）遣使向中國朝貢。1406 年 8 月，
馮牙施蘭（峰牙絲蘭）之酋長玳瑁、里欲二人各率其屬朝貢。1410 年，
復朝貢中國。1417 年 9 月 21 日，蘇祿東王、西王、峒王及眷屬、臣僚
340 人訪問中國，他們是如何前往中國的？他們若是在泉州登陸的，則可
能走汪大淵從泉州經臺灣再越過巴士海峽到呂宋、蘇祿到勃泥的航路。他
們若是在廣州登陸的，則可能走元朝出兵爪哇的航路，即從菲律賓西海岸
航行到婆羅洲西端，越過南海到越南南部，循越南東海岸北上到廣州。

　　總之，汪大淵的著作還有許多地名無可考，例如，馬魯澗[79]、羅婆

---

[77] 按島夷志略哩伽塔條：「國居遼西之界，乃國王海之濱」。國王海，指地中海。（參見
蘇繼卿，南海鉤沉錄，臺灣商務印書館，臺北市，民國 78 年，頁 274。）但蘇繼卿不
認為哩伽塔位在地中海內，而是指阿丹，即亞丁。筆者查閱地圖，在西西里島南邊確有
Licata 港地名，而國王海應是指地中海，故以此解之。

[78] 〔清〕陳夢雷撰，古今圖書集成（電子版），曆象彙編乾象典，浡泥部，彙考，乾象
典，第 104 卷，第 218 冊第 10 頁之 2。

[79] 蘇繼卿認為馬魯澗為伊朗的 Maragha 或 Maragak。（參見蘇繼卿，前引書，頁 62。）

斯、甘埋里[80]、烏爹、大烏爹、萬年港等，如能清楚知道其位在今天何地，則更可知悉汪大淵整個遊歷的行蹤。如果目前考證出來他遊戲的若干地名確實可靠，則他最遠到過義大利西西里島，也去過東非，因此他應是中國第一個到過上述地方的人。明朝鄭和最遠到過東非和阿拉伯半島波斯灣沿岸，可能參考了汪大淵的著作，汪大淵成為鄭和下西洋的先行者，應無問題。這兩人唯一的差別在於，汪大淵是搭乘商船自行旅遊，而鄭和是帶領艦隊巡視各有關港口。

　但這是不可能的，因為 Maragha 位在伊朗西北部山區，不屬於島夷。

[80] Rockhill 認為甘埋里位在 Comoro 群島。但 Fujita Toyohashi、Shen Cengzhi 和蘇繼卿則認為是位在荷姆茲（W. W. Rockhill, "Notes on the Relations and Trade of China with the Archipelago and the Coasts of the Indian Ocean during the Fourteenth Century", *T'oung Pao* 15 (1914), pp. 419-447, and 16 (1915), pp. 61-159, 236-271, 374-392, 435-467, 604-626. Zhu Jieqin, "Zhongguo he Yilang lishi shang de youhao guanxi," *Lishi yanjiu*, No.7, 1978, pp. 72-82.）Kauz Ralph 和 Ptak Roderich 認為甘埋里就是荷姆茲。（Kauz Ralph, Ptak Roderich, "Hormuz in Yuan and Ming sources," *Bulletin de l'Ecole française d'Extrême-Orient*, Tome 88, 2001, pp. 27-75, p.39. https://www.persee.fr/doc/befeo_0336-1519_2001_num_88_1_3509）其位置在何地仍存疑。

第六章
第十五世紀到第十七世紀的航路

第一節　明朝的東西洋航路

在大帆船貿易（指西班牙於 1565 年至 1815 年從菲島宿務、馬尼拉至墨西哥西海岸的阿卡普爾科（Acapulco）港口的大帆船貿易）時代開始以前，南海地區的貿易是以沿岸航行船隻為主，而此型船隻之航行受到該一地區一年兩次季節風向的影響頗大。也就是從中國啟程前往東南亞，必須趁著冬季吹東北季節風時揚帆往東南亞，而在夏季趁吹西南風時揚帆返回中國。值得注意的是，這個以馬尼拉為航運中心的新的大帆船貿易航路，為了將東亞各國的商品運到馬尼拉集中，而開闢了周圍地區的新航路，例如從馬尼拉到北臺灣、再到日本的航路；從馬尼拉到廈門、澳門的航路；從馬尼拉到婆羅洲、越南南部、暹羅阿瑜陀耶城（大城）（Ayuthaya）的航路；馬尼拉到婆羅洲、摩鹿加群島（Molucca Islands）或東爪哇的航路。

在 1598 年以前，菲律賓和中國的貿易港口是廈門，但在該年西班牙船隻直接航抵澳門（葡萄牙人已在 1557 年長期居住澳門經商），要求通商，因違反過去通貢的往例而遭地方官拒絕。「萬曆 26 年（1598 年），呂宋國徑抵濠鏡澳，臺司官議逐之。」另依據廣東通志之記載：「呂宋國例由福建貢市，萬曆 26 年 8 月初 5 日，徑抵濠鏡澳，住舶索請開貢，兩臺司道咸謂其越境違例，議逐之。諸澳彝亦謹守澳門，不得入。九月，移泊虎跳門，言候丈量，越十月又使人言，已至甲子門，舟破趨還，遂就虎跳門，徑結屋群居，不去海道，副使章邦翰飭兵，嚴諭焚其聚次。九月，

始還東洋，或曰此閩廣商誘之使來也。」[1]

荷蘭人於 1596 年 4 月進入爪哇萬丹港，因受到當地英國和中國商人的排擠，而轉移至摩鹿加群島尋求貿易據點。1601 年荷蘭人至廣東東部的香山澳（即今澳門）尋求通商互市，遭葡人拒絕，未獲成功。1604 年 8 月，荷蘭人入侵澎湖。明朝派沈有容諭退荷蘭人。10 月 15 日，荷人退去。1609 年，荷蘭人又派兩艘艦隻至澎湖。1619 年，荷蘭人將其據點從摩鹿加群島遷至雅加達，後將雅加達改名為巴達維亞城（Batavia）。1622 年 7 月，荷軍重新登陸澎湖，並築砲臺駐守。荷人並從中國沿海抓捕壯丁 1 千 4、5 百人，經由澎湖分批送至巴達維亞，賣為奴役築城。[2]次年，福建巡檢司南居益率領海軍在白沙島東方鎮登陸，雙方戰鬥 8 個月，不分勝負。最後雙方經由談判達成協議，荷蘭放棄澎湖，明朝政府允許荷蘭佔領臺灣，不得提出異議。1624 年，荷蘭入據大員（今臺南）地區，並築城招募漢人移墾，展開了臺灣近代化的首頁。在荷蘭的想法裡，是將臺灣視為從巴達維亞前往中國東南沿海和日本貿易的一個中繼站，臺灣從 1624 年起至 1662 年鄭氏東寧政權統治為止，在荷蘭人的世界貿易需求下，而被一下子推向世界貿易的國際舞臺上。臺灣和巴達維亞之間開闢了新航線。

在荷蘭統治臺灣時期，與西班牙形成貿易競爭，故馬尼拉與臺灣、澎湖、廈門之間的航路中斷。當東寧政權統治臺灣時，清朝對臺灣實施「海禁政策」，因此臺灣海峽兩岸之間的貿易又告中斷。1683 年起清國統治臺灣。郁永河在 1696 年前往臺灣採硫磺，後來在他所著的宇內形勢上記載：「往呂宋者，由廈門渡彭湖，循臺灣南沙馬磯，[3]斜指東南巽方，經

---

[1] 〔清〕陳夢雷撰，古今圖書集成（電子版），曆象彙編乾象典，臺灣府部，紀事，乾象典，第 105 卷，第 218 冊第 15 頁之 1。

[2] 臺灣省文獻委員會編，臺灣史，眾文書局，臺北市，1988 年，頁 67。

[3] 「古時之『沙馬磯』即為今日恆春的西南岬，亦即指『貓鼻頭』而言；而所謂『龜那禿』（即『龜仔角』，亦即西洋人所說之『Kualut』）則應是翻譯自此地之高砂族社名，乃是指『南灣』附近而言。」http://www.taiwan123.com.tw/LOCAL/name03-13.htm （2012 年 6 月 12 日瀏覽）。

謝昆尾山[4]、大小覆釜山[5]，繞出東北，計水程七十二更；往蘇祿者，從覆釜直指正南，水程一百四十更。」[6]此一記載顯示當時還有從中國經由臺灣前往呂宋和蘇祿的航路，不過，在此之前，已有從泉州直航至馬尼拉的航路。

　　西班牙控制菲律賓群島後，大帆船貿易便成為西班牙在遠東推動貿易的重要機制。馬尼拉成為遠東的重要港口，周鄰國家的貨物都集中在馬尼拉再運至墨西哥。由於該航線的開闢，中國的商品，特別是絲織品、瓷器和日常器具等都賣至菲律賓和墨西哥。而從中國開往馬尼拉的港口，是福建的廈門和泉州。大帆船貿易促成了明朝時的「東洋針路」的發展。然而明朝早期實施海禁，船隻無法出海，直至隆慶初年（1567 年），巡撫福建塗澤民題請開海禁，才准販東西二洋。「東洋若呂宋、蘇祿諸國，西洋暹羅、占城諸國及安南、交趾，皆我羈縻屬國無侵叛，故商舶不為禁。東洋有呂宋、屋同沙瑤、玳瑁、宿霧、文來、南旺、大港、吶嗶嘽、磨荖英、筆架山、密雁、中邦、以寧、麻里呂、米六合（美洛居，即摩鹿加群島）、高藥武運、福河崙、岸塘（呂宋島西北岸的坎當（Condon））、呂蓬（在馬尼拉外海西南部的 Lubang 島）。西洋有下港、暹羅、舊港、交趾、柬埔寨、丁機宜、順塔（巽他）、占城、麻六甲、順化、大泥（北大年）、烏汀礁林[7]、新州（歸仁）、啞齊、交嚠吧哪、彭西寧、陸坤（即六坤，單馬令）、占陂（詹卑，在蘇門答臘島北邊的港口占卑（Jambi））、高趾州、籬木、高�隄里鄰、吉連單（即吉蘭丹）、柔佛、吉寧邦、日隸（日裏）、安丁義里、遲悶（帝汶）、蘇祿、班隘（又寫為班爱，指民答那峨島的阿波（Apo）火山）[8]；又有雞籠、淡水，不係東

4　謝昆尾山，又寫為射昆美、射昆美山、謝崑美大山、射昆米、謝崑米，位在阿巴里（Aparri）西面的桑切斯米拉（Sanchez Mira）。參見「謝崑米嶼」，南溟網，http://www.world10k.com/blog/?p=1366（2020 年 4 月 29 日瀏覽）。

5　大小覆釜山，位在馬尼拉灣口的巴丹（Bataan）山及其附近。參見「大小覆釜山」，南溟網，http://www.world10k.com/blog/?p=1126（2020 年 4 月 29 日瀏覽）。

6　〔清〕郁永河，「宇內形勢」，載於裨海紀遊，成文書局，臺北市，1983 年，頁 71。

7　張燮說：「柔佛一名烏丁礁林」。見〔明〕張燮，東西洋考，卷四，柔佛條，臺灣商務印書館，臺北市，1971 年，頁 49。

8　「班隘」，古代南海地名匯釋，中國知網，http://mall.cnki.net/Reference/ref_search.aspx?

西洋船數，而特嚴禁販日本者，比於通番接濟之例。」[9]

明朝張燮於 1618 年撰的東西洋考一書提出「東洋針路」，其航路是「從太武山經過澎湖嶼、沙馬頭澳（即沙馬磯頭山，位在屏東的貓鼻頭）[10]、筆架山（位在菲律賓北部巴布煙群島最北端的島嶼）[11]、大港（為呂宋北部的阿巴里港（Aparri））[12]、哪哦山（老沃（Laoag））[13]、密雁港（維干（Vigan））[14]、六菎山（位在聖費爾南多（San Fernando））[15]、郎梅嶼（位在 Tomas 港）[16]、麻里荖嶼（Manilao，位在蜂牙絲蘭省）[17]、玳瑁港（東是傍佳絲蘭（Pangasinan））（可能為林牙彥（Lingayen））、表山（呂宋島西岸的博利瑙（Bolinao）角）[18]、里銀中邦（位在呂宋西岸的 Hermana Mayor）[19]、頭巾礁（收呂宋國）（指呂宋的尾端，位在

---

bid=R200809105&inputText=%E7%8F%AD%E9%9A%98（2020 年 3 月 23 日瀏覽）。

9　臺灣銀行經濟研究室編，清一統志臺灣府，附錄/漳州府志摘錄/洋稅考，臺灣銀行經濟研究室，臺北市，1960 年，頁 61-62。

10　按高拱乾纂輯的臺灣府志：「本郡四面環海，惟雞籠東南一帶，舟行約三更水程，則不可前，過此下溜，乃眾水朝東之處，一下溜則不可復返，故宜慎之。浪嶠南嶼，去沙馬溪頭一潮水，遠視微茫，舟人罕至。昔有紅毛合慣熟，長年駕舟至彼，見有番人赤體牧羔羊，將羊一群縛至海岸，與紅毛換布，紅毛出艇亦擲布於岸示之，如番來收布，紅毛方敢取羊，否則趕回。今灣地之羔羊是其種也。」
鳳山縣沙馬磯頭山，在郎嬌山西北，其山西臨於海。小琉球山，在鳳山西南海洋中，周圍約有三十餘里。諸羅縣雞籠嶼在海洋中。」（〔清〕高拱乾纂，臺灣府志，卷七，風土志，「土番風俗」。沈雲龍主編，近代中國史料叢刊續編第五十一輯，文海出版社，臺北市，民國 45 年重印）。

11　陳荊和，十六世紀之菲律賓華僑，新亞研究所東南亞研究室刊，香港，1963 年，頁 162。

12　謝清高口述，楊炳南筆錄，安京校釋，海錄校釋，商務印書館，北京市，2002 年，頁 314。

13　謝清高口述，楊炳南筆錄，安京校釋，前引書，頁 314。但中山大學東南亞歷史研究所認為哪哦山位在呂宋島北岸的布爾戈（Burgos）。參見中山大學東南亞歷史研究所編，中國古籍中有關菲律賓資料匯編，中華書局，北京市，1980 年，頁 228，註 10。

14　謝清高口述，楊炳南筆錄，安京校釋，前引書，頁 314。

15　謝清高口述，楊炳南筆錄，安京校釋，前引書，頁 315。

16　謝清高口述，楊炳南筆錄，安京校釋，前引書，頁 315。

17　但安京認為是位在 Bolinao，參見謝清高口述，楊炳南筆錄，安京校釋，前引書，頁 315。

18　謝清高口述，楊炳南筆錄，安京校釋，前引書，頁 315。

19　陳荊和，前引書，頁 162。

Capones 島）[20]、貓里務國（位在馬林杜克（Marinduque）島）[21]。

又從呂宋入磨荖央港（可能位在呂宋島西南岸的巴拉央（Balayan））[22]。又從呂宋過文武樓（可能為民多羅島），沿山至龍隱大山，為以寧港（可能位在民多羅島南端的伊林（Ilin）島）[23]。又從以寧港取漢澤山（可能位在班乃（Panay）島南部）[24]、海山（位在尼格羅斯（Negros）島西南部）[25]。又從漢澤山取交溢（可能在三寶顏（Sambonga））、魃根礁老港（即馬金達諾（Magindano），位在古達描（Cotabato））、紹山（可能位在民答那峨島南面的沙蘭加尼（Sarangani）島）[26]、千子智港（可能位在摩鹿加群島的德那地（Tenate））[27]、紹武淡水港（位在美洛居，舶人稱米六合）（即摩鹿加群島）。又從交溢、犀角嶼（可能為巴西蘭島（Basilan））、蘇祿國（位在和魯島（Jolo））。又從呂蓬（在馬尼拉外海西南部的 Lubang 島）、芒煙山（可能位在民多羅島南邊的 Mangarin）[28]、磨葉洋（即麻逸海域）、小煙山（可能位在 Calamian 群島一帶）[29]、七峰山（可能位在巴拉望（Palawan）島東北一帶）[30]、巴荖圓（可能為巴拉望島）、羅蔔山（指巴拉望島南面的 Balabac）[31]、聖山（可能為沙巴東北部的 Sampanmangio 角）[32]、崑崙山（指沙巴州的 Kota Belud）[33]、長腰嶼（可

---

[20] 陳荊和，前引書，頁 162。但安京認為是位在三描禮示省南端的 Cochinos。參見謝清高口述，楊炳南筆錄，安京校釋，前引書，頁 315。

[21] 陳荊和，前引書，頁 162。

[22] 參見謝清高口述，楊炳南筆錄，安京校釋，前引書，頁 315。

[23] 參見謝清高口述，楊炳南筆錄，安京校釋，前引書，頁 316。陳荊和亦作此推論。

[24] 陳荊和，前引書，頁 162。

[25] 陳荊和，前引書，頁 162。

[26] 參見謝清高口述，楊炳南筆錄，安京校釋，前引書，頁 316。

[27] 參見謝清高口述，楊炳南筆錄，安京校釋，前引書，頁 317。

[28] 中山大學東南亞歷史學研究所編，前引書，頁 231，註 8。

[29] 參見謝清高口述，楊炳南筆錄，安京校釋，前引書，頁 317。

[30] 參見謝清高口述，楊炳南筆錄，安京校釋，前引書，頁 317。

[31] 中山大學東南亞歷史學研究所編，前引書，頁 231，註 16。

[32] 中山大學東南亞歷史學研究所編，前引書，頁 231，註 17。

[33] 中山大學東南亞歷史學研究所編，前引書，頁 232，註 1。

能為文萊灣外的納閩島（Labuan））[34]、鯉魚塘（可能位在文萊 Muara 岸外）[35]、文萊國即婆羅國，此東洋最盡頭，西洋所自起處也，故以婆羅終焉。」[36]

清朝呂調陽在 1870 年重刻海錄時寫的序，他說海錄一書有許多錯誤，他重新刪節、改訂、注釋，其修訂過的東洋針路內容與東西洋考一書稍有不同，茲將呂調陽序引述如下：「東洋針路自太武山，用辰巽針，七更，取彭湖嶼，漳、泉同一要害地也。用丙巳針，五更，取虎頭山。丙巳針，七更，取沙馬頭澳。用辰巽針，十五更，取筆架山。遠望紅豆嶼并浮甲山，進入為大港。用辛酉針，三更，取哪哦山，再過為白土山。用辛酉針，十更，取密雁港。南是淡水港，水下一灣有小港，是米呂尊。下一老古灣，是磨力目，再過山頭為岸塘。又從密雁港幞頭門，用丙午、單午針，十更，取六藐山，下有四嶼。用單巳針，四更，取郎梅嶼。單午針，四更，取麻里佬嶼。丁午針，五更，取表山。山甚高，為濤門之望故名。用丙午針及單午針，五更，取里銀中邦。用丙巳針，五更，取頭巾礁。用單午針，五更，取呂宋國。」[37]

呂調陽的序與東西洋考有幾個地點不同，例如，虎頭山、紅豆嶼、浮甲山、白土山、米呂尊、磨力目、岸塘、幞頭門。據安京之校釋，上述地名在今天之地點如下：虎頭山在臺灣高雄。紅豆嶼位在巴布煙群島的達魯皮里（Dalupiri）。浮甲山位在呂宋島北部的富加島（Fuga）。白土山位在呂宋島西北岸的巴達（Badoc）。米呂尊位在瑪麗亞（Maria）港。磨力目為瑪麗亞港的舊港。岸塘為呂宋島西北岸的坎當（Condon）。幞頭門位在維干港附近。[38]兩書所講的從中國到馬尼拉的東洋針路航路是相同

---

[34] 參見謝清高口述，楊炳南筆錄，安京校釋，前引書，頁 317。中山大學東南亞歷史學研究所編的書認為是指亞庇港（Jesselton），參見中山大學東南亞歷史學研究所編，前引書，頁 232，註 2。

[35] 參見謝清高口述，楊炳南筆錄，安京校釋，前引書，頁 317。但陳荊和認為鯉魚塘位在沙巴北岸的 Jesselton。中山大學東南亞歷史學研究所編的書認為是指納閩島（Labuan）島。參見中山大學東南亞歷史學研究所編，前引書，頁 232，註 3。

[36] 〔明〕張燮，東西洋考，卷九，舟師考。

[37] 引自謝清高口述，楊炳南筆錄，安京校釋，前引書，頁 297-298。

[38] 謝清高口述，楊炳南筆錄，安京校釋，前引書，頁 314-315。

的，只是停靠的港口不同而已。

　　明朝時期的著作順風相送一書亦提及從福建往呂宋的航路，「太武（指福建廈門南面對岸的鎮海角上，今屬龍海縣）開船，辰巽七更取彭湖山。巳丙五更見虎仔山。單丙及巳丙六更取沙馬歧頭。單丙二十更取筆架山，與大港口相對及紅頭嶼。丙午七更取射崑美山（指呂宋島北面的 Sanchez Mira）。丙午及單巳十更取月投門（指 La Union 省的 San Fernando 港）。單丙三更、坤未三更取麻里荖表山，平長，遇夜不可貪睡，可防。丙午及單午五更取里銀大山（指三描禮示省的馬辛洛克港附近），二港相連開勢沙表，表生在洋中可防，表尾記之極仔細。巳丙五更取頭巾礁，單午五更取呂宋港口，雞嶼（指馬尼拉灣口的科瑞吉多（Corregidor）島）內外俱可過船，無沉礁，有流水。其船可從東北山邊入港為妙。」[39]從而可知，該書所講的航路是從福建經由澎湖、臺灣南部、巴丹群島、北呂宋到馬尼拉。

　　從前述可知，東洋航路有三條：第一條航路是從中國福建港口經由澎湖、臺灣南部、呂宋島北部、呂宋島西部到呂宋島南部。第二條航路是從呂宋島西部到民多羅島、內革羅島、三寶顏、蘇祿、摩鹿加群島。第三條航路則從呂宋到巴拉望、沙巴、汶萊。此外，尚有一條從臺灣到巴達維亞的航路，以及從泉州到馬尼拉的航路。

　　張燮所講的西洋針路，則是從鎮海衛太武山開始，經烏豬山、七州山，進入七州洋，經交趾東京、交趾洋、清華港、順化港、外羅山、新州港（今歸仁）、靈山、占城國、赤坎山、崑崙山（越南湄公河出海口外的崑崙島）、暹羅。或從崑崙山直航至吉蘭丹、大泥國（北大年）。或從崑崙山直航至六坤（單馬令）。或從崑崙山直航斗嶼[40]、彭亨國。

---

[39]　順風相送資料及相關港灣位置是參考中山大學東南亞歷史學研究所編，前引書，頁 232，註 8、9、10、11。另參考向達校注，兩種海道針經，中華書局，北京市，2000 年，頁 88-89。

[40]　斗嶼，位在馬來半島東岸外，指今馬來西亞瓜拉龍運（Kuala Dungun）港外的 Tenggol 島。參見「斗嶼」，南溟網，http://www.world10k.com/blog/?p=1144（2020 年 2 月 24 日瀏覽）。

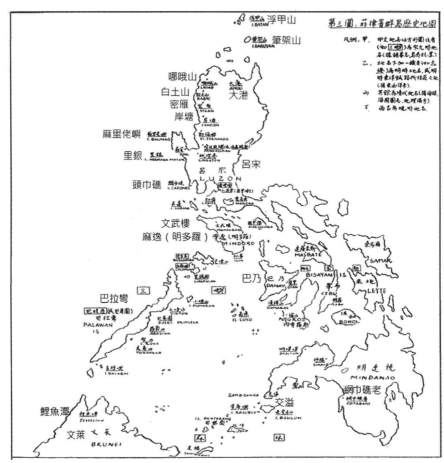

資料來源：陳荊和，前引書，頁 162。

說明：原圖內的地名太小，筆者重新打上較大的字體。

圖 6-1：陳荊和標注的菲律賓古地名

從彭亨港外的地盤山經柔佛地界的東西竺[41]、進入柔佛國，前往龍牙門（即林伽島）、舊港、吉里問山[42]、丁機宜[43]、詹卑（在蘇門答臘島北

---

[41] 東西竺，位於馬來西亞柔佛州豐盛港縣沿海的澳島（馬來語：Pulau Aur）。參見「東西竺」，維基百科，https://zh.wikipedia.org/wiki/%E6%BE%B3%E5%B2%9B（2020 年 2月 24 日瀏覽）。

[42] 吉里問山，又寫為吉利門、吉裡問山、吉裡悶山、吉裡門、吉裡汶，指今印度尼西亞蘇門答臘島東岸外的卡裡摩（Karimun）群島。參見「吉利門」，南溟網，http://www.wor

邊的港口占卑（Jambi））、五嶼（即馬六甲外海的五個島）。

從彭家山（即邦加島（Bangka））進峽門、三麥嶼[44]、都麻橫港口[45]、覽邦港口（位在蘇門答臘島南部），到錫蘭山港口（即斯里蘭卡）和下港（今雅加達）。

從滿剌加國五嶼經棉花嶼、雞骨嶼、急水灣[46]、啞齊國（今印尼亞齊）。

從玳瑁洲[47]，經東西董[48]、失力大山[49]、馬鞍嶼[50]、塔林嶼[51]、勿里洞山[52]、吉里問大山[53]、保老岸山[54]、椒山[55]、思吉港饒洞[56]。

從保老山，經吉力石港[57]、雙銀塔、磨里山[58]、郎木山[59]、重迦羅

---

ld10k.com/blog/?p=1179（2020 年 2 月 24 日瀏覽）。

[43] 丁機宜，在今印尼蘇門答臘島東岸的直名丁宜。參見「丁機宜」，詞典網，https://www.cidianwang.com/lishi/diming/5/66125jv.htm（2020 年 2 月 24 日瀏覽）。

[44] 三麥嶼，又寫為三麥山、三拔嶼，或略稱三麥、麥嶼，指今印度尼西亞邦加（Bangka）海峽東口外，即 Maspari 島。參見「三麥嶼」，南溟網，http://www.world10k.com/blog/?p=1297（2020 年 2 月 24 日瀏覽）。

[45] 都麻橫，在今印度尼西亞蘇門答臘島東南岸，位都蘭把旺（Tulangbawang）河口。參見「都麻橫」，南溟網，http://www.world10k.com/blog/?p=1144（2020 年 2 月 24 日瀏覽）。

[46] 棉花嶼、雞骨嶼、急水灣是位在馬六甲海峽從馬六甲到亞齊之間的島嶼。

[47] 玳瑁洲，位在越南中部外海的島嶼。

[48] 東西董，位在越南頭頓外海的大加堆克灘（Gde Gatwick）。

[49] 失力大山，指納土納群島（Natuna Ialands）。

[50] 馬鞍嶼，指卡里曼丹西部淡美蘭群島。〔明〕黃省曾、張燮著，謝方點校，西洋朝貢典錄校注、東西洋考，中華書局，北京市，2000 年，頁 180。

[51] 塔林嶼，位在淡美蘭群島。〔明〕黃省曾、張燮著，謝方點校，西洋朝貢典錄校注、東西洋考，頁 180。

[52] 勿里洞山，即勿里洞島。

[53] 吉里問大山，指吉利門島。

[54] 保老岸山，位在中爪哇東北部布格角。〔明〕黃省曾、張燮著，謝方點校，西洋朝貢典錄校注、東西洋考，頁 180。

[55] 椒山，位在廚閩附近。〔明〕黃省曾、張燮著，謝方點校，西洋朝貢典錄校注、東西洋考，頁 180。

[56] 思吉港饒洞，位在梭羅河下游的蘇吉丹。〔明〕黃省曾、張燮著，謝方點校，西洋朝貢典錄校注、東西洋考，頁 180。

[57] 吉力石，又作革兒昔、碣烈石、竭力石、錦石（Gresik），另稱新村。其對岸為馬都拉島。參見「吉力石」，古代南海地名匯釋，中國知網，http://mall.cnki.net/Reference/ref_

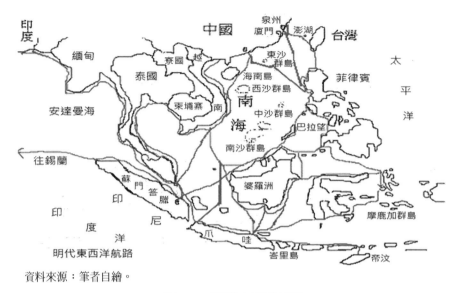

明代東西洋航路

資料來源：筆者自繪。

圖 6-2：明代東西洋航路

（位在東爪哇的章加拉（Jangala））、火山[60]、大急水[61]、蘇律山[62]、印嶼、池悶（即吉里地間，指帝汶島）。

從吉寧馬礁[63]、吧哩馬閣[64]、三密港[65]、龜嶼、單戎世力山[66]、美啞柔[67]

---

search.aspx?bid=R200809105&inputText=%E5%90%89%E5%8A%9B%E7%9F%B3（2020年2月25日瀏覽）。

[58] 磨里山，指印尼的峇里島（Bali）。參見「磨里山」，古代南海地名匯釋，中國知網，http://mall.cnki.net/Reference/ref_search.aspx?bid=R200809105&inputText=%E7%A3%A8%E9%87%8C%E5%B1%B1（2020年2月25日瀏覽）。

[59] 郎木山，指印尼的龍目島（Lombok）。參見「郎木山」，古代南海地名匯釋，中國知網，http://mall.cnki.net/Reference/ref_search.aspx?bid=R200809105&inputText=%E9%83%8E%E6%9C%A8%E5%B1%B1（2020年2月25日瀏覽）。

[60] 火山，指印尼松巴哇島（Sumbawa）。

[61] 大急水，指今印尼松巴哇島和科莫多島之間的薩彼（Sape）海峽。參見「大急水」，古代南海地名匯釋，中國知網，http://mall.cnki.net/Reference/ref_search.aspx?bid=R200809105&inputText=%E5%A4%A7%E6%80%A5%E6%B0%B4（2020年2月25日瀏覽）。

[62] 蘇律山，又作蘇律大山、梭羅島，指今印尼小異他群島中的索洛（Solor）島。參見「蘇律山」，南溟網，http://www.world10k.com/blog/?p=1320。

[63] 吉寧馬礁，今印尼的卡里馬塔（Karimata）群島。參見「吉寧馬礁」，南溟網，http://www.world10k.com/blog/?p=1180（2020年2月25日瀏覽）。

港口、文郎馬神國[68]。

第二節　鄭和下西洋之航路

一、鄭和航海所經過之國家

為後人傳頌的明代偉大的航海家鄭和，從 1405-1433 年之間前後出使西洋七次，關於出使七次的相關資料，包括時間、過程和到訪國家路線等，在明實錄中卻只有片段的記載，而散見於其他相關的史料。此殊為可惜。以致後人研究鄭和航海史時，不易掌握其全貌。無論如何，關於鄭和下西洋的歷程，有不同的記載，茲舉四項資料作為對照。

（一）明代王圻的續文獻通考，該書記載說：「皇明永樂 7 年，太監鄭和等往占城、瓜〔爪〕哇、滿剌加、蘇門答剌、錫蘭山、小唄喃、柯枝、古里等國，開讀賞賜，至 9 年回京。10 年少監楊敕等往榜葛剌等國，開讀賞賜，至 12 年回京。13 年太監鄭和等往榜葛剌諸番，直抵忽魯謨斯等國，開讀賞賜，至 16 年回京。宣德 6 年，太監鄭和等往諸番，直抵忽魯謨斯等國，開讀賞賜，至宣德 8 年回京。今將受詔諸國，不入職方

---

[64] 吧哩馬閣，今印尼卡里曼丹島西南端海上格蘭島東南附近之吧哩馬閣（Balimankap）島，省作馬閣島（Mankap）。參見「吧哩馬閣」，南溟網，http://www.world10k.com/blog/index.php?s=%E5%90%A7%E5%93%A9%E9%A6%AC%E9%96%A3（2020 年 2 月 25日瀏覽）。

[65] 三密港，今印尼卡里曼丹南部之散皮（Sampit），華僑稱三比。參見「三密港」，南溟網，http://www.world10k.com/blog/index.php?s=%E4%B8%89%E5%AF%86%E6%B8%AF（2020 年 2 月 25 日瀏覽）。

[66] 單戎世力山，在印尼卡里曼丹島南部，指今 Tanjung Malatayur 角一帶。參見「單戎世力山」，南溟網，http://www.world10k.com/blog/?p=1129（2020 年 2 月 25 日瀏覽）。

[67] 美啞柔，又寫為買哇柔、里貓柔，指南卡里曼丹最大之 Bandjer 河，或名 Barito。參見「美啞柔」，南溟網，http://www.world10k.com/blog/index.php?s=%E7%BE%8E%E5%95%9E%E6%9F%94（2020 年 2 月 25 日瀏覽）。

[68] 文郎馬神，又作馬神、馬辰、馬承、馬臣，或訛為文郎、文狼，今印尼卡里曼丹島南岸的馬辰。參見「文郎馬神」，南溟網，http://www.world10k.com/blog/?p=1343（2020 年 2 月 25 日瀏覽）。

者，附錄于後。」[69]

（二）婁東劉家港天妃宮石刻通番事蹟記，其記載為：

「永樂 3 年，統領舟師往古里等國。時海寇陳祖義等聚眾於三佛齊國，抄掠番商，生擒厥魁。至 5 年回還。

永樂 5 年，統領舟師往爪哇、古里、柯枝、暹羅等國，其國王各以方物珍禽獸貢獻。至 7 年回還。

永樂 7 年，統領舟師往前各國，道經錫蘭山國，其王亞烈苦奈兒負固不恭，謀害宗師，賴神靈顯應知覺，遂擒其王，至 9 年歸獻，尋蒙恩宥，俾復歸國。

永樂 12 年，統領舟師往忽魯謨斯等國，其蘇門答剌國偽王蘇幹剌寇侵本國，其王遣使赴闕陳訴請救，就率官兵剿捕，神功默助，遂生擒偽王，至 13 年歸獻。是年滿剌加國王親率妻子朝貢。

永樂 15 年，統領舟師往西域。其忽魯謨斯國[70]進獅子、金錢豹、西馬。阿丹國進麒麟，番名祖剌法[71]，並長角馬哈獸（指長角羚羊）。木骨都束國[72]進花福祿（指斑馬）並獅子。卜剌哇國[73]進千里駱駝並駝雞。爪哇國、古里國進麋里羔獸[74]。各進方物，皆古所未聞者。及遣王男、王弟捧金葉表文朝貢。

永樂 19 年，統領舟師遣忽魯謨斯等國使臣久侍京師者，悉還本國。其各國王貢獻方物，視前益加。

---

[69] 〔明〕王圻，續文獻通考，卷二百三十六，四裔考，西南夷，西南夷別錄，第一輯，頁 14063-14064。

[70] 忽魯謨斯國，即荷姆茲（Hormuz）。

[71] 祖剌法，即長頸鹿 giraffe 之音譯。

[72] 木骨都束國，指東非的索馬利亞。

[73] 卜剌哇國，位在索馬利亞布臘瓦（Brava）一帶。參見「卜剌哇國」，中文百科，https://www.newton.com.tw/wiki/%E5%8D%9C%E5%89%8C%E5%93%87%E5%9C%8B （2020 年 4 月 11 日瀏覽）。

[74] 麋里羔獸，指印度藍牛羚（Blue Bull）。參見周佳，「鄭和下西洋所擴入異獸『麋裡羔』再考──圖像與文本中的藍牛羚」，福建師範大學學報（哲學社會科學版），2020 年第 1 期，頁 149-170。

宣德 5 年，仍往諸番開詔，舟師泊於祠下。」[75]

（三）長樂南山寺天妃之神靈應記，其記載為：

「永樂 3 年，統領舟師至古里等國。時海寇陳祖義聚眾三佛齊國，劫掠番商，亦來犯我舟師，即有神兵陰助，一鼓而殄滅之。至 5 年迴。

永樂 5 年，統領舟師往爪哇、古里、柯枝、暹羅等國，番王各以珍寶珍禽異獸貢獻。至 7 年迴還。

永樂 7 年，統領舟師往前各國，道經錫蘭山國，其王亞烈苦奈兒負固不恭，謀害舟師，賴神顯應知覺，遂生擒其王，至 9 年歸獻，尋蒙恩宥，俾歸本國。

永樂 11 年，統領舟師往忽魯謨斯等國，其蘇門答剌國有偽王蘇幹剌寇侵本國，其王宰努里阿比丁遣使赴闕陳訴，就率官兵剿捕，賴神默助，生擒偽王，至 13 年歸獻。是年滿剌加國王親率妻子朝貢。

永樂 15 年，統領舟師往西域。其忽魯謨斯國進獅子、金錢豹、大西馬。阿丹國進麒麟，番名祖剌法，並長角馬哈獸。木骨都束國進花福祿並獅子。卜剌哇國進千里駱駝並駝雞。爪哇國、古里國進麋里羔獸。若乃藏山隱海之靈物，沉沙棲路之偉寶，莫不爭先呈獻。或遣王男，或遣王叔、王弟，齎捧金葉表文朝貢。

永樂 19 年，統領舟師，遣忽魯謨斯等國使臣久侍京師者悉還本國。其各國王益修職貢，視前有加。

宣德 6 年，仍統舟師往諸番國，開讀賞賜，駐舶茲港，等候朔風開洋。」[76]

（四）唐祖培所著的鄭和航海志，其記載為：[77]

鄭和出航時間：

1. 1405,6,15（奉詔），離國：該年冬。回京：1407,9,2。

---

[75] 「婁東劉家港天妃宮石刻通番事蹟記」，載於〔明〕鞏珍撰，向達校注，西洋番國志，頁 51-52。

[76] 「長樂南山寺天妃之神靈應記」，載於〔明〕鞏珍撰，向達校注，西洋番國志，頁 53-55。

[77] 引自唐祖培，鄭和航海志，無出版處和年代，臺北市，卷二，頁 1。

2. 1407,9,13（奉詔）。離國：該年冬，或永樂 6 年春初。回京：
　　1409,3

3. 1408,9,28（奉詔）。離國：1409,2。回京：1411,6,16。

4. 1412,11,15（奉詔）。離國：1413。回京：1415,7,8。

5. 1416,12,10（奉詔）。離國：1417。回京：1419,7,17。

6. 1421,1,30（奉詔）。離國：1421。回京：1422,8,18。

7. 1424,1,16（奉詔）。離國：？回京：1424,8。

8. 1430,6,9（奉詔）。離國：1431,12,9。回京：1433,7,6。

二、鄭和下西洋之目的

　　一般論著皆認為鄭和下西洋之目的係為了尋找在政變中失蹤的明惠帝，懷疑他以及其餘黨逃亡海外，特別是潛逃至西洋，所以派遣大軍搜尋這些餘黨，以消除內患。趙翼即認為：「蓋皆海外小國，貪利而來，是時內監鄭和奉命出海，訪建文蹤跡，以重利誘諸番，故相率而來。宣德以後遂無復至者。當時稱三保太監下西洋，為永樂朝盛事。」（舊唐善順宗紀，日本國王并妻還番，可見海外番王入朝，與妻偕行，是其故俗。）[78]

　　其次的目的是宣揚國威，以至於鄭和大軍沒有實質上佔領西洋任何一塊土地。

　　第三，鄭和出使西洋，應有其特別的考慮和策略目標。當時明朝派遣內臣出使，應是沿襲漢朝以來的作法，即派遣皇帝親信，而這些親信是協助明成祖發動政變有功的太監，例如尹慶、鄭和、張原、馬彬等皆為太監。明朝從一開始就非常謹慎，為了彰顯以睦鄰外交為目的，鄭和船隊是以皇帝親信的太監為指揮官，而不是挑選軍事將領為指揮官，以避免被西洋國家認為是軍事行動。

　　第四，當時已知道東南亞國家大都信仰回教，或者他們準備航行到阿拉伯人的回教世界，所以特別選擇具有回教家族背景的鄭和（鄭和不是嚴謹的回教徒，他曾受菩薩戒，法名善福，出發前在長樂的天妃宮祈拜航海

---

[78] 〔清〕趙翼撰，二十二史箚記，卷三十三，頁 489。收錄在中國哲學書電子化計劃。

安全，後又在南京督造大報恩寺）[79]擔任船隊的指揮官、馬歡為阿拉伯文翻譯官。

第五，在鄭和七次外訪中，陸陸續續招攬了許多西洋國家的國王或高官前往中國朝貢，於是南海貿易一時繁盛起來。而鄭和的船隊甚至扮演了接送外國使節的任務。鄭和船隊歷訪各國時，順道將各國使節送回。

第六，鄭和船隊代表明朝皇帝分贈禮物給西洋各國。明成祖為了攏絡西洋各國，就委派鄭和船隊出使時分別攜帶明成祖的禮物贈送給西洋各國國王。

第七，對於不服從明朝的領導者，鄭和即以武力加以鎮壓，例如將斯里蘭卡的軍隊打敗後，將其國王俘擄至南京。在蘇門答臘則擒擄叛變的前王子至南京，並加以殺害。在舊港則進行海戰，打擊當地的軍隊和海盜，亦將頭目陳祖義擒送南京正法。鄭和亦以龐大的海軍威懾東南亞和南亞的小國。鄭和之所以對舊港、蘇門答剌和斯里蘭卡三個港口用兵，明史的記載語焉不詳，都是指該三個港口的統治者不服鄭和，所以對其用兵。實際上，應是與控制馬六甲海峽航道安全有關。鄭和除了駐兵馬六甲外，對於馬六甲海峽航道還是不放心，所以出兵鎮壓扼控該海峽的舊港和蘇門答剌，以及往來安達曼海的斯里蘭卡，使該航線暢通，西洋各國能航抵中國朝貢，進行貿易。

第八，由於鄭和的七次巡航，使得南海貿易通暢，中國貨物亦能順利出口到西洋各國，其中最為重要者，中國扶植馬六甲王國，使其擺脫對暹羅的朝貢和依賴關係，中國亦透過馬六甲而能將貨物轉運至印度和阿拉伯世界。中國藉冊封施進卿為舊港宣慰使，控制舊港。從此一部署，可以清楚知道明朝控制馬六甲海峽的兩個重要港口：馬六甲和舊港，以及控制安達曼海航線兩端的斯里蘭卡和蘇門答剌港口，其目的在掌握從中國到西洋的貿易運輸線的安全。

---

[79]　周新華，鄭和七下西洋記，浙江教育出版社，杭州市，2008 年，頁 15-17、84。

三、鄭和航海水程資料佚失與茅元儀所繪製的鄭和航海圖

明朝由於鄭和下西洋七次，加上南征北討、遷都建宮室，耗費巨帑，已不堪財政負荷，所以繼承明成祖皇位的仁宗，在其 1425 年即位詔書中明確規定，「下西洋諸番國寶船悉皆停止，如已在福建、太倉等處安泊者，俱回南京。將帶去貨物，仍於內府，該庫交收。諸番國有進貢使臣，當回去者，只量撥人船護送前去。原差去內外官員，速皆回京。」[80]

明仁宗在位一年即駕崩，1426 年由宣宗繼位，恢復對海外航行的興趣，在宣德 5 年（1430 年）6 月戊寅（9 日），派「遣太監鄭和齎詔往諭諸番國，詔曰：『朕恭膺天命，祇嗣太祖高皇帝，太宗文皇帝，仁宗昭皇帝大統，君臨萬邦，體祖宗之至仁，普輯寧於庶類，已大赦天下，紀元宣德，咸與維新。爾諸番國遠處海外，未有聞知，茲特遣太監鄭和、王景弘等齎詔往諭，其各敬順天道，撫輯人民，以共享太平之福。凡所歷忽魯謨斯、錫蘭山、古里、滿剌加、柯枝、卜剌哇、木骨都束、喃渤利、蘇門答剌、剌撒、溜山（指馬爾地夫）、阿魯、甘巴里、阿丹、左法兒、竹步、加異勒[81]等二十國及舊港宣慰司，其君長皆賜綵幣有差。』」[82]

關於鄭和這次航行，祝允明撰的前聞記有較為詳細的記載，「永樂中遣官軍下西洋者屢，當時使人有著瀛涯一覽、星槎勝覽二書以記異聞矣。今得宣德中一事，漫記其概。題本，文多不錄。人數：官校旗軍火長、舵工、班碇手、通事、辦事、書算手、醫士、鐵錨、木艎、搭材等匠、水手、民稍人等共二萬七千五百五十員名。里程：宣德 5 年閏十二月六日龍灣開舡，十日到徐山（打圍），二十日出附子門，二十一日到劉家港。6年二月二十六日到長樂港，十一月十二日到福斗山，十二月九日出五虎門

80　〔明〕蹇義等纂修，明實錄（仁宗昭皇帝實錄），卷一上，中央研究院歷史語言研究所校勘，臺北市，1984 年，頁 7-8。「22 年 7 月，成祖崩於榆木川。……以明年為洪熙元年。罷西洋寶船、迤西市馬及雲南、交阯採辦。」（〔清〕張廷玉撰，明史，卷八，仁宗，本紀二，頁 1。收錄在中國哲學書電子化計畫。）

81　加異勒，位在印度南部東岸的卡異爾（Cail）鎮。參見「加異勒」，維基百科，https://zh.wikipedia.org/wiki/%E5%8A%A0%E7%95%B0%E5%8B%92（2020 年 6 月 7 日瀏覽）。

82　〔明〕楊士奇等纂修，明實錄（宣宗章皇帝實錄），卷六十七，頁 3-4。

（行十六日），二十四日到占城。7 年正月十一日開舡（行二十五日），二月六日到爪哇（斯魯馬益）。六月十六日開舡（行十一日），二十七日到舊港。七月一日開舡（行七日），八日到滿剌加。八月八日開舡（行十日），十八日到蘇門答剌。十月十日開舡（行三十六日）。十一月六日到錫蘭山（別羅里），十日開舡（行九日），十八日到古里國，二十二日開船（行三十五日）。十二月二十六日到魯乙忽謨斯。8 年二月十八日開船回洋（行二十三日）。三月十一日到古里，二十日大鯨船回洋（行十七日）。四月六日到蘇門答剌，十二日開船（行九日），二十日到滿剌加。五月十日回到崑崙洋，二十三日到赤坎，二十六日到占城。六月一日開舡（行二日），三日到外羅山，九日見南澳山，十日晚見望郎回山。六月十四日到奇頭洋，十五日到碗碟嶼，二十日過大小赤，二十一日進太倉（後程不錄）。七月六日到京，十一日關賜獎衣寶鈔。船號：如清和惠康、長寧、安濟、清遠之類。又有數序一二等號。船名：大八櫓，二八櫓之類。」[83]

　　然而祝允明撰的前聞記所記載的 1430 年鄭和航行路線和前述明實錄（宣宗章皇帝實錄）卷六十七所講的鄭和在 1430 年的出航路線不同。筆者綜合這兩種紀錄，將這次出使的航線繪出（參見圖 6-3）。

　　鄭和最後一次航行東邊到印尼爪哇島的斯魯馬益，又寫為蘇魯馬益或蘇兒把牙，即泗水（Surabaya），往西航行到錫蘭島，再到古里國，即卡里庫特，然後越過印度洋，到伊朗南部的魯乙忽謨斯，又寫為忽魯謨斯，即荷姆茲（Hormuz）。鄭和船隊在宣德 8 年（1433 年）返國。鄭和在該年回程經過卡里庫特時病逝。1436 年，明宣宗駕崩，其子英宗繼位，「英宗立，罷諸處採買及造下西洋船木，諸冗費多敕省。」[84]此後明朝就禁止航海到西洋各國。

　　到了憲宗成化 19 年（1483 年），「時朝廷好寶玩。中貴（按指太

---

[83] 〔明〕祝允明撰，前聞記，叢書集成（初編），商務印書館，上海市，民國 26 年，頁72-75。

[84] 〔清〕張廷玉等撰，楊家駱主編，新校本明史并附編六種，卷八十二，志第五十八，食貨六，採造，鼎文書局，臺北市，1994 年，頁 1993。

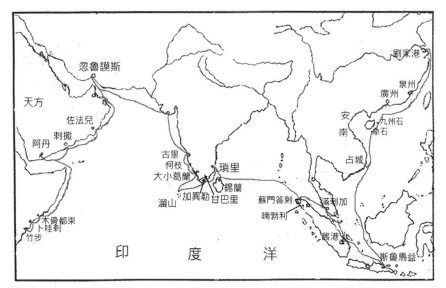

資料來源：筆者自繪。

圖 6-3：1430 年鄭和最後一次航海路線

監）有迎合上意者，言宣德間，嘗遣王三保出使西洋等番，所獲奇珍異貨
無筭。上然之，命一中貴至兵部，查三保至西洋時水程。時項忠復兵部尚
書，劉大夏為職方司郎中。項忠使一都吏于庫中檢舊案，劉大夏先入檢得
之，藏匿他處。都吏檢之不得。項尚書笞責都吏，令復入檢，如是者三
日，水程終莫能得。劉郎中亦秘不言。會科道連章諫，其事遂寢。後項尚
書呼都吏曰：『庫中卷案，安得失去。』劉郎中在傍微哂曰：『三保太監
下西洋時，所費錢糧數十萬，軍民死者亦以萬計，縱得珍寶，於國家何
益？此一時弊事，大臣所當切諫者，案雖在亦當毀之，以拔其根，尚足追
究其有無哉？』項尚書瞿然降位，對劉郎中再揖而謝之，指其位曰：『公
陰德不細，此位不久當屬公矣。』後劉果至兵部尚書。」[85]

　　根據上述文獻可知，鄭和航海水程資料，不是被劉大夏藏匿，就是被
他燒毀。此也是至今沒有鄭和航海的官方文獻存留下來的原因。

---

[85]　〔明〕黃光昇撰，昭代典則，卷二十一，憲宗純皇帝成化 19 年 2 月，頁 2。〔明萬曆
　　28（庚子）年（1600 年）萬卷樓刊本〕。

　　事隔 138 年，茅元儀於天啟元年（1621 年）編撰的武備志中，卷二百四十收錄了自寶船廠開船從龍江關出水直抵外國諸番圖（簡稱鄭和航海圖）。該書的鄭和航海圖是否就是 1483 年所要調閱的「出使西洋水程」？可從兩點來說明，二者是有關連的。

　　第一，根據武備志一書卷二百四十之序言說：「唐起于西，故玉關之外將萬里，明起于東，故文皇帝航海之使不知其幾十萬里，天實啟之，不可強也。當是時，臣為內豎鄭和亦不辱使命焉。其圖列道里國土，詳而不誣。冀以昭來世，志武功也。」[86] 從而可知，該書所收錄的鄭和航海圖確是鄭和時期留下來的圖。

　　第二，從鄭和航海圖的城市和海水畫法跟武備志書中所附的中國沿海各圖加以比較，可發現有明顯的不同，後者在城市上畫出圓形城牆，而鄭和航海圖是在城市名稱外加長框；前者對海洋都畫出層層波浪形，後者則保留空白。換言之，鄭和航海圖放在書中最後一卷，當成附錄，其畫圖方式跟書中其他圖式有明顯的不同，應是不同時代的畫法。

---

[86] 〔明〕茅元儀輯，武備志，第二十二冊，卷二百四十，華世出版社，臺北市，1984年，頁 10177-10178。

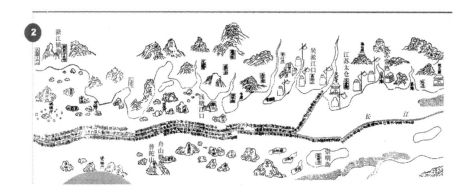

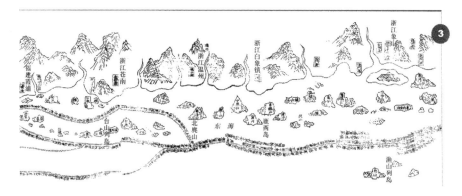

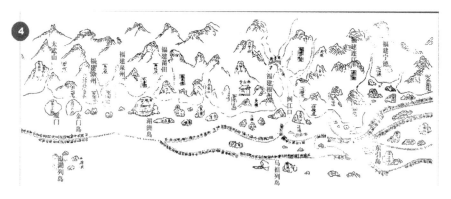

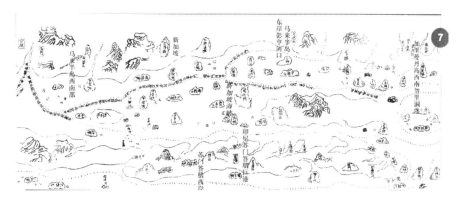

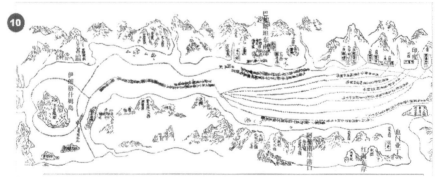

資料來源：http://www.pro-classic.com/ethnicgv/cmaps/monthly/cng2005-04_1.htm（2020 年 3 月 20 日瀏覽）。

圖 6-4：鄭和航海圖

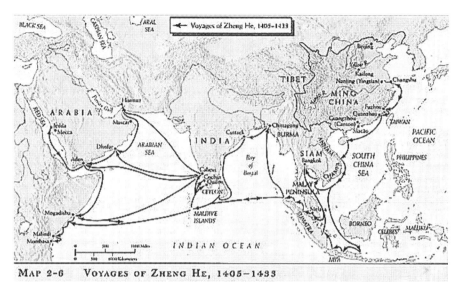

MAP 2-6　VOYAGES OF ZHENG HE, 1405-1433

資料來源：“Development of Sailing Ships,” https://www-labs.iro.umontreal.ca/~vaucher/History/Ships_Discovery/（2020 年 5 月 12 日瀏覽）。

圖6-5：美國加州大學繪製的鄭和航行路線圖

第三節　明朝人航越黑水溝到琉球群島

從明洪武 5 年（1372 年）至清同治 5 年（1866 年），由中國派遣 24 任（明朝派赴 16 任，清朝 8 任）冊封琉球王的使節所撰寫的使琉球錄，都紀錄了航線上經過釣魚臺列嶼。惟因為前十一任之使琉球錄皆遭火災燒毀無存，唯一留存的最早的紀錄是 1534 年 5 月陳侃的使琉球錄，他在書上記載了航程如下：

> 過平嘉山，過釣魚嶼，過黃毛嶼，過赤嶼……十一日夕，見古米山，乃屬琉球者。夷人鼓舞於舟，喜達於家。夜行徹曉，風轉而東，進尋退尺，失其故家；又竟一日，始至其山（按：指古米山）……風少助順，即抵其國。[87]

---

[87] 浦野起央、劉甦朝、植榮邊吉編修，釣魚臺群島（尖閣諸島）問題研究資料匯編，刀水書房，東京，2001 年，頁 6。或〔明〕陳侃，使琉球錄（電子版），1534 年。收錄於

明朝第十三任冊封使郭汝霖在重編使琉球錄「使事記」記載：

> 越甲午五月朔，余等至廣石大舟，……。過平嘉山，釣魚
> 嶼，過黃毛嶼，過赤嶼，目不暇接，一晝夜兼三日之程。夷舟帆
> 小，不能及，相失在後。十一日夕，見古米山，乃屬琉球者。
>
> 嘉靖 40 年（1561 年）閏五月初一日，過釣魚嶼。初三日，
> 至赤嶼焉。赤嶼者，界琉球地方山也。再一日之風，即可望古米
> 山矣。[88]

1683 年，清朝第二任冊封使汪楫在使琉球雜錄中記載他途經釣魚
島、赤尾嶼後為避海難而祭海神時過「中外之界」之事，其卷五「神異」
上記載：

> 辰刻過彭佳山，酉刻遂過釣魚嶼……二十五日，見山，應先
> 黃尾而後赤嶼，不知何以遂至赤嶼，未見黃尾嶼也。薄暮過郊
> （或作溝，閩南音「郊」和「溝」同音），風濤大作，投生豬、
> 羊各一……問郊之意何取？曰中外之界也。界於何辨？曰懸揣
> 耳。然頃者恰當其處，非臆度也。……過赤嶼後，按圖應過赤坎
> 嶼，始至姑米山，仍二十六日，倏忽已至馬齒山。回望姑米橫亘
> 來路，而舟中人皆過之不覺，是時琉球接封大夫鄭永安駭嘆之
> 餘，繼以惶懼，謂天使乃從天降國中。[89]

赤嶼，就是赤尾嶼，位在釣魚臺列嶼東邊，再航行一天，即到達古米
山。「過郊」的「郊」字，為閩南語讀音，指「溝」，就是赤尾嶼和古米
山之間的深泓的海溝。漁人或使節從赤尾嶼航行到古米山，會經過此一海
溝，即知是到了琉球國界，故該海溝成為「中外之界」，是中國和琉球之

「中國哲學書電子化計畫網站」：http://ctext.org/wiki.pl?if=gb&res=486246（2020 年 3
月 26 日瀏覽）。

[88] 〔明〕郭汝霖，重編使琉球錄，卷上，「使事記」，四庫全書存目叢書，史部第 49
冊，莊嚴文化事業有限公司，臺南縣，1996 年，頁 654-715、662。

[89] 〔清〕汪楫，使琉球雜錄（電子版），卷五，「神異」，北京圖書館出版社，北京市，
2007 年。

間的分界線。過了此界後，琉球接封大夫才來迎接中國使節。

康熙 58 年（1719 年），清朝第三次派遣琉球冊封使，使節為海寶，副使是翰林院編修徐葆光。徐葆光歸國後撰寫的中山傳信錄，卷一「針路圖」記載如下：

> 指南廣義[90]云：福州往琉球……用乙卯並單卯針十更，取釣魚臺；用單卯針四更，取黃尾嶼；用甲寅（或作卯）針十（或作一）更，取赤尾嶼；用乙卯針六更，取姑米山（琉球西南方界上鎮山）；用單卯針，取馬齒；甲卯及寅針，收入琉球那霸港。

同書卷四「琉球三十六島」記載：

> 琉球屬島三十六，水程南北三千里，東西六百里。正西三島，姑米山在馬齒山西，去中山四百八十里……由閩中至國，必針取此山為準，封舟行海中第七日，有小黑魚點點浮水面，接封使臣云：此出姑米山下，名墨魚。

卷四「西南九島」記載：

> 八重山一名北木山，……烏巴麻、巴度麻、由那姑呢、姑彌、達奇度奴、姑呂世麻、阿喇姑斯古、巴梯呂麻諸島……以上八島俱屬八重山，國人稱之皆曰八重山，此琉球極西南屬界也。[91]

從前述中山傳信錄一書可知，琉球總共 36 島，並無釣魚臺列嶼；「鎮山」是指琉球國統治的島，故琉球之西界是姑米山，其西南界是八重山的八個島；中國使節航行到姑米山，琉球派出接封使接待。

1850 年，徐繼畬所撰的瀛環志略，卷一「亞細亞東洋二國」，琉球條記載：

---

[90] 該書為琉球地理學家程順則於 1708 年所撰。

[91] 〔清〕徐葆光，中山傳信錄（電子版），卷一和卷四。收錄於「中國哲學書電子化計畫網站」：http://ctext.org/library.pl?if=gb&file=26471&page=34（2015 年 9 月 26 日瀏覽）、http://ctext.org/library.pl?if=gb&file=26504&page=23（2015 年 9 月 26 日瀏覽）。

> 琉球在薩峒馬之南，東洋小國也。周環三十六島，……由福
> 州之五虎門放洋，用卯針約四十餘更，至孤米山，其國之大島
> 也，再東即至其國。[92]

另外據琉球的漢文文獻，早期有關琉球的版圖範圍均不包含釣魚臺列嶼，例如，中山世譜是琉球王國一部記事甚為詳細的正史，也是一部非常重要的琉球歷史文獻，其卷首載有琉球輿地名號會紀，全面記載了琉球「三府五州三十五郡」、「三十六島」及其附屬島嶼的正名和俗稱，其中並無釣魚嶼、黃尾嶼、赤尾嶼等島嶼，後附琉球輿圖，也未出現釣魚島及其相關的名稱，其最西南端的島嶼為姑米山。另一部琉球國舊記，是一部記載琉球王國歷史、地理、風俗、經濟、文化及有關遺聞和傳說的歷史文獻，其正編卷八、卷九是專記島嶼的，卷中自西南而東北依次記載了久米島、馬齒山、葉壁山、宮古山、八重山及其附屬島嶼，並沒有出現釣魚島，甚至該書附卷三「山川」中記琉球每年四季所祭祀的火神時，羅列了琉球王國 890 座山嶽和島嶼的名稱及所在位置，其中也無釣魚島。[93]

資料來源：筆者自繪。

圖 6-6：明朝使節至琉球航路

92　〔清〕徐繼畬撰，瀛環志略，臺灣商務印書館，臺北市，1986 年，頁 65-66。
93　楊馥戎，「琉球王國文獻證實：釣魚島是中國的固有領土」，收錄於「華夏經緯網」，2012 年 9 月 26 日：http://big5.huaxia.com/zhwh/sslh/3016184.html（2015 年 9 月 26 日瀏覽）。

第四節　日本人對東南亞之貿易與環球航行

一、對東南亞之航路貿易

日本跟中國一樣，早期文獻對東南亞人稱為南蠻。日本跟南蠻之貿易關係開始於 1570 年代。九州東北部的豐後國大名大友義鎮（Ōtomo Yoshishige）曾派遣船隻到中國，也與柬埔寨建立外交和貿易關係，當時柬埔寨國王是浮喇哈力汪加（fu-laha-li-wang-jia），他應是祿兀（Lovek）（為柬埔寨之首都）時代的沙塔國王（King Sathta（1570s-1595s））。沙塔國王遣使訪問大友義鎮大名，加強雙方的貿易關係。

當西班牙在 1571 年佔領馬尼拉時，就已有 20 名日本商人居住在馬尼拉。1580 年代初，也有日人前往馬六甲做生意。1596 年，在馬尼拉的西班牙遠征軍人數不多，包括 60 名西班牙人、70 名日本人和 20 名菲律賓土著，而華人則有數千人在馬尼拉做生意。[94]在暹羅和馬尼拉加入當地軍隊的日本人大都是武士階級。

1579 年之前，大友義鎮曾遣使到柬埔寨，禮物包括美麗的女人，而柬埔寨國王回贈以大象一隻及其他禮物，但這些禮物在島津被當地人搶奪。在江戶時代，有許多朱印船航向柬埔寨做生意，載回蔗糖、鹿皮和香等。據說日本話對南瓜的稱呼是源自大友義鎮時代的柬埔寨語（kabocha），當時是由葡萄牙商人引入日本。但此已無歷史文獻可考，可以確定在大友義鎮時代，在豐後國的豐後府內（Bungo Funai），有葡人和柬埔寨人在此地做生意。

從 1570 年代到 1590 年代，日本九州和暹羅、柬埔寨亦發展商貿關係。1569 年，緬甸出兵佔領暹羅的阿瑜陀耶城，納里軒（Naresuan）王子為了復國，曾招募日本人參加對緬甸作戰。

1577 年，一位華人郭六官（Guo Liuguan）據信是暹羅阿瑜陀耶王朝

---

[94] Brian Fahy and Veronica Walker Vadillo, "From Magellan to Urdaneta: The Early Spanish Exploration of the Pacific and the Establishment of the Manila Acapulco Galleon Trade," Chunming Wu (ed.), *Early Navigation in the Asia-Pacific Region, A Maritime Archaeological Perspective*, Springer Science+Business Media, Singapore, 2016, pp.75-89, at p.78.

（Ayutthaya）國王的使節，他的船航行到松浦（Matsura）的平戶
（Hirado），隔年吳老（Wu Lao）的船也到平戶。平戶透過他們與暹羅
建立了商貿關係。此外，在 1563 年，一艘暹羅船進入大村（Ōmura）的
橫瀨浦港（Yokoseura），船長為葡人。1565 年，另一艘暹羅船航行到五
島列島（Gotō islands）的五島市（Fukuejima），船長為華人，旅客中有
數名葡人。[95]

　　從 1592 年到 1604 年，日本之有馬的大名（諸侯）向德川家康
（Iyeyesu Minamoto）（1543-1616）將軍呈請發給日本商人前往暹羅行船
證三張；對馬之大名亦請求發給日本商人前往暹羅行船證一張。德川家康
將軍在 1606 年 10 月 22 日遣使至大城，開啟雙方官方關係。[96]使節所攜
帶之信函，載明日本要求暹羅致送香木和大砲，日本則贈以鐵甲三具（每
具由三片配合為一）、長刀十柄。1608 年 11 月 17 日，日本本田正清致
暹羅財政大臣書函，要求暹羅給予大砲二、三尊，日本則贈予暹羅鐵甲六
具。當時暹羅為何會有大砲，而為日本所重視？此乃因為暹羅獲得葡萄牙
之協助能夠製造銅炮，此為日本所無。[97]

　　在此前後亦有 700 多名日本人定居阿瑜陀耶，他們大都為商人，由山
田長政（Yamada Nagamasa）領導。另又有日本商人居住北大年和六坤經
商。1621 年 10 月，在山田長政之建議下，暹羅國王與日本幕府德川家康
建立友好關係。暹羅曾在 1623、1625、1629 年三次遣使日本通好。1639
年，日本採取鎖國政策，中斷與暹羅之關係，亦禁止居住暹羅之日本人返
回日本。在暹羅之日本人熟悉劍道，有不少人出任暹羅國王之禁衛軍，很
多日本人亦娶暹羅女。[98]

---

[95] Mihoko Oka (岡美穗子), "The Nanban and Shuinsen Trade in Sixteenth and Seventeenth-Century Japan," in Perez Garcia M., De Sousa L. (eds.), *Global History and New Polycentric Approaches*, Palgrave Studies in Comparative Global History, Palgrave Macmillan, Singapore, 2018, pp.163-182,165-166.

[96] 陳棠花，「泰國史地叢考（二三），（五）泰日古代關係」，陳毓泰主編，泰國研究，彙訂本第二卷，第 0076 期，泰國曼谷，民國 29 年 10 月 1 日出版，頁 152-153。

[97] 陳棠花，「泰國史地叢考（二六）」，陳毓泰主編，泰國研究，頁 157-158。

[98] 陳棠花，「泰國史地叢考（二五）」，陳毓泰主編，泰國研究，頁 156-157。

　　據估計，在 1617 年阿瑜陀耶城約有 20 萬人口，是一個重要的商業城市。1604-1636 年間，約有 56 艘朱印船到暹羅做生意。同時，亦有 70 艘朱印船到交趾支那（西貢）、53 艘朱印船到呂宋、44 艘朱印船到柬埔寨、36 艘朱印船到東京（河內）、5 艘朱印船到占婆（Champa）。在 1604-1611 年間，有 14 艘朱印船到安南。[99]

　　在第十六世紀，許多外國船運到日本的貨物，主要是軍事用品，包括東南亞的鉛和中國的硝石用以製造火藥、槍枝和大砲，這些商品大都透過葡人商船運送。以後進口的有生絲和紡織品。[100]

　　後藤宗印（Gotō Sōin）是一名擁有自己船隻的船長，川航於馬尼拉和日本之間。在江戶時代，他積極從事朱印船貿易，曾在 1606 年航行到汶萊，隔年航行到暹羅。在第十六世紀，町田宗香（Machida Sōka）的船則不屬於朱印船。高木作右衛門（Takagi Sakuemon）在 1616 年駕駛朱印船到摩鹿加群島進行貿易。1628 年，高木作右衛門的一艘朱印船停靠在暹羅阿瑜陀耶城時，被一艘西班牙船燒毀。在該年之前，他才獲得許可航行暹羅。所有這些日本船商大都是屬於耶穌會的天主教徒，他們可能也是長崎市政上具有影響力的人物。[101]

　　從日本到馬尼拉的貿易，大都由在長崎的葡人在進行。1613 年，葡人岡克爾維斯（Manuel Gonçalves）獲得許可航行到暹羅，隔年到交趾支那。1618 年，岡克爾維斯的船從馬尼拉回到長崎，偷偷載回一名耶穌會傳教士，因為日本德川政府在 1614 年 1 月下令禁止天主教，也禁止人民前往澳門和馬尼拉。岡克爾維斯成為將西方知識和資訊傳入日本的人物，耶穌會創辦的學校和傳道所也成為介紹西方知識的機構。[102]

---

[99] Vu Duc Liem, "Japanese Military Involvement in Ayutthaya, 1600-1630," Asian Research Center for Migration ARCM, Institute of Asian Studies (IAS), Chulalongkorn University, pp.1-22, at pp.5-6. https://www.academia.edu/25329601/Japanese_Military_Involvement_in_Ayutthaya_1600-1630_Asian_Research_Center_for_Migration_ARCM_Institute_of_Asian_Studies_IAS_Chulalongkorn_University?email_work_card=interaction-paper（2020 年 6 月 5 日瀏覽）。

[100] Mihoko Oka, *op.cit.*, p.167.

[101] Mihoko Oka, *op.cit.*, p.171.

[102] Mihoko Oka, *op.cit.*, p.175.

　　賈西斯（António Garces）是來自澳門的有權勢的葡人家庭，羅德里桂茲（Manuel Rodrigues）在 1601 年住在長崎，也住過平戶。他們都是從事日本到馬尼拉之間貿易的葡人。雖然西班牙和葡萄牙在 1580 年合併，但兩國的殖民地的行政管轄仍是分開來的，為了避免對兩國的經濟利益之負面影響，國王菲律普二世（Philip II）禁止在西班牙和葡萄牙領土之間通行。所以禁止從澳門航行到馬尼拉，遂有走私活動發生。日本要從馬尼拉進口鹿皮、黃金，及對馬尼拉出口日本商品，葡人因為具有語言上的便利，便成為日本和馬尼拉之間的貿易商。[103]

　　根據長崎夜話草一書之記載，在 1656 年，暹羅派遣一位特使攜帶國書到日本，但德川政府懷疑該船搭載有西方傳教士，所以拒絕其靠岸。德川政府對於來自東南亞的船隻都懷疑載有傳教士，而加以拒絕。從 1639 年起，日本採取鎖國政策，亦一再發生雇用外國人從事走私活動。而在此時之後，從事東南亞貿易致富的末次（Suetsugu）家族逐漸式微。[104]

二、日人環球之行

　　1582 年 2 月 20 日，在葡萄牙耶穌會傳教士瓦里格那洛（Alessandro Valignano）之建議及三位天主教大名大村純忠（Ōmura Sumitada（1533-1587））、大友宗麟（Ōtomo Sōrin（1530-1587））和有馬晴信（Arima Harunobu）資助下，由伊藤萬壽（Mancio Itō）為使團發言人及三位貴族從長崎出發，經由澳門、印度科欽、果阿，於 1584 年 8 月抵達葡國首都里斯本，再到西班牙的首都馬德里，會見西班牙和葡萄牙國王菲律普二世。然後轉往羅馬梵諦岡，會見教皇葛瑞哥里十三世（Pope Gregory XIII）及下一任教皇西克斯特斯五世（Pope Sixtus V），為此行之主要目的。日本使節在 1590 年 7 月 21 日循原路返回日本。此次出使被稱為「天正使節」（Tenshō embassy）。[105]伊藤萬壽是在 1569 年出生，他參加此

---

[103] Mihoko Oka, *op.cit.*, p.175.

[104] Mihoko Oka, *op.cit.*, p.177.

[105] "Tenshō embassy," *Wikipedia*, https://en.wikipedia.org/wiki/Tensh%C5%8D_embassy（2020 年 3 月 1 日瀏覽）。

次航行時才 13 歲。他是航行到義大利的第一位日本人。

　　日本第二次遣使是在 1613 年 10 月 28 日，領隊是支倉常長（Hasekura Tsunenaga），由伊達政宗（Date Masamune）出資，他搭乘第一艘由日本建造的西式帆船「聖鍾寶替斯塔號」（San Juan Bautista），從本州的宮城縣石卷市出發，航越北太平洋，1614 年 1 月 25 日到墨西哥西岸的阿卡普爾科，走陸路，於 3 月到墨西哥市，從墨西哥的維拉克魯茲（Veracruz）港出海，7 月到古巴的哈瓦那，10 月 23 日抵達西班牙的塞維亞（Seville）港。使節團續航至法國，短暫停留後，就前往梵諦岡，於 1615 年 11 月抵達，獲得教皇保祿五世（Pope Paul V）之接見。其回程一樣走西班牙屬地經阿卡普爾科越過太平洋到菲律賓的馬尼拉，1620 年 8 月，回到長崎。這次遣使被稱為「慶長使節」（Keichō Embassy）。[106]在這次使節出航期間，日本國內發生動亂，1614 年大阪爆發德川幕府與豐臣氏族之間的戰爭，德川幕府獲勝後，在 1616 年下令所有與中國之外的其他國家之來往僅限於長崎和平戶兩個港口。唯一獲允可跟日本貿易往來的西方國家是荷蘭共和國。[107]

資料來源：“Hasekura Tsunenaga,” *Wikipedia*, https://en.wikipedia.org/wiki/ Hasekura_Tsunenaga（2020 年 3 月 1 日瀏覽）。

圖 6-7：慶長使節航行路線

---

[106] “Hasekura Tsunenaga,” *Wikipedia*, https://en.wikipedia.org/wiki/Hasekura_Tsunenaga（2020 年 3 月 1 日瀏覽）。

[107] “Foreign relations of Japan,” *Wikipedia*, https://en.wikipedia.org/wiki/Foreign_relations_of _Japan（2020 年 3 月 1 日瀏覽）。

第五節　開闢廈門到馬尼拉航線

　　1574 年 11 月 29-30 日，中國海盜林鳳從臺灣率領 5 千多人進攻馬尼拉，遭到西班牙擊退，退據馬尼拉北方的邦加絲蘭（Pangasinan）的林牙彥灣。在隔年被西班牙逐出呂宋島。明神宗萬曆 3 年（1575 年）5 月，福建總督派遣把總王望高（Wang-kao）（或稱歐孟康（Aumon 或 Omoncon）前往菲律賓的邦加絲蘭，目的在緝捕林鳳。王望高亦前往馬尼拉，會見西班牙總督拉維札里斯（Guido de Lavezares），受到熱烈接待，並送給他數名華人（大多數是婦女）俘虜，作為給中國皇帝的禮物。這些俘虜是在福建被擄往邦加絲蘭，後被西班牙俘虜。在王望高於 6 月 26 日返回中國時，西班牙總督派遣總數 20 人的使團，由兩名特使傳教士拉達（Fray Martin de Rada）（他曾向宿務的華商學習中文，1574 年擔任訪問馬尼拉的華商的中文翻譯者[108]和馬林（Jerónimo Marin）帶領及兩位軍人陪同前往中國，[109]並攜帶一封拉維札里斯總督致中國皇帝的信，表示友好和願意通商。福建總督熱誠接待這些西班牙使節，將拉維札里斯總督的信轉交給中國皇帝。但不允許他們在福州停留太久，因為怕他們在當地傳教。1575 年 10 月，未等到中國皇帝是否答應通商的答覆，中國便遣使將這些西班牙特使送回馬尼拉。[110]

　　傳教士拉達將此次前往中國之行的經過寫成報告，呈給西班牙總督和西班牙國王。茲將其所記載的航程摘要如下：

　　1575 年 6 月 12 日，我們跟王望高同船從馬尼拉出發，該船是一艘菲律賓有槳的船隻，因為中國人抵達邦加絲蘭時，將他們的船留在邦加絲

---

[108] "4364 martin de rada," *Augnet*, http://www.augnet.org/en/history/people/4364-martin-de-rada/（2020 年 6 月 8 日瀏覽）。

[109] "The Friar's missions and Mendoza's book, Martin de Rada, a tributary mission's protocol," *Universatat Pompeu Fabra, Barcelona*, https://www.upf.edu/documents/88317877/91074250/6.2.1_EN.pdf/b7ed8bcd-7052-b946-7af3-daaf4b217973（2020 年 6 月 8 日瀏覽）。

[110] Gregorio F. Zaide, *Philippine Political and Cultural History*, Vol.1, p.275; C. R. Boxer, *South China in the Sixteenth Century (1550-1575): Being the Narratives of Galeote Pereira, Fr. Gaspar da Cruz, O.P., Fr. Martin de Rada, O.E.S.A., (1550-1575)*, Routledge, New York, 2017, p.18.

藍，而改搭菲律賓的船到馬尼拉會見總督。經過 8 天壞天氣的航行，到達距離邦加絲蘭 7 里格（leagues）的波林那峨（Bolinào）群島（按：應該是半島）。我們航行到邦加絲蘭，換乘王望高留在此的中國船。6 月 24 日，從邦加絲蘭河出發，3 天後抵達波林那峨。26 日，從波林那峨啟程，船隻順風，7 月 5 日抵達中國的 Tiongzozou（為廈門的古名，宋朝時稱為嘉禾嶼或嘉禾里。清朝入關統治中國後才改名為廈門）[111]。在此之前，中國商船已經通報福建當局，所以當我們的船隊抵達廈門時，就有福建漳州（Chinchiu）的地方官派人到碼頭迎接。然後從廈門經泉州到福州，會見總督。沿路獲得中國熱烈及豐盛的接待。在福州停了 35 天。8 月 22 日，離開福州。9 月初抵達廈門。9 月 14 日，從廈門出發，前往距離澎湖島很近的一條小河流出海口停泊。10 月 11 日午夜，拉達等人搭乘中國船隻從澎湖出發，往南航行，第二天晚上刮強風，在海上遭到暴風雨，有兩艘船脫隊，其中一艘就是王望高和拉達搭乘的船，另一艘船較小。拉達的船隻在 16 日抵達馬尼拉，有些船在 10 月 28 日抵達，還有的船在 11 月 1 日抵達。[112]

　　這是西班牙首次派遣使節搭船到廈門，然後從廈門到福州，會見福建總督。他們在中國停留 45 天就返回馬尼拉。他們從馬尼拉前往邦加絲蘭的波林那峨，然後就直接越過南海直抵廈門，可能是因為風向及潮流的關係，可以直航廈門。而當他們回程時還是走傳統的從廈門到澎湖，然後從澎湖直航馬尼拉，不再經由臺灣南部到巴丹群島、巴布煙群島、阿巴里港、西呂宋到馬尼拉的路線。此一航線的改變可能也是因為風向、潮流以及載送使節返回馬尼拉的關係，而作了調整。

　　在此之前，在中文文獻中從沒有記載廈門與馬尼拉直航的紀錄，從中國港口前往馬尼拉的船隻都是經過澎湖、南臺灣、北呂宋、西呂宋到馬尼

---

[111]〔清〕周凱修，凌翰等纂，廈門志，卷二，沿革，清道光 19 年刊本，成文出版社，臺北市，民國 56 年，頁 1。

[112] C. R. Boxer, *South China in the Sixteenth Century (1550-1575): Being the Narratives of Galeote Pereira, Fr. Gaspar da Cruz, O.P., Fr. Martin de Rada, O.E.S.A., (1550-1575)*, Routledge, New York, 2017, pp.243-260.

拉，因此西班牙使節傳教士拉達記載了他搭乘王望高的船隻前往中國廈門，表明該直航航線應該在此之前就已開闢了。

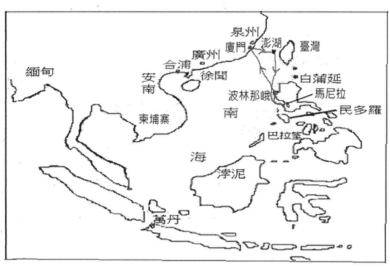

資料來源：筆者自繪。

圖6-8：1575年西班牙使節拉達從馬尼拉到廈門往返路線

第六節　約翰‧雪爾登收藏的中國航海圖

　　約翰‧雪爾登收藏的中國航海圖是由英國律師約翰‧雪爾登（John Selden, 1584-1654）收藏，1659年就典藏在英國牛津大學波德連圖書館（Bodleian Library）。該圖約在何時完成及繪製者是誰均不詳，是目前發現最完整的彩色中國航海圖。該圖的航海路線主要是環繞東海和南海的航路，在東海部分，北邊到日本九州南部的五島和本州的兵庫，南邊到泉州的航線；在南海部分，北邊是從泉州做為起點，然後延伸到越南外海、馬來半島、印尼蘇門答臘島、爪哇島、婆羅洲西海岸和菲律賓群島的馬尼拉（呂宋王城），航線標示清楚。

　　該圖繪製於何時？有不同的考證猜測。巴查勒（Robert Batchelor）的文章直接寫明為1619年。他舉述的理由是英國在1619年在爪哇萬丹逮捕

一艘中國船，以取回債務。1620 年夏天，一艘英國船「伊麗莎白號」
（Elizabeth）從印尼萬丹航向日本平戶之中途時，與荷蘭共同包圍馬尼
拉。該英國船在臺灣外海逮捕一艘日本船隻，船貨的一部分為中國海商李
旦所獲。在這些事件中，雪爾登收藏的圖輾轉被送達英國，而且很有可能
該圖是在馬尼拉繪製或至少經由馬尼拉流落到英國。[113]巴查勒的這種看
法臆測多於科學研析，不甚可靠。

　　筆者認為要解答該圖在何時繪製，必須先從該地圖上臺灣的地名解讀
起。該圖在臺灣標示三個地名，在北半部標示為北港，南半部標示為加里
林，澎湖列島標示為彭。檢視中國載籍中最早記載這三個地名的書籍和時
間，或許能找出答案。

　　最早有關加里林之記載，首見於沈有容的閩海贈言，該書記載浯嶼欽
依把總沈有容在萬曆壬寅（1602 年）臘月初旬，率師渡海，破賊東番
（指臺灣）。海波盪定，除夕班師回到金門料羅，客人問與沈有容一道到
東番攻打海盜的陳第何以沈有容能成功破賊，陳第回答說：「沈子嘗私募
漁人，直至東番，圖其地里，乃知彭湖以東，上自魍港、下至加哩，往往
有嶼可泊；隆冬北風，易作易息。我師過彭，則視風進止矣。」[114]

　　陳第在 1602 年隨沈有容到東番打擊海盜，他在大員登陸，順便考察
了南部的蕃社，於 1603 年將其在臺灣所見聞寫成東番記一書，該書開頭
說：「東番夷人不知所自始，居彭湖外洋海島中。起魍港、加老灣，歷大
員、堯港、打狗嶼、小淡水、雙溪口、加哩林、沙巴里、大幫坑，皆其居
也，斷續凡千餘里。種類甚蕃。」[115]上述各地名約當今之地名：魍港在
嘉義布袋，加老灣在臺南鹿耳門，大員在臺南安平，堯港在高雄茄定，打
狗嶼在高雄旗津，小淡水在屏東東港，雙溪口在嘉義溪口，加哩林在臺南

[113] Robert Batchelor, "The Selden Map Rediscovered: A Chinese Map of East Asian Shipping Routes, c.1619," *Imago Mundi, The International Journal for the History of Cartography*, Vol.65, part 1, 2013, pp.37-63.

[114] 〔明〕沈有容輯，閩海贈言，卷之二／記／舟師客問，臺灣文獻叢刊，第五十六種，臺灣銀行經濟研究室，臺北市，1959 年，頁 29。

[115] 〔明〕沈有容輯，閩海贈言，卷之二／記／東番記，臺灣文獻叢刊，第五十六種，臺灣銀行經濟研究室，臺北市，1959 年，頁 24-27。

佳里或彰化二林[116]，沙巴里在淡水或金山、萬里一帶，大幫坑在大圶坑。

　　無論加里林或加哩林在何地，非常重要的，唯有 1602 年陳第的談話和 1603 年他寫的東番記一書提及及記載此一地名，以後各種書籍引用該地名者均係出自他的著作。

　　其次，北港一名最早出現在清一統志臺灣府之記載：「赤嵌城：在臺灣縣南。明嘉靖 42 年（1563 年），流寇林道乾據為巢穴，名北港。既而倭寇擾閩，退屯於此。萬歷末，紅夷荷蘭國欲據澎湖，尋徙北港，因招集人民商賈為窟穴。」[117]

　　另外據重修臺灣縣志，亦有類似之記載：「明嘉靖 42 年（1563 年），倭寇入北港（即臺灣），其黨林道乾從之，尋遁去。」[118]

　　清一統志臺灣府是 1743 年撰修的，以後有數度修纂，而重修臺灣縣志是 1751 年撰修的，可能係參考前者而記載同一年發生林道乾入寇北港一事。然而，兩書所講的北港地點不同，清一統志臺灣府說的北港是指南臺灣的赤嵌城，而重修臺灣縣志將北港視為臺灣。

　　張燮在 1618 年出版的東西洋考一書，在卷五雞籠淡水條中說：「雞籠山、淡水洋，在澎湖嶼之東北，故名北港，又名東番云。」張燮所講的北港，應是指北臺灣雞籠和淡水一帶。

　　無論北港指北臺灣或南臺灣，或者泛指臺灣，該名詞從 1563 年到 1618 年都曾被使用。

　　最值得注意的是「約翰・雪爾登收藏的中國航海圖」對澎湖標示為「彭」，此跟閩海贈言書中，陳第之答客語中稱「我師過彭」，有雷同之處，陳第將澎湖簡稱「澎」，應是其口頭語。也是首次出現，以後在康熙

[116] 翁佳音，「釋〈東番記〉中的近代初期番漢關係」，原住民族文獻（電子期刊），2015 年 4 月 20 期，https://ihc.apc.gov.tw/Journals.php?pid=627&id=857（2020 年 4 月 2 日瀏覽）。

[117] 臺灣銀行經濟研究室編，清一統志臺灣府，臺灣銀行經濟研究室，臺北市，1960，頁 24。

[118] 王必昌，重修臺灣縣志（臺灣銀行經濟研究室編），卷十五，雜紀／祥異（附兵燹）／兵燹（附），臺灣銀行經濟研究室，臺北市，1961 年，頁 548。

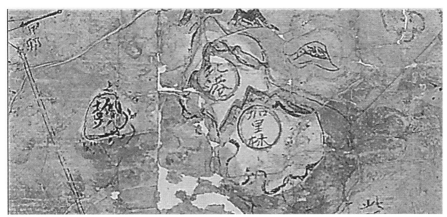

資料來源：https://iiif.bodleian.ox.ac.uk/iiif/viewer/58b9518f-d5ea-4cb3-aa15-f42640c50ef3#?c
=0&m=0&s=0&cv=0&r=0&xywh=4211%2C3862%2C757%2C349（2020 年 3 月
22 日瀏覽）。

圖 6-9：約翰・雪爾登收藏的中國航海圖上的臺灣和澎湖

資料來源：https://iiif.bodleian.ox.ac.uk/iiif/viewer/58b9518f-d5ea-4cb3-aa15-f42640c50ef3#?c
=0&m=0&s=0&cv=0&r=0&xywh=-7627%2C-141%2C22143%2C10404（2020 年
3 月 22 日瀏覽）。

說明：原圖放大不清楚，筆者在原地名旁重新標注地名和航線。

圖 6-10：約翰・雪爾登收藏的中國航海圖上半部

皇帝實錄亦使用「澎」簡稱:「康熙 57 年(1718 年)2 月甲申,至於臺灣廈門,各省本省往來之船,雖新例各用兵船護送,其貪時之迅速者,俱從各處直走外洋,不由廈門出入,應飭行本省,並咨明各省,凡往臺灣之船,必令到廈門盤驗,一體護送。由澎而臺,其從臺灣回者,亦令盤驗護送。由澎到廈,凡往來臺灣之人,必令地方官給照方許渡載。」[119]

　　郁永河在康熙 36 年(1697 年)從福建到臺灣探查硫磺,順便旅遊,後將其來臺見聞撰成裨海紀遊,該書是清朝初期一本實際到臺灣旅遊之遊記,當時臺灣應該已有許多中國人移住,但他從淡水到臺南一路遊歷卻均未提及「北港」、「加里林」兩地名,顯然該兩地名在當時已不使用。

　　據上述的分析,在同一個時間而同時使用「北港」、「加里林」和「彭」三個地名的就是在 1602 年,因此,是否是沈有容和陳第請人畫此航海圖?無論如何,可以確定的是該圖應是此時期的畫作。

　　約翰・雪爾登收藏的中國航海圖畫出的航線,與之前所知的東亞航線相較,除了從泉州到馬尼拉之航線有所不同外,其他均大同小異。明朝的東洋航路,早期從中國泉州到馬尼拉,是經由澎湖、南臺灣、呂宋島北部、呂宋島西部再到馬尼拉,但該圖所畫出的是從泉州直接到馬尼拉的航線,中間不再經過澎湖和南臺灣中轉,表示航行技術有很大的突破,船隻可以直航泉州和馬尼拉兩港。由於航線的改變,使得華人移入南臺灣的人數減少或者撤走,住在巴丹群島和巴布煙群島的華人也撤走,菲律賓土著遷移到臺灣的人數減少或者減緩移動。相對地,泉州人、晉江人和廈門人則因為航線開闢後所帶來的便利性而開始大量遷移到馬尼拉,菲律賓的華人遂以廈門人、晉江人和泉州人居多數。在荷蘭人入據臺灣之前,福建人移往菲律賓的人數超過移往臺灣的人數,因為馬尼拉的商業貿易機會高於臺灣。荷蘭人為開發臺灣,而大量鼓勵閩南人移入臺灣南部從事農業和工商業開發。

---

[119] 〔清〕馬齊、張廷玉、蔣廷錫撰,大清聖祖仁(康熙)皇帝實錄(六),卷二百七十七,頁 19、28。

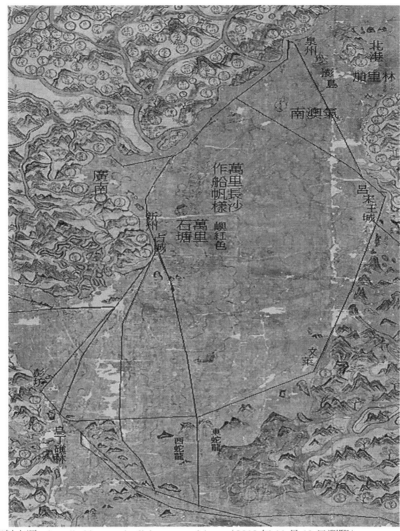

資料來源：http://seldenmap.bodleian.ox.ac.uk/map（2012 年 11 月 13 日瀏覽）。

說明：原圖放大不清楚，筆者在原地名旁重新標注地名和航線。

　　　東蛇龍：應指納土納島（Natuna）。

　　　西蛇龍：應指塔仁帕（Tarempa）島。

　　　烏丁礁林：指今馬來西亞馬來半島上的柔佛（Johore）地區。

　　　彭坊：即馬來西亞彭亨（Pahang）。

　　　廣南：越南中部峴港（Da Nan）到會安（Hoi An）一帶。

　　　新州：今之歸仁。

圖 6-11：約翰・雪爾登收藏的中國航海圖下半部

資料來源：https://iiif.bodleian.ox.ac.uk/iiif/viewer/58b9518f-d5ea-4cb3-aa15-f42640c50ef3
#?c=0&m=0&s=0&cv=0&r=0&xywh=-9082%2C-1162%2C25053%2C11561
（2020 年 3 月 23 日瀏覽）。

圖 6-12：約翰‧雪爾登收藏的中國航海圖中呂宋島城市地名

　　約翰‧雪爾登收藏的中國航海圖跟利瑪竇呈獻給明神宗的坤輿萬國全圖有關連嗎？義大利傳教士利瑪竇在明神宗萬曆 12 年（1584 年）到達廣東肇慶，將其繪製的世界地圖標註漢字，然後在 1601 年到北京將此圖獻給明神宗。隔年由太僕寺少卿李之藻出資刊行，刻印於北京，改圖名為坤輿萬國全圖。

　　試將約翰‧雪爾登的圖和坤輿萬國全圖作一比較，可發現兩圖出現的時間很近，是否前者是參照後者的圖繪製的？首先看兩圖都繪出日本南方的五島，五島應該是明朝船隻前往日本時必經之島嶼，所以會顯示在圖上。兩圖對於琉球群島之畫法不同，前者標註琉球國，後者則標註為大琉球和小琉球。前者將臺灣標註為北港和加里林，後者則為空白，沒有地

資料來源：“Map of Kun yu wan guo quan tu,” *Library of Congress, USA*, https://www.loc.gov/resource/g3200.ex000006Za/?r=0.643,0.301,0.298,0.113,0（2020 年 4 月 22 日瀏覽）。

說明：美國國會圖書館掃描典藏的 1602 年版的坤輿萬國全圖。

圖 6-13：利瑪竇的坤輿萬國全圖**中的東亞地區**

名。這是可以理解的，因為 1601 年利瑪竇前往北京之前，臺灣還沒有正式地名。陳第所撰書東番記，將臺灣稱為東番應是俗稱。北港也是俗稱。加里林是陳第的用語。前者稱呂宋島的馬尼拉為呂宋王城，後者則採用音譯的瑪泥兒訝。前者將越南中部標註為廣南、新州和占城，後者標註為占城。坤輿萬國全圖是當時中國第一張世界全圖，也是第一張東亞地圖，1602 年公開發行，應該會受到時人的注意。從前述的分析可知，約翰·雪爾登的圖的繪製者應該參考過坤輿萬國全圖的東亞各國和地點的位置和方位。由於前者是要繪出東亞航線，所以會標註東亞各地港口之名稱。

第七章　葡萄牙人東來

第一節　葡萄牙人到東南亞之航路與活動

一、葡萄牙東進滅馬六甲王國

　　葡萄牙是個濱海國家，它之所以對拓展海外活動有興趣，應歸功於其皇室成員，亨利王子（Prince Henry）是位航海家。他對拓展海外活動感到興趣，有三個原因，一是希望能獲得海外領土，以便將其居民轉變為天主教徒；二是希望取得非洲奴隸貿易權益；三是想與亞洲國家貿易。他在1400年代初，設立一所航海學校，專門培養航海人才。當時在大西洋的航海路線，是以西歐沿海地區為主，而不敢越過葡萄牙以南的西非海岸地帶。

　　西方人最早入侵印尼群島的是葡萄牙人，約翰二世（John II）在1481年登基為葡萄牙國王，他為了擺脫對傳統貴族之依賴，而想透過海外貿易以獲取皇室財富，特別是當時獲利很高的香料貿易。當時獨佔香料貿易的是威尼斯共和國的商人，香料是商船從印度航運經紅海，再從路上運送到埃及在地中海的港口亞歷山卓港，再運送到威尼斯，以後經由陸路運到西歐各地。約翰二世下令葡國船長尋找繞過非洲到亞洲的香料貿易路線。

　　1487年，約翰二世派遣科維哈（Pero da Covilhã）和派瓦（Afonso de Paiva）經由埃及到達東非的衣索匹亞和北非的巴巴里海岸（Barbary Coast），他們還到阿拉伯半島的亞丁（Aden）。以後派瓦一個人前往蘇丹東北部的蘇亞金（Suakin）港，想前往印度，但後來就沒有他的消息。1487年8月，狄亞茲（Bartholomew Diaz 或 Bartolomeu Dias）從里斯本（Lisboa）搭船出發，12月，航行到非洲那米比亞（Namibia）的海岸，

再往南航行至艾爾修斯（Angra dos Ilheus），遭土著搶劫，出航後又遭到暴風雨，船隊偏離非洲海岸，經過十三天航向大西洋西部，為了尋找東方的陸地，他利用南大西洋的洋流和風向，朝東北方航行，經過三十天的航行，沒有看到陸地，1488 年 2 月 4 日抵達南非的聖布拉斯灣（Bay of Saint Blaise）（後改名為 Mossel Bay）。他在 3 月 12 日航至南非的伯斯曼司（Boesmans）河流口的克外互克（Kwaaihoek），他本想繼續前往印度，但船員們反對，所以他返航里斯本。回程時路經好望角（Cape of Good Hope），他原先命名為暴風之角，葡國國王約翰二世將它改名為好望角。狄亞茲在 1488 年 12 月返抵里斯本，總共航行 16 個月 17 天。[1]

西班牙是另一個海權國家，其國王佛迪南支持哥倫布（Christopher Columbus）航海尋找新航路到印度。哥倫布相信他往西航行可到達印度。1492 年 8 月，他率領三艘船從西班牙出航，穿過大西洋。經過兩個月航行，抵達加勒比海，發現一個小島，他命名為聖薩爾瓦多島（San Salvador）。他繼之又發現附近數個小島，然後返回西班牙，宣稱他已到達印度海岸。事實上，他到達的是今天中美洲的西印度群島。

葡萄牙和西班牙經常為新發現的群島而發生爭端，為解決此一問題，乃將紛爭訴請教皇仲裁。1493 年，羅馬教皇亞歷山大六世（Alexander VI）發佈教皇分界線（Papal line）令，是在大西洋的中間畫一條從北極到南級的想像線，線以西新發現的群島歸西班牙所有，線以東的則歸葡萄牙所有。1494 年，西班牙和葡萄牙又簽訂托得西拉斯條約（Treaty of Tordesillas），將該線往西移。

1497 年 7 月 8 日，葡萄牙人達加瑪（Vasco da Gama）率領四艘船、170 人從里斯本出發，沿著非洲西海岸航行前往印度。1498 年 3 月 2 日，航抵當時是由阿拉伯控制的莫三鼻克島（Mozambique Island）。4 月 7 日，航抵肯亞的蒙巴沙（Mombasa）。4 月 14 日，航抵肯亞的馬林迪（Malindi）。4 月 24 日，達加瑪在一位阿拉伯航海家馬吉德（Ibn

---

[1] "Bartolomeu Dias," *Wikipedia*, https://en.wikipedia.org/wiki/Bartolomeu_Dias（2020 年 3 月 3 日瀏覽）。

Majid）的指引下，從馬林迪航越印度洋。5 月 20 日，航抵印度西海岸的卡里庫特（Calicut），獲得當地國王查莫林（Zamorin）熱烈的接待，有 3 千名土著兵遊行歡迎。當地人問達加瑪此行目的何在？他回答說尋找天主教徒和香料。達加瑪送給查莫林國王的禮物過於微薄，包括四件紅色斗篷、六頂帽子、四個珊瑚枝、一個裝有七個黃銅器皿的盒子、一箱糖、兩桶油和一桶蜂蜜，而沒有貴重的黃金和銀，以致於被懷疑是海盜而非國家使節。他提議在當地設立一所倉庫，以便儲存他的貨物，卻遭到拒絕。查莫林國王堅持葡人要跟其他國家來的商人一樣以黃金支付關稅。達加瑪俘虜了數名土著兵和 16 名漁民於 8 月 29 日離開卡里庫特。達加瑪前往印度時是順風，越過印度洋花了 23 天，但回程時季節不對，是逆風而行，共花了 132 天才越過印度洋。1499 年 1 月 2 日，才看到陸地，抵達索馬利亞的摩加迪休（Mogadishu）。1 月 7 日，航抵馬林迪。此次航越印度洋的旅程非常辛苦，有半數船員死亡，許多人染患壞血病。由於船員不足，無法操控三艘船，所以達加瑪將其中一艘船鑿沉在東非海岸。

在維德角（Cape Verde），達加瑪的船「加伯力爾（São Gabriel）號」和柯爾胡（Nicolau Coelho）的「伯力歐（Berrio）號」分開，「伯力歐號」在 7 月 10 日返抵里斯本。達加瑪的弟弟保羅・達加瑪（Paulo da Gama）因病重，停留在維德角的聖地牙哥（Santiago）島，達加瑪留下在旁照顧，「加伯力爾號」則先駛回里斯本。隨後達加瑪及其弟弟搭乘一艘幾內亞（Guinea）的船回里斯本，其弟弟死於路上。他在阿卓里斯（Azores）島下船，埋葬其弟弟。然後在 8 月 29 日回到里斯本。這次航行死了一半的人，並損失兩艘船。[2]

達加瑪此次航行至印度，帶回了香料，開展了西歐和亞洲直接貿易之關係，以後葡萄牙從該條航線獲取香料之利益，除了增加葡國王室之財富外，亦削弱了威尼斯對香料貿易之壟斷權。以後葡國透過該一新航線殖民統治莫三鼻克及東南亞的馬六甲和摩鹿加群島等。

---

[2] "Vasco da Gama," *Wikipedia*, https://en.wikipedia.org/wiki/Vasco_da_Gama（2020 年 2 月 25 日瀏覽）。

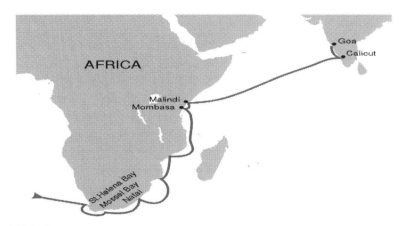

資料來源：PhiLiP – self-made, base on Image:Gama_route_1.png, Image:BlankMap-
　　　　World6.svg, CC BY-SA 4.0, https://commons.wikimedia.org/w/index.php?
　　　　curid=4805180（2020 年 2 月 26 日瀏覽）。

圖 7-1：達加瑪第一次航行到印度路線

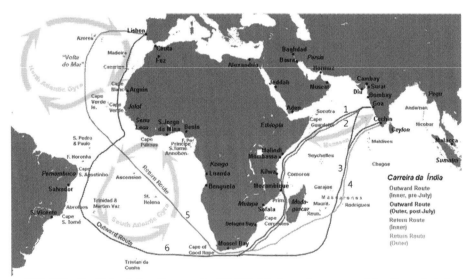

資料來源：By Walrasiad – Own work, CC BY 3.0, https://commons.wikimedia.org/w/ind
　　　　ex.php?curid=10874472（2020 年 2 月 26 日瀏覽）。

說明：（一）因為印度洋季節風風向的關係，第 1 和第 2 條航線是每年 7 月以前航行到
　　　　　果阿的路線。第 3 和第 4 條是 7 月以後航行到果阿和科欽的路線。

　　　（二）因為大西洋洋流方向的關係，第 5 條航線是回程到里斯本的路線，第 6 條
　　　　　是從里斯本航向印度的路線，是狄亞茲在 1487 年發現的。

圖 7-2：葡國船隻航行至印度之路線

　　1500 年，葡萄牙第二次派遣艦隊到印度，由加伯拉爾（Pedro Álvares Cabral）率領，主要目的是要與卡里庫特國王簽約設立倉庫。但加伯拉爾與卡里庫特的阿拉伯商人發生衝突，其倉庫遭破壞，70 名葡人被殺。加伯拉爾譴責卡里庫特國王查莫林，以大砲轟擊卡里庫特，雙方爆發戰爭。

　　1502 年 2 月 12 日，葡國第三次派遣軍隊前往印度，由達加瑪率領重武裝的 15 艘軍艦及 800 名士兵。4 月，續派由他的表弟伊斯特瓦（Estêvão da Gama）率領的 5 艘艦隊到印度洋。達加瑪在 10 月抵達印度，一路上他逮捕在海上的阿拉伯船隻。他要求查莫林簽署新條約及將城內的回教徒驅逐出境，遭到拒絕，達加瑪逐以船砲轟擊城內兩天。他抓獲數艘運米的船，砍斷水手的手、耳朵和鼻子，叫他們攜帶一封侮辱信給查莫林。查莫林拒絕向葡人臣服，甚至企圖雇用一支強大軍艦挑戰達加瑪的艦隊。1503 年初，達加瑪在科欽（Cochin）和康那諾爾（Cannanore）購買了香料載運回葡國，該兩處的土王與查莫林不和。他留下一支由他的叔叔梭德里（Vicente Sodré）率領的小艦隊在印度沿岸巡邏，以保護在科欽和康那諾爾的倉庫，防止卡里庫特的攻擊。達加瑪的艦隊在 1503 年 9 月回到葡國。由於他未能完成與卡里庫特國王簽署條約的使命，以及他的叔叔未能保護在科欽的倉庫，所以當葡國國王曼紐爾一世（Manuel I）在 1505 年要任命駐印度第一任總督時沒有挑選達加瑪，而選擇了阿爾美達（Francisco de Almeida）。[3]

　　達加瑪在第二次航行印度時，性格變得很殘忍，他對待競爭的歐洲國家船隻以及印度洋的土著採取嚴酷的殺戮行為，有一艘從卡里庫特航向麥加的船，滿載朝聖的 400 名回教徒，其中有 40 名婦女，遭達加瑪艦隊俘虜，船貨被洗劫，雖然這些回教徒、船主及一名埃及大使求饒，達加瑪還是以火燒船，他們全數罹難。當達加瑪向查莫林要求將回教徒逐出卡里庫特時，查莫林派遣當達加瑪第一次抵達卡里庫特時引薦他會見查莫林的塔拉帕納（Talappana Namboothiri）去跟達加瑪談判，達加瑪稱他為間諜，

---

[3]　"Vasco da Gama," *Wikipedia*, https://en.wikipedia.org/wiki/Vasco_da_Gama（2020 年 2 月 25 日瀏覽）。

將他的嘴唇和耳朵割下，然後用一對狗耳朵縫在他頭上，將他驅離。[4]

1505 年 3 月，葡國國王曼紐爾一世任命阿爾美達為葡屬印度（Portuguese State of India）的總督和督撫（viceroy），阿爾美達率領 22 艘船艦前往印度，包括 14 艘具有三桅或四桅的遠洋帆船以及 6 艘輕快型帆船，共有 1,500 名軍人。此行之目的在東非和西印度沿岸建立貿易據點及堡壘，以控制印度洋的香料貿易。葡國艦隊摧毀東非坦尚尼亞的基爾瓦（Kilwa）、索馬利亞的巴拉瓦（Barawa）和肯亞的蒙巴沙，及佔領坦尚尼亞的占茲巴（Zanzibar）島。

9 月 13 日，阿爾美達航抵西印度果阿（Goa）南部的安加迪普島（Anjadip Island），並建造安則迪瓦（Anjediva）堡壘。10 月 23 日，獲得科拉替里（Kōlattiri）的統治者之善意，同意阿爾美達在康那諾爾建設堡壘。10 月 31 日，阿爾美達航抵科欽，知悉在奎隆（Quilon）的葡國商人都被殺害。他派他的兒子羅仁科（Lourenço）帶領六艘船到奎隆港口，摧毀 27 艘卡里庫特的船隻。阿爾美達駐守在科欽，並加強堡壘設施。

查莫林準備 200 艘船攻擊葡國軍艦，1506 年 3 月，羅仁科在康那諾爾港外截擊查莫林的艦隊，予以重創。查莫林遊說科拉替里的統治者，認為葡國破壞了保證回教徒船隻航行的安全，因此兩人聯合包圍在康那諾爾的葡國堡壘。1507 年，阿布奎克（Afonso d'Albuquerque）率一中隊船艦從東非前往印度，加強阿爾美達的兵力。

1508 年 3 月，卡里庫特的阿拉伯商人請求埃及出兵協助，埃及派遣阿米胡申（Amir Husain Al-Kurdi）率領一支艦隊在外海擊敗羅仁科的艦隊，羅仁科戰死，此迫使葡國軍艦暫時退出印度海域。該年 12 月，阿布奎克抵達印度西南方馬拉巴（Malabar）沿岸的康那諾爾，並公開他的秘密任務，即是在阿爾美達總督任期屆期時取代他出任總督。而阿爾美達說他的任期到明年 1 月屆滿而且他想為其兒子報仇，他釋放了在喬爾（Chaul）的葡國囚犯，拒絕承認阿布奎克的總督委任狀。阿布奎克為了避免衝突，遷移到科欽居住，等候葡國國王的進一步指示。1509 年，阿

---

[4] 同上註。

爾美達航抵孟買（Bombay）。2 月 3 日，他率領 23 艘船艦在古吉拉特
（Gujerat）邦海岸的迪烏（或丟）（Diu）港外海擊敗印度和埃及聯合海
軍艦隊，包括埃及的馬魯克布爾吉蘇丹國（Mamlûk Burji Sultanate）、鄂
圖曼帝國（Ottoman Empire）、卡里庫特的查莫林、古吉拉特邦的蘇丹以
及威尼斯共和國和拉古沙共和國（Republic of Ragusa, Dubrovnik）的船
隻。葡軍獲勝，控制了以後 1 百年印度洋的貿易航運。[5]

　　8 月，阿爾美達獲得阿布奎克以前的軍官西奎伊拉（Diogo Lopes de
Sequeira）之請願不支持阿布奎克出任總督，因此將阿布奎克拘禁在康那
諾爾的聖安吉洛堡（St. Angelo Fort）。11 月，葡國國王派遣一支 15 艘船
隻、3 千名軍隊的大艦隊到卡里庫特，支持阿布奎克，將被關了三個月的
阿布奎克從獄中釋放。11 月 4 日，阿布奎克成為葡屬印度第二任總督。
阿爾美達在 1510 年返回葡萄牙。

　　西奎伊拉曾於 1508 年航抵亞齊。1509 年 8 月 1 日，西奎伊拉率領小
股軍隊登陸馬六甲，會見首相墨泰希（Tun Mutahir），帶著禮物和葡萄
牙國王曼紐爾一世致馬六甲蘇丹的信（用阿拉伯文寫的），要求簽訂和平
與通商條約。馬哈木沙蘇丹（Sultan Mahmud Shah）似乎有意與葡萄牙通
商，但古吉拉特邦和爪哇的商人唯恐喪失商業利益，遂以金錢賄賂王宮的
貴族，特別是首相墨泰希，陰謀奪取葡人船隻以及逮捕西奎伊拉。烏逐木
逐拉惹（Utimuti Rajah）之子以拜訪西奎伊拉為名，登上停泊港邊的船
上，與西奎伊拉下西洋棋，實則欲利用機會刺殺西奎伊拉。此時在瞭望臺
守望的士兵發現城內發出吶喊聲，馬來人殺害在城內的葡人，於是大喊
「背叛」。西奎伊拉立即丟下棋盤，大喊「備戰」，[6]烏逐木逐拉惹之子
也搭乘其自己的船離開並與葡人開戰。西奎伊拉立即率兩艘船逃回印度，
以致在港邊載運貨物的 60 名葡軍人未能及時逃走而被捕，有 8 人被殺

---

[5]　"Francisco de Almeida," *Wikipedia*, https://en.wikipedia.org/wiki/Francisco_de_Almeida
　　（2020 年 2 月 26 日瀏覽）。

[6]　有一名爪哇婦女在黑夜游泳至葡人船隻，警告葡人。參見 G. P. Dartford，不著譯者，馬
　　來亞史略，聯營出版有限公司，新加坡，1959 年，頁 37。

害。[7]墨泰希在 1510 年因涉嫌陰謀政變而被處死。另一說法是墨泰希未能依據傳統習俗將其女兒獻為蘇丹馬哈木沙的王妃，而將其許配給其親戚，引起蘇丹馬哈木沙不滿，遂聯合其他酋長逮捕墨泰希，賜其自殺。墨泰希的財富則被用來做為蘇丹女兒和彭亨王子結婚的慶典之用。[8]

1510 年，葡萄牙國王任命孟提士（Diogo Mendez de Vosconcelos）率領艦隊前往馬六甲，航行至果阿，卻為總督阿布奎克所阻，指他違令，遣還本國。

1 月，阿布奎克知悉查莫林不在卡里庫特，於是出兵，阿布奎克因胸部受傷而退兵。3 月，出兵進攻果阿，5 月，加以佔領。因為當地土人不支持及比賈布爾（Bijapur）國王伊斯麥爾·阿迪爾·沙（Ismail Adil Shah）之攻擊，科欽土邦發生叛亂，所以阿布奎克在 8 月放棄果阿，將其艦隊移往安則迪瓦堡壘。此時從葡國派來大艦隊，以救援在馬六甲的葡人。11 月 25 日，阿布奎克利用該批新艦隊重新攻佔果阿。防守該城市的 9,000 名土著回教軍隊，有 6,000 人戰死。

阿布奎克將果阿作為葡屬印度之總督府所在地，開始築城牆和堡壘，建設鑄幣廠和醫院。他以武力迫使隔鄰的古吉拉特邦和卡里庫特派使節以維持友好關係。

1511 年 2 月，阿布奎克接到友善的印度商人查圖（Nina Chatu）轉交的一封信，係從 1509 年被拘留在馬六甲的 19 名葡人之一的阿勞卓（Rui de Araújo）所寫的信，要求他派艦隊將他們救出來。

阿布奎克於 1511 年 5 月 2 日從果阿率領艦隊出發，共率 18 艘船，800 名葡萄牙軍人，600 名馬拉巴（Malabars）印度輔助軍。該項行動遭到門迪斯（Diogo Mendes）的反對，門迪斯宣稱他才是該支艦隊的指揮官。[9]阿布奎克是遠征馬六甲的指揮官，副指揮官是麥哲倫（Ferdinand

---

7　"Portuguese History of Malacca," *Journal of the Straits Branch of the Royal Asiatic Society* (Singapore), June 1886, pp.117-149, at p.122.

8　G. P. Dartford，前引書，頁 37。The Hon'ble R.J., Wilkinson, "The Capture of Malacca," *Journal of the Straits Branch of the Royal Asiatic Society* (Singapore), June 1912, pp.71-76.

9　阿布奎克在攻下馬六甲後，向葡國國王寫了一封信，解釋他和門迪斯之間的歧見，認為雙方若進一步衝突，將會減損葡人在印度的利益。參見 "Afonso de Albuquerque,"

Magellan）。船隊在 7 月 1 日抵達馬六甲。[10]馬六甲雖然富裕，但城牆是用木頭興建的，僅有少數地方是使用石頭建的，由 2 萬名雇用兵防守。

阿布奎克要求馬六甲蘇丹馬哈木沙釋放被捕的葡萄牙人以及賠償生命和財產的損失，未獲應允。蘇丹的兒子阿拉伊丁（Prince Ala'Eddin）、彭亨王子主張抗禦葡人。蘇丹則喜好和平和平靜，他希望與葡人友好，但因內部有不同的意見，故未能答應其要求。[11]阿布奎克遂決定對馬六甲施加壓力，他在港口燒毀若干回教徒的船隻，只有中國人的帆船受到保護，因為中國船員反對蘇丹，而和葡人親善。蘇丹馬哈木沙釋放了葡萄牙俘擄。阿布奎克進而要求貿易權和建設堡壘，蘇丹馬哈木沙有意與葡人和解，但阿拉伊丁王子和彭亨王子反對，乃拒絕葡人要求，阿布奎克遂決定開戰。

馬六甲王朝內部分為兩種意見，軍方認為擁有 2 萬兵力以及為數不少的大砲，配備良好，足以打敗葡軍，商人為了維護商業利益也主張戰爭，但新上任的年老有病的首相和顧問則持保留態度。有些商人則從城中出來，要求葡人保護，葡人給他們布條，要他們拿回掛在他們的住家前面，以免被葡軍進城後掠奪。[12]

阿布奎克在 7 月 25 日以小船進入馬六甲河流，攻打城市中跨河兩岸的橋樑，獲得華人船隻的協助，華人獻議以其帆船作為浮動堡壘，以攻擊馬來人守護的橋樑。8 月 10 日，利用海水漲潮時，中國帆船抵達河口大橋邊，葡人立即登上橋，加以佔領。[13]隨後以艦砲轟擊市內據點。8 月 15 日，經過激烈鏖戰後，葡軍攻下城內市中心。24 日，葡軍完全佔領該城。葡軍擄獲 3,000 尊大小的大砲、火繩槍、弓箭、矛、盔甲以及無數金

Wikipedia, https://en.wikipedia.org/wiki/Afonso_de_Albuquerque（2020 年 2 月 26 日瀏覽）。

[10] J. Kennedy, *A History of Malaya*, A. D. 1400-1959, Macmillan, London, 1967, p.24; Harry Miller, *A Short History of Malaysia*, Frederick A. Praeger, Inc., New York, 1966, p.43; "Portuguese History of Malacca," p.123.

[11] The Hon'ble R.J., Wilkinson, "The Capture of Malacca," *Journal of the Straits Branch of the Royal Asiatic Society* (Singapore), June 1912, pp.71-76.

[12] 參見 "Afonso de Albuquerque," *Wikipedia*, https://en.wikipedia.org/wiki/Afonso_de_Albuquerque（2020 年 2 月 26 日瀏覽）。

[13] G. P. Dartford，前引書，頁 38。

銀珠寶、香水和香木。彭亨王子逃回彭亨。阿布奎克選擇的戰利品是鑲滿寶石的黃金手鐲以及六個銅獅，作為他將來的墳墓建造之用。另外他也準備將馬六甲國王使用的鑲滿珠寶和黃金的座轎送給葡萄牙國王曼紐爾一世和瑪麗亞王后（Queen Maria）。但第二年阿布奎克之船隻載運這些財寶返回果阿時，在蘇門答臘外海觸礁，而沉入海底。[14]

二、葡人在緬甸和暹羅之活動

葡人佔領馬六甲，許多回教徒和印度商人逃離馬六甲，為了維持馬六甲的商業活力，阿布奎克前後派出一些使節前往周邊的緬甸和暹羅招商，歡迎他們到馬六甲經商。阿布奎克派遣達昆哈（Rui Nunes da Cunha）到緬甸的勃固（Pegu），勃固國王賓亞蘭（Binyaram）在 1514 年派遣友好使節訪問科欽。蘇門答臘的甘巴（Kampar）（位在蘇門答臘島中北部廖內省）和因德拉吉里（Indragiri）（位在蘇門答臘島中北部廖內省）國王也派使節到馬六甲，阿布奎克把這兩個小國納為馬六甲的屬國。[15]

阿布奎克首度知悉暹羅是來自一名在 1509 年被馬六甲王朝俘虜的葡國軍人，該名葡國軍人在 1510 年 2 月 6 日致函阿布奎克求救，信中還說馬六甲國王正與暹羅打戰，暹羅國王擁有廣大的土地和港口。[16]阿布奎克聽說暹羅對馬六甲擁有宗主權，遂在 1511 年 8 月滅馬六甲王國後就派遣略懂馬來語的佛蘭德茲（Duarte Fernandez）[17]攜函搭乘中國船隻前往阿瑜陀耶城進行協商。佛蘭德茲抵達大城時，獲得暹羅國王拉瑪狄菩提二世（Rama Tibodi II）的盛大歡迎，有 200 艘船歡迎他，他登岸後前往王宮，沿路有許多人來觀看他們從未見過的留有大鬍子的白種人。他晉見暹羅國王拉瑪狄菩提二世，贈給暹羅國王一把金鞘上鑲嵌鑽石的劍，以及一封由阿布奎克簽署代表葡國國王的信。暹羅國王詢問有關馬六甲的情形，

---

[14] Harry Miller, *op.cit.*, pp.45-46.

[15] 參見 "Afonso de Albuquerque," *Wikipedia*, https://en.wikipedia.org/wiki/Afonso_de_Albuquerque（2020 年 2 月 26 日瀏覽）。

[16] Joaquim de Campos, *Early Portuguese Accounts of Thailand*, Lisboa, Portugal, Câmara Municipal, 1983, p.11.

[17] 佛蘭德茲在 1509 年到馬六甲，遭逮捕關在監獄，他在該一段時間學了一些馬來語。

對於葡國懲罰背叛的馬六甲國王，感到滿意，也沒有反對葡萄牙佔領馬六甲。暹羅國王贈給佛蘭德茲一枚紅寶石戒指、一把劍和王冠、王后的媽媽贈送鑲有珠寶的手鐲和三個小金盒。[18]

暹羅國王派了一名使節跟隨佛蘭德茲走陸路經由廷那沙林到馬六甲，暹羅使節攜帶禮物贈送給阿布奎克。1512 年 1 月，葡萄牙派遣第二個使節米蘭達（Miranda de Azevedo）和法拉革梭（Manoel Fragoso）經由陸路前往阿瑜陀耶。法拉革梭留在暹羅兩年，撰寫有關暹羅的國情及港口的經緯度報告，準備呈交給阿布奎克。暹羅國王派遣使節跟他一道前往果阿。1516 年，阿布奎克又派遣第三個使節柯爾霍（Duarte de Coelho）前往阿瑜陀耶，並與暹羅國王拉瑪狄菩提二世簽訂和平條約，暹羅允許葡人在阿瑜陀耶、廷那沙林、墨吉、北大年、單馬令居住和經商。拉瑪狄菩提二世亦給予葡人宗教自由，允許柯爾霍在阿瑜陀耶城的熱鬧地區豎立一個木造的十字架，作為祈禱之用。拉瑪狄菩提二世的宗教寬容，為後來歷代暹羅國君立下典範。葡萄牙則提供暹羅軍火武器，後來有葡萄牙人成為暹羅的雇用兵，並協助暹羅製造武器。柯爾霍在阿瑜陀耶城住了一年才返回馬六甲。葡國給予暹羅人在馬六甲居住的權利，主要目的是想增加暹羅人來解決逃走的許多回教徒和回教商人所造成的人力不足問題。[19]

清邁於 1513 年入侵素可泰和甘烹碧。1515 年，寮族軍隊又襲擊素可泰和甘烹碧。暹羅在葡萄牙雇用兵的協助下，反攻清邁成功，軍隊深入南邦市（Nakon Lampang），擄回用黑色石頭雕刻的佛陀像。在猜拉查國王（King Chairacha）執政的 1534-1546 年間，在阿瑜陀耶城有 130 名葡人，其中有 120 名葡人出任國王的私人衛隊。[20]

---

[18] Joaquim de Campos, *op.cit.*, p.12.

[19] Joaquim de Campos, *op.cit.*, pp.13-14.

[20] Michael W Charney, "From Merchants to Musketeers in Ayutthaya: The Portuguese and the Thais and their Cultures of War in the Sixteenth Century," In: Smithies, Michael, (ed.), *Five Hundred Years of Thai-Portuguese Relations: A Festschrift*, Siam Society, Bangkok, 2011, pp.1-11, at p.4. https://pdfs.semanticscholar.org/7de3/73fe8ebc86eb4e348f1cb3acb24668ba4be2.pdf（2020 年 6 月 5 日瀏覽）。

三、葡人在印尼群島之活動

1511 年 8 月 10 日，葡萄牙駐印度總督阿布奎克率軍控制馬六甲後，隨之在該年底由達布祿（Antonio da Breu）和瑟拉歐（Francisco Serrão）率 3 艘軍艦進入印尼群島，擬控制摩鹿加群島〔又稱香料群島（Spice Islands）〕。1512 年初，在馬來水手的引導下先航經爪哇、小巽他群島（Lesser Sunda Islands）、安汶島（Ambon）、班達島（Banda）。當航抵班達島時，兩艘船破損，達布祿返回馬六甲。瑟拉歐修補船隻，繼續抵達安汶島以北海岸地帶的希度（Hitu），遭到土著的反抗。隨後葡軍又介入德那地（Ternate）和蒂多蕾（Tidore）兩島土著的衝突。葡軍支持德那地島。德那地蘇丹獲得鄰近 72 個島嶼土著的支持，包括帝汶島。

德那地蘇丹賴斯（Abu Lais，或稱 Bayansirullah）對葡軍表示友善，任命瑟拉歐為其顧問，其他葡人也被任命為宮廷中的官員，蘇丹希望獲得葡軍的協助，葡軍得以在該島建設堡壘。而蒂多蕾蘇丹曼蘇爾（Mansur）則歡迎從菲律賓返回西班牙的麥哲倫殘軍，雙方建立聯盟關係，共同對抗葡軍。但不久西班牙軍隊返回西班牙，而減弱蒂多蕾的力量。

1513 年 3 月，葡萄牙派遣特使到西爪哇的巴查查南（Pajajáran），獲允在順塔－加留巴（Sunda Kelapa）（今雅加達）設立堡壘。葡軍在德那地和巴肯（Bacan）設立倉庫。1515 年 8 月 18 日，葡軍和商人航抵帝汶島，購買該島產的香料和檀香木。1520 年，葡國商人前往佛羅里斯島（Flores）和梭洛（Solor）島尋求商品。1521 年，位在中爪哇北海岸的淡目（Demak）蘇丹烏努斯（Yunus）率領淡目和井里汶的海軍前往馬六甲，企圖驅逐葡軍，結果失敗，烏努斯戰死，由傳加納（Raden Trenggana）繼任蘇丹。在該年葡軍佔領蘇門答臘島東北端的巴賽（Pasai），巴賽蘇丹古倫加遜（Gunungjati）流亡阿拉伯的麥加（Mecca）。1523 年，返回印尼，前往淡目，與傳加納蘇丹的妹妹結婚。1524 年，古倫加遜及其兒子哈山努丁（Hasanuddin）前往萬丹，加強伊斯蘭教的勢力，弱化萬丹與葡萄牙的關係。萬丹的統治者改信伊斯蘭教。在此時，控制西爪哇的萬丹王朝和控制

中爪哇和東爪哇的馬塔蘭（Mataram）王朝和泗水地區都變成伊斯蘭教地區。[21] 1525 年，哈山努丁前往蘇門答臘南部的楠榜傳播伊斯蘭教。

葡軍隊長卡諾（Juan Sebastian del Cano）在航行經過菲律賓和摩鹿加群島時擄獲 46 名西班牙人和 13 名土著水手，將這些俘擄充當水手，船隊於 1522 年 1 月 26 日抵達帝汶島中部北海岸。

1522 年 2 月，葡軍由迪布里托（Antonio de Brito）率領航抵班達島。5 月，航抵德那地，建造石造的德那地（Sao Joao Baptista de Ternate）堡壘。隨後並由耶穌會士（Jesuits）在島上開辦學校。1536 年 10 月 25 日，葡萄牙行政長官格爾瓦歐（Antonio Galvao）抵達德那地，他積極建設德那地，建立德那地葡人城堡、學校和醫院。

麥哲倫的殘餘軍隊抵達東南群島（Nusa Tenggara）（即小巽他群島）和帝汶島，然後從該島轉入印度洋，返回西班牙。葡軍在安汶島的希度地區建造堡壘。1526 年，葡軍在帝汶島建造堡壘。

當西班牙繼續派遠征軍前往摩鹿加群島時，與葡萄牙發生所有權爭議，雙方皆宣稱該群島位在 1494 年雙方所簽署的托得西拉斯條約所規定的分界線內。為解決此一問題，以及西班牙國王查理一世為應付歐洲戰爭，急需經費，而於 1529 年 4 月 22 日與葡萄牙簽訂札拉哥札條約（Zaragoza Treaty），內容要點為：作為劃界的〔南〕極到〔北〕極的線應通過摩鹿加群島以東的 297.5 里格（leagues）（約 1430 公里）或 17 度，該線接近東經 145 度。該線通過拉斯維拉斯群島（islands of Las Velas）和聖托湯美（Santo Thome）、麥哲倫稱為「小偷之島」（Islas de los Ladrones, Islands of Thieves）的關島（Guam）和馬里亞納群島（Mariana Islands）。西班牙以 350,000 金幣出賣摩鹿加群島給葡萄牙。位在該線以西的土地屬於葡萄牙，以東的土地則歸西班牙所有。西班牙雖然退出了摩鹿加群島，但菲律賓群島位在該線以西，是否也應屬於葡國所有，當時並未討論。

---

[21] "An online timeline of Indonesian history," *Sejarah Indonesia*, http://www.gimonca.com/sejarah/sejarah02.shtml（2020 年 3 月 15 日瀏覽）。

　　後來葡軍與德那地的關係出現緊張，因為葡軍推動天主教化，以及葡軍行為不檢。1535 年，葡萄牙廢黜德那地國王塔巴里吉（Tabariji，或稱 Tabarija），將他遣送至印度西海岸的果阿，他在該地改信天主教，並改名為敦・曼紐爾（Dom Manuel），然後重被送回德那地繼續擔任國王，但 1545 年他途經馬六甲時去世。1536 年，葡軍派駐德那地的總督為達嘎爾福（Antonio da Galv），他在安汶建造據點。1550 年，葡軍在佛羅里斯島建造堡壘。

　　1560 年，葡萄牙在東爪哇的帕那魯康（Panarukan）建造天主教堂和貿易站。西班牙則在蘇拉威西島北端的萬鴉老（Manado）建立據點。

　　1570 年，葡人與德那地蘇丹凱埃鑾（Sultan Khairun）簽訂友好條約，但次日蘇丹中毒而亡，德那地人懷疑其蘇丹遭葡人暗殺，引發雙方的戰爭，葡人堡壘被包圍歷經 5 年，至 1575 年 7 月 15 日，德那地蘇丹巴布烏拉（Sultan Baab Ullah）聯合附近土著的勢力驅逐葡人。葡人乃轉往蒂多蕾，在 1578 年建立新的堡壘。此時葡人在摩鹿加群島的活動中心在安汶島。有些葡人也遷徙到馬六甲和帝汶島。德那地在巴布烏拉（1570-83）蘇丹及其兒子賽德（Said ad-Din Bĕrkat Syah, 1584-1606）蘇丹的統治下，成為抗拒葡軍的伊斯蘭教國家。[22]

　　巴布烏拉在趕走葡人後，將葡人所建造的聖保羅城堡（São Paulo）改成自己的王宮，改自己的名字為「加瑪拉瑪堡壘」（Gamalama fortress）。他繼續與歐洲人貿易，包括葡人，允許葡人在蒂多蕾島居住，但不給予特權。西方國家商人和其他國家商人待遇一樣，惟受到更嚴格的監視。他規定歐洲人到德那地島必須除去帽子和鞋子，以提醒他們不要忘記自己是誰。巴布烏拉的勢力逐漸擴大，北到菲律賓群島南部，西到蘇拉威西島中部，南到努沙・登葛拉島（Nusa Tenggara），東到馬歇爾群島，他有一個暱稱「72 國統治者」（ruler of 72 countries）。[23]

---

[22] M. C. Ricklefs, *A History of Modern Indonesia Since C. 1200*, Stanford University Press, Stanford, California, 2001, third edition, p.28.

[23] "Babullah of Ternate," *Wikipedia*, https://en.wikipedia.org/wiki/Babullah_of_Ternate（2020 年 3 月 5 日瀏覽）。

　　葡軍在 1520 年代抵達在小巽他群島的梭洛島，購買檀香木，在島上設有臨時的倉庫。1556 年，葡萄牙的多明尼康教派（Dominican）傳教士古斯毛（Domingos de Gusmao）抵達帝汶島西北方的梭洛島，除了建教堂外，亦建造堡壘，以保護信仰天主教的土著，對抗來自西里伯斯島（Celebes）（現在的蘇拉威西島）的伊斯蘭教徒的入侵。梭洛島成為葡萄牙在東印度群島東部的貨物轉運港，船隻到此等候季風。1561 年，4 名多明尼康教派傳教士受克魯茲主教（Brother Antonio da Cruz）之命從馬六甲抵達該島傳教，為保護安全，傳教士們在 1566 年建石造堡壘。至 1599 年，傳教士在島上建了 18 所教堂。

　　葡人在梭洛島北方建造拉波伊亞那（Laboiana, Levahojong or Lavang）堡壘，1598 年遭土著暴動而被燒毀，隨後又重建。1602 年，信仰伊斯蘭教的武吉斯人（Bugis）（為居住在蘇拉威西島南部的航海民族）率 37 艘船、3,000 人攻擊該堡壘，經葡軍前來解圍，始擊退武吉斯人。[24]

　　1613 年 1 月 27 日，荷蘭軍隊抵達梭洛島，葡軍隊長阿爾瓦里士（Manuel Alvares）率 30 名葡軍和 1,000 名土著軍隊抵抗，經過 3 個月的包圍戰，於 4 月 18 日荷軍佔領梭洛堡壘，將之易名為亨里庫斯堡壘（Fort Henricus）。葡萄牙的多明尼康教派的傳教士遷移到佛羅里斯島東部的拉蘭土卡（Larantuka）。1662 年，又遷到帝汶島的利埠（Lifau）（今天帝汶島的 Ocussi）。葡萄牙的軍人、商人在梭洛島與土著婦女通婚，生下的後代被荷蘭人稱為托帕西人（Topasses），他們後來隨葡軍大量移民到利埠。

　　1615 年，葡軍重占梭洛島。1618 年，荷軍又佔領該島。1629-1630 年，荷蘭放棄該島。葡軍在 1630 年重又佔領該島。由於葡萄牙在 1543 年打開與日本貿易的門戶，1557 年又取得澳門的貿易據點，已可以直接與中國貿易，另外其貿易重心又放在巴西的蔗糖貿易和非洲的奴隸買賣，所

---

[24] No author, "History of Timor," pp.18-19. 參見 http://pascal.iseg.utl.pt/~cesa/History_of_Timor.pdf（2006 年 12 月 27 日瀏覽）。

以逐漸將重心移出摩鹿加群島。1636 年，葡軍放棄梭洛島。1646 年，荷軍重新佔領該島。

1569 年，葡人瑪拉瑪克（Gonlo Pereira Marramaque）在安汶島北岸建立一個木造堡壘。1572 年，堡壘移至南岸。隨後瓦士康希洛司（Sancho de Vasconcelos）在吉拉拉（Gelala）和巴土瑪拉（Batumarah）分別建造木造堡壘。1576 年 3 月 25 日，葡人在安汶市建造石造的阿南西亞達（Nossa Senhora da Anunciada）堡壘。耶穌會士在島上建造教堂。1591 年，德那地軍隊進攻在安汶的葡軍。1593 年，再度進攻安汶的葡軍。1598 年，爪哇人攻擊安汶。1600 年，安汶島又遭到荷軍的攻擊。1605 年 2 月 23 日，荷軍佔領安汶，葡人退出該島。

1579 年，英國冒險家德瑞克（Sir Francis Drake）在襲擊在美洲的西班牙船隻和港口後，航抵德那地。巴布拉蘇丹（Sultan Babullah）因為痛恨西班牙人，所以向德瑞克保證雙方友好。1580 年，德瑞克在返回英國時順道訪問了蘇拉威西島、巴里島和爪哇。1585 年，英國人卡文迪許（Thomas Cavendish）曾航抵巴里島。同一年，葡人從馬六甲前往巴里島，意圖開闢貿易站，但船在巴里島岸外進水沉沒，船員游泳上岸，有 5 人生存登岸，格爾格爾（Gelgel）國王對待葡人友善，但拒絕讓他們返回馬六甲。12 年後，荷蘭人郝特曼（Cornelis de Houtman）航抵巴里島時，還見過這些葡人。[25] 1591 年，英國航海家蘭開斯特（Sir James Lancaster）航抵亞齊和檳榔嶼，並未達成建立關係的目的。1601 年，英國在班達島建立堡壘。1602 年 3 月，蘭開斯特率領英屬東印度公司的船隊抵達亞齊，並在萬丹設立貿易站。1604 年，英屬東印度公司的米德里托（Sir Henry Middleto）率領船隊抵達德那地、蒂多蕾、安汶和班達。1611 年，英國開始在東印度群島的占卑、望加錫、加帕拉（Jepara）和亞齊建立貿易站據點。1615 年，英國在雅加達設立倉庫。1619 年 1 月底，萬丹蘇丹驅逐在雅加達的英國軍隊和商館。

---

[25] Robert Pringle, *A Short History of Bali, Indonesia's Hindu Realm*, Allen & Unwin, Australia, 2004, p.82.

在 1620 年代，約有 500 名葡萄牙商人經常造訪望加錫港，望加錫國王會說葡語，與葡國商人友善。1641 年，荷蘭佔領馬六甲後，大量葡人移居望加錫，使該港日益繁榮。1650 年代，多明尼康教派在望加錫蓋一座教堂。1660 年，約有 2,000 名葡人住在望加錫，他們住在一個葡人社區內。1660 年 6 月，荷蘭派遣 31 艘船，共 2,600 名軍人進攻望加錫港，摧毀葡人的帕納庫康（Panakkukang）堡壘，目的在驅逐葡人。荷蘭和望加錫簽訂條約，在 12 月 2 日批准。條約規定葡人須在一年內遷離望加錫。但望加錫國王不願讓葡人立即遷離，而延擱履行該條約，以免港口貿易趨於蕭條。最後在荷蘭的壓力下，葡人終於在 1665 年撤離望加錫，部分葡人遷移到佛羅里斯島、梭洛島、帝汶島、澳門、暹羅和巴達維亞。[26]

1556 年，葡萄牙多明尼康教派傳教士塔維拉（António Taveira）抵達帝汶島，以後葡人勢力在島上發展，其初期據點在西帝汶的利埠和古邦（Kupang）。帝汶島產白色的和紅色的檀香木，也產黃金。每年從帝汶經由馬六甲運至印度的商品價值達 500「克魯札多」（cruzados）（貨幣單位），運至澳門的商品價值高達 1,000「克魯札多」。[27] 1647 年，多明尼康派傳教士賈心托（Antonio de Sao Jacinto）在古邦建造堡壘。

1653 年，荷蘭入侵西帝汶的古邦，1656 年佔領古邦。托帕西人因具有土著血統，獲得當地土著之協助，控制檀香木之貿易，此與葡人之商業利益有衝突，因此時有衝突發生。1769 年 8 月 11 日，葡萄牙行政長官門尼茲（Antonio José Telles de Menezes）遭托帕西人驅逐出利埠。葡人遂在東帝汶的狄力（Dili）建立新據點。當地土著對於葡人入侵感到不滿，時有反抗，葡人則以軍事武力鎮壓。此時葡人控制東帝汶，而荷人控制西帝汶。不過，荷人拿出一份據稱是在 1756 年與代表帝汶島所有統治者的偉哈里（Wehali）國王簽訂的帕拉偉西尼合約（Contract of Paravicini），宣稱擁有所有帝汶島。1846 年，荷蘭與葡萄牙談判意圖取得葡屬帝汶的控

---

[26] "The Portuguese in Makassar," *Colonial voyage*, http://www.colonialvoyage.com/makassar.html（2020 年 3 月 21 日瀏覽）。

[27] No author, "History of Timor," p.18. 參見 http://pascal.iseg.utl.pt/~cesa/History_of_Timor.pdf（2006 年 12 月 27 日瀏覽）。

制權。1851 年，荷蘭和葡萄牙東帝汶行政長官羅培茲（Lima de Lopes）
達成協議，將帝汶島劃分為兩部分，東帝汶歸屬葡萄牙，西帝汶歸屬荷
蘭。該協議並將佛羅里斯島東部和附屬島嶼賣給荷蘭。此一協議並未事先
獲得葡萄牙政府之同意，葡萄牙政府雖然感到不快，亦不能改變該協議。
在 1854 年葡萄牙和荷蘭雙方談判劃界條約。至 1859 年 4 月 20 日荷蘭與
葡萄牙才簽訂條約，在島上劃分兩國的疆界，由荷蘭控制西半部，葡萄牙
控制東半部。然而葡、荷兩國對條約內容有疑義，分別在 1893、1904、
1913 三年針對劃界條約舉行三次會議，直至 1916 年 8 月 17 日荷蘭政府
才批准該劃界條約。1975 年，葡萄牙佔領的東帝汶為印尼併吞。[28]

四、葡人對東南亞之影響

　　葡萄牙在摩鹿加群島和印尼東部群島的影響，最重要的就是開闢了從
東南亞到歐洲的航線，讓西方人開始瞭解東南亞，以及享用更為便宜的香
料，削弱了印度人和威尼斯人在香料貿易方面的控制權。因為葡人掌控該
條航線一百多年，東亞地區的商品，例如香料、中國的絲織品、瓷器和家
具等，都仰賴葡國商船運到歐洲銷售。

　　其次，葡人在東南亞的殖民地人民都改信天主教，至今主要仍信仰天
主教的地區有東帝汶、摩鹿加群島和北蘇拉威西。此外，少許葡萄牙語為
印尼人借用，例如，pesta（黨）、sabun（肥皂）、sĕpatu（鞋子）、
bĕndera（旗幟）、meja（桌子）、Minggu（星期日）等。安汶島很多人
也取葡萄牙人的姓名，例如，da Costa、Dias、de Fretas、Gonsalves、
Mendosa、Rodrigues、da Silva 等。[29]

　　葡萄牙傳教士很早就到越南傳教，他們使用羅馬字母拼寫越南語音，
以利傳教工作。法國耶穌會傳教士羅德士（Alexandre de Rhodes）（1591-
1660）在 1624-1630 年到越南傳教，他將較早時由葡萄牙傳教士所使用的
越語拼音系統加以改良，發展成越南國語的羅馬字母。[30]

---

[28] *Ibid.*, pp.41-45.

[29] M. C. Ricklefs, *op.cit.*, 2001, p.29.

[30] 法國殖民者將羅馬字列入學校課程，而且於 1865 年在越南南部由官方發行第一份羅馬

　　法國在 1859 年控制西貢，1861 年將越南語改為拉丁拼音。1896 年，法國殖民政府下令國語（拉丁拼音）成為交阯支那官員考試的科目之一；1903 年，將法語論文納入國語。越南國王在 1919 年下令廢止使用漢字，改採拉丁拼音國語。

　　在 1975 年以前，東帝汶是葡國的殖民地，所以葡語是官方語言。1976 年，東帝汶被印尼兼併，一般人在學校學習印尼語文，2002 年東帝汶獨立，仍繼續使用印尼語文，葡語文已很少被人使用，除了有些街道名稱及紀念碑文仍繼續沿用葡文外。[31]

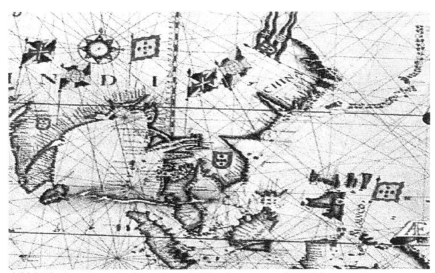

資料來源：http://upload.wikimedia.org/wikipedia/commons/6/64/Asia_oceania_anonymous_
　　　　　c1550.jpg（2020 年 3 月 21 日瀏覽）。

圖 7-3：葡萄牙人於 1550 年畫的「東非、亞洲和西洋圖」

　　字報紙「Gia Dinh Bao」（嘉定報）；越南羅馬字也從這時起稱為「Chu Quoc Ngu」（國語字）。（Vien Van Hoc, *Van De Cai Tien Chu Quoc Ngu*, Ha Noi: Nha Xuat Ban Van Hoa, 1961, p.22.）南部總督於 1882 年規定所有越南語的公文必須用羅馬字的法令（Vien Van Hoc, *op.cit.*, pp.22-23.）。

[31] Dietrich Köster, "The role of the Portuguese Language in Lusophone Asia," *Colonial Voyage*, https://www.colonialvoyage.com/role-portuguese-language-lusophone-asia/（2020 年 3 月 4 日瀏覽）。

　　葡人在繪製航海圖也是很先進，隨著它的船隻航行東亞各海域，葡人繪製了不少東亞地圖，清楚的標誌經緯度和地形。在西方國家出版的地圖中，筆者發現最早的繪有西沙群島圖是由葡萄牙人（姓名不詳）在 1550年畫的「東非、亞洲和西洋圖」，圖上在越南外海西沙群島處畫有三個小島，右小島右側有文字，但字跡模糊。

　　葡萄牙人何莫（Andreas Homo）在 1559 年畫的世界地圖，在越南外海畫了一個倒三角形的西沙群島，但沒有命名。葡萄牙人道拉多（Fernao Vaz Dourado）在 1571 年所繪的「遠東及南亞圖」，圖上標誌有 I. de Paracel，即西沙群島。

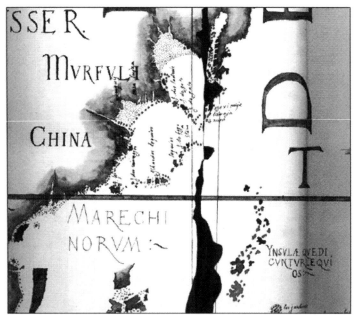

資料來源：http://tw01.org/group/terabithia/forum/topics/guo-ji-ming-ming-wei
　　　　　（2012 年 11 月 21 日瀏覽）。

圖 7-4：1559 年 Andreas Homo 畫的世界地圖

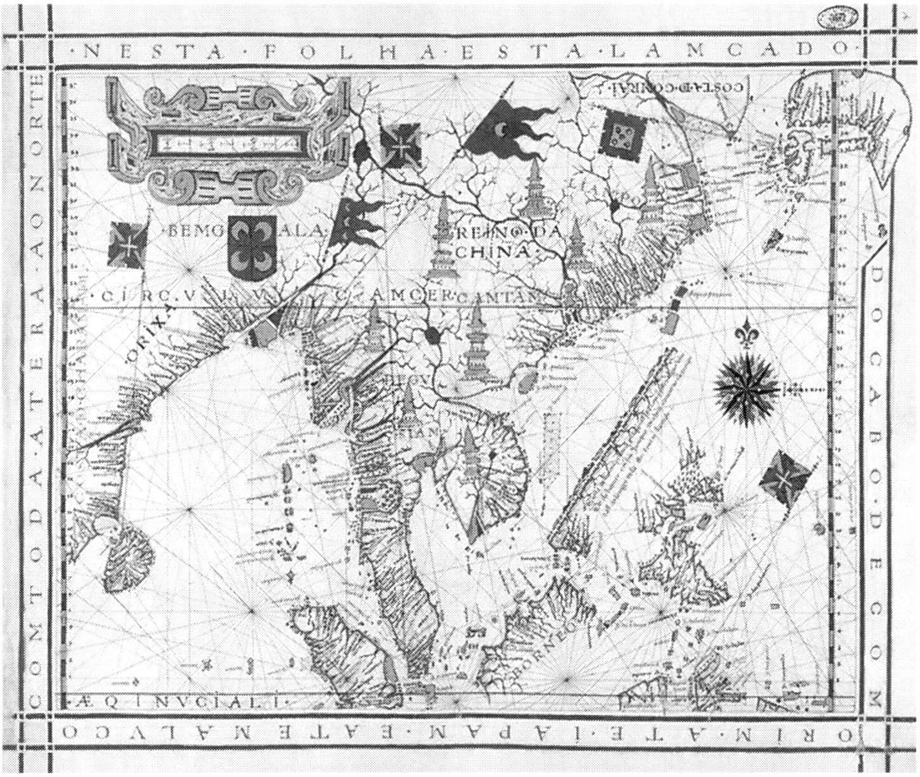

資料來源："Atlas Universal de Fernão Vaz Dourado," *Wikipedia*, https://es.wikipedia.org/wi
ki/Atlas_Universal_de_Fern%C3%A3o_Vaz_Dourado（2020年4月40日瀏覽）。

圖 7-5：Fernao Vaz Dourado 在 1571 年所繪的「亞洲地圖」

　　從以上三張葡人所繪製的地圖可知，葡人在 1571 年以前已航遍東亞
各個海域，並繪製了詳細的地圖，為以後西班牙人和荷蘭人，甚至義大利
人提供了繪製東亞地圖的範圖。

第二節　葡人到中國和日本之航路與活動及其影響

一、葡人在中國之活動

　　1513 年初，阿布奎克派遣阿爾瓦里斯（Jorge Álvares）搭乘中國船從
馬六甲前往中國，在珠江口的伶仃島停泊。同年又派遣伯里斯特里洛

（Rafael Perestrello）從馬六甲到廣州，與廣州商人進行貿易。1516 年，中國就禁止葡國商人與中國人進行貿易。

1517 年 6 月 17 日，葡國國王曼紐爾一世派遣使團由皮里斯（Tomé Pires）為首和佛淖・安德拉德（Fernão Pires de Andrade）前往中國，於 8 月 15 日抵達珠江口屯門（Tamão）。駐守在珠江口的南頭鎮（屬於中山縣管轄）的守軍阻止葡軍溯河到廣州，經過一個月，安德拉德威脅要動武，守軍才允許其前往廣州，並派人引導其航行。當他的船隊進入廣州時，他令船艦開砲，他以為這樣做是表示友好致敬，因為葡人船隻進入馬六甲時，華人商船也是這樣做。廣東當局則以為他們開砲恫嚇。廣東官員質問他們為何驅逐馬六甲國王？佛淖・安德拉德解釋說馬六甲國王壓迫華商，他們協助華商將馬六甲國王驅逐。佛淖・安德拉德這樣說更引起廣東當局對他們的疑慮，因為明朝實施海禁政策，禁止人民出洋貿易。[32]

「武宗正德 13 年（1518 年）正月壬寅，佛郎機國差使臣加必丹末（又寫為加必丹木，丹木，應是 Tomé 之譯音，就是皮里斯）等貢方物，請封，並給勘合。廣東鎮巡等官以海南諸番無謂佛郎機者，況使者無本國文書，未可信，乃留其使者以請。下禮部議處，得旨：『令諭還國，其方物給與之。』」[33]

儘管明朝廣州官員對於葡人之來訪有所懷疑，但廣東省官員前往廣州宴請這批葡人，並給予住宿，允許他們的貨物卸船。惟葡人派一支小船沿著福建海岸探查，引起中國官員懷疑他們的目的。此外，佛淖・安德拉德又派一名船長馬士卡仁哈斯（Jorge de Mascarenhas）前往琉球群島探查，因為他在馬六甲時就聽說琉球群島很美。[34]

1519 年 8 月，佛淖・安德拉德的弟弟西茂・安德拉德（Simão de Andrade）率三艘船到中國。他在屯門建設砲臺，並禁止外國人，主要是

---

[32] "Fernão Pires de Andrade," *Wikipedia*, https://en.wikipedia.org/wiki/Fern%C3%A3o_Pires_de_Andrade#Initial_contact_with_China（2020 年 2 月 28 日瀏覽）。

[33] 〔明〕費宏等纂修，明武宗實錄，卷一百五十八，中央研究院歷史語言研究所校勘，臺北市，1984 年，頁 2。

[34] "Fernão Pires de Andrade," *Wikipedia*, https://en.wikipedia.org/wiki/Fern%C3%A3o_Pires_de_Andrade#Initial_contact_with_China（2020 年 2 月 28 日瀏覽）。

暹羅人和印度人，在該島做生意。一位中國官員登上該島，要求西茂‧安德拉德撤出該島，西茂‧安德拉德用手打落該名官員的帽子。西茂‧安德拉德之壞名聲，還有綁架幼童，將他們賣到西印度迪烏港口的有錢華人家當奴僕。[35]

　　1520 年 1 月，皮里斯和佛淖‧安德拉德離開廣州前往南京，因為正德皇在 5 月巡行到南京，他準備在南京會見這批葡人使節，後改為正德皇回到北京時再會見，所以葡國使節到北京。皮里斯等人在北京知悉馬六甲國王遣使到中國，要求中國協助其恢復馬六甲的統治權，也知道監察御史丘道隆和何鰲反對給予葡人貿易機會。

　　「武宗正德 15 年（1520 年）12 月己丑（5 日），海外佛郎機前此未通中國，近歲吞併滿剌加，逐其國王，遣使進貢，因請封。詔許來京，其留侯懷遠驛者遂略買人口，蓋房丘寨為久居。滿剌加亦嘗具奏求救，朝廷未有處置也。會監察御史丘道隆言：『滿剌加朝貢詔封之國，而佛郎機併之，且啗我以利，邀求封賞，於義決不可聽。請卻其貢獻，明示順逆，遂使歸還滿剌加疆土之後，方許朝貢，脫或執迷不悛，雖外夷不煩兵力，亦必檄召許夷，聲罪致討，庶幾大義以明。』御史何鰲亦言：『佛郎機最號兇詐，兵器比諸夷獨精，前年駕大舶突進廣東省下，銃砲之聲震動城廓，留驛者違禁交通，至京者桀驁爭長，今聽其私舶往來交易，勢必至於爭鬥而殺傷，南方之禍，殆無極矣。且祖宗時，四夷來貢，皆有年限，備倭官員防截甚嚴，間有番舶，詭稱遭風漂泊欲圖貿易者，亦必覈實具奏，抽分如例，夷人獲利不多，故其來有數。近因布政使吳廷舉首倡缺少上供香料及軍門取給之議，不拘年分，至即抽貨，以致番舶不絕於海澳，蠻夷雜沓於州城，法防既疏，道路益熟，此佛郎機所以乘機而突至也。乞查復舊制，悉驅在澳番舶及夷人潛住者，禁私通，嚴守備，則一方得其所矣。』禮部覆議：『道隆先為順德令，鰲，順德人，故備知其情，宜候滿剌加使臣到日，會官驛詰佛郎機番使侵奪鄰國，擾害地方之故，奏請處置。廣東三司掌印並守巡，巡視備倭官不能呈詳防禦，宜行鎮巡官逮問，以後嚴加

---

[35]　同上註。

禁約。夷人留驛者，不許往來私通貿易，番舶非當貢年，驅逐遠去，勿與抽盤。廷舉倡開事端，仍行戶部查例停革。』悉詔如議行之。」[36]

上段話的意思是葡人到廣州，要求給予冊封，明朝初期不明其滅了明朝的朝貢國滿剌加國，所以允許其使節到北京，後來監察御史丘道隆奏說葡國應歸還馬六甲城，始允其朝貢。而留在廣州懷遠驛的葡人又掠買人口，蓋房子，企圖久居，所以就拒絕葡國貿易。隨後葡人入據屯門，做起生意。明朝派官員予以驅逐。

1521 年 4 月 19 日，明朝正德皇去世，保守派限制太監的影響力，拒絕葡國的使節皮里斯，皮里斯等人在 9 月回到廣州。在該年 4 月和 5 月時，在香港新界附近的屯門的葡國船隻準備做生意，但明朝官員來說因為皇帝去世，禁止外國人在該地做生意，要求葡人離去。葡人拒絕，明朝派軍艦進行驅離，擊沉一艘葡國船隻，殺死數人，多人被俘虜。6 月，有兩艘葡人船隻到屯門，9 月，又有三艘葡人船艦抵達屯門，雖遭到中國船隻攻擊，最後都能加以逐退。該月，皮里斯和佛淖·安德拉德從北京回到廣州，廣州當局不允許他們去探望被俘的葡人，

根據明世宗肅皇帝實錄之記載，葡萄牙在 1521 年 7 月 30 日派遣使節加必丹木（即皮里斯）等至中國入貢請封，而同時馬六甲亦遣使為昔英亦至廣東，要求廣東省諭知諸國王，遣將助兵復其國。禮部將馬六甲請求援兵一事請兵部討論，兵部議曰：「請敕責佛郎機（意指葡萄牙），令歸滿剌加之地。諭暹羅諸夷，以救患恤憐之義。其巡海備倭等官，聞夷變不早奏聞，並宜逮問。」[37]

1522 年 8 月，葡國派寇汀胡（Martim Afonso de Melo Coutinho）率三艘船抵達屯門，他不知道葡人和中國發生衝突，而期望能與中國協商設立貿易據點。以致於他的船隊遭到中國船隻的攻擊，有兩艘船被俘虜，另一艘脫逃回葡國。這些在海戰中被俘虜的葡人在 1523 年以海盜罪和吃人肉罪被處死。另外皮里斯亦被逮捕，他致函葡國國王、葡屬印度總督和馬六

---

[36]　〔明〕費宏等纂修，明武宗實錄，卷一百九十四，頁 2-3。

[37]　〔明〕張居正等纂修，明世宗肅皇帝實錄，卷之 4，中央研究院歷史語言研究所校勘，臺北市，1984 年，頁 33 下-34 上。

甲葡國總督，傳達明朝新皇帝之旨意，說他及其他葡國人員被關在監獄，除非葡國退出馬六甲及將馬六甲歸還馬六甲蘇丹。因葡國沒有退出馬六甲，故皮里斯一直被關在中國，於 1524 年因病死於中國。[38]佛淖·安德拉德亦死在獄中，有說是被砍頭。[39]

西茂·安德拉德在 1520 年 9 月離開廣州，前往廈門和寧波，在該兩處設立貿易點。1545 年，他的一名手下在寧波與當地華人做生意被騙，他帶領一群武裝人員進城掠奪，並俘虜婦女和少女。引起當地人報復攻擊，殺害不少葡人。1549 年，葡國派遣貿易船隻到廣東省台山市外海的上川島，因為協助中國掃蕩沿海的海盜有功，而獲允與中國進行貿易。該年狄蘇沙（Coelho de Sousa）侵佔在福建金州（Jinzhou）的一所富有外國人的住宅，導致中國當局切斷對葡人的供應，葡人繼之攻擊和洗劫附近的村莊，中國當局擊毀葡人 13 艘船隻，有 30 名葡人逃到澳門。[40]1550 年，葡人的貿易據點從上川島移到附近的浪白澳。

1554 年，狄蘇沙與廣東當局簽署條約，建立貿易關係。1557 年，中國同意將澳門租給葡人，年租金為銀 500 兩，葡人取得在澳門之貿易據點。浪白澳的貿易據點在 1560 年結束。[41]

「明世宗嘉靖 44 年（1565 年）4 月癸未，有夷目啞喏喇歸氏者浮海求貢，初稱滿剌加國，已復易辭稱蒲麗都家（即是葡萄牙（Portugal）的音譯）。兩廣鎮巡官以聞，下禮部議：『南番國無所謂蒲麗都家者，或佛郎機詭托也。請下鎮巡官詳審，若或詭託，即為謝絕，或有漢人通誘者以法治之。』奏可。」[42]

1582 年，葡國與中國簽署澳門土地租約，葡國每年租金付給香山

[38] 另一說他在 1540 年死於江蘇。參見 "Tomé Pires," *Wikipedia*, https://en.wikipedia.org/wiki/Afonso_de_Albuquerque（2020 年 2 月 26 日瀏覽）。

[39] "Fernão Pires de Andrade," *Wikipedia*, https://en.wikipedia.org/wiki/Fern%C3%A3o_Pires _de_Andrade#Initial_contact_with_China（2020 年 2 月 28 日瀏覽）。

[40] "Fernão Pires de Andrade," *Wikipedia*, https://en.wikipedia.org/wiki/Fern%C3%A3o_Pires _de_Andrade#Initial_contact_with_China（2020 年 2 月 28 日瀏覽）。

[41] "Lampacau," *Wikipedia*, https://en.wikipedia.org/wiki/Lampacau（2020 年 2 月 28 日瀏覽）。

[42] 〔明〕張居正等纂修，明世宗肅皇帝實錄，卷五百四十五，頁 5。

縣。[43]

自 1511 年（明武宗正德 6 年）馬六甲亡國至明朝於 1644 年亡國為止，馬來半島以西的國家與中國中斷了關係，中國與東南亞有朝貢的國家僅限於暹羅、安南、占城、呂宋一線，馬來半島、蘇門答臘島和爪哇都中斷與中國的關係，爪哇只在 1530 年（嘉靖 9 年）對中國朝貢一次，換言之，中國的南緣戰略線已退至印度支那半島一線。馬六甲之被葡萄牙佔領，嚴重影響明朝在東南亞的戰略前沿的變動。

二、葡人在日本的活動

1543 年 9 月 23 日，一艘屬於船主王直的中國船，搭載 100 名外國人，其中有三名葡國人，其中一名為品托（Fernão Mendes Pinto），該船本要從暹羅到中國，因為遇颱風偏離航道而在日本群島南端的種子島（Tanegashima Island）登陸。[44]從那以後，直到 1639 年日本採取隔離鎖國政策，葡萄牙和日本發展出歐洲和亞洲文化和文明的交流。在第十六世紀末，葡萄牙也成為第一個接受日本官方使節的歐洲國家。

由於葡人在種子島試放滑膛槍，引起日人的興趣，1544 年，一名葡人鐵匠從中國到九州，教導八板金兵衛清定（Yaita Kinbei Kiyosada）如何在槍管底端擰上螺絲，以防止槍管爆炸。八板金兵衛清定學會了製造槍枝。1545 年，一名在寧波的葡人受邀前往九州豐後國（Bungo）的大名大

---

[43] "History of Macau," *Wikipedia*, https://en.wikipedia.org/wiki/History_of_Macau（2020 年 2 月 28 日瀏覽）。

[44] Mihoko Oka, "The Nanban and Shuinsen Trade in Sixteenth and Seventeenth-Century Japan," in Perez Garcia M., De Sousa L. (eds.), *Global History and New Polycentric Approaches*, Palgrave Studies in Comparative Global History. Palgrave Macmillan, Singapore, 2018, pp.163-182, 165.

但根據 Olof G. Lidin 的著作，他說船主是中國人 Wu-feng，他的船因為遭風飄到種子島，他和兩名葡人登岸，與當地村長西村（Nishimura Oribenojô）會面，因為語言不通，而西村村長懂得中文，因此兩人在海邊沙灘上使用樹枝寫中文字溝通。有一名葡人在島上表演了使用滑膛槍射擊，引起日人對該武器的好奇。參見 Olof G. Lidin, "Tanegashima – The arrival of Europe in Japan," NIAS press, Nordic Institute of Asian Studies, Copenhagen S, Denmark, 2002, p.1. http://www.diva-portal.org/smash/get/diva2:789497/FULLTEXT01.pdf（2020 年 3 月 1 日瀏覽）。

友義鑑（Ôtomo Yoshiaki）為其示範滑膛槍之使用方法，以後滑膛槍即成為大友義鑑之軍隊使用的武器。1556 年後，更成為北九州地區軍隊使用的主要武器。[45]

　　1549 年 7 月 27 日，西班牙耶穌會（Jesuit）傳教士方濟・沙勿略（Francis Xavier）[46]抵達日本鹿兒島，作為葡國國王之代表，他獲得薩摩大名島津孝久之友好接待。但隔年，島津孝久禁止其人民改信天主教，違者處死。以後數年，鹿兒島都無法傳播天主教。方濟・沙勿略轉到山口縣傳教，獲得當地大名的同意。以後在九州其他地方也開始允許傳教，到 1590 年代，日本天主教信徒人數有 21 萬 5 千人。豐臣秀吉（Toyotomi Hideoshi）政府認為天主教已威脅到其權力，於 1587 年 7 月 24 日下令驅逐耶穌會傳教士，但該法令沒有執行。直至德川家康（Tokugawa Ieyasu）才正式執行。日本排教的主要理由是葡人輸出日本奴隸，就如同他們在暹羅和柬埔寨所為一樣。[47]葡國帶給日本的除了軍火和天主教外，就是將日本人當成奴隸賣至印度果阿、馬六甲和澳門，甚至遠至葡萄牙和阿根廷。日本奴隸的來源有三：第一是日本內戰時被敵對的一方逮捕後賣給葡國商人；第二是因為貧窮自賣為奴或賣子；第三是封建領主為了籌措經費，販賣其子民以購買軍火。[48] 1595 年，葡國也頒令禁止買賣中國和日本奴隸。[49]

　　長崎是在 1571 年開港，初期該港的地方領袖多是天主教徒，與耶穌會有密切關係，他們靠貿易而成為富商。他們對於長崎市政擁有影響力。當德川政府在 1614 年頒佈禁止天主教令時，高木作右衛門（Takagi

[45] Olof G. Lidin, *op.cit.*, pp.6-7.

[46] 方濟・沙勿略雖是西班牙人，但大都在葡屬亞洲殖民地傳教，曾到過果阿、馬六甲、婆羅洲和摩鹿加群島傳教。

[47] Mihoko Oka, *op.cit.*, p.167.

[48] Michael Hoffman, "The rarely, if ever, told story of Japanese sold as slaves by Portuguese traders," *The Japan Times*, May 26, 2013. https://www.japantimes.co.jp/culture/2013/05/26/books/book-reviews/the-rarely-if-ever-told-story-of-japanese-sold-as-slaves-by-portuguese-traders/#.XlonOyEzbX4（2020 年 2 月 29 日瀏覽）。

[49] Maria Suzette Fernandes Dias (ed.), *Legacies of Slavery: Comparative Perspectives*, Cambridge Scholars Publishing, Newcastle, UK, 2007, p.71.

Sakuemon）立即放棄其信仰，高島（Takashima）家族也跟進。這兩個家族控制長崎一直到十九世紀德川政府結束為止。[50]町田宗加（Machida Sōka）和後藤宗仁（Gotō Sōin）則沒有放棄天主教信仰，而被趕出長崎。[51]

德川政府在 1614 年 1 月下令禁止天主教，也禁止人民前往澳門和馬尼拉。在該年有 300 名天主教徒離開日本，遷徙到馬尼拉、澳門和暹羅的阿瑜陀耶等港口城市，而朱印船[52]貿易則還持續二十年。1624 年，日本停止與馬尼拉和英國的貿易，但未能停止和澳門的葡人的貿易，因為他們提供大量高質地的商品，為日本所需要。[53] 1637-38 年，爆發九州西部島原的天主教徒反抗政府的動亂，[54]失敗後，天主教徒被迫出教或被處死。從 1639 年起，日本政府採取鎖國政策，禁止葡人入境。[55]以後日本直到 1853 年才開放對西方國家之貿易。

50　Mihoko Oka, *op.cit.*, pp.171-172.

51　Mihoko Oka, *op.cit.*, p.172.

52　1592 年豐臣秀吉政府給予海外貿易特許的船隻簽發「朱印狀」（海外渡航許可證），以證明該船為合法的貿易船。參見李德霞，「日本朱印船在東南亞的貿易」，東南亞南亞研究，2010 年第 4 期，頁 80-92。

53　Mihoko Oka, *op.cit.*, p.176.

54　位於九州西部的島原在信奉天主教的大名小西行長影響下，教徒人數眾多。1616 年，德川幕府下令禁止除長崎和平戶兩港口外的對外貿易。大名們失去貿易收入，轉向對領地民眾增加稅收來維持收入。島原藩主松倉重政於 1621 年開始建築島原城，並鎮壓當地的天主教徒，其子松倉勝家更是以殘暴聞名。1634 年起，島原和天草地區連續發生天災，更加重了民眾的負擔。1637 年 10 月 25 日，島原的農民起義抗暴，戰事持續到 1638 年 2 月 18 日。總共有幕府軍約一萬人戰死，起義軍 3 萬 7 千人戰死。「島原之亂」，維基百科，https://zh.wikipedia.org/wiki/%E5%B3%B6%E5%8E%9F%E4%B9%8B%E4%BA%82（2020 年 3 月 1 日瀏覽）。

55　V & A, "Japan's encounter with Europe, 1573-1853," *Victoria and Albert Museum*, London, https://www.vam.ac.uk/articles/japans-encounter-with-europe-1573-1853（2020 年 2 月 29 日瀏覽）。

資料來源：“Japan-Portugal relations,” *Wikipedia*, https://en.wikipedia.org/wiki/Japan%E2%80%93Portugal_relations（2020 年 3 月 1 日瀏覽）。

圖 7-6：日本朱印船（1634 年）

三、葡人對東北亞之影響

　　葡人東來之主要目的，是為了取得東方的香料，以及為了傳播天主教信仰。葡國控制了從西歐到印尼摩鹿加群島之間的貿易航線，前後將近一百多年，以後該條路線為荷蘭所奪，荷蘭在 1641 年驅逐在馬六甲的葡萄牙勢力，而成為東亞地區航運的新霸主。葡國以小國寡民而企圖在東亞地區稱霸，有其先天侷限性，所以葡國在東亞地區所取得的據點都是點狀，而無法擴大為大面積的殖民地，例如它控制的馬六甲、澳門、德那地、安汶和帝汶島。當荷蘭勢力進入東亞後，驅逐葡國勢力，葡國能控制的地點只剩下澳門和東帝汶。

　　葡國從東亞地區撤出，它留下的遺產就是天主教信仰。馬六甲是馬來回教徒居住地區，推行天主教信仰困難重重，因此該地的天主教徒人數不多。東帝汶、北蘇拉威西和摩鹿加群島至今還有不少天主教徒。澳門是華人居住區，信仰天主教者也有限。在日本的天主教，則因為葡人進行日人

奴隸買賣而在 1614 年遭禁止天主教信仰。

　　葡人開闢了從馬六甲到澳門的航線，使得澳門成為至 1842 年香港開港之前中國與西方國家人員和文物交流的地方，西方人到中國的首站往往選擇在澳門登岸，例如明朝末年的義大利傳教士利瑪竇等是在澳門登岸。澳門也成為葡人前往日本長崎的主要港口，日人要前往歐洲，也都經過澳門。

　　因為日本和中國之間的貿易在十六世紀以前受到限制，當葡國商人到日本後，他們變成為中、日之間的中間商人。1404 年，明朝規定日本 10 年一貢，船限 2 艘，人限 2 百，違例則以寇論。1426 年，因入貢的人、船均超過規定，及運進刀械數亦太多，故又下令貢船 3 艘以下，人數 3 百以下，刀 3 千以下。然而，因為日本對中國朝貢貿易有利可圖，上述規定都沒有遵守，至嘉靖 6 年（1527 年），明朝政府規定：「凡貢非期，及人過百，船過三，多挾兵器，皆阻回。」嘉靖 18 年（1539 年），明朝重申日本入貢「貢期定以十年，貢使不過百名，貢船不過三隻，違者阻回。」嘉靖 26 年（1547 年），日本國王源義晴再遣貢使周良等人貢時，則因貢期未到，貢船、人數均超過限額，而被阻在舟山群島停泊了 10 個月，直至次年春天貢期到後，始准許入貢。以後日本倭寇騷擾中國東南沿海，明朝政府實施海禁政策，中斷了日本和中國的貿易關係。此後到日本在 1639 年驅逐葡國商人之期間，葡國商人成為中國和日本貿易之間的中間商人。

　　香港是在 1842 年開港，在此之前，葡屬澳門成為中國唯一由外國人居住管理的城市，也成為中國對外貿易及與外國人打交道的窗口。葡國為了發展澳門的經濟，使其和香港一爭長短，在 1843 年 11 月採取類似香港的自由港措施，以吸引更多的外國投資者和貿易者。1847 年，澳門當局將賭業予以合法化，來自中國各地的賭客以及外國人都被其吸引，而成為澳門的最大特色。此後，澳門的貿易中轉的地位和角色則日漸淡化。

資料來源："Afonso de Albuquerque," *Wikipedia*, https://en.wikipedia.org/wiki/Afonso_de_
　　　Albuquerque（2020 年 2 月 26 日瀏覽）。

圖 7-7：十六世紀葡萄牙人航行到東亞路線圖

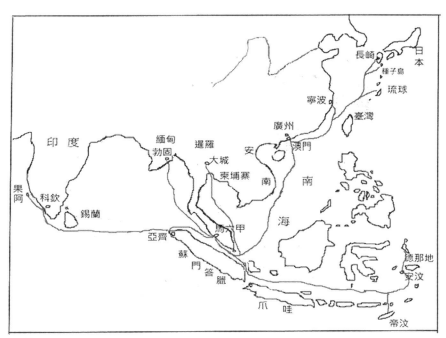

資料來源：筆者自繪。

圖 7-8：十六世紀葡萄牙人東航路線

第八章　西班牙人東來

第一節　西班牙人到菲島之航路與活動

一、麥哲倫開闢新航路

　　麥哲倫（Ferdinand Magellan）是葡萄牙航海家，1505 年 3 月，年 25 歲，被派至葡屬印度阿爾美達艦隊指揮官麾下工作。他參與數次戰役，包括 1506 年的康那諾爾戰役，他在這次戰役中受傷；1509 年，他參加迪烏的戰役，擊敗印度和阿拉伯聯合海軍。隨後他跟隨西奎伊拉出使馬六甲，9 月抵達馬六甲，他們登陸後，遭馬六甲軍隊攻擊，而逃回葡屬印度。1511 年 8 月，他隨葡屬印度總督阿布奎克進攻馬六甲，在征服馬六甲後，麥哲倫升官了及獲得豐厚戰利品，他獲得一名有合約的和受洗過的馬來人奴隸。他在 1512 年或 1513 年返回葡國。在一次請假沒有獲允後，他失去葡王的寵信。他奉派到摩洛哥作戰，受傷而變成跛腳。他被指控與摩爾人（Moors）進行非法交易。該指控後來證實是錯誤的，1514 年 5 月 15 日後他沒有恢復官職而失業了。1515 年，一家葡人船公司要給他擔任船員的機會，他拒絕了。1517 年，他與葡王曼紐爾一世發生爭吵，他想帶領一個船隊往大西洋以西方向航行到香料群島，以避開要繞道非洲南端。該項建議遭曼紐爾一世拒絕。他後來離開葡國，前往西班牙的士維拉（Seville），結識了葡人巴伯沙（Diogo Barbosa），並與巴伯沙的女兒結婚，育有二子，但早夭折。他的妻子亦在 1521 年去世。此後他與宇宙學家法雷洛（Rui Faleiro）合作研究各種從大西洋到南太平洋的海圖，以及根據 1494 年葡萄牙和西班牙簽署的托得西拉斯條約（Treaty of

Tordesillas），[1]有沒有可能將摩鹿加群島納入西班牙的領土。

　　麥哲倫相信往西航行可以到達東方，找到東方出產的香料、瓷器、黃金，此一想法未被葡國國王所接受。此一信念卻為西班牙國王查理一世（Charles I）所接受，因此他改換為西班牙國籍，為西班牙服務。在 1519年 9 月 20 日率領 5 艘船、265 名水手從西班牙聖魯卡（San Lucar de Barrameda）港口出發，沿非洲西岸航行，在獅子山（Sierra Leone）的地方穿越大西洋航行，11 月底到達南美洲東岸巴西，當時他認為南美洲一定有海峽與另一邊的摩鹿加群島的海洋相通。12 月，他航抵北緯 22 度 54分、東經 43 度 11 分的里約熱內盧（Rio de Janciro），然後再沿南美洲東岸南下。1520 年 3 月 31 日，船隊抵達北緯 49 度 30 分阿根廷的聖朱林（Puerto Saint Julian），登岸整補過冬，糧食不足，船員吃企鵝，有三名西班

　　牙籍的船長企圖叛變，想殺害麥哲倫，然後返回西班牙，有人向麥哲倫密告，他舉行審判，有人被處吊刑，有人被放逐到岸上，有人被斥責。船隊在該港停留 5 個月，有一艘船在暴風雨中漂失。

　　1520 年 11 月 1 日，他發現一個海峽，命名為聖者海峽（Strait of All Saints）（後來改名為麥哲倫海峽）。此時船隊的糧食已吃光了，他詢問軍官們的意見，他們說要返回西班牙，麥哲倫不同意。「聖安東尼歐號」（San Antonio）在當晚脫隊返航回西班牙。其他三艘船經過該海峽進入太平洋，他發現該海洋相當平靜，故稱之為太平洋。11 月 28 日，他帶領三艘船開始航向太平洋，展開一個劃時代的航越太平洋之行。[2] 1521 年 3月 6 日，經過 3 個月又 20 天航行，遭逢疾病（有 30 人因為壞血病死

---

[1]　西班牙和葡萄牙在 1494 年 6 月 7 日在西班牙托得西拉斯簽署條約，在葡萄牙的西圖巴爾（Setúbal）認證，兩國劃分在西班牙和葡萄牙之外新近發現的領土，沿著子午線 370里格（league），位在非洲西海岸之外的維德角群島以西。該中間分界線位在葡屬維德角群島和古巴與加勒比海的西司帕尼歐拉（Hispaniola）之間。該線以東的領土屬於葡國，以西屬於西班牙。參見 "Treaty of Tordesillas," *Wikipedia*, https://en.wikipedia.org/wiki/Treaty_of_Tordesillas（2020 年 3 月 4 日瀏覽）。

[2]　H. Micheal Tarver, ed., *The Spanish Empire: A Historical Encyclopedia [2 volumes]: A Historical Encyclopedia*, ABC-CLIO, California, 2016, pp.12-13.

亡）、飢餓和口渴，始到達關島，獲得飲水和食物。據稱麥哲倫此次航行之所以能保持健康，是吃了保存完好的榅桲果（quince）（又名木梨）。[3]

由於關島島民偷了他的一條救生小艇，他燒毀島民 40 到 50 間房屋及殺了 7 名土著，將該島稱之為「小偷之島」。3 月 9 日，他離開關島，繼續向西航行。1521 年 3 月 17 日，到達菲島中部沙瑪島以南的荷蒙宏（Homonhon）島，受到土著的歡迎。他再前往林馬沙瓦（Limasawa）島，一樣受到歡迎，透過他的蘇門答臘奴隸與土著用馬來話溝通，他並與土著酋長可蘭波（Rajah Kolambo）於 1521 年 3 月 29 日歃血為盟。3 月 31 日，在林馬沙瓦島舉行首次天主教彌撒儀式。他開始教化當地土著信仰天主教，並把該群島命名為聖拉撒路斯群島（St. Lazarus）。隨後他又前往宿務（Cebu）島，與宏馬文拉閣（Rajah Humabon）歃血為盟。他在宿務島播下了天主教的第一粒種籽，華德拉瑪神父（Father Valderrama）在 1521 年 4 月 4 日執行首次受洗儀式，有 800 名宿務土著受洗，其中包括宏馬文拉閣及其夫人。

在馬克坦（Mactan）島上有兩個部落相互敵對，蘇拉（Sula）部落親近麥哲倫，而拉布拉布（Lapulapu）反對西班牙的主權。4 月 26 日，蘇拉的兒子來到宿務，攜帶兩隻羊作為禮物，請求麥哲倫協助攻擊拉布拉布。麥哲倫沒有聽從他的部下的意見，執意介入該兩個部落的戰爭。4 月 27 日，麥哲倫率 1 千名宿務土著軍和 60 名西班牙軍隊進攻拉布拉布。結果麥哲倫被土著以毒箭射中腿部而死亡。拉布拉布成為首位擊敗歐洲人的菲島英雄。

西班牙軍隊在遭此挫敗後，準備返回西班牙，宏馬文拉閣為他們舉行送別晚會，1521 年 5 月 1 日，參加的 27 個人都遭到土著殺害。在經此事變後，殘餘的西班牙軍隊只乘兩艘船「維多利亞（Victoria）號」和「千里達（Trinidad）號」返回西班牙。他們在 1521 年 11 月抵達摩鹿加群島。其中一艘船「維多利亞號」裝滿香料，在 1521 年 12 月 21 日啟程離

---

[3] "Ferdinand Magellan," *Wikipedia*, https://en.wikipedia.org/wiki/Ferdinand_Magellan（2020 年 3 月 4 日瀏覽）。

開摩鹿加群島。船上有 60 人，其中歐洲人 47 人，馬來人 13 人。1522 年 7 月 9 日，「維多利亞號」航抵葡萄牙所控制的維德角群島（Cape Verde Islands），船長皮嘎菲塔（Pigafetta）發現他的航行日誌時間比歐洲時間晚一天。儘管他們隱藏他們的國籍，但為葡萄牙當局所查知，乃匆促駛離該港口，以致有 13 人為葡萄牙所逮捕。他們於 1522 年 9 月 6 日安全返回西班牙的聖魯卡港，船上只有 18 人。後來在維德角群島被葡萄牙逮捕的 13 人也安全回到西班牙的士維拉市。另一艘船「千里達號」則被葡萄牙逮捕，1526 年有 4 名船員返回西班牙。在 265 人遠征軍中，最後只有 35 人返回西班牙。

1522 年，西班牙國王法庭舉行一次調查，為何會發生宿務島大屠殺西班牙人事件？結果查出係因為西班牙人行為粗暴，強暴土著婦女所引起。

麥哲倫遠征軍的歷史性航行，總共花了 2 年 11 個月 16 天，不僅對菲律賓，而且對世界具有重要意義。西班牙以後開展了對菲島的殖民統治，而且發現了到亞洲的新航路，增加了歐洲對亞洲的瞭解。另一個重大意義，是麥哲倫遠征軍從西歐另一方向航行也可抵達東方的摩鹿加群島，證明了地球是圓的。

二、其他遠征軍東來

由於麥哲倫的成功發現菲島，西班牙國王查理一世下令在 1525 年 7 月 24 日進行第二次遠征行動，由羅義沙（Garcia Jofre de Loaisa）率領 7 艘船、450 人，跟隨麥哲倫的航行路線前往菲島，1526 年 9 月 19 日，該遠征軍到達民答那峨島。原本要航向宿務島，但被逆風吹向摩鹿加群島的蒂多蕾（Tidore）島，與土著結盟，而與葡萄牙進行 3 年多的戰爭。

1526 年 4 月 3 日，西班牙再派遠征軍，由卡伯特（Sebastian Cabot）率領 4 艘船、250 人，但只航行到巴西，因人員傷亡慘重以及一無所獲，而於 1530 年 8 月返回西班牙。1527 年 10 月 31 日，再派遠征軍，由沙維德拉（Saavedra）率領 3 艘船、110 人，此次遠征軍由墨西哥派出，其目的有四：(1)尋找 1521 年離開宿務後，瑟拉諾（Francisco Serrano）及其他

殘餘者的下落；(2)尋找在摩鹿加群島被遺棄的「千里達（Trinidad）號」的下落；(3)尋找 1526 年卡伯特遠征軍的下落；(4)調查羅義沙遠征軍的下落。

　　沙維德拉的遠征軍於 12 月 29 日航抵關島。在稍事休整後，繼續航抵民答那峨島，發現了三名羅義沙遠征軍的人員。他們告訴他有 8 名西班牙人在 1521 年宿務大屠殺事件後殘存者，後來被宿務人賣給中國商人。沙維德拉的遠征軍原擬前往宿務，但被風吹至蒂多蕾島，發現了羅義沙遠征軍的人員。他兩度想從美拉尼西亞返回墨西哥，結果失敗，而於 1529 年逝於蒂多蕾島。他殘餘的部下和羅義沙殘軍共 40 人，於 1530 年向摩鹿加群島的葡萄牙軍隊投降。4 年後，部分西班牙人被葡萄牙軍隊送至印度。再經過兩年，他們才輾轉回到西班牙。

　　1542 年 11 月 1 日，第四次遠征軍由維拉羅伯斯（Ruy Lopez de Villalobos）率領 6 艘船、200 人，為節省經費，該遠征軍在墨西哥組織，由納維達（Navidad）港出發。其目的在殖民統治菲島，將其人民天主教化。他在 1543 年 2 月 2 日直接抵達民答那峨島，為土著所抗拒，不提供糧食，他乃強迫水手們種玉米，軍人以只懂從事作戰而農耕非其所能的理由加以拒絕，復遭到摩鹿加群島的葡萄牙軍隊與菲島土著聯合起來拒絕賣東西給他們，導致這群飢餓的西班牙人找到任何能吃的東西就吃了，包括椰子花、貓、狗、老鼠、蝸牛、螃蟹、樹根。

　　1543 年 5 月 18 日，維拉羅伯斯把菲島命名為菲律賓納（Filipinas），以紀念查理國王的兒子菲律普王子（Prince Philip），菲律普王子後來出任國王，稱菲律普二世。由於在民答那峨島糧食不足，他只好航向摩鹿加群島，為葡萄牙軍隊逮捕。他於 1546 年 4 月 4 日病逝於該島。他的殘餘的軍隊則於 1549 年經由印度和里斯本返回西班牙。

三、西班牙征服馬尼拉

　　菲律普二世登基後，為擴展版圖，於 1564 年 11 月 21 日派遣黎牙實比（Miguel Lopez de Legazpi）率領遠征軍 4 艘船、380 人從墨西哥納維達港啟程到菲島。其中一艘船「聖路卡斯號」（San Lucas）脫隊，於

1565 年 1 月 29 日抵達民答那峨島，載了當地一些香料即越過太平洋，於
1565 年 1 月 29 日回到納維達港。黎牙實比則於 1565 年 1 月 22 日航抵關
島，2 月 13 日抵達菲島中部的宿務島，未受土著歡迎，乃轉往薄荷島
（Bohol），受到熱烈歡迎。3 月 16 日，他與島上的其中一位酋長希卡土
納（Sikatuna）簽署血盟。數天後，又與另一位酋長希嘎拉（Sigala）簽署
血盟。

　　黎牙實比於 4 月 27 日登陸宿務島，遭到抵抗，他使用大砲和毛瑟槍
擊潰土著，雙方達成和平協議，宿務酋長杜巴斯（Rajah Tupas）同意對
西班牙國王付貢品，並同意給予西班牙軍隊永久駐地，黎牙實比則保證保
護土著。隨後不久有一艘來自呂宋的船，載了 18 名菲人和貨物抵達宿
務，黎牙實比善待這些呂宋人，並從他們打探呂宋的情況。

　　黎牙實比在鞏固宿務的據點後，想從宿務尋找出一條航路可以返回墨
西哥，乃於 1565 年 6 月 1 日，派遣由烏達尼塔神父（Father Urdaneta）和
黎牙實比的孫子沙爾熙多（Juan de Salcedo）率領的遠征軍乘「聖彼得羅
號」（San Pedro）出發，沿著雷特島（Leyte）、沙瑪島（Samar），穿過
柏納迪諾海峽（Bernardino Strait），往北航行到北緯 24 度，至拉得龍尼
斯（Ladrones）（今之馬里亞納群島（Mariana Islands））[4]再往東北方向
走，到達北緯 37 度到 39 度，再轉向東行。10 月 8 日，航抵阿卡普爾科
（Acapulco）港，只有 10 人勉強維持體力，16 人死亡，其餘者則生病。
以後這一條航線成為大帆船（Galleon）貿易的航路，開展了所謂大帆船
貿易的時代，直至 1815 年菲律賓的議會代表建議開放墨西哥、加里福尼
亞、秘魯、厄瓜多等港口與菲律賓貿易，才終止大帆船貿易。該新航路對
東西方商品貿易和文化交流貢獻匪淺。

　　由於宿務的糧食不足、土著缺乏善意、以及葡萄牙入侵的威脅，所以
黎牙實比決定北上探查其他島嶼。1569 年，他前往班乃（Panay）島建立
第二個殖民地。

　　1570 年 5 月 3 日，黎牙實比派遣 120 名西班牙軍隊和 600 名米賽亞

---

[4]　"Ladrones," *Wikipedia*, https://en.wikipedia.org/wiki/Ladrones（2020 年 4 月 14 日瀏覽）。

人（Visayans），由葛義蒂（Martin de Goiti）率領前往馬尼拉。當時馬尼拉是由數個回教小國家治理，在巴石（Pasig）河河口以南由蘇利曼拉闍（Rajah Sulayman）及其叔叔馬坦達拉闍（Rajah Matanda）聯合治理。在河口北面是由回教的唐多（Tondo）王國統治，由拉康度拉（Lakan-Dula）拉闍治理。據稱他是蘇利曼拉闍的叔叔。西班牙軍隊受到蘇利曼拉闍的歡迎，但蘇利曼不願簽署和平條約以及向西班牙國王付貢品。雙方發生衝突，西班牙軍隊擊敗蘇利曼軍隊，抓了 80 名俘虜，其中有中國人和日本人。為了避開颱風季節的來臨以及蘇利曼的報復，葛義蒂隨後即返回班乃島，向黎牙實比報告遠征馬尼拉的結果。

1571 年 4 月 15 日，黎牙實比率 27 艘船、200 名西班牙軍隊和數百名武裝的米賽亞人出發前往馬尼拉。當西班牙軍隊抵達馬尼拉時，蘇利曼撤退至唐多地區。5 月 19 日，西班牙軍隊佔領馬尼拉。黎牙實比與唐多地區的拉康度拉拉闍達成和平協議，拉康度拉拉闍承認西班牙主權，同意對西班牙國王付貢品。黎牙實比以和平的方式佔領了馬尼拉。6 月 24 日，黎牙實比建立市政府，正式宣布馬尼拉為菲律賓首都。1574 年 6 月 1 日，西班牙國王菲律普二世授予馬尼拉一個新名稱「傑出及永恆的忠誠城市」。

1571 年 6 月 3 日，蘇利曼率海軍攻擊馬尼拉的西班牙軍隊，蘇利曼以及其他 300 名菲人戰死，結束了菲人在馬尼拉的抵抗。

黎牙實比佔領馬尼拉後，繼續派軍征服其他附近地區的土著。葛義蒂成功的征服中呂宋地區，很少遭到抵抗。沙爾熙多則在南呂宋進兵，也征服北呂宋的詹巴里斯（Zambales）、邦加絲蘭（Pangasinan）、伊洛科斯（Ilocos）、卡加揚（Cagayan），甚至遠到波里洛島（Polillo Island）。1572 年 8 月 20 日，黎牙實比因心臟病逝於馬尼拉，他是西班牙第一位駐菲島總督，死時身無財產。1573 年 7 月，沙爾熙多又成功的征服米骨（Bicol）地區。至此西班牙控制了呂宋島。

四、十六世紀的大帆船貿易

黎牙實比在鞏固宿務的據點後，開闢了從宿務到墨西哥西海岸阿卡普

爾科的貿易新航線。以後控制馬尼拉後，該條航線就從馬尼拉到阿卡普爾科，以後兩百多年該條航線對於促進東西方貿易和文化交流做出了重要的貢獻。

　　大帆船貿易是由政府經營和監督往來於馬尼拉和墨西哥阿卡普爾科之間的貿易。來自亞洲地區的貿易商品，包括中國、日本、印度、馬六甲、暹羅、柬埔寨、爪哇、安南和摩鹿加群島等地的商品都先集中在馬尼拉，再用大帆船轉運至墨西哥。從墨西哥返回馬尼拉的大帆船，則載回歐洲和美洲的商品、黃金、銀幣。

　　大帆船船身短、較寬，一般有四個甲板，排水量在 300 到 2000 噸，裝有 40 到 60 門砲。最大的一艘橫渡太平洋的大帆船是「山逖西曼・千里達號」（Santisima Trinidad），排水量有 2,000 噸，裝有 60 門砲。她在 1762 年被英國俘虜至普里茅斯（Plymouth）港。大部分的大帆船都是在菲島建造，也有在印度和暹羅建造。

　　大帆船貿易為何拘限於菲島和墨西哥之間？因為西班牙商人擔心廉價的東方商品，主要是中國商品入侵美洲市場，排擠西班牙的商品，也擔心大量的白銀流入東方而非西班牙。為維護西班牙商人的利益，西班牙國王從 1593 年到 1815 年採行上述閉門的商業政策。橫跨太平洋的貿易只有在馬尼拉和阿卡普爾科兩點之間進行，一般稱之為大帆船貿易或「馬尼拉和阿卡普爾科貿易」。

　　在 1585 年，西班牙國王菲律普二世頒令限制中國商品運入馬尼拉，以阻止中國商品大量流入美洲市場。但該禁令並未嚴格被遵守。1587 年，菲律普二世又禁止中國紡織品從墨西哥運入秘魯。1593 年，秘魯與菲律賓的直接貿易被禁止。1593 年，馬尼拉和墨西哥之間的貿易額受到限制，即從馬尼拉運至墨西哥每年貨物總值為 250,000 披索，而從墨西哥運至馬尼拉的貨物總值為 500,000 披索。每年由兩艘大帆船負責載運，每艘載貨不得超過 300 噸。但商人不管該運貨的配額限制，殖民地官員也視而不見。1702 年，西班牙增加運貨的配額，即從馬尼拉運出的貨品總值為 300,000 披索，運入馬尼拉的貨品總值為 600,000 披索。每年仍由兩艘大帆船負責載運，每艘載貨不得超過 500 噸。1718 年，因為中國絲織品

大量流入美洲市場，西班牙國王再度禁止中國絲織品運入墨西哥。1721年，再度發出同樣的禁令。後由於馬尼拉商人的抗議，1724 年恢復中國絲織品運至馬尼拉。1734 年，從馬尼拉出口到墨西哥的貨品總值增加到500,000 披索，而從墨西哥運至馬尼拉的貨物總值為 1,000,000 披索。但每年由兩艘大帆船負責載運減為一艘。

大帆船貿易的商品內容，從馬尼拉運至墨西哥的是中國的絲織品、棉花、亞麻布、瓷器、香料、琥珀、麝香、香水和其他亞洲珍品；從墨西哥運至馬尼拉的是銀元、國王詔書、法令、官員、傳教士、書籍、酒、麵粉、家具、女用小披風、餐具等。

大帆船貿易是皇室的專營獨佔事業，大帆船屬於王室所有。須持有航行權狀（boleta）的人才可以從事大帆船貿易。航行權狀是一種頒給特定人士的令狀，持有該令狀才能從事大帆船貿易。此一方式很像日本的朱印船貿易。該令狀是頒給總督、教士、文官、皇家最高法院的成員及其朋友、西班牙官員的寡婦和退休的西班牙人。由於他們雖擁有航行權狀，但沒有充足的錢從事航海貿易，所以以高價將其所持有的令狀賣給商人。沒有充足資金的商人要買航行權狀，就向西班牙傳教士借錢，而傳教士的錢是來自信眾的捐款。

大帆船貿易被看成重大事件，船隻的啟航和抵達都有盛大慶祝。大帆船啟帆的時間大都在每年的 7、8 月，從馬尼拉出海後，船上除了裝滿了貨物外，也有多至 4 百名旅客。船沿南呂宋海岸航行，經過聖伯納迪諾海峽，往東行進入太平洋，再往東北方向航行抵達北緯 30 度。沿著該一緯度東行跨越太平洋，到加里福尼亞海岸，再南下到阿卡普爾科。航行時間長達 204 天，相當危險，許多人在漫長的航行中因飢餓、寒冷、惡劣天氣和口渴等而死亡。回程較短，只須 75 到 90 天即可返回馬尼拉，而且較舒服。回程約在 2、3 月間從阿卡普爾科出發，向西航行越過太平洋，中間在關島停靠，加足飲水和糧食，再經由聖伯納迪諾海峽，回到馬尼拉。當船航抵科瑞吉多（Corregidor）島時，會燃起火炬，告知馬尼拉居民大帆船抵達了。船入馬尼拉灣時，市內教堂鐘聲齊鳴，市內人民熱烈歡迎大帆船平安抵達。

　　在 1800 年代初期，由於許多大帆船的損失，菲律賓皇家公司在 1785 成立，享有菲島與中國和其他亞洲國家之間貿易的特權，以及從美國和英國投機商人走私商品到墨西哥，導致墨西哥市場無利可圖，甚至 1786、1787、1789 年從馬尼拉運至墨西哥的貨品找不到買主，而將原貨運返馬尼拉。1810 年 7 月 7 日，菲島總督亞吉拉（Don Manuel Gonzales Aguilar）向西班牙國王建議終止大帆船貿易的獨佔，採用貿易自由政策。但未獲採納。1813 年，西班牙的國會同意菲人代表雷耶士（Ventura de los Reyes）（一位富有的馬尼拉商人）提出的廢止大帆船貿易的法案。但因佛迪南七世（Ferdinand VII）在 1814 年 5 月復辟，而使該法案無效。雷耶士再度向國王呈遞該案，國王終於在 1815 年 4 月 23 日廢止了大帆船貿易，開放了墨西哥、加里福尼亞、秘魯、厄瓜多等港口與菲律賓貿易。以後馬尼拉和墨西哥之間繼續有貿易往來，但已無貿易獨佔。1821 年墨西哥從西班牙手中獨立，菲島與墨西哥之間的貿易趨於式微。

　　大帆船貿易有其優點和缺點。優點是它促進了東西方文化和商品的交流，墨西哥的白銀、美洲的煙草、玉米和蕃薯傳進東方，而東方的香蕉、甘蔗、瓷器、絲織品等則傳進美洲。其次是增加政府的收入，開啟馬尼拉的國際貿易市場，使馬尼拉躍升為東亞地區貿易的轉運站，西班牙在 1789 年開放馬尼拉為國際貿易港口，英、美、法、德、瑞士等國紛紛在馬尼拉設立商業辦事處。缺點是過於重視商業而忽略了農業和工業，依賴大帆船貿易作為收入的主要來源，忽略了農村地區的發展，只有少數人獲得利益。其次的缺點是將西班牙人集中在馬尼拉，其他城市則不易找到西班牙官吏。第三個缺點是該種貿易方式充滿高度風險和投機性，養成西班牙人懶惰和好賭的生活習氣，其商業交易中充滿虛假文件、侵佔、欺騙，有許多西班牙人因染上惡習而生活窮困。

第二節　西班牙人到摩鹿加群島之航路與活動

　　葡人在 1512 年抵達摩鹿加群島時，該群島是由兩個小土邦控制，德那地土邦和蒂多蕾土邦。德那地土邦控制德那地島、莫替（Moti）島的一

半、哈爾馬黑拉（Halmahera）島的北半部、安汶島、西蘭（Ceram）島東半部、蘇拉威西島（Sulawesi）東北部。蒂多蕾土邦控制蒂多蕾島、莫替島的另一半、馬尖（Makian）島、哈爾馬黑拉島的南半部、紐幾內亞（New Guinea）島的西半部。除這兩大土邦外，尚有其他小土邦，例如巴坑（Bacan）土邦，控制卡西魯塔（Kasiruta）島及西蘭島的北部。巴坑主要生產西米（sago），是當地人的主食。賈洛洛（Jailolo）土邦僅侷限在哈爾馬黑拉島的西北部，1551 年被德那地和葡國兼併。[5]

　　麥哲倫去世後，眾人推舉巴伯沙（Duarte Barbosa）和瑟拉歐（João Serrão）領導，但四天後，這兩人在宏馬文拉閣的盛宴中遭殺害，結果由卡瓦洛（JoãoLopes de Carvalho）指揮帶領艦隊在菲律賓群島之間進行了蜿蜒的旅程。1521 年 5 月 1 日，西班牙軍隊乘兩艘船「維多利亞號」和「千里達號」離開菲律賓中部宿務島，往南航行經過內格羅斯島（Negros），越過蘇祿海，到巴拉望島（Palawan）東岸中部，沿海岸航行到婆羅洲北部，抵達汶萊，又往北航行到巴拉望島東南端，進入蘇祿海，航行到民答那峨島西部，繞道三寶顏（Zamboanga），經過民答那峨島東部南端，往南航行進入蘇拉威西島北部外海，折向東航行，進入摩鹿加海。經過了半年沒有目標的航行，船員們對於卡瓦洛的領導失去信心，而另推舉艾爾卡諾（Juan Sebastian Elcano）為「維多利亞號」的船長。11 月 8 日，他們抵達摩鹿加群島的蒂多蕾島，購買了許多丁香和肉荳蔻。12 月 18 日，「千里達號」因為漏水嚴重，需要修補，卡瓦洛及其他 52 人留下來。艾爾卡諾率領「維多利亞號」及 17 名歐洲人船員和 4 名帝汶島人往西航行經印度洋和大西洋回到西班牙。[6]

　　「千里達號」在 1522 年 4 月 6 日離開蒂多蕾島，裝載 50 噸丁香。船長伊斯皮諾沙（Gonzalo Gomez de Espinosa）是很好的軍人，但並非好水

5　Marco Ramerini, "The Spanish presence in Moluccas: Ternate and Tidore," *Colonial voyage*, https://www.colonialvoyage.com/spanish-presence-moluccas-ternate-tidore/（2020 年 3 月 5 日瀏覽）。

6　"Juan Sebastián Elcano," *Wikipedia*, https://en.wikipedia.org/wiki/Juan_Sebasti%C3%A1n_Elcano（2020 年 3 月 5 日瀏覽）。

手，經過十天，船隻航入馬里亞納群島之一的小島，有三個人脫隊，船繼續往東北方航行，伊斯皮諾沙想要找到吹西風的風帶，當時因為是夏季，所以沒有找到。船隻航行到北緯 42 度左右，遇到壞天氣，有 30 名船員因為壞血病而死亡，僅剩 20 名船員。他離開蒂多蕾島五個月，未能找到適宜的航路而折返，兩個月後始返回摩鹿加群島。但葡人布里托（António de Brito）在 1522 年 5 月率領 7 艘船抵達蒂多蕾島，想要逮捕麥哲倫。伊斯皮諾沙致函布里托求救。布里托派軍隊想逮捕「千里達號」，但「千里達號」已駛向德那地島，只留下一名瀕死的船員。該船的帆和索具被卸除，後來遭暴風雨而被粉碎。殘餘的西班牙船員有 4 人返回歐洲，1 人從葡萄牙船逃走，另有 3 人，包括船長伊斯皮諾沙則被關在監獄，兩年後才被送回里斯本。[7]

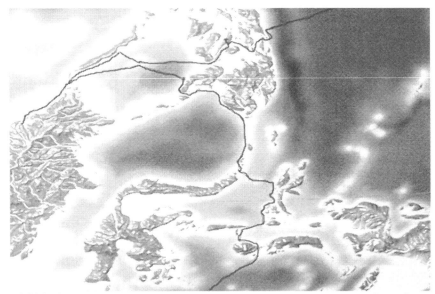

資料來源：CC BY 2.0, https://en.wikipedia.org/w/index.php?curid=8260474（2020 年 3 月 5 日瀏覽）。

說明：原圖路線不夠清楚，筆者重繪較粗線條。

圖 8-1：1521 年「維多利亞號」從菲律賓返回西班牙路線

---

[7] "Trinidad (ship)," *Wikipedia*, https://en.wikipedia.org/wiki/Trinidad_(ship)（2020 年 3 月 5 日瀏覽）。

　　1522 年 6 月 24 日，德那地蘇丹與葡人合作，允其在島上建設堡壘。此舉導致蒂多蕾國王覺得無法與德那地對抗，遂尋求與西班牙人合作。

　　西班牙在 1525 年 7 月 24 日進行第二次遠征東方的行動，由羅義沙率領 7 艘船、450 人，從西班牙的科魯那（La Coruña）港出發，跟隨麥哲倫的航行路線前往菲島。1526 年 7 月，航抵墨西哥西海岸，9 月 19 日，唯有「維多利亞號」（Santa Maria de la Victoria）航抵蒂多蕾島，僅有 25 人存活。他們在 1536 年搭乘葡國船隻返回西班牙，其中一名船上的砲手阿陳（Hans von Aachen）曾隨麥哲倫出航菲律賓，他成為環球航行兩次的第一人。[8]

　　西班牙於 1527 年 10 月 31 日第三次派遣遠征軍，由沙維德拉率領 3 艘船、110 人，此次遠征軍由墨西哥的茲華塔尼卓（Zihuatanejo）港出發，12 月 29 日，船隊發現馬歇爾群島（Marshall Islands）。1528 年 2 月 2 日，船隊發現菲律賓，隔天船隊在民答那峨島北端的小島碇泊。沙維德拉總共花了 95 天，成為第一位從墨西哥航越太平洋的人。沙維德拉的船隊並沒有進入菲律賓中部的宿務等島訪問，而是在 3 月 30 日率領「佛羅里達號」（La Florida）航抵蒂多蕾島。在該島上找到羅義沙遠征軍的軍人，他們聯合起來對抗在德那地島的葡人。[9]

　　西班牙和葡萄牙為了爭奪摩鹿加群島，在 1524 年組織「巴達霍斯－埃爾瓦斯委員會」（Junta de Badajoz-Elvas），由每一國派遣 3 名天文學家和製圖師、3 名船員和 3 名數學家組成，該委員會在西班牙的巴達霍斯和葡國的埃爾瓦斯兩地輪流舉行會議。

　　在 1525 年和 1528 年之間，葡國德那地長官門尼西斯（Jorge de Meneses）派遣葛梅茲・西奎伊拉（Gomes de Sequeira）和羅查（Diogo da Rocha）到西里伯斯島（Celebes）北部探查。梅樂（Martim Afonso de Melo）和葛梅茲・西奎伊拉也到阿魯群島（Aru Islands）和坦寧巴群島

---

[8]　"Loaísa expedition," *Wikipedia*, https://en.wikipedia.org/wiki/Loa%C3%ADsa_expedition#Pacific_voyage（2020 年 3 月 5 日瀏覽）。

[9]　"Álvaro de Saavedra Cerón," *Wikipedia*, https://en.wikipedia.org/wiki/%C3%81lvaro_de_Saavedra_Cer%C3%B3n（2020 年 3 月 4 日瀏覽）。

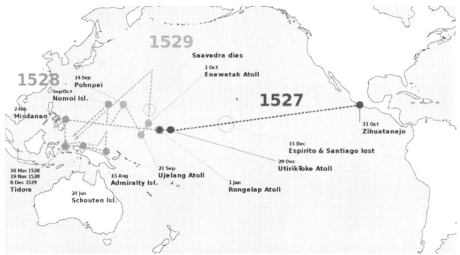

資料來源：By Lommes – Own work, but inspired by this very low-qual version, CC BY-SA 4.0, https://commons.wikimedia.org/w/index.php?curid=56807181（2020 年 3 月 4 日瀏覽）。

圖 8-2：沙維德拉從墨西哥航越太平洋路線

（Tanimbar Islands）探查。1526 年，門尼西斯到巴布亞紐幾內亞西北部探查：登陸紐幾內亞島東北方的州登（Schouten）群島的比亞克（Biak）島以及西巴布亞的衛吉歐（Waigeo）島。

　　1525 年 2 月 10 日，西班牙國王查理士五世（Charles V）的妹妹凱瑟林（Catherine of Austria）嫁給葡國國王約翰三世，隔年 3 月 11 日，查理士五世娶了約翰三世的妹妹伊莎貝拉（Isabella），兩國皇室聯姻，有助於解決摩鹿加群島的爭端。

　　1529 年 4 月 22 日，西班牙和葡萄牙在西班牙的札拉哥札（Zaragoza）簽訂條約，其內容要點為：作為劃界的〔南〕極到〔北〕極的線應通過摩鹿加群島以東的 297.5 里格（leagues）（約 1430 公里）或 17 度，該線接近東經 145 度。該線通過拉斯維拉斯群島（islands of Las Velas）和聖托湯美（Santo Thome）、麥哲倫稱為「小偷之島」（Islas de los Ladrones, Islands of Thieves）的關島和馬里亞納群島。位在該線以西的土地屬於葡萄牙，以東的土地則歸西班牙所有。西班牙以 350,000 金幣出

賣摩鹿加群島給葡萄牙。

　　該條約沒有提及菲律賓群島，按該條約之規定，菲律賓群島是位在該約所定的分界線以西，故應屬於葡國所有。但西班牙國王查理士五世在1542 年決定殖民統治菲律賓，且說葡國無須抗議，因為菲島不產香料。惟他並沒有採取行動。至 1565 年菲律普二世（Philip II）繼位，才開始在菲島建立殖民地。葡國對於西班牙之行動，沒有提出抗議。[10]事實上，葡國在此之前也從未有船隻抵達菲島。

　　西班牙駐菲島總督在 1582 年 3 月派遣杜那斯（Francisco Dueñas）到摩鹿加群島進行探查，停留兩個月。1582-1583 年間又派遣隆基洛（Juan Ronquillo）到摩鹿加群島，與葡人合作對抗土著之戰役。1584 年，西班牙駐菲島總督派遣沙民托（Pedro Sarmiento）、1585 年派遣莫隆（Juan de

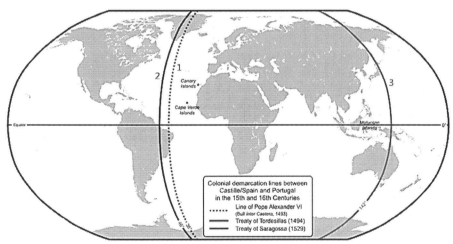

資料來源：By Lencer – Own work, CC BY-SA 3.0, https://commons.wikimedia.org/w/index.php?curid=3194339（2020 年 3 月 5 日瀏覽）。
說明：第 1 條線是 1493 年教皇線。
　　　第 2 條線是 1494 年托得西拉斯條約定的線。
　　　第 3 條線是 1529 札拉哥札條約定的線。

圖 8-3：西班牙和葡萄牙瓜分世界的三次條約範圍

---

10 "Treaty of Zaragoza," *Wikipedia*, https://en.wikipedia.org/wiki/Treaty_of_Zaragoza（2020 年 3 月 5 日瀏覽）。

Morón）協助葡軍攻打德那地的堡壘，均沒有成功。1593 年，由駐菲島總督達士馬里那斯（Gómez Pérez Dasmariñas）率軍從馬尼拉出發，船隊在到達摩鹿加群島之前，因軍人叛變而將他殺害，故取消此次行動。最後一次西班牙出兵協助葡軍是在 1602 年底，由加里那托（Juan Juárez Gallinato）率軍和葡軍聯合攻打德那地的堡壘，也一樣敗北。[11]

此時，荷蘭也想在摩鹿加群島爭奪香料，在 1605 年 5 月 19 日佔領德那地島。但只留下少許兵力防守該島堡壘，1606 年，駐菲島總督阿古納（Pedro de Acuña）出兵驅逐荷軍，佔領德那地島。西班牙人將德那地蘇丹巴拉卡特（Said Barakat）及其兒子和貴族總數 30 人流放到馬尼拉。西班牙統治德那地島至 1663 年。此外，西班牙也在 1671 年到 1677 年統治西奧（Siau）小島。

荷蘭勢力重回德那地島，它在 1607 年在該島西班牙人控制區數公里外興建馬來由堡壘（Fort Malayo）（後改稱橘子堡壘（Fort Orange））。1609 年 10 月，又在該島北部的塔空美（Tacome）興建威廉史塔特（Willemstadt）堡壘。1612 年，在托陸科（Tolucco）興建第三個堡壘，叫荷蘭遮堡壘（Fort Hollandia）。荷蘭在 1608 年佔領馬尖島，在沿岸興建三個堡壘。1609 年，又在莫替島興建堡壘。荷軍在該年驅逐在巴昌（Bachan）的西班牙駐軍。從 1607 年到 1610 年，荷軍獲得摩鹿加群島土著之支持，控制了該群島的大部分地區，西班牙只控制德那地島的南部、整個蒂多蕾島、哈爾馬黑拉島和莫羅泰島（Morotai）的若干港口。西班牙駐軍總部設在德那地島和蒂多蕾島。[12] 1662 年 4 月，西班牙駐菲島總督拉拉（Manrique de Lara）聽說臺灣鄭成功軍隊準備進攻馬尼拉，於是他在 5 月 6 日下令撤退在民達那峨島三寶顏、沙巴尼拉（La Sabanilla）（位在民答那峨島馬拉威市（Marawi）的馬拉邦（Malabang）地區）、伊里甘（Iligan）（位在馬拉威市以北的濱海城市）和德那地的軍隊到馬尼拉增援，7 月 23 日鄭成功去世，所以沒有出兵打馬尼拉。[13]總督拉拉將

---

11 Marco Ramerini, *op.cit.*

12 Marco Ramerini, *op.cit.*

13 May history, "Today in Philippine history, May 6, 1662, Governor de Lara ordered

德那地島交給葡國耶穌會神父普羅文修（Father Provincial）看守。1663年，在葡國神父的帶領下，德那地島和蒂多蕾島的葡人和信奉天主教的土著莫迪卡人（Merdicas）約有 200 人，撤出摩鹿加群島，他們自願前往馬尼拉協助西班牙抗禦鄭成功的攻擊，後來定居在馬尼拉南邊的甲米地（Cavite）。[14]

西班牙撤出摩鹿加群島還有經濟因素考慮，西班牙沒有從統治摩鹿加群島獲得經濟利益，反而要給予駐軍補給和開支，每年西班牙維持在摩鹿加群島的軍費高達 23 萬披索，該筆錢是由墨西哥西班牙當局支付。[15]

第三節　西班牙人到中國、臺灣、日本和柬埔寨之航路與活動

一、西班牙人在中國的活動

西班牙遠征軍指揮官黎牙實比在 1571 年佔領馬尼拉，1572 年 8 月在他因心臟病去世前數天，他寫信給墨西哥總督，報告他對中國情況所蒐集的資訊，他說他在 1571 年 4 月出兵到馬尼拉時，在民多羅島遇見有 50 名華人因為船隻毀損而被當地土著救起，黎牙實比付出贖金，而將這些中國人送回國。他善待華人的目的是要與中國發展貿易關係。他想派兩名傳教士跟隨中國船隻前往中國，希望與中國簽署通商友好條約。但中國船長拒絕搭載這兩位傳教士，其理由是沒有許可傳教士不可到中國，但他們答應

---

abandonment of forts in Zamboanga, Ternate," https://kahimyang.com/kauswagan/articles/1791/today-in-philippine-history-may-6-1662-governor-de-lara-ordered-abandonment-of-forts-in-zamboanga-ternate（2020 年 3 月 6 日瀏覽）。

"Sabiniano Manrique de Lara," *Wikipedia*, https://en.wikipedia.org/wiki/Sabiniano_Manrique_de_Lara（2020 年 3 月 6 日瀏覽）。

[14] Stefan Halikowski Smith, *Creolization and Diaspora in the Portuguese Indies: The Social World of Ayutthaya, 1640-1720*, BRI, Leiden, 2011, p.32.

"Ternate, Cavite," *Wikipedia*, https://en.wikipedia.org/wiki/Ternate,_Cavite（2020 年 3 月 6 日瀏覽）。

[15] Gregorio F. Zaide, *Philippine Political and Cultural History*, Vol.1, Philippine Education Company, Manila, revised edition, 1957, p.234.

將會請福建當局允許一名傳教士到中國。他們在黎牙實比面前用筆畫了從廣州到寧波的海岸草圖，他們說從福建航行到馬尼拉約 8-10 天，距離不會超過 150 里格（leagues）。黎牙實比為了不引起福建當局的懷疑和不安，所以放棄了派若干傳教士隨中國船隻到中國的想法。中國船隻可以自由來去菲律賓做生意。[16]

繼任的西班牙駐菲島總督拉維札里斯（Guido de Lavezares）在 1574 年 7 月致函給西班牙國王菲律普二世，附有一張呂宋島和中國海岸地圖、一本印刷的中文地理概要，包括日本和琉球的相關資訊。[17]

1574 年 11 月 29-30 日，中國海盜林鳳從臺灣率領 5 千多人進攻馬尼拉，遭到西班牙擊退，退據馬尼拉北方的林牙彥灣。在隔年被西班牙逐出呂宋島。明神宗萬曆 3 年（1575 年）5 月，福建總督派遣把總王望高前往菲律賓的邦加絲蘭，目的在緝捕林鳳。王望高亦前往馬尼拉，會見西班牙總督拉維札里斯，受到熱烈接待，在王望高於 6 月 26 日返回中國時，西班牙總督派遣奧古斯丁（Augustinian）教派兩名特使傳教士拉達和馬林率領總數 20 人的使團隨同前往中國，拉達攜帶一封拉維札里斯總督致中國皇帝的信，表示友好和願意通商。

明神宗萬曆 4 年（1576 年）2 月，中國又派遣一名特使抵達馬尼拉，攜帶中國皇帝一封同意開放一個港口與馬尼拉通商的信。但西班牙新任總督山德（Governor Don Francisco de Sande）採取對中國敵視的政策，無意利用中國所提供的貿易機會。當該中國特使返國時，山德總督派遣兩位傳教士（一位是拉達，另一位是阿布奎克（Fr. Agustin de Albuquerque））出使中國，就是想利用機會看能否傳教。當船隻航抵三苗禮示（Zambales）海岸外時，中國船員將該兩名傳教士遺棄在岸上，並殺了翻譯人員和三名菲人同伴。兩名傳教士游泳上岸，幸好一艘西班牙船經過，

---

[16] C. R. Boxer, *South China in the Sixteenth Century (1550-1575): Being the narratives of Galeote Pereira, Fr. Gaspar da Cruz, O.P., Fr. Martin de Rada, O.E.S.A., (1550-1575)*, Routledge, New York, 2017, p.xli.

[17] C. R. Boxer, *op.cit.*, p.xliii.

將該兩名落難在岸上叢林的傳教士救上船。[18]

由於日本豐臣秀吉政府採取積極擴張政策，入侵朝鮮，而且企圖侵略中國、琉球、臺灣和菲律賓，以及爆發「聖菲律普號」（San Felipe）事件，所以西班牙急需要開闢在中國的貿易據點。

西班牙駐菲島總督拉維札里斯於 1575 年 7 月派遣兩位奧古斯丁教派的傳教士拉達和馬林到中國福建，受到福建當局歡迎，但禁止他們傳教。1579 年，菲島總督再派法蘭西斯教派（Franciscan）的阿爾法洛（Fr. Pedro de Alfaro）到澳門，成功的設立修道院。阿爾法洛於 1580 年 6 月前往果阿，中途在交趾支那外海船隻觸礁沉沒而殉難。

1580 年，西班牙和葡萄牙兩國合併，給予西班人想利用澳門到中國做生意之機會，但出於經濟利益的考慮，澳門葡人反對西班牙人到澳門做生意，於是在 1585 年向西班牙和葡萄牙聯合國王菲律普二世請願要求禁止西班牙人到澳門做生意。菲律普二世同意延續以前的禁令，西班牙人和葡人各守以前的經商地區，不相逾越。但澳門葡人先違反規定，其船隻到馬尼拉做生意，所以馬尼拉的西班牙商人也公然到中國做生意。

菲島總督於 1590 年 5 月再派兩位傳教士到福建，立遭逮捕並驅逐返回馬尼拉。

西班牙駐菲島總督古茲曼（Francisco de Tello de Guzmán）在 1598 年派遣札木迪歐（Juan de Zamudio）到中國建立貿易據點，以及警告中國有關日本可能入侵其南部海岸地帶之訊息。札木迪歐的船隻停泊大嶼山（Lantau Island），越過澳門附近的伶仃洋，派人到廣州，贈予兩廣總督戴耀西班牙銀幣 7,000 里耳（real），交涉停泊港口及設立貿易站。明朝廣州官員允許西班牙商人在珠江口的皮埃爾島（El Piñal，或 Pinhal（意指松林））[19]港口居住經商，其條件如同暹羅商人，儘管比葡國商人高 50% 的稅率。此引起澳門葡人的反對，擔心他們對於中國的貿易獨佔權遭到西

---

[18]　Gregorio F. Zaide, *Philippine Political and Cultural History*, Vol.1, pp.275-276.

[19]　一說是位在澳門西北的香山唐家環，一說是位在香港島。參見全漢昇，「明代中葉後澳門的海外貿易」，中國文化研究所學報，第 5 卷，第 1 期，1972 年 12 月，頁 245-272、249。

班牙破壞，於是派人到廣州提出抗議，明朝沒有接受。[20]

　　1598 年 9 月 17 日，菲島前總督達士馬里那斯率三艘船前往柬埔寨，協助其對抗暹羅。該船隊遭到暴風雨襲擊，達士馬里那斯的船載了 120 人，漂到皮埃爾島，遇見了札木迪歐。達士馬里那斯留在島上等待其他失散的友船到來，而札木迪歐則返回馬尼拉報告達士馬里那斯的情況及增派援軍。在澳門的葡人對西班牙人日益對立，禁止西班牙人到澳門旅行或看病。馬尼拉不想增派援軍到皮埃爾島，達士馬里那斯想從該島撤走，但中國官員說必須繳完關稅才能離開。1599 年 11 月 16 日，達士馬里那斯啟程離開該島返回馬尼拉，但遇強風，又折回澳門西邊的浪白澳（Lampacau），他與澳門艦隊長保羅（Paulo de Portugal）溝通，他無意損害葡人的商業利益，他甚至表示將向馬尼拉遊說讓澳門商人可到馬尼拉做生意。他應允將在 1600 年 2 月離開中國，雙方寫下協議書，保羅則保證他的安全。

　　然而，澳門商人要求保羅將西班牙人驅離浪白澳，果阿總督亦同意他使用武力驅離西班牙人。1600 年 1 月 17 日，保羅率領軍艦驅離西班牙人，達士馬里那斯拒絕投降，雙方遂開火數小時，導致西班牙人嚴重傷亡和損失，最後避入台山縣廣海城灣內，才躲過葡軍的追擊。隨後就返回馬尼拉。

　　在皮埃爾島事件後，西班牙和葡萄牙國王菲律普三世通令馬尼拉最高法院（Real Audiencia of Manila），他不贊同札木迪歐航行到中國設立皮埃爾島貿易站，並要求菲律賓總督組織一個委員會到該島進行調查。駐菲律賓西班牙當局並沒有派人前往調查，西班牙人從此不到中國進行貿易，而是由中國商人到菲島做生意。西班牙在 1626 年控制北臺灣後，在隔年曾計畫重回皮埃爾島，最終也不了了之。[21]

　　據菲律賓學者札艾德（Gregorio F. Zaide）的說法，「1603 年 5 月 23

---

[20] "El Piñal," *Wikipedia*, https://en.wikipedia.org/wiki/El_Pi%C3%B1al（2020 年 3 月 7 日瀏覽）。

[21] "El Piñal," *Wikipedia*, https://en.wikipedia.org/wiki/El_Pi%C3%B1al（2020 年 3 月 7 日瀏覽）。

日，有三位中國官員來到馬尼拉，西班牙當局懷疑他們突然的到訪，但還是歡迎他們到馬尼拉。當被問及到訪的目的時，他們回答說想調查謠傳說的金山，據說該金山位在靠近馬尼拉的甲米地。西班牙人對於此一奇怪的故事感到吃驚。中國官員前往甲米地調查，結果並無所獲。在他們回國後，阿古納總督（Governor Pedro Bravo de Acuna）立即加強馬尼拉的防務，因為懷疑該中國官員是前來偵察西班牙在菲島的實力。由於西班牙採取防備中國的軍事行動，引起當地華人的緊張，感到將會陷入被屠殺的危險。依據西班牙的文獻，華人秘密陰謀在八連（Parian）（按：即華人在馬尼拉的集中住區）起事推翻西班牙的統治。華人領袖恩康（Eng-Kang）（他的基督教名為 Juan Bauista de Vera）要求每位支持反西班牙的華人給他一支針，俾知道起事的力量有多大。當他收集到 22,150 支針時，他知道有足夠的人數進行反抗西班牙的行動。他定 1603 年 11 月 30 日為起事日。但在起事前，一位菲律賓婦女向當地神父告密，以致西班牙當局迅即逮捕恩光，並處以死刑。10 月 3 日，華人發動暴動，攻擊城內西班牙守軍和房舍，西班牙從北方調來 4,000 名邦邦牙族（Pampangan）士兵進馬尼拉解救，並聯合城內土人 1,500 人和日本人 300 人以及 200 名西班牙人反抗華人的進攻。11 月 14 日，華人叛亂被弭平。西班牙文獻說在該次動亂中有 23,000 名華人被殺。」[22]

　　隨後西班牙又在 1631、1633、1680 年派遣傳教士到中國。西班牙這些派遣傳教士的行動，引發已經在中國立足傳教的義大利耶穌會傳教士之敵視。

　　1640 年，西班牙和葡萄牙分家，西班牙總督柯邱拉（S. Hurtade de Corcuera）在隔年派遣克拉迪歐（Don Juan Clardio）率軍攻打澳門，葡萄牙駐澳門總督羅布（Sebastian Lobo）有意投降，但澳門葡人反對，將羅布殺害，團結起來抵抗西班牙軍隊之入侵，最後獲勝，並俘虜克拉迪歐。葡國果阿總督立即釋放克拉迪歐及其他被俘之西班牙人，將他們送回馬尼拉。[23]

---

[22] Gregorio F. Zaide, *Philippine Political and Cultural History*, Vol.1, pp.279-280.

[23] Gregorio F. Zaide, *Philippine Political and Cultural History*, Vol.1, p.241.

西班牙最終不得在中國進行貿易。

清朝康熙皇帝在 1669 年發佈禁教令，禁止天主教傳教及信仰。由於該法令沒有嚴格執行，所以在 1717 年再度發佈命令，天主教和基督教是違法的宗教，此後一直到 1858 年，中國境內沒有外國傳教士。

二、西班牙人在臺灣的活動

1544 年，葡國船隻航行經過臺灣南部的一個海島，因為覺得臺灣很美，所以命名為美麗之島（Formosa）。

西班牙在 1571 年佔領馬尼拉，並以該城市為總督府所在地。1573 年，海盜林鳳（或稱林亞鳳）從澎湖遷移至魍港，為福建總兵胡守仁所敗。是年冬進犯福建，又為胡守仁所敗，追擊至淡水洋，沉其 20 舟。1574 年 11 月 23 日，海盜林鳳即從魍港出發率領 62 艘戰艦，2,000 名陸軍，2,000 名海軍，1,500 名婦女，以及許多農民和工匠、家具、農具、種子、家禽等移居菲律賓，在抵達南伊洛科斯的西奈特時，與菲島土著發生小規模衝突。11 月 28 日，林鳳船隊進入馬尼拉灣，他派部將日本人莊公率領 6 百人登陸，進入馬尼拉市區，結果遭到西班牙軍隊和土著的聯合攻擊而失敗。12 月 2 日，林鳳發動第二波攻擊，由莊公率領 1,500 人登陸，在激戰後失敗。林鳳逃至邦加絲蘭。在阿哥諾河口據地稱王。1575 年 3 月 22 日，西班牙軍隊擊敗林鳳，摧毀林鳳在林牙彥灣內的艦隊，並對林鳳之據點進行包圍。8 月 3 日，林鳳乘小船逃離菲律賓。[24]至於林鳳流落何地，有不同說法，有謂前往渤泥（今天的婆羅洲）。[25]

西班牙菲島當局知道臺灣對於其在東亞貿易航線上的重要性，從馬尼拉到日本長崎，中間會經過臺灣，因此早在 1593 年西班牙就命令札木迪歐組建一支遠征軍，包括兩艘船及 200 名船員，準備佔領臺灣。當船隊離開馬尼拉，經過巴潭（Bataan）半島外海時，遭遇暴風雨，只好折回馬尼

---

[24] Gregorio F. Zaide, *Philippine Political and Cultural History*, Vol.1, pp.272-275.

[25] 劉繼宣、束世澂合著，中華民族拓殖南洋史，臺灣商務印書館，臺北市，民國 60 年 8 月臺一版，頁 145。李長傳，中國殖民史，臺灣商務印書館，臺北市，民國 79 年，頁 146。

拉港。1598 年，札木迪歐奉使中國，談判獲取中國之貿易據點。他向中國人示警，日本人可能攫奪臺灣。[26]西班牙未能獲得中國的貿易據點，他的建議也沒有獲得中國重視。

1624 年，荷蘭與明朝達成和平協議，從澎湖轉進臺南安平，建立堡壘。此對於控制馬尼拉的西班牙構成威脅，遂決定在 1625 年組建遠征軍，1626 年從馬尼拉出兵，船隊航行到巴布煙（Babuyan）群島北面，右轉巴林坦水道（Balintang Channel），再北走順著黑潮航行到臺灣東海岸，在宜蘭的三貂角（Cape Santiago）登陸，發現該處不適合防守，乃繼續北上到基隆，命名為聖三位一體城（Santísima Trinidad，指 Holy Trinity），在和平島上建聖薩爾瓦多堡壘（Fort San Salvador）。與西班牙軍隊同行的多明尼康教派（Dominican）傳教士向北臺灣的土著傳福音。[27]

1629 年，西班牙在淡水建設第二個堡壘聖多明哥堡（Fort San Domingo）。1641 年，控制南臺灣的荷蘭覺得西班牙控制北臺灣，對其貿易航線有影響，乃出兵進攻基隆，結果敗退。1642 年 8 月，荷蘭再度派遣 4 艘大船、369 名軍人進攻基隆，西班牙軍隊支撐 6 天後投降，退回馬尼拉。

西班牙統治北臺灣前後 16 年，控制基隆和淡水兩地，1628 年西班牙人在淡水建「聖多明哥堡」，是至今留存下來的西班牙的遺跡。至於西班牙對於北臺灣所傳播的天主教信仰，原是西班牙傳教士之主要工作，傳教士深入原住民居住地區傳教，有消弭原住民族之間的衝突之效。1636 年，因為菲律賓民多羅島有動亂發生，西班牙將北臺灣的一部分軍力撤回菲島，致引發北臺灣原住民趁機破壞淡水砲臺，並焚燬沿岸教堂 4 所。神父不敢白天傳教，而在夜間傳教。有許多傳教士也因此返回菲律賓。截至荷蘭佔領北臺灣為止，被捕的西班牙神父只有 5 位、修士 1 名。在西班牙統治期間，總數有 4 千多人接受天主教信仰，有原住民，也有漢人。[28]但在荷蘭統治後，荷蘭推行的是基督教，因此天主教就被取締，至今沒有西班牙天主教堂留存下來的痕跡。

---

[26]　Gregorio F. Zaide, *Philippine Political and Cultural History*, Vol.1, p.241.

[27]　Gregorio F. Zaide, *Philippine Political and Cultural History*, Vol.1, p.241.

[28]　林衡道主編，臺灣史，臺灣省文獻委員會編印，臺中市，1977 年，頁 114-115。

三、西班牙人在日本的活動

西班牙耶穌會傳教士方濟・沙勿略在 1549 年 7 月 27 日抵達日本鹿兒島，在九州各地傳教，開啟了日本與西歐國家交流的歷史新頁。

在西班牙於 1571 年進攻馬尼拉前，即有 20 名日本人住在馬尼拉。1572 年，西班牙海軍在邦加絲蘭外海與日本海盜發生戰爭，結果擊沉 3 艘海盜船。隨後日本海盜泰福沙（Tayfusa）在北呂宋卡加彥河口的阿巴里（Aparri）建設堡壘，擁有 600 兵力，自成一個小王國。1582 年，西班牙派兵進攻該堡壘，驅逐日本海盜。[29] 1584 年 6 月，西班牙與日本進行貿易，第一艘船從馬尼拉開抵日本九州的平戶，隔年日本船到馬尼拉。1586 年，九州的大名大村（Ohmura）派遣 11 名貿易使團到馬尼拉，尋求建立貿易關係，獲得西班牙總督的贊同。

西班牙菲島總督達士馬里那斯派遣傳教士柯布（Juan de Cobo）搭乘西班牙船隻於 1592 年從馬尼拉前往日本，他出使之目的是在勸止豐臣秀吉政府計畫入侵菲律賓，以致於西班牙無法傳教。柯布返回馬尼拉時，其船隻在臺灣外海觸礁沉沒，他及船長被臺灣土著殺害。[30]

1593 年 5 月 20 日，菲島總督達士馬里那斯再派遣傳教士寶替斯塔（Pedro Bautista）為首，加上另 3 位傳教士出使日本，帶了禮物去見豐臣秀吉。他們到了日本後，不顧豐臣秀吉在 1587 年頒佈的禁教令，在很短的時間內，分別在京都、大阪和長崎建立教堂。西班牙傳教士在日本的宣教活動，遭到葡萄牙傳教士的抵制。葡國的傳教士自從 1542 年起在日本就享有宣教之獨佔權。教皇葛瑞哥里十三世（Gregory XIII）在 1584 年發佈諭令，給予葡國耶穌會在日本傳教的專有特權。但西班牙的傳教士根本不顧此一教皇的諭令。教皇保祿五世在 1608 年發佈一個簡短的聲明，日本的宣教工作開放給所有的教派。[31]

1596 年 10 月，一艘西班牙船「聖菲律普號」從馬尼拉要開到墨西哥

---

[29] Gregorio F. Zaide, *Philippine Political and Cultural History*, Vol.1, pp.288-289.

[30] Gregorio F. Zaide, *Philippine Political and Cultural History*, Vol.1, p.225.

[31] Gregorio F. Zaide, *Philippine Political and Cultural History*, Vol.1, p.226.

的阿卡普爾科，因遭風被飄到日本四國島南部土佐（Tosa）的高知（Urato）。船貨被當地大名扣押，船長提出抗議，船長派遣兩位船員到京都見豐臣秀吉，協商解決此事。

當五奉行的其中一人增田長盛（Mashita Nagamori）到達四國的土佐時，他向西班牙人索取賄賂。西班牙人拒絕，他開始將「聖菲律普號」的貨物裝載到 1 百艘日本船上，運往京都。因為西班牙人招待他音樂、遊戲和擊劍表演，所以增田長盛與西班牙人變熟了。他問船員歐蘭迪亞（Francisco de Olandia），他們從何處來？為何要到日本？歐蘭迪亞攤開一張地圖，指出西班牙殖民帝國的範圍，暗示說，西班牙之所以能成為帝國，首先是以傳教士讓當地土著信奉天主教，然後派軍隊予以征服。增田長盛再問西班牙和葡萄牙的關係，船長和另一名軍官回答說兩國共有一個國王，他們對此表示不滿。增田長盛向豐臣秀吉報告此一訊息，豐臣秀吉感到憤怒，證實他以前懷疑天主教徒在日本的意圖。他立即下令關閉在日本的傳道所。五奉行之一的石田三成（Ishida Mitsunari）澄清說，豐臣秀吉的命令是針對方濟會，因為他們違反了他在 1587 年的命令，至於謹慎講道的耶穌會傳教士則不包括在內。最後有 26 名天主教徒，包括 6 名西班牙方濟會傳教士、17 名日本方濟會第三級教士（tertiary）（指奉守教會命令的俗人）、3 名日本耶穌會教徒，被迫從京都徒步到長崎，在 1597 年 2 月 5 日在長崎的山上被釘死在十字架上。「聖菲律普號」的其中一名旅客菲律普（Philip of Jesus）托缽僧亦是其中一名犧牲者。[32] 菲島總督派遣的第一位使節寶替斯塔亦是其中的一位受害人。[33]

「聖菲律普號」船長蘭迪召（Matías de Landecho）前往大阪交涉取回船貨，但他被告訴說他可能被以海盜罪處死，除非他及其船員離開日本（船上黑奴則被留下來），船貨不發還。日本將一部分船貨用在對朝鮮戰爭，其他則由日本貴族瓜分，有一部分甚至被送給日本天皇。在「聖菲律普號」事件後，日本進行新一輪的禁教活動，有 137 家教會被拆毀，下令

---

[32] "San Felipe incident (1596)," *Wikipedia*, https://en.wikipedia.org/wiki/San_Felipe_incident _(1596)（2020 年 3 月 7 日瀏覽）。

[33] Gregorio F. Zaide, *Philippine Political and Cultural History*, Vol.1, p.227.

耶穌會傳教士離開日本，耶穌會傳教士遂讓一般葡人穿上傳教士服裝，假裝他們是傳教士，要他們登上開往澳門的船隻，真正的傳教士則仍暗中在日本傳教，一直到 1598 年豐臣秀吉去世為止。[34]

　　繼豐臣秀吉出任將軍的是德川家康，採取較開放的對外政策，與西班牙繼續維持外交和商業關係。1601 年 10 月，他致函駐菲島西班牙總督說明只有日本政府同意的朱印船才能到菲島做生意，請勿讓沒有朱印許可的船隻到菲島。菲島總督同意該項日本的新政策。在 1610 年到 1625 年之間，日本朱印船有 40 艘從事日本到菲律賓之間的貿易。[35] 1608 年 8 月，日本對西班牙開放浦賀（Uraga）港。

　　1609 年，菲島總督韋瓦諾（Rodrigo de Vivero y Aberrucia）任期屆滿搭船回到墨西哥，因為船隻在日本海岸觸礁，他平安登陸後利用此一機會建議德川家康和西班牙簽署通商友好條約。後來他搭乘日本建造的船隻返回墨西哥，日本派遣田中若介（Wakisuke Tanaka）同行，田中若介成為日本官方出使西班牙的第一人。他攜帶德川家康的信函和禮物去會見西班牙國王。[36]西班牙未給予正面回應。德川家康感受到西班牙的不友善態度及擔心天主教勢力的擴張，所以爾後他採取對西班牙敵對的政策。[37]

　　1611 年，墨西哥總督奉西班牙國王之命遣使韋知凱諾（Sebastian Vizcaino）到日本，韋知凱諾是一有名的加州海岸的探險家，但出使日本卻是失敗，缺乏個人機智，未達使命，而於 1613 年返回墨西哥。[38]

　　日本信仰天主教的地方大名和武士受到天主教傳教士之影響，也派遣一個朝聖訪問團，目的有二，一是與西班牙國王簽署貿易條約，二是前往義大利會見教皇。因此由支倉常長（Hasekura Tsunenaga）率領，西班牙傳教士路易斯・索特洛（Luis Sotelo）陪同，1613 年 10 月 28 日搭乘日本

---

[34] "San Felipe incident (1596)," *Wikipedia*, https://en.wikipedia.org/wiki/San_Felipe_incident_(1596)（2020 年 3 月 7 日瀏覽）。

[35] Gregorio F. Zaide, *Philippine Political and Cultural History*, Vol.1, pp.301-302.

[36] Gregorio F. Zaide, *Philippine Political and Cultural History*, Vol.1, p.302.

[37] Gregorio F. Zaide, *World History in an Asian Setting*, Rex Bookstore, Inc., Manila, 1994, p.30.

[38] Gregorio F. Zaide, *Philippine Political and Cultural History*, Vol.1, p.302.

建造的第一艘仿照西洋船隻的「聖鍾寶替斯塔（San Juan Bautista）號」，搭載總人數有 180 人，包括武士 22 人、日本商人 120 人、40 名西班牙人和葡人水手和僕役。船隻從宮城縣石卷市出發航越太平洋到墨西哥西海岸的阿卡普爾科，從墨西哥的維拉克魯茲（Veracruz）港出海，越過大西洋，1614 年 10 月 5 日航抵西班牙聖魯卡港，10 月 23 日到士維拉港。1615 年 1 月 30 日，抵達首都馬德里，獲得國王菲律普三世（King Felipe (Philip) III）之接見。支倉常長呈遞了一封大名伊達政宗的信，及要求簽署貿易條約。菲律普三世答稱他將盡可能做到日本使節的要求。2 月 17 日，支倉常長由國王菲律普三世之私人牧師給予施洗，並改名為菲律普・法蘭西斯科・支倉常長（Felipe Francisco Hasekura）。日本使團在西班牙停留 8 個月。1615 年 11 月，日本使團前往梵諦岡，獲得教皇保祿五世（Pope Paul V）之接見。支倉常長呈給教皇兩封鍍金的信函，一封是用日文寫的，另一封是用拉丁文寫的。內容是請求墨西哥和日本簽署貿易條約及派遣傳教士到日本。教皇同意派遣傳教士到日本，但簽署貿易條約則留給西班牙國王決定。

由於 1614 年大阪爆發德川家康幕府與豐臣氏族之間的戰爭，德川幕府獲勝後，1614 年 1 月下令禁止天主教，驅逐所有外國傳教士。當支倉常長從羅馬返國時，在 1616 年 4 月第二度到西班牙，他會見國王菲律普三世，菲律普三世表示因為支倉常長不具日本國官方代表之身分，沒有攜帶日本統治者德川家康之信函；又說日本已下令禁止天主教，所以拒絕和支倉常長簽署貿易條約。6 月，日本使團離開西班牙前往墨西哥。日本使團在墨西哥停留 5 個月，日本使團橫越太平洋，1618 年 4 月航抵菲律賓。支倉常長在 1620 年 8 月回到日本長崎。

德川家康逝於 1616 年 6 月，由其子德川秀忠繼承將軍，仍採取跟其父一樣的反西班牙政策。他在 1622 年和 1624 年兩度拒絕接見來自馬尼拉的西班牙使節。1623 年，日本終止與西班牙之貿易關係，德川秀忠在 1624 年又下令禁止天主教、所有西班牙人離境，他們的日本籍妻子和日本僕人可以留下來。1626 年，有些西班牙人潛回日本一旦被發覺將被處死，除非他出教。

　　1632 年，德川秀忠去世，由其子德川家光繼承將軍。1637-38 年，爆發島原（Shimahara）叛亂事件，天主教徒武裝反抗政府的橫徵暴斂稅款，導致雙方共有 4 萬 7 千人戰死。1639 年，德川家光宣布日本關閉對外國之關係。從日本自 1624 年終止和西班牙的外交關係起至 1868 年兩國簽署「友好、貿易和航行條約」（Treaty of Friendship, Trade and Navigation）為止，雙方有 244 年沒有來往。

四、西班牙人到柬埔寨和暹羅之航路和活動

　　一位葡人冒險家貝羅梭（Diego Belhoso），或寫為 Diego Belloso 及另一位西班牙冒險家岡薩雷茲（Blas Ruiz de Hernan Gonzales）利用柬埔寨內政混亂之際，控制了朝政。1593 年，柬埔寨國王郎加拉（Prauncar Langara）派遣貝羅梭出使馬尼拉，攜帶兩隻大象及國王要求建立商業和友好關係的提議，以及協助柬埔寨對抗暹羅。但由於駐菲島總督達士馬里那斯正要派遣遠征軍前往摩鹿加群島，所以未能立即協助柬埔寨。貝羅梭返回柬埔寨時攜帶了總督達士馬里那斯於 1593 年 9 月 27 日的信函，該信內容是他同意和國王郎加拉結成同盟及進行貿易，還致送一匹馬和若干祖母綠寶石給國王郎加拉。[39]

　　暹羅國王納里軒（Naresuen）待與緬甸的戰爭告一段落，在 1593 年 5 月派遣 10 萬軍隊進攻柬埔寨（柬國文獻說暹羅軍隊有 5 萬人）。戰事持續到 1594 年 7 月始佔領柬國首都祿兀（Lovek），雙方損失慘重。

　　岡薩雷茲和兩名葡人士兵被暹羅軍隊逮捕，暹羅國王強迫他們登上船隻前往馬尼拉，尋求與西班牙開展外交和貿易關係。當船隻出海後，岡薩雷茲獲得兩名葡人及華人水手之協助，制服暹羅軍人，將船開往馬尼拉。駐菲島總督達士馬里那斯表示同意協助柬埔寨對抗暹羅。[40]

---

[39] Gregorio F. Zaide, *Philippine Political and Cultural History*, Vol.1, p.235. 但 David P. Chandler 的書說，柬埔寨沙塔（Satta, Satha）國王致函西班牙駐菲律賓總督，請求援助，且表示一旦獲得援助，他將改信天主教。（參見 David P. Chandler, *A History of Cambodia*, O. S. Printing House, Bangkok, Thailand, 1993, p.84.）

[40] Gregorio F. Zaide, *Philippine Political and Cultural History*, Vol.1, p.235.

當貝羅梭返回柬埔寨金邊時，柬埔寨已被暹羅統治。他所帶回的馬和祖母綠寶石被暹羅國王沒收。隨後暹羅命令貝羅梭陪伴兩名暹羅特使前往馬尼拉，尋求建立貿易關係，攜帶兩隻大象做為禮物。船隻出海後，貝羅梭殺害兩名暹羅使節，控制船隻，航向馬尼拉。他在馬尼拉見到岡薩雷茲，兩人計畫使西班牙干涉柬埔寨事務。在若干多明尼康托鉢僧之協助下，他們說服總督達士馬里那斯，西班牙應在亞洲大陸建立政治和宗教據點。[41]

在西班牙援助未到之前，柬埔寨沙塔（Satta, Satha）國王與其兩個兒子和女眷逃到柬國北方和寮國南部，隔年，又避入琅勃拉邦（Luang Prabang）的領土。1596 年，沙塔在琅勃拉邦去世。西班牙在該年 1 月 18 日派遣船長加林那托（Juan de Gallinato）率一艘船，另由貝羅梭和岡薩雷茲各帶領一艘戎克船，總數 120 人小股軍隊協助柬埔寨。船隊遭到暴風雨襲擊，加林那托的船被吹到新加坡海峽，貝羅梭和岡薩雷茲的船到達柬埔寨，暹羅軍隊已被驅離，由阿納卡帕蘭（Anacaparan）控制柬埔寨。剛好有 6 艘中國戎克船到達湄公河，遭到西班牙人攻擊，殺害許多中國人，並強奪其船隻。當地柬埔寨人同情中國人，起來反抗西班牙人。貝羅梭和岡薩雷茲攻進王宮，殺害阿納卡帕蘭，並放火燒了王宮和其他建築物，然後退到他們的船上。

隨後，加林那托的船也抵達柬埔寨，他譴責貝羅梭和岡薩雷茲的粗暴行為。柬埔寨貴族們想推舉加林那托為王，遭他拒絕，他帶同貝羅梭和岡薩雷茲一起航行到交趾支那，調查駐菲島總督達士馬里那斯的船隻的下落，因為達士馬里那斯遭到華人水手叛變而被挾持。查無所獲後，他遂返回馬尼拉。

貝羅梭和岡薩雷茲則留在柬埔寨，他們航行湄公河上溯到寮國首都琅勃拉邦，聽到柬埔寨流亡的國王郎加拉已去世，遂遊說其長子李契二世（Barom Reachea II）返回柬埔寨。

1597 年 5 月，西班牙人貝羅梭和岡薩雷茲擁立沙塔的兒子李契二世

---

[41]　Gregorio F. Zaide, *Philippine Political and Cultural History*, Vol.1, p.235.

為國王。李契二世給予貝羅梭和岡薩雷茲貴族頭銜及在湄公河沿岸各一個省的土地，西班牙人在此建設駐軍據點。[42]由於回教馬來人拉克沙曼納（Laksamana）的勢力愈來愈強，威脅貝羅梭和岡薩雷茲的地位，岡薩雷茲在 1598 年 7 月致函馬尼拉審查院的委員摩加（Dr. Morga），請求西班牙駐菲島當局出面干預柬埔寨事務。馬尼拉若干傳教士也贊同派遠征軍到柬埔寨。

1599 年 7 月，有一艘船從長崎開到湄公河，船長是混血的哥維亞（Govea），他的父親是葡人、母親為日人。該船的葡萄牙和日本船員攻擊拉克沙曼納的徒眾，而引發拉克沙曼納號召回教徒馬來人、占族和柬埔寨人聯合報復，屠殺西班牙人和葡萄牙人，貝羅梭和岡薩雷茲亦遭殺害。唯有少數菲人和一位西班牙人逃脫。[43]最後柬埔寨國王和拉克沙曼納都被殺害，柬埔寨貴族們請求暹羅國王將被俘往暹羅的前王拉郎拉的弟弟放回柬埔寨，並立他為王。暹羅國王同意此一請求，拉郎拉的弟弟登基為王後，立即派遣在回亂中倖存的岡薩雷茲的部下鍾‧狄亞茲（Juan Diaz）前往馬尼拉，尋求建立外交和通商關係，並允許西班牙傳教士和人民在柬埔寨居住。[44]

西班牙前總督達士馬里那斯在 1599 年 9 月 17 日以自費派遣 4 艘船、200 名西班牙人和數名菲人和日本人及傳教士到柬埔寨，為了獲取西班牙當局之支持，他稱其出兵是為了征服海盜的巢穴占婆。因為出發時的天氣不好，其中兩艘大船遭颱風吹到中國海岸而沉沒。只有一條小船抵達柬埔寨。達士馬里那斯的船及 120 名生還者則轉搭中國戎克船前往澳門，但葡人不歡迎他們，他們遂轉往西班牙人新建立的皮埃爾島，受到札木迪歐船

---

[42] Smith, T. O., *Cambodia and the West, 1500-2000*, Palgrave Macmillan, London, 2018, p.15; Gregorio F. Zaide, *Philippine Political and Cultural History*, Vol.1, p.237.

[43] "Cambodian-Spanish War," *Wikipedia*, https://en.wikipedia.org/wiki/Cambodian%E2%80%93Spanish_War（2020 年 3 月 18 日瀏覽）。
　　但 Wikipedians 的著作說是西班牙軍隊遭到暹羅的馬來雇佣兵的屠殺。參見 Wikipedians (ed.), "History of Cambodia," in *Cambodia*, Pedia Press, no date of publication, pp.57-58. https://books.google.com.tw/books?id=5oGnZRd4GKwC&printsec=frontcover&hl=zh-TW#v=onepage&q&f=false（2019 年 1 月 3 日瀏覽）。

[44] Gregorio F. Zaide, *Philippine Political and Cultural History, Vol.1*, p.238.

長的歡迎。他想繼續航向柬埔寨，卻因為惡劣天氣而受到阻礙。駐菲島總
督古茲曼（Francisco de Tello de Guzmán）拒絕給他補給及增援軍隊，再
加上天氣不好及船員生病等原因，所以他就返回馬尼拉。1603 年去世。[45]

西班牙總督阿古納在 1603 年派遣一艘船前往柬埔寨，有 4 名多明尼
康派傳教士和 5 名軍人，包括鍾‧狄亞茲。柬埔寨國王給予歡迎，幫他們
建造一所教堂。惟因 3 名傳教士先後去世，加上政局動盪不安，最後一位
傳教士也返回馬尼拉。

暹羅在 1624 年與荷蘭簽署友好條約，而荷蘭是西班牙的敵國，所以
西班牙在 1626 年初由總督西爾瓦（Fernando de Silva）率領遠征軍攻打暹
羅，結果遭殲滅。1627 年，暹羅權臣普拉沙特‧東（Prasat Thong）（1629
年登基）派遣使節到馬尼拉，與總督塔伯拉（Juan Niño de Tabora）簽署
友好與通商條約。塔伯拉在 1629 年遣使到柬埔寨和暹羅，向柬埔寨購買
木材以建造大帆船；在暹羅設立一所倉庫和船塢。[46]

1630 年，暹羅遣使到馬尼拉，以報聘西班牙去年遣使到暹羅。1658
年，暹羅和柬埔寨遣使到馬尼拉簽署通商條約。1674 年，西班牙派遣兩位
多明尼康教派的托鉢僧從馬尼拉秘密搭乘中國船到安南，但其傳教企圖遭
拒絕。1718 年，駐菲島總督巴斯提洛（Fernando de Bustamante Bustillo）
遣使到暹羅，簽署關於建造大帆船、貿易互惠及傳教的新條約。[47]

1857 年 7 月 20 日，一名西班牙主教狄亞茲（Diaz）在越南遭殺害，
西班牙為了報復，與法國結盟，派遣 1,500 名軍隊參加法軍，1858 年 8 月
31 日，法軍在法王拿破崙第三（Napoleon III）之命令下，法國和西班牙
聯合艦隊由海軍上將里戈‧德‧吉諾伊里（Rigault de Genouilly）率領 14
艘軍艦開抵沱瀼（土倫）（今峴港），摧毀砲臺。1859 年 2 月 18 日陷嘉
定城（即西貢）。[48]

---

[45] Gregorio F. Zaide, *Philippine Political and Cultural History*, Vol.1, p.237.

[46] Gregorio F. Zaide, *Philippine Political and Cultural History*, Vol.1, p.239.

[47] Gregorio F. Zaide, *Philippine Political and Cultural History*, Vol.1, p.239.

[48] 〔越〕阮仲和等纂修，大南寔錄，第十六冊，正編第四紀——翼宗寔錄，卷二十，頁
7。

然而，此後西班牙沒有介入印度支那事務，印度支那成為法國的囊中物。

五、西班牙人到婆羅洲之航路和活動

1578 年，婆羅洲蘇丹西里拉（Sirela）被其弟弟篡位後流亡到馬尼拉，請求西班牙協助他恢復王位，答應事成後將承認西班牙的宗主權。駐菲島總督山迪（Francisco de Sande）遂派了 40 艘船、1,500 名菲人軍隊、數百名西班牙軍人和 300 名婆羅洲人，於 1578 年 3 月 3 日從馬尼拉出發前往婆羅洲，很快就擊敗篡位者，並恢復西里拉的王位。

1581 年，西里拉再度被推翻，他第二次前往馬尼拉求援。西班牙派遣李維拉船長（Captain Rivera）率軍隊前往婆羅洲協助西里拉恢復王位。李維拉船長回到馬尼拉不久，被派去西班牙擔任主教沙拉札（Salazar）的特使，要成立一個皇家審查院（audiencia），國王鑑於他的軍事貢獻，任命他出任婆羅洲的元帥（Marshal），西班牙並未直接統治

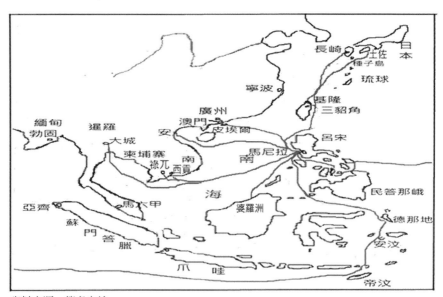

資料來源：筆者自繪。

圖 8-4：十六世紀至十七世紀西班牙在東亞之航路

婆羅洲，此純為一項榮譽頭銜。[49]

第四節　西班牙人東來的影響

　　麥哲倫最偉大的航海事業開闢了從西歐繞經大西洋和太平洋到東亞的航路，也開啟了歐洲和亞洲的新貿易路線和機會。由於有西班牙人數次環球航行的經驗，英國人法蘭西斯‧德瑞克（Francis Drake）從 1577 年到 1580 年亦跟隨西班牙人的路線完成環球航行。1577 年 11 月 15 日，法蘭西斯‧德瑞克從英國普利茅斯（Plymouth）出發，到英格蘭的空華爾（Cornwall）因遇惡劣天氣，折回普利茅斯修整。12 月 13 日，再度率 6 艘船、164 名船員出航，船隊在非洲西海岸的布藍科（Cabo Blanco）橫渡大西洋抵達巴西。1578 年 9 月，剩下的 3 艘可航行的船隻沿著南美洲海岸線繞經麥哲倫海峽，此時遇暴風，一艘船沉沒，另一艘船受損折回英國修理，只剩下旗艦「鵜鶘號」（Pelican）越過該海峽往北航行。他將「鵜鶘號」改名為「金欣德號」（Golden Hind），以榮耀內閣大臣哈東爵士（Sir Christopher Hatton）。他續航至美國西海岸的俄勒岡沙丘（Oregon Dunes），他沿路劫掠兩艘西班牙船隻，其中一艘船是要航行到馬尼拉，他劫奪許多黃金和珠寶，但他沒有殺害船員和旅客。

　　1579 年 6 月 17 日，他繼續往北航行到北緯 38 度，在加里福尼亞州西海岸靠岸，他命名該地為「英國王室神聖的三位一體城」（Holy Trinity for the English Crown），即「新不列顛」（Nova Albion, New Britain），留下數人，建立第一個殖民地。為了防止西班牙人知悉該地點，在法蘭西斯‧德瑞克的海圖上都沒有標示該一地點，當成高度機密。

　　法蘭西斯‧德瑞克從「新不列顛」往南航行至門多西諾（Mendocino），從這裡橫渡太平洋，經過 68 天航行發現及登陸帛琉（Palau），[50]由於島民偷了船隊的東西，故他殺了土人 20 人，並將該島

---

[49]　Gregorio F. Zaide, *Philippine Political and Cultural History*, Vol.1, p.228.

[50]　法蘭西斯‧德瑞克是否航行至帛琉，曾有爭議。有人說是他到過關島或羅塔（Rota）島。美國加州大學人類學系榮譽教授 William A. Lessa 指出，法蘭西斯‧德瑞克停留

命名為「小偷之島」（Island of Theeves），他在島上停留 3 天，10 月 3
日離開，前往菲律賓民答那峨島南端，轉向南方進入摩鹿加群島的德那地
島，獲得德那地蘇丹友好歡迎。往南航行到帝汶島，繞過爪哇島南邊的印
度洋，直航到非洲南端的好望角，沿著非洲西海岸北上，1580 年 9 月 26
日返回英國普利茅斯港。[51]

　　其他國家的人亦得利於西班牙所開闢的新航線，例如日本人得以利用
大帆船貿易的航路，從日本前往西班牙和義大利，使得日本人成為走該一
航路、環繞半個地球的第一個東方人（排除擔任西班牙船隻之水手的菲律
賓土人）。但西班牙人因為言語不慎，暗示西班牙人利用傳教滲透當地，
最後以武力征服各地土著，引發日人警覺和疑慮，而驅逐西班牙人。

　　由於西班牙人退出了摩鹿加群島、中國、臺灣和日本，其商人無法前

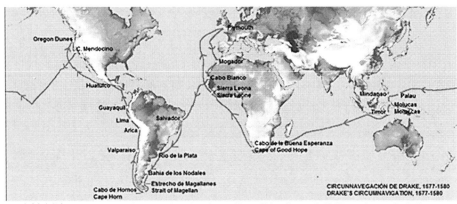

資料來源："Francis Drake," *Wikipedia*, https://en.wikipedia.org/wiki/Francis_Drake#Circum
navigation_of_the_Earth_(1577%E2%80%931580)（2020 年 3 月 4 日瀏覽）。

圖 8-5：法蘭西斯・德瑞克環球航行路線

的小島位在北緯 8 度，就是帛琉島的所在位置，而關島在 13 度 25 分，羅塔島在 14 度 10
分。她另外從島民的耳朵長度、使用獨木舟等特徵加以說明。參見 William A. Lessa,
"Drake in the Marianas?," *Micronesica*, vol.10, June 1974, pp.7-11. https://micronesica.
org/sites/default/files/drake_in_the_marianas_by_lessa_w.a._-micronesica_vol._10_no.1_jun.
_1974_o.pdf（2020 年 3 月 7 日瀏覽）。

[51] "Francis Drake," *Wikipedia*, https://en.wikipedia.org/wiki/Francis_Drake#Circumnavigation
_of_the_Earth_(1577%E2%80%931580)（2020 年 3 月 4 日瀏覽）。

往上述地區進行貿易，只有允許上述地區的商人到馬尼拉貿易，馬尼拉遂成為鄰近地區商品集散中心，成為一個繁榮的城市。西班牙對東亞的影響，僅侷限於其控制的菲島，對周邊地區的文化影響則相當微弱。

法蘭西斯・德瑞克成為西班牙人之外第二個國家環球航行的人，很多書說他是環球航行第二人，其實這是錯誤的，當年隨著麥哲倫航行回到西班牙的 35 人才是第一次完成環球航行的人。1525 年由羅義沙帶領的遠征軍到達民答那峨島後，遭風吹散，數年後殘餘的船員才回到西班牙。他們是第二批環球航行的西班牙人。以後抵達菲島的西班牙遠征軍是從墨西哥派出，不是環球航行。再來才是英國人法蘭西斯・德瑞克的環球航行。

麥哲倫航行除了發現新航路外，亦對於太平洋及地點命名，對歐洲和東亞起了聯繫作用。繼他之後的西班牙人開始進行東西方的貿易和文化交流，大帆船貿易航路成為十六世紀到十九世紀初，太平洋兩岸人口、貨物、商品、宗教交流的航道，最重要的是對菲島的影響，在西班牙人來到菲島之前，菲島土著停留在傳統部落社會，除了蘇祿群島和民答那峨島使用阿拉伯文字外，其他地區沒有文字。菲島沒有現代國家的政府組織，島民過著原始的狩獵生活。在西班牙的統治下，引進政府組織、傳播天主教、建立學校、使用西班牙文、建設城市和街道，在十九世紀引進現代化的電報、電話、郵政、醫院和醫療設施、港口、鐵路、公路等，及發展椰乾、煙草、蔗糖、麻等經濟作物。

因為大帆船貿易的關係，使得中國的絲織品、瓷器、家具，印尼的香料及其他東亞國家的商品經由馬尼拉運到墨西哥，再行銷到北美洲、南美洲和歐洲。中國在該一階段的東洋航路賺了許多白銀。

西班牙積極經營菲島，不過也受到諸多限制，而無法擴展到周邊國家地帶，在南邊，先遭到葡萄牙的抵制，後遭到荷蘭的對抗，以致於在 1663 年撤出在摩鹿加群島的競爭。在臺灣，也受到荷蘭的壓迫，而在 1642 年退出北臺灣。在日本，因為日本在 1623 年終止與西班牙貿易關係，1624 年終止外交關係，所以在日本也失去發展機會。在西邊，因為中國實施海禁政策，西班牙非朝貢國，故被禁止與中國貿易。在這種情況下，西班牙為了獲取貿易利益，只好開放自己的港口，讓周邊國家的船隻

可以到馬尼拉進行貿易。在大帆船貿易時代，馬尼拉成為東亞最繁榮的港口。當大帆船貿易趨於沒落時，西班牙於 1789 採取開放馬尼拉為國際貿易港口之策略，以維持其在東亞的貿易地位和經濟利益。

第九章　荷蘭人東來

第一節　荷蘭人到印尼群島之航路與活動

一、荷蘭成立東印度公司入侵印尼群島

　　葡萄牙人為了掌控其從葡國到香料群島的貿易路線，將其在印尼群島的航線地圖列入機密，防止外國刺探。1585 年，因為布魯塞爾被西班牙佔領後進行宗教審訊，荷蘭人普藍修斯（Petrus Plancius）為了避開此一宗教迫害而從布魯塞爾逃到阿姆斯特丹（Amsterdam）。到了阿姆斯特丹，他開始對海圖和航海感到興趣，接觸了許多從葡萄牙來的地圖，而繪製了到印度和香料群島的路線圖。1592 年，他繪製了名為「新星與精確地形和水文地理」（Nova et exacta Terrarum Tabula geographica et hydrographica）的世界地圖。他也繪製了「精準校正偏差：中國、交趾支那、柬埔寨、占婆、馬六甲、阿拉干和勃固的區域地圖」（Exacta & accurata delinatio… regionibus China, Cauchinchina, Camboja, sive Champa, Syao, Malacca, Arracan & Pegu），刊載在林珠騰（Jan Huygen van Linschoten）於 1596 年出版的東印度或葡屬印度旅遊指南（*Itinerario naer Oost ofte Portugaels Indien, Itinerary to the East, or Portuguese, Indies*）書上。[1]

　　林珠騰在 1595 年出版葡萄牙人東方航海旅行記（*Reys-gheschrift vande navigatien der Portugaloysers in Orienten*，*Travel Accounts of Portuguese Navigation in the Orient*）一書，書中描述了從葡萄牙到印尼群

---

[1] "Petrus Plancius," *Wikipedia*, https://en.wikipedia.org/wiki/Petrus_Plancius（2020 年 3 月 9 日瀏覽）。

島、以及從印度到中國和日本的貿易航路。[2]林珠騰的著作中提出了一個地理上的關鍵航路，因為當時葡萄牙已控制馬六甲海峽，要避開葡萄牙的攻擊，荷蘭船隻可以航行蘇門答臘島南方的印度洋海域，然後穿過異他海峽（Sunda Strait）前往東印度各島嶼。該項觀點後來成為荷蘭前往印尼群島的主要航路。

葡國控制前往香料群島的航路先機，成為西歐地區銷售香料的重要供應市場，荷蘭人要享用香料，必須向葡國購買，但西班牙與荷蘭有衝突，當西班牙和葡萄牙在 1580 年合併，荷蘭已無法從葡萄牙購買香料，所以必須想其他辦法獲取香料。

普藍修斯在 1592 年出版了一系列前往印度的地圖，有三位阿姆斯特丹的商人卡瑞爾（Jan Jansz Carel）、胡迪（Hendrick Hudde）和鮑烏（Reynier Pauw）就秘密開會，準備前往印尼探險。於是他們派鮑烏的表弟郝特曼（Cornelis de Houtman）喬裝成商人前往葡萄牙首都里斯本。他的任務是去確認普藍修斯的地圖是否可靠，以及獲取更多有關東印度群島的資訊。1592 年 9 月，林珠騰從印度果阿回到荷蘭，他與著名的旅行家帕魯丹努斯（Bernardus Paludanus）合作，他出版了東印度旅遊指南，書中寫了許多東印度的資訊，確認了普藍修斯地圖的正確性。1594 年初，郝特曼從里斯本回到荷蘭。

阿姆斯特丹的商人蒐集了許多到東印度群島的地圖，並開始籌款 29 萬荷蘭盾（guilders）建造了四艘船，準備進行一次東印度群島探險之旅，他們找了另外 6 名商人組成「遠方公司」（Far Distance Company）。1595 年 4 月 2 日，由郝特曼率領 4 艘船艦、249 名水手和 64 門加農砲從荷蘭的特塞爾（Texel）港出發，航向東印度群島。

---

[2]　林珠騰為荷蘭人，是一名旅行家和歷史學家，受雇於葡萄牙人，1583-1588 年擔任葡萄牙駐印度果阿（Goa）總主教的秘書，其工作是聽取葡萄牙商人來往於果阿和香料群島的報告，因此知道許多商業情報，而這些是葡萄牙人意圖保密的。林珠騰在 1592 年返回荷蘭，在阿姆斯特丹，他繪製在果阿所見到的景象圖，並在 1596 年出版東印度或葡屬印度旅遊指南。

"Jan Huyghen van Linschoten," *Wikipedia*, https://en.wikipedia.org/wiki/Jan_Huyghen_van_Linschoten（2020 年 3 月 15 日瀏覽）。

10 月，船隊沒有在非洲登陸，而是直接航至馬達加斯加島（Madagascar），在該島停留半年，在該段航行有 71 人病死。船隊越過印度洋，走蘇門答臘南部海域的路線，而沒有經過馬六甲海峽。

1596 年 6 月 23 日，船隊抵達西爪哇的萬丹（Bantam, Banten）港，而與葡人和當地人發生生意上的衝突，葡人慫恿萬丹商人將香料價格抬升，郝特曼在萬丹港口劫掠兩艘爪哇船，葡人指控荷人為海盜，導致郝特曼及若干水手被捕。萬丹蘇丹要求荷蘭人付贖金，最後荷人付了贖金，郝特曼等人才獲釋。隨後郝特曼下令砲轟萬丹港及船隻，雙方貿易關係破壞。萬丹蘇丹派人通報附近的土著領袖要嚴防荷蘭人。郝特曼因為在萬丹做生意不成，乃將船隊駛往萬丹對岸的蘇門答臘楠榜港口。經數月後，始恢復跟萬丹的友好關係。但葡人還是從中挑撥。郝特曼只好向東航行，沿著爪哇北海岸航行，在西大由（Sidayu）（位在東爪哇東北角），遭到海盜攻擊，損失一艘船，死 12 人。在馬都拉，又與馬都拉王子發生衝突，王子被殺死，荷人數名水手被捕，郝特曼付出贖金才救回這些水手。

此時船員只剩下 94 人，領導還分裂，有一批船員支持郝特曼，另一批船員支持謬連納（Jan Meulenaer），他們對於船隊下一站去哪兒出現歧見。後來謬連納不明原因突然死亡，船員們懷疑郝特曼下毒手而逮捕郝特曼加以審訊，因證據不足而予以釋放。「阿姆斯特丹號」（Amsterdam）因毀損無法航行，遂加以焚燒並任其漂流。遠征軍決定往南航行到峇里島。有數名水手留下，不願返回荷蘭。1597 年 2 月 26 日，船隊離開峇里島，於 8 月 14 日返抵特塞爾港，只剩 3 艘船和 89 人。[3]此行帶回 245 袋胡椒、45 噸肉荳蔻、30 包乾豆蔻（mace）。[4]雖然香料價格高漲，但能帶回香料，已給荷蘭商人莫大的鼓舞。

葡萄牙對於萬丹蘇丹將香料賣給荷蘭人感到不滿，葡軍在迪布里托（De Brito）的指揮下，進兵萬丹，以報復其與荷蘭商人進行貿易。戰爭

---

[3] M. C. Ricklefs, *A History of Modern Indonesia Since C. 1200*, Stanford University Press, Stanford, California, 2001, third edition, 2001, p.30.

[4] "First Dutch Expedition to Nusantara," *Wikipedia*, https://en.wikipedia.org/wiki/First_Dutch_Expedition_to_Nusantara（2020 年 3 月 10 日瀏覽）。

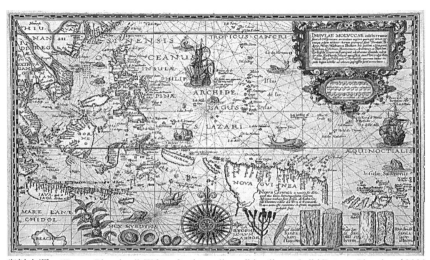

資料來源：“Petrus Plancius,” *Wikipedia*, https://en.wikipedia.org/wiki/Petrus_Plancius（2020
　　　　年 3 月 9 日瀏覽）。

圖 9-1：Petrus Plancius 在 1592 年繪製的摩鹿加群島圖

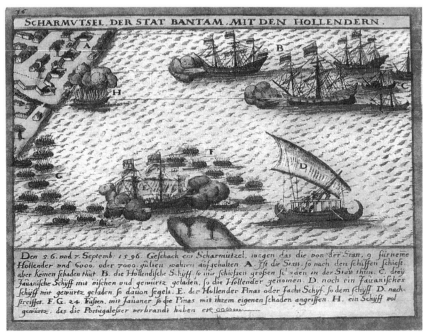

資料來源：“First Dutch Expedition to Nusantara,” *Wikipedia*, https://en.wikipedia.org/wik
　　　　i/First_Dutch_Expedition_to_Nusantara（2020 年 3 月 10 日瀏覽）。

圖 9-2：郝特曼砲轟萬丹港

結果，萬丹將葡軍擊退。

荷蘭人在 1598 年有兩支船隊進行環球之行，一支是由馬互（Jacques Mahu）所率領，另一支是由范諾特（Olivier van Noort）所率領。馬互率領 5 艘船、507 名船員沿著以前麥哲倫的航線航行，一艘船在蒂多蕾島被葡人逮捕，第二艘船在智利的瓦爾帕萊梭（Valparaiso）被西班牙人逮捕，第三艘船在夏威夷海域失蹤，第四艘船航行到日本，第五艘船航行到麥哲倫海峽就折回荷蘭，船員 50 人。[5]

1598 年 7 月 2 日，荷蘭人范諾特率 4 艘船、248 名船員由鹿特丹（Rotterdam）出發，目的在攻擊在太平洋的西班牙據點以及和中國與摩鹿加群島發展貿易，1600 年 5 月，橫越太平洋攻擊在關島的西班牙軍隊。在德那地島因遇暴風雨而損失兩艘船。11 月和 12 月，他率領剩下的兩艘船在馬尼拉灣口的科瑞吉多（Corregidor）島停泊，騷擾攻擊進出海灣的西班牙船隻。12 月 14 日，在呂宋島外海的幸運島（Fortune Island）與西班牙艦隊海戰失利，他的一艘船被逮捕，他只好退出菲律賓。葡萄牙在爪哇島中部北海岸的加帕拉（Jepara）建立貿易站。范諾特的船隻亦抵達汶萊，然後沿著峇里海峽（位在爪哇島與峇里島之間）和爪哇南岸，最後只有 1 艘船、45 人回到荷蘭。[6]他循著印度洋經大西洋於 1601 年 8 月 26 日回到荷蘭，他成為環球航行的荷蘭人。

「遠方公司」與新近成立的「航行東印度新公司」（New Company for Voyages to East India）聯合計畫進行第二次到東印度之行，他們籌募 80 萬荷蘭盾。

1598 年 5 月 1 日，有 5 家公司組織 22 艘船隊，由范內克（Admiral Jacob van Neck）和瓦偉捷克（Vice-Admiral Van Waerwijck）率領，從特塞爾港出發，在 8 月船隊航抵好望角，遭到暴風雨，船隊分為兩隊，范內克帶領 3 艘船安全在馬達加斯加島東岸登陸，其他船隻不知所蹤，有些後

---

5 Donald Frederick Lach, Edwin J. Van Kley, *Asia in the Making of Europe*, Vol. III, A Century of Advance, University of Chicago Press, 1998, p.441.

6 "Olivier van Noort," *Wikipedia*, https://en.wikipedia.org/wiki/Olivier_van_Noort（2020 年 3 月 10 日瀏覽）。

來跟上。11 月 28 日，船隊抵達萬丹。此時萬丹情勢有所改變，萬丹因為與葡軍發生戰爭，而希望獲得荷蘭的保護。范內克小心地與萬丹蘇丹交往，迅速購買 3 船香料就啟程返回荷蘭。他另外派 4 艘船到摩鹿加群島購買香料，船隊往東航行經過雅加達、杜板、錦石，一路上都獲得土人的友好接待。但在馬都拉還是一樣受到敵視，7 名水手遭逮捕，付出高額贖金後才獲釋放。在安汶島北海岸的希度（Hitu）地區的土著願意賣香料給荷人，但數量微少。1599 年 3 月，抵達班達島，與土著進行貿易，有 2 艘船載回香料，另留下 20 人繼續購買香料。由瓦偉捷克率領 2 艘船前往德那地島，獲得當地蘇丹友善待遇。但該地丁香數量不多，他決定設立一處貿易站。他們亦登陸社尼島（Do Cerne），將之改名為模里修斯（Mauritius）島，以紀念 1585-1625 年期間統治荷蘭共和國省督模里斯（Maurice of Nassau）。他們在島上留下一隻公雞和七隻母雞，並播下橘子和檸檬種子。然後在 12 月 30 日回到萬丹，舉行新年慶祝會。[7]

　　1599 年 7 月，范內克的船隊返回阿姆斯特丹港，受到熱烈歡迎，船員們在鼓號樂隊引導下遊街，全市教堂鐘聲齊鳴，有許多酒讓他們盡情享用。范內克獲贈一隻金酒杯。范內克運回的貨物包括胡椒和丁香價值 1 百萬英鎊，半船的肉豆蔻、乾豆蔻和肉桂，獲利達 400%。[8] 1599 年 6 月，郝特曼在與亞齊蘇丹戰鬥中喪生。1600 年 9 月，瓦偉捷克帶領的船隊才返回阿姆斯特丹。

　　另外由希姆史克克（Van Heemskerck）率領的船隊在 1599 年 3 月中前往大班達島，起初受到冷淡的待遇，因為該島過去與葡人有不愉快的經驗，再加上附近火山爆發，土人相信會帶來惡靈。希姆史克克後來贏得土人的信任，留下 22 名船員在島上收購和儲存肉豆蔻，以便於將來荷人到此島購買香料。希姆史克克於 1600 年 5 月返回阿姆斯特丹。

　　第三次遠征隊是在 1599 年 4 月由指揮官哈根（Steven van der

---

[7] "Second Dutch Expedition to Nusantara," *Wikipedia*, https://en.wikipedia.org/wiki/Second _Dutch_Expedition_to_Nusantara（2020 年 3 月 10 日瀏覽）。

[8] "Second Dutch Expedition to Nusantara," *Wikipedia*, https://en.wikipedia.org/wiki/Second _Dutch_Expedition_to_Nusantara（2020 年 3 月 10 日瀏覽）。

Hagen）率領 3 艘船，11 個月後抵達萬丹。隨後與希度土著合作，聯合進攻在安汶島的葡軍，交換條件是唯有荷人有權購買希度的香料。結果荷軍包圍安汶葡軍，無功而退。荷軍在希度地區建立范偉爾（Kasteel Van Verre）堡壘，留下少數軍隊駐守。

　　1600 年，范內克再度率領船隊前往萬丹，但未獲允購買香料，他遂前往德那地。在前往蒂多蕾島時遭到西班牙和葡軍的抗拒，亦未購得香料。他乃航向澳門，雖登陸，但不少水手遭葡軍逮捕處死。他再駛往泰國南部的北大年（Patani），獲土著友善待遇，仍遭到葡軍、暹羅和日本商人的抵制，只得再轉往萬丹。在 1604 年返回荷蘭。[9]

　　1601 年，荷蘭有 14 艘船再度前往摩鹿加群島。該年 12 月 25-27 日，由哈梅茲（Wolfert Harmesz）率領的 5 艘荷蘭船隊在萬丹港擊敗 29 艘葡萄牙船隊。1602 年 1 月 1 日，哈梅茲航向摩鹿加群島，與土著簽約購買香料，知悉葡軍要攻擊德那地，便立即返航荷蘭。同時另一個由希姆史克克率領的船隊在萬丹亦遭到西班牙艦隊的襲擊，有兩艘船返回荷蘭。他率領一艘船沿著爪哇北岸航行，在中爪哇北岸的淡目外海遭到土著襲擊，損失數名水手。他遂駛往泰國南部的北大年，再前往澳門，幸運地他擄獲一艘西班牙船，上面有 17 尊大砲和 700 名水手。在組成荷屬東印度公司（Dutch East India Company, VOC）之前的最後一次航行是由史皮爾柏（Joris van Spilbergh）率領的船隊，他航向亞齊，與英國艦隊指揮官蘭開斯特（Sir James Lancaster）合作俘擄一艘葡萄牙船隻，他在亞齊留下史匹克斯（Cornelis Specx）擔任商務代表，即返回荷蘭。

　　由於各家船公司資本小，難以在東方競爭商業利益。在荷屬東印度公司成立前，荷蘭共派遣 63 艘船前往東印度群島，損失 11 艘船，有許多船員殉難。唯有資本雄厚的船公司才能獲得利益，也才能對抗西班牙和葡萄牙的勢力。[10]因此在歐爾登巴尼瓦特（Van Oldenbarnevelt）之號召下，在 1601 年 5 月將組成聯合公司的意見向荷蘭政府提出，12 月 31 日，荷蘭國

9　Eduard Servaas de, Klerck, *History of the Netherlands East Indies*, v.1, 2, W. L. & J. Brusse, Rotterdam, 1938, v.1, p.201.

10　Eduard Servaas de, Klerck, *op.cit.*, v.1, p.202.

會（States-General）召集各家船公司開會，但未達成協議，因為熱蘭（Zeeland）反對阿姆斯特丹擁有過大的影響力。1602 年 3 月 20 日，這些船公司達成協議組成「聯合東印度公司」（United East India Company, Vereenigde Oost-Indische Compagnie, VOC），設董事會（Board of Bewindhebbers），由 6 個港口城市的商會組成，包括：阿姆斯特丹、戴爾福特（Delft）、鹿特丹、霍翁（Hoorn）、恩克會增（Enkhuizen）和在熱蘭（Zeeland）的首府米德爾伯格（Middelburg）。各家商會出資比例如下：阿姆斯特丹佔 50%，熱蘭佔 25%，戴爾福特和鹿特丹聯合組成的馬士卡莫士（Maaskamers）公司，以及霍翁和恩克會增組成的諾德-科瓦逤爾（Noorder-Kwartier）公司，則各佔 12.5%。為防止阿姆斯特丹擁有過大的權力，規定管理董事會的商會應輪流由熱蘭、馬士卡莫士、諾德-科瓦逤爾任命擔任。董事會稱為「17 人董事會」（Kamer van Zeventien，或習稱為 Heeren Zeventier, Counsel of Hareen XVII, the Lords Seventeen）。董事會決定船隊的裝備、目的地。董事會總部設在阿姆斯特丹 6 年，以後再遷到米德爾伯格 2 年。[11]

在初期，各公司的董事總共有 73 人，分別擔任各委員會的工作，但逐次將其人數減到 60 人。其中由阿姆斯特丹任命 20 人，熱蘭任命 12 人，其他各公司任命 7 人。當有人出缺時，則由相關的委員會提名 3 名人選，由省議會（Provincial States）任命。但此一規定從未執行。通常都是由阿姆斯特丹決定遞補人選，而非由省議會決定。最後董事會由 17 人組成，稱為「17 人董事會」，成為荷屬東印度公司的最高機構。「17 人董事會」之組成包括：8 人來自阿姆斯特丹商會的代表，4 人來自熱蘭商會的代表，其他 5 人來自其他地區的商會所派的代表。

該公司由荷蘭國會頒給憲章，賦予準主權的權力，它擁有從好望角以東、麥哲倫海峽以西到東印度群島的專有貿易權 21 年，且可以與亞洲國家宣戰、外交、媾和、訂約、建堡壘、建立軍隊、鑄幣、官吏任免、商品輸入荷蘭免稅等權力，公司官員須宣誓效忠共和國和公司，公司須服從國

---

[11] Eduard Servaas de, Klerck, *op.cit.*, v.1, p.204.

會的命令。該公司初成立時的資本額共 642 萬基爾德（荷盾）（guilders, gulden，1 基爾德約合 27.6 美分）。

表 9-1：荷屬東印度公司初籌集之資本額

商會名稱	資本額（荷盾）
Amsterdam	3,679,915
Zeeland	1,300,405
Enkhuizen	540,000
Delft	469,400
Hoorn	266,868
Rotterdam	173,000
總數	6,424,588

資料來源："Dutch East India Company," *New World Encyclopedia*, https://www.newworldencyclopedia.org/entry/Dutch_East_India_Company（2020年 3 月 14 日瀏覽）。

1602 年春天，荷屬東印度公司首度派遣 3 艘船，由狄沃特（De Weert）率領，他不幸在錫蘭遇害。他的船隊分為兩支，一支航向萬丹，另一支航向北大年。1604 年 4 月，到北大年的船隊滿載貨物回到荷蘭。

1602 年 6 月，瓦偉捷克率 11 艘船到東方，其中有 3 艘前往亞齊，與狄沃特的部分船隻會合再前往萬丹。與萬丹蘇丹交涉設立貿易站，不果。他繼續前往東爪哇的錦石，獲允設立貿易站。他繼續航至汶萊、柔佛（Johor）、北大年和暹羅。由於未能取得暹羅國王的介紹函，所以未能前往中國。他在 1607 年 6 月返回荷蘭。[12]

1603 年，荷屬東印度公司在萬丹設立正式官方貿易站，在萬丹和馬來半島的柔佛設立中央土庫（Central Rendezvous），做為商品和軍火的儲備之用。1604 年元旦，哈根抵達萬丹，安汶的特使已在該處等他，告訴他安汶情況已很險峻，因為西班牙的孟多薩（Admiral de Mendoza）對該島採取報復措施，該島島民曾協助荷蘭。2 月，哈根前往安汶，他抵達

---

[12] Eduard Servaas de, Klerck, *op.cit.*, v.1, p.207.

後兩天，西班牙軍即放棄在該島上的堡壘。荷蘭佔領安汶後，將之改名為維克托里亞（Victoria），驅逐葡萄牙天主教傳教士，強迫土著改信喀爾文教（Calvinism）。希度地區酋長與荷軍簽訂友好條約，宣誓效忠荷蘭政府，保證丁香只賣給荷屬東印度公司。佛瑞德里克・迪・郝特曼（Frederic de Houtman）被任命為安汶的第一任行政長官（Governor）（或譯為州長）。

　　荷蘭其他的艦隊則被派至蒂多蕾島，經過一場硬戰後，將西班牙軍隊驅逐出該島。但因兵力不足，1606 年春天，西班牙軍隊重新佔領蒂多蕾和德那地兩島。蘇丹逃走後被俘，賽德蘇丹和其他貴族被流放菲律賓的馬尼拉。哈根從安汶前往班達，建立土庫（倉庫），獲得肉荳蔻和荳蔻的專賣權，並獲得信教自由的保證。蒂多蕾島土著蘇丹派遣特使到萬丹請求荷蘭出兵協助，荷軍司令馬特里福（Admiral Matelieff de Jonge）遂前往安汶，在 1607 年 4 月底抵達。為了建立穩固的勢力，他允許荷人與土著婦女通婚，甚至留下一些官員在當地教育小孩。然後他前往蒂多蕾，在島上建立堡壘，讓蘇丹可以在遭到西班牙軍隊攻擊時有躲避的地方。他與蘇丹簽訂條約，蒂多蕾獲得荷屬東印度公司的保護，荷蘭則獲得丁香的專賣權。然而因為西班牙的威脅不斷，荷蘭很難維持其在該島的據點。馬特里福繼續前往越南中部的占婆（占城）和中國，尋找商業機會和利益，但收穫很少，在 1607 年 11 月轉到萬丹。

　　1606 年 4 月，范卡登（Van Caerden）率 7 艘船從荷蘭出發，目的在取得馬六甲的控制權，他在萬丹遇見馬特里福的船隊，後者不贊成此時攻打馬六甲，因為此時正吹西風，他於是勸范卡登攻取德那地，范卡登在1608 年 5 月征服馬金島（Makian）上的西班牙堡壘，遇暴風而損失兩條船。9 月，范卡登遭西班牙逮捕，被關在德那地的西班牙的嘎姆拉瑪（Gamu Lama）堡壘 2 年。馬特里福於 1608 年初返回荷蘭，有兩位暹羅特使與他隨行。他在萬丹亦安排一位土庫長埃賀麥特（Jacques l'Hermite），負責看管貨物。

　　在荷屬東印度公司成立頭 6 年，已經在萬丹、錦石、德那地、馬金、安汶和班達等地設立貿易站。

1609 年，荷人佔領在巴肯島上的葡軍堡壘。西班牙勢力滯留在摩鹿加群島直到 1663 年退出為止。

荷蘭於 1610 年在安汶設立總督，首任總督為彼得・波特（Pieter Both）（1610-1614）。他抵達萬丹時，立即設立 5 人的「印度評議會」（Council of Indies, Raad van Indië），為總督的諮詢和監督機關，事實上，荷屬東印度公司董事會無法指揮遠在東印度的總督，所以總督擁有很大的權力。他亦設立審計長（Visitateur-General, auditor-general），負責監督各項機構和設施。1611 年，荷屬東印度公司在雅加達（Jayakěrta）設立貿易站。荷蘭人獲准在雅加達以 1,200 里耳（2,700 盾）的價錢購得一片土地，在該處建造房屋，他們在雅加達購買的貨物，除了準備出口的食物以外，一律要納稅。葡人和西班牙人不准到雅加達經商。彼得・波特請求雅加達領主韋加亞克拉瑪（Pangeran Wijayakrama）（Pangeran 意指領主、親王或偉大的統治者）准許他在雅加達建築堡壘，遭到拒絕，並且規定荷屬東印度公司以後輸出食物也要納稅。另外，荷人也獲准在芝里翁河東岸建築商館。[13]

二、荷蘭入侵爪哇島

1613 年，荷屬東印度公司在中爪哇北岸的加帕拉（Jepara）設立貿易站。

雅加達由領主韋加亞克拉瑪統治，為萬丹的屬國，要向萬丹進貢。1618 年 12 月，萬丹準備對付雅加達和荷屬東印度公司，就委派英國人戴爾（Admiral Thomas Dale）到雅加達驅逐荷蘭人。阿貢蘇丹（Sultan Agung）禁止賣米給荷屬東印度公司，阿貢蘇丹的加帕拉總督攻擊在該地的荷屬東印度公司的貿易站。荷軍則燒毀加帕拉作為報復。荷軍亦重新佔領梭洛。1619 年初，荷屬東印度公司委派彼得昆（Jan Pieterszoon Coen）為總督。[14]他將雅加達荷屬東印度公司的辦事處周圍築起磚牆，成為堅固

---

[13] 〔印尼〕薩努西・巴尼著，吳世璜譯，印度尼西亞史，上、下冊，商務印書館香港分館，香港，1980 年，上冊，頁 256-257。

[14] 彼得昆於 1587 年生於荷蘭的霍恩（Hoorn），父親並無顯赫身世，他年輕時到羅馬求

的堡壘。韋加亞克拉瑪亦在市區周圍開始築城，並允許英國人加強其在芝里翁河西岸的據點，以與荷蘭人對抗。彼得昆摧毀英國辦事處。後來英國艦隊在雅加達港口遇見彼得昆的小艦隊，將之擊敗。彼得昆乃逃至摩鹿加群島，號召援軍。城內的荷屬東印度公司的堡壘未被英國人佔領。因為萬丹首相阿里阿・拉納莽卡拉和韋加亞克拉瑪不願英國人在雅加達的勢力增強。

　　1619 年 1 月底，萬丹蘇丹不願意英國控制雅加達，所以出兵攻擊在雅加達的英軍，英軍指揮官戴爾逃至其船上，萬丹軍隊將韋加亞克拉瑪驅趕至山上。萬丹軍隊佔領雅加達，荷屬東印度公司仍保有在雅加達的堡壘。1619 年 3 月 12 日，荷屬東印度公司將該城名字改為巴達維亞（Batavia），[15]以荷軍大都來自巴達維亞族之故。5 月 10 日，彼得昆率領 16 艘船、1,200 名軍隊回到巴達維亞（以下簡稱吧城），路經加帕拉時，將城焚燬，包括英國的貿易站。28 日，進攻吧城，驅逐萬丹軍隊。以後吧城成為荷屬東印度公司在遠東的指揮總部。8 月，荷蘭開始重新在吧城築城。

　　彼得昆為了繁榮吧城，就必須阻止萬丹的商業活動，他於是封鎖萬丹港，強迫在萬丹運載胡椒的船舶開往吧城，並強迫前往萬丹買賣胡椒的中國船隻開往吧城。為了讓城內有手工業者和農民，彼得昆以免稅的方式吸引華人前來吧城，並在吧城周圍開闢水田，使吧城不致過於依賴馬塔蘭（Mataram）（為控制吧城以外的中爪哇和東爪哇的土著國家）王國的糧食供應。他委任一名華人蘇鳴岡（或蘇明光）為華人的首長（甲必丹）

學，主修商業課程，他精通拉丁語、法語、英語、義大利語、西班牙語和葡萄牙語。21 歲時，隨著韋霍夫（Verhoeff）海軍司令的艦隊前往東方國家。韋霍夫在班達遭到土著殺害，此也許影響到彼得昆後來擔任總督後對班達土著採取鎮壓手段。1612 年，他重返荷屬東印度，擔任商務官（Uppermerchant），次年，擔任總會計長（Accountant-General），他採用各土庫的簿記方法，此一方法使用到荷屬東印度公司結束為止。1629 年 9 月 21 日，因病死於印尼，享年 42 歲。參見 Eduard Servaas de, Klerck, *op.cit.*, v.1, pp.218, 237.

15　Eduard Servaas de, Klerck, *op.cit.*, v.1, p.218. 但巴尼認為改稱巴達維亞的時間是在 1621 年。參見〔印尼〕薩努西・巴尼著，前引書，上冊，頁 258。

（Capitan, Kapitan）。[16]在建城第一年，城內華人只有 800 人，10 年後，華人人數達到 2 千人。[17] 1638 年，華人增加到 1 萬 2 千人。城內貿易、小商販、工匠業、承包稅、商品供應、貸款業和典當業都由華人經營。

1623 年，彼得昆總督返回荷蘭，由卡噴逐爾（Pieter de Carpentier）接替總督職。1627 年，彼得昆重回吧城擔任總督。

位在爪哇島上的馬塔蘭王國在 1622 年出兵 8 萬進攻泗水，因缺乏糧食，被迫撤退。1624 年佔領馬都拉。蘇丹阿貢繼續以停止供應大米給荷蘭人作為手段，迫使荷人與其聯手佔領萬丹以及荷屬東印度公司不再援助泗水。蘇丹阿貢另又要求收回加拉橫（Karawang），該地以前為馬塔蘭的屬領，後改屬萬丹。但荷蘭對這些要求，沒有答應，荷蘭企圖在萬丹和馬塔蘭之間維持平衡和對峙，以取得優勢，談判遂拖延不決。

阿貢在 1625 年自上尊號「蘇蘇胡南」（Susuhunan），意即最高的統治者。他在該年控制泗水之後，就將注意力轉到吧城，在 1628 年 8 月派遣第一批軍隊行軍 500 公里抵達吧城；10 月，又派遣第二批軍隊進攻，結果失敗。1629 年 5 月，再度準備進攻吧城，但其在直葛（Tegal）和井里汶（Cirebon）的糧倉和船隻遭荷蘭海軍破壞，而減損其戰力。從 8 月到 10 月，爪哇軍隊對吧城進行包圍戰，最後因為疾病和飢餓而敗戰。彼得昆亦在 9 月 20 日因霍亂病死於堡壘中。[18]戰敗的馬塔蘭軍隊的指揮官，亦被處死。

1633 年，荷屬東印度公司和萬丹發生戰爭。1639 年，井里汶和勃良安（Priangan）（後改稱為萬隆（Bandung））皆被蘇丹阿貢所控制，成為其屬領，蘇丹派遣領主管轄。1640 年，葡萄牙放棄在加帕拉的貿易站。

馬塔蘭蘇丹阿貢為對付荷蘭，企圖聯合控制馬六甲的葡人、柔佛和望加錫，但在聯盟未建立之前，荷蘭在 1641 年佔領馬六甲，使蘇丹阿貢的

---

[16] 〔印尼〕薩努西・巴尼著，前引書，上冊，頁 259。

[17] Bernard H. M. Vlekke, *Nusantara: A History of the East Indian Archipelago*, Harvard University Press, Cambridge, Massachusetts, U.S.A., 1943, p.131.

[18] M. C. Ricklefs, *op.cit.*, 2001, p.53.

希望破滅。

1646 年，蘇丹阿貢去世，其所統治的疆域包括中爪哇、東爪哇、蘇門答臘的巴鄰旁和占卑（Jambi）、卡里曼丹的馬辰（Banjarmasin or Bandjarmasin）。蘇蘇胡南阿彎古拉特一世（Susuhunan Amangkurat I）[19] 繼承阿貢蘇丹的王位。9 月 24 日，馬塔蘭與荷蘭簽訂友好合作條約，規定：(1)共同對付外來敵人；(2)引渡欠債者；(3)雙方交換戰俘；(4)荷蘭歸還擄獲自 1642 年阿貢蘇丹遣使到麥加朝聖時攜帶的金錢；(5)除了安汶、德那地或班達外，馬塔蘭的船隻得前往荷蘭的各個港口進行貿易。但假如要駛往馬六甲或其他的地點，須先向吧城申請許可。(6)荷蘭人每年派遣使節到馬塔蘭，而馬塔蘭出國的使節須搭乘荷蘭船隻。[20]

1647 年，荷蘭又規定馬塔蘭的船隻如欲開往馬六甲或經過馬六甲（荷蘭在 1641 年控制馬六甲），須持有荷蘭發給的准許證。[21]上述規定迫使馬塔蘭無法繼續前往摩鹿加群島以及蘇門答臘、馬六甲等地進行貿易活動，爪哇的對外貿易幾乎停頓，馬塔蘭逐漸變成一個農業國家，其大米也無法外銷，農民生活日益窮困。

1647 年，爪哇東南部的東角（Eastern Salient）（即巴南邦岸（Blambangan, Balambangan）所在地）發生叛亂，馬塔蘭出兵，結果失敗。此後，該地脫離馬塔蘭的控制。1650 年，馬塔蘭命令井里汶出兵進攻萬丹。1657 年底，馬塔蘭再度出兵萬丹，結果都失敗。峇里島軍隊進攻東爪哇海岸，馬塔蘭毫無力量反擊。爪哇之外，只有巴鄰旁還承認馬塔蘭的宗主權。

從 1646 年到 1654 年，荷屬東印度公司數度遣使到馬塔蘭首都交涉供應糧食問題。1651 年，荷屬東印度公司重新在加帕拉設立貿易站。荷屬東印度公司與爪哇北岸的貿易開始活絡起來。[22]但海岸貿易的利益與內陸

---

[19] 阿彎古拉特一世為蓋世之昏君，且為稀有之暴主，誅殺前朝大臣及家族，亦濫殺平民，民怨不已。參見沈鈞編著，蘭領東印度史，中華學術院南洋研究所重刊，文史哲出版社，臺北市，民國 72 年，頁 66-67。

[20] 沈鈞編著，前引書，頁 66-67。

[21] 〔印尼〕薩努西‧巴尼著，前引書，上冊，頁 273。

[22] M. C. Ricklefs, *op.cit.*, 2001, p.93.

的利益衝突，出口米和木材增加，國王的稅收卻減少，導致在 1652 年禁止出口米和木材。阿蠻古拉特一世對荷屬東印度公司說，此舉不是針對荷蘭而是萬丹，如果荷蘭有米和木材的需要，可直接與他談判數量和價格，其目的在獲取米和木材出口的利益。1655 年，阿蠻古拉特一世進一步下令關閉港口。1657 年，重開港口。該年再度進攻萬丹。1658 年，荷蘭在蘇拉威西島北部的萬鴉老設立貿易站。1659 年，荷屬東印度公司攻擊巴鄰旁，焚燬該城，另重建該公司的貿易站。7 月 10 日，荷蘭與萬丹簽約，規定雙方交換戰俘和逃奴，荷屬東印度公司的船隻可到萬丹做生意，並獲得免租金和稅的優待，另亦劃分荷蘭領地和萬丹的疆界。馬塔蘭為了報復，在 1660 年又關閉港口，荷屬東印度公司在加帕拉的貿易站亦遭關閉。1661 年，重開港口。

　　阿蠻古拉特一世企圖控制港口貿易以及獨佔與荷屬東印度公司的貿易是有關聯的，他的目的有四：(1)確保王室能取得港口貿易的收入。(2)重建與荷屬東印度公司的藩屬關係，他相信 1646 年與荷屬東印度公司的條約已確立該藩屬關係。(3)獲取荷屬東印度公司的禮物，可使其皇宮增加華麗和光榮，諸如波斯馬等。(4)獲得荷屬東印度公司的金錢，以彌補其王國財政之不足。為了達成以上目的，他迫使荷屬東印度公司在 1667、1668、1669 等年遣使到國王所在地埔里瑞德（Plered）（位在卡達蘇拉（Kartasura））進行談判，但都告失敗。[23]

　　1675 年，望加錫人叛亂，攻擊杜板（廚閩）。特魯那加雅（Trunajaya）率領的馬都拉叛軍亦佔領泗水。東爪哇沿岸地帶紛紛脫離馬塔蘭的控制。馬塔蘭王國朝廷內部分裂成兩派，一派主張與荷屬東印度公司合作，另一派反對與基督教徒合作。1676 年，荷蘭協助馬塔蘭平定馬都拉叛軍。1676 年 10 月，馬塔蘭的軍隊在爪哇東北海岸的哥哥多各（Gogodog）（在三寶壟地區）遭遇叛軍特魯那加雅的軍隊，在尚未接戰前，馬塔蘭的軍隊就潰散。1677 年 1 月，叛軍控制東爪哇海岸重要港口，甚至井里汶也改投向叛軍。

---

[23]　M. C. Ricklefs, *op.cit.*, 2001, p.94.

　　1676 年，特魯那加雅自稱榮譽領主（panĕmbahan）和拉惹（raja，即國王），自稱為滿者伯夷（Majapahit，Madjapahit）王國的後代，有權擔任馬塔蘭的國王，但他未能獲得望加錫人的支持。荷蘭史皮爾曼將軍（Admiral Cornelis Speelman）率軍囤駐加帕拉，威迫阿蠻古拉特一世修訂新約，以作為鎮壓叛軍之條件。

　　1677 年 2 月 25 日，阿蠻古拉特一世與荷屬東印度公司重修訂 1646 年的友好條約，規定：(1)荷蘭同意協助馬塔蘭對抗進攻其港口的敵人，而給予荷屬東印度公司在爪哇各港口入口免稅的優惠。(2)荷蘭在吧城的領地向東延展，荷蘭可以在任何港口設立土庫。(3)荷屬東印度公司每年可按照市場價格獲得 4 千擔大米。(4)馬塔蘭將限制馬來人、阿拉伯人和外國人居住在馬塔蘭。(5)馬塔蘭將償付荷蘭平定叛軍的費用 25 萬里耳和 3 千擔米，分 3 年還清。如果戰爭持續到 1677 年 7 月以後，則蘇蘇胡南每月還須償付 2 萬里耳。[24]

　　荷軍指揮官史皮爾曼獲得阿蠻古拉特一世的授權可以代表他簽訂條約。5 月，荷屬東印度公司進軍海岸地帶，將特魯那加雅逐出泗水，擄獲 100 尊加農砲。荷軍將特魯那加雅的軍隊逼入內陸，導致更多爪哇人加入其軍隊。6 月，特魯那加雅的軍隊攻入馬塔蘭首都埔里瑞德，阿蠻古拉特一世與其王儲逃向由荷屬東印度公司控制的東北海岸地帶（其首府在三寶壟），由其另一個兒子普哲王子（Pangeran Pugĕr）領軍對抗叛軍。特魯那加雅擄掠埔里瑞德後，領軍投向諫義里。普哲重新佔領埔里瑞德，自稱蘇蘇胡南殷格拉格（Susuhunan Ingalaga），此後與其王儲哥哥陷入緊張關係。阿蠻古拉特一世逝於東北海岸，王儲在 1677 年 7 月登基，稱蘇蘇胡南阿蠻古拉特二世（Susuhunan Amangkurat II, 1677-1703）。

　　阿蠻古拉特二世為了鞏固其地位，尋求荷蘭的支持，在 1677 年 10 月和 1678 年 1 月 15 日，與史皮爾曼將軍議訂新約，其中規定：(1)荷屬東印度公司承認阿蠻古拉特二世為馬塔蘭正當合法的國王。(2)荷屬東印度公司享有在馬塔蘭全國通商自由，且得於南望（Rĕmbang）建造船塢。(3)

---

[24] 〔印尼〕薩努西‧巴尼著，前引書，上冊，頁 279-280。

荷屬東印度公司輸往馬塔蘭之貨物，全部免稅。(4)荷屬東印度公司之疆界得擴張至卡拉灣（Krawang）及勃良安之一部分茵德拉馬卓（Indramajoe）沿線。(5)割讓三寶壟市及其外圍地域。(6)允諾給予荷屬東印度公司海岸港口的稅收，直至荷屬東印度公司出兵清除從直葛到加帕拉的叛軍的軍費完全清償為止。(7)荷屬東印度公司還擁有購買米和糖的專有權、進口紡織品和鴉片的專有權、免稅權。(8)承認巴達維亞的向南到印度洋的疆界，以致於整個勃良安高地變成荷屬東印度公司的土地。[25]阿蠻古拉特二世因為無法支付賠償費給荷蘭，允諾放棄三寶壟以及對勃良安的主權主張、沿岸港口的收費。荷印總督馬蘇特圭爾（Joan Maetsuycker）及「印度評議會」之多數委員對於史皮爾曼將軍與阿蠻古拉特二世簽約一事，不甚同意，蓋史皮爾曼將軍之行動，與總督所採之溫和政策相反。且條約之內容對於馬塔蘭之善意乞援，有近於要挾意味。

1678 年 9 月，荷蘭派遣賀德（Anthonio Hurdt）與阿蠻古拉特二世的軍隊聯合進入爪哇內陸，摧毀在諫義里的特魯那加雅的軍隊，重獲滿者伯夷的金冠和馬塔蘭王室傳家寶，特魯那加雅逃走，在 1679 年被捕。1680 年 1 月，阿蠻古拉特二世親手用刀將其刺死。荷軍入侵馬都拉，自稱係代表馬塔蘭行事。特魯那加雅的叔叔卡克蘭寧格拉特二世（Cakraningrat II）控制西馬都拉，而荷蘭控制東馬都拉。

1679 年 11 月，荷軍和帕拉卡的軍隊將望加錫抗荷軍從東爪哇的據點基浦（Kĕpĕr）驅逐，荷軍亦蕩平帕章（Pajang）（位在中爪哇）的叛軍。此時，爪哇人又逐漸歸服阿蠻古拉特二世。

1680 年 9 月，阿蠻古拉特二世和荷軍佔領舊首都埔里瑞德，蘇蘇胡南殷格拉格逃往八加連。阿蠻古拉特二世將首都遷往握諾克爾托（在梭羅之西），命名為卡達蘇拉。1 年後，蘇蘇胡南殷格拉格佔領舊首都埔里瑞德，又被阿蠻古拉特二世逐回八加連。以後雙方議和。[26]

1681 年 1 月 6 日，荷屬東印度公司和井里汶的王子簽署條約，承諾

---

[25] M. C. Ricklefs, *op.cit.*, 2001, p.99. 沈鈞編著，前引書，頁 69。
[26] 〔印尼〕薩努西・巴尼著，前引書，上冊，頁 285。

在緊急時期相互協助，同意對反抗荷蘭者給予嚴厲的處罰。另亦規定荷屬東印度公司有從井里汶出口木材的獨佔權。在獲得勃良安攝政官（Adipati）之同意後，伐木工人變成荷屬東印度公司在井里汶之駐紮官之臣民。荷蘭在井里汶有胡椒專有權。井里汶王子則有蔗糖和米的出口權。當爪哇在該年 4 月 30 日爆發特魯諾卓約（Trunojoyo）抗荷運動時，井里汶與荷屬東印度公司簽訂協議，獲得荷屬東印度公司之保護。至 1705 年 10 月 5 日，馬塔蘭和荷屬東印度公司簽約正式將井里汶和勃良安割讓給荷屬東印度公司。[27]

1809 年，荷印總督丹德爾斯（Marshal Herman Willem Daendels）宣布井里汶為荷印政府的屬領。井里汶的蘇丹可以保留其頭銜，但今後將成為殖民地政府的官吏，其官階最高是「布巴迪」（bupati），即攝政官。井里汶蘇丹不願認真執行丹德爾斯的命令，結果被革職。丹德爾斯將他以前管轄的地區加以調整，東部地區分給斯甫蘇丹和阿囊蘇丹。芝馬努克河以西的地區，則劃入加拉橫府（Krawang）。[28]

1746 年，荷蘭總督范·英霍夫（Van Imhoff）前往梭羅（Solo），要求將直葛和北加浪岸割讓給荷屬東印度公司。上游地區的各種過境稅、水路運輸的各種貨物過境稅皆應交由荷屬東印度公司徵收。此後馬塔蘭王國的輸出入稅、採集燕窩專利稅、梭羅河上的通行稅、葛都的煙稅和市場稅等徵稅權的出讓，全由荷屬東印度公司決定。[29]在荷蘭的壓力下，馬塔蘭將北爪哇海岸地帶租給荷蘭，收取年租金 2 萬里耳。[30]

1754 年 9 月，荷蘭與日惹國王曼庫布米（Mangkubumi）達成協議，荷蘭同意給予一半的中爪哇的統治權，其首都設在馬塔蘭，曼庫布米則同意荷蘭租用爪哇北海岸，並領取每年 2 萬里耳租金。曼庫布米與荷蘭聯合

---

[27] A. G. Muhaimin, *The Islamic Tradition of Cirebon, Ibadat and Adat among Javanese Muslims*, Anu. E Press, 2006, p.207. in https://library.oapen.org/bitstream/id/be9fc723-0396-4b78-9138-2617f7a528d3/459298.pdf（2020 年 6 月 10 日瀏覽）。

[28] 〔印尼〕薩努西·巴尼著，前引書，下冊，頁 381-382。

[29] 〔印尼〕薩努西·巴尼著，前引書，上冊，頁 319。

[30] M. C. Ricklefs, *op.cit.*, 2001, p.128. 但巴尼說東印度公司每年付給他 9 千里耳。參見〔印尼〕薩努西·巴尼著，前引書，上冊，頁 320。

對抗叛亂的馬斯・賽德。巴達維亞雖不太贊同該協議，但情勢所迫也不得不批准。至於帕庫布烏諾三世（Susuhunan Pakubuwana III）亦未敢表達反對之意。[31]

1755 年 2 月 13 日，曼庫布米與荷蘭簽訂吉揚逖條約（Treaty of Giyanti），規定：(1)荷蘭承認曼庫布米為哈門庫布烏諾一世蘇丹（將蘇蘇胡南改為蘇丹），是中爪哇一半的統治者。(2)曼庫布米遷都到約格雅，1756 在該城建王宮（Kraton），然後改名為日惹（Jogyakarta）。日惹和蘇拉卡達為兩個獨立的侯國。(3)哈門庫布烏諾一世蘇丹與荷軍合作對抗抗荷軍馬斯・賽德（Mas Said）。抗荷軍的勢力增強，1755 年 10 月，擊敗荷軍；1756 年 2 月，幾乎燒掉日惹的新王宮。不過，其勢力仍無法推翻兩位國王，所以在 1757 年 2 月向帕庫布烏諾三世求和；3 月，在沙拉笛加（Salatiga）正式宣誓效忠蘇拉卡達的蘇蘇胡南、日惹的蘇丹和荷蘭。他則從帕庫布烏諾三世獲得 4,000 戶的俸祿。同時封為領主兼攝政官曼庫尼加拉一世（Pangeran Adipati Mangkunĕgara I, 1757-95），在蘇拉卡達擁有領地，但其領地的地位以及其後代是否繼承，則不清楚。從 1757 年到 1825 年，爪哇沒有發生大規模戰爭，應是爪哇史上最和平的年代。

1767 年，荷軍進攻巴南邦岸，佔領瑪琅和干當。後又佔領巴南邦岸的首府古多・巴南邦岸，其領袖旺・阿貢・威利斯逃到巴里島避難。荷印政府強迫兩位巴南邦岸貴族（原來信奉印度教與佛教）改信伊斯蘭教，然後委任他們為巴南邦岸的攝政官。1771 年，荷蘭將兩位巴南邦岸的攝政官解職，因為他們企圖聯合巴里島人驅逐荷蘭人，導致當地爆發抗荷運動，荷蘭採取殘酷鎮壓手段，才控制巴南邦岸。爪哇島上最後一個印度化王國於焉消滅。[32]

1810 年馬塔蘭蘇丹的首席行政官、也是其同父異母弟拉登・蘭加（Raden Rangga）起來反抗荷蘭，失敗後被殺，其子森托特（Sentot）成

---

[31] M. C. Ricklefs, *op.cit.*, 2001, p.128.
[32] 〔印尼〕薩努西・巴尼著，前引書，上冊，頁 330。

為爪哇抗荷的領袖。哈門庫布烏諾二世亦未按荷印協議將王位傳給繼承人副攝政官丹努里加二世（patih Danurěja II），而是傳給蘇丹之兄弟納塔庫蘇瑪（Natakusuma）的兒子。荷蘭總督丹德爾斯乃要求哈門庫布烏諾二世接受歐洲部長的地位、恢復丹奴里加二世（Danurěja II）的權力以及負起拉登·蘭加叛亂的責任。蘇丹反對，荷蘭總督在 1810 年 12 月派遣 32,00 名軍隊進入日惹，逼迫哈門庫布烏諾二世下臺，由其兒子繼位，成為「王子攝政」（prince regent），是為哈門庫布烏諾三世（Haměngkubuwana III, 1810-11, 1812-14）。

　　1811 年 1 月，荷蘭再與蘇拉卡達和日惹簽訂條約，擴大荷蘭控制的領土，取消自 1746 年以來付給馬塔蘭的沿海地帶的租金。日惹和殖民地政府交換轄區，即以下列日惹轄區：葛都、三寶壟（淡目、札巴拉）、格羅坡干（Grobogan）、韋羅沙里、舍羅、新埠頭、惹班等交換殖民地政府在波約拉里的附近地區和勃良安的卡魯。日惹不必償付荷蘭軍隊到日惹的行軍費用。[33]同時放逐涉嫌拉登·蘭加叛亂的納塔庫蘇瑪及其兒子納塔丁寧格拉特（Natadiningrat），將他們關在井里汶。[34]

三、荷蘭入侵印尼北部群島

　　望加錫有兩個王國，包括哥瓦（Gowa）和塔羅（Tallo）。兩國關係密切，是以望加錫為首都。1603 年，伊斯蘭教傳入望加錫。荷屬東印度公司在 1609 年在南蘇拉威西設立貿易站，但國王哥瓦並不怎麼友善。1615 年，荷蘭撤退該貿易站，並與南蘇拉威西進行戰爭。1616 年，荷蘭攻打班達島。

　　1620 年，由於班達島的土著將島上的香料走私賣給爪哇人、馬來人和其他歐洲人，引起荷蘭的不滿，除了殺害島上大部分土著（1 萬 5 千人）外，另將少數土著遷移到靠近西蘭島（Seram）的數個小島，有 800 人被擄往吧城作為奴隸。荷屬東印度公司將班達島的土地分給荷蘭退伍軍

---

[33] 〔印尼〕薩努西·巴尼著，前引書，下冊，頁 386。
[34] M. C. Ricklefs, op.cit., 2001, p.147.

人。[35]荷蘭運來奴隸填補人口。荷蘭也因此掌控了香料貿易的路線。

1621 年，英國重新在安汶設立貿易站。1623 年，在安汶的荷屬東印度公司的官員以間諜罪逮捕英國貿易站的官員，並加以拷問和監禁。

望加錫人善於航海，荷蘭人雖禁止其他西歐人到摩鹿加群島買賣香料，但望加錫人利用其航海技術走私摩鹿加群島的香料，以致於許多西班牙人、葡人、英國人、法國人和丹麥人到望加錫採購香料。荷蘭人為防堵此一漏洞，在 1633 年從海上包圍望加錫，並無多大效果，於 1636 年解除。荷蘭和望加錫在 1637 年 6 月簽訂條約，其中規定望加錫得自由派遣船隻到馬六甲和錫蘭做生意。1640 年，望加錫佔領勃尼（Bone）。

1634 年，荷蘭逮捕希度地區的統治者卡基亞里（Kakiali），其罪名為將香料「走私」賣給其他歐洲人。1637 年，荷軍進攻德那地。荷軍開始驅逐及破壞在東南群島的葡軍據點。

1640 年，安汶人請求望加錫給予援助，因此望加錫派出一支艦隊前往保護希度和甘貝羅，但為荷蘭人所阻。1643 年，荷蘭暗殺希度地區蘇丹卡基亞里，意圖控制安汶島。至 1646 年，佔領該島。

自從荷蘭人在 1641 年控制馬六甲後，許多馬六甲人遷往望加錫，望加錫和廚閩、泗水、錦石之間的貿易日益興盛，望加錫變成香料的集散中心。

1652 年，荷蘭將德那地蘇丹曼達士雅（Sultan Mandarsyah）送到吧城，逼迫他簽署條約，停止生產丁香，以維持丁香的價格。荷蘭在該島採取軍事行動，對付反對分子。荷蘭在布祿（Buru）利用「快艇」（Hongi）巡邏砍除多餘的丁香樹。

1655 年 12 月，荷蘭和望加錫雙方媾和。但望加錫對於荷蘭禁止其前往摩鹿加群島買賣香料，表示反對。不久，雙方發生戰爭。

1657 年和 1658-9 年，南蘇拉威西哥瓦的哈山努丁蘇丹（Sultan Hasanuddin）遣使到馬塔蘭，阿蠻古拉特一世要求國王親自朝貢，遭拒絕，雙方關係陷入冷淡。

---

[35] 〔印尼〕薩努西・巴尼著，前引書，上冊，頁 354。

　　1660 年，荷蘭進攻望加錫的哥瓦王國，擊毀停在港內的葡萄牙軍艦，迫使哈山努丁蘇丹在 12 月簽訂和平條約。1666 年，荷蘭派遣由史皮爾曼率領的荷蘭艦隊以及由帕拉卡（Arung Palakka）率領的武吉斯軍隊和由鍾克（Captain Jonker）率領的安汶軍隊前往哥瓦和摩鹿加群島解決問題。1667 年，荷蘭艦隊登陸布東（Butung），清除島上哥瓦的軍隊，並迫使蒂多蕾蘇丹臣服於荷蘭，蒂多蕾和德那地簽署和平條約，二島至此皆由荷蘭控制。在該年 11 月 18 日，雙方在蘇拉威西島的汶卡耶（Bungaya, Bongaja）（位在望加錫之南）簽訂協定，規定：(1)望加錫放棄它對於所有的武吉斯人居住的地區（包括勃尼及其他地區）和松巴哇（Sumbawa）島比馬的統治權。(2)望加錫的帆船須獲得荷屬東印度公司的許可證之後才能航行。(3)禁止其他歐洲人前往望加錫。(4)只有荷屬東印度公司才能把布帛和中國貨物輸入望加錫。(5)望加錫須賠償戰費，移交一座堡壘給荷蘭（其餘的都加以摧毀），並派人到吧城做為人質。[36]數月後，因為望加錫哥瓦的蘇丹哈山努丁不願履行該條約，荷軍遂佔領望加錫。荷蘭在望加錫建立一個堅固的鹿特丹要塞。

　　1663 年，西班牙放棄在蒂多蕾的貿易站。萬丹開始與馬尼拉進行直接貿易。

　　1667 年，英國聲明放棄班達島附近的巒安島（Run Island），以換取荷蘭在北美的曼哈頓島（Manhattan）。

　　1668 年，荷蘭遠征軍完全控制哥瓦。在望加錫和哥瓦的葡人則逃至澳門、暹羅或佛羅里斯島。許多反抗荷人的望加錫人前往萬丹和東爪哇，從事抗荷活動。有些武吉斯人則從事海盜活動。他們阻撓把大米運往吧城。

　　隨後，荷蘭宣稱對松巴哇和佛羅里斯島擁有控制權。荷蘭亦在蘇門答臘島南部的楠榜的門加拉（Menggala）建造堡壘。1669 年，哥瓦的哈山努丁蘇丹去世，反荷勢力終告結束。[37]

---

[36] 〔印尼〕薩努西‧巴尼著，前引書，上冊，頁 275-277。

[37] M. C. Ricklefs, *op.cit.*, 2001, pp.57-58.

卡里曼丹亦在 1659 年後脫離馬塔蘭的勢力。

1672 年，荷蘭承認帕拉卡為勃尼的國王。

1778 年，坤甸接受成為荷蘭的保護地，而由荷蘭承認當地統治者為蘇丹。

1846 年，荷軍佔領卡里曼丹的三馬林達（Samarinda）。荷印政府軍隊在 1848 年佔領西伊里安（West Irian）（紐幾內亞島西半部）。荷印政府於 1859 年出兵蘇拉威西的勃尼，加以征服，雙方簽訂條約，其領土一部分納入荷印轄區，另一部分則賜給協助荷軍的阿盧‧巴拉卡。[38] 1860 年，荷蘭將蘇拉威西島的瓦卓（Wajo）納為保護地。

1864 年，荷印政府將北蘇拉威西的「民那哈沙」（Minahasa）分出來，自成一州。[39] 1870 年，荷蘭在「民那哈沙」地區實施直接統治。

廣東梅縣人羅芳伯在 1772 年到坤甸的東方律（金山）一帶組織公司，從事開採金礦業務，在 1779 年被選為「大唐客長」。他組織當地華人團體，成立「蘭芳公司」，實行自治，反對荷人侵佔。該自治地區又被稱為「蘭芳共和國」。1854 年，荷軍佔領卡里曼丹的打撈鹿，「蘭芳公司」為荷印政府解散。以後華人和荷軍進行長期的戰爭，直到 1888 年才平息。1855 年，荷軍控制西卡里曼丹。1859 年，荷蘭將馬辰王國領地納入荷印政府管轄。王子希達雅務拉與荷軍戰鬥歷經兩年，失敗被捕，荷印政府在 1862 年將他放逐展玉。[40]

1873 年 4 月，在東卡里曼丹的古戴蘇丹（Sultan of Kutai）與荷蘭簽署條約，承認荷蘭主權。1882 年，阿魯（Aru）和塔寧巴群島（Tanimbar islands）納入荷蘭行政管轄之下。1895 年，荷蘭和英國簽訂英荷協議，劃分兩國在紐幾內亞的伊里安（Irian, New Guinea）的疆界。

荷印政府在 1903 年派軍征服安汶島北部的西蘭島。1904 年，荷印政府開始向西蘭島內地進軍。1909 年，派遣官員駐守，開築道路，使之漸入文明之境。

---

[38]　〔印尼〕薩努西‧巴尼著，前引書，下冊，頁 517-518。

[39]　〔印尼〕薩努西‧巴尼著，前引書，下冊，頁 524-525。

[40]　〔印尼〕薩努西‧巴尼著，前引書，下冊，頁 520-521。

1906 年，荷蘭在東卡里曼丹的比烙（Berau）建立保護地。

1907 年，荷軍征服西里伯斯島（即蘇拉威西島）中部及南部。另以每年支付 6,000 盾給德那地蘇丹，迫其讓出在西里伯斯島西部的所有權。

四、荷蘭入侵印尼東部群島

1613 年 4 月 18 日，荷蘭從葡人手中取得梭洛的控制權。葡萄牙多明尼康教派將其總部遷往佛羅里斯島的拉彎圖卡（Larantuka）。1613 年，荷屬東印度公司在帝汶島設立貿易站。

1630 年，荷蘭放棄梭洛，重被葡軍佔領。

峇里島的格爾格爾王國（Gelgel Kingdom）在爪哇島東南部的巴南邦岸（Blambangan, Balambangan）取得據點，而與馬塔蘭王國對立。1633 年，荷屬東印度公司考慮與峇里島聯合起來對付馬塔蘭王國。數年後，馬塔蘭入侵巴南邦岸，這一次是峇里島想聯合荷蘭人對抗馬塔蘭。結果不成，馬塔蘭蘇丹阿貢在 1639 年征服巴南邦岸。[41]但出兵攻擊峇里島，卻告失敗。

荷蘭在 1646 年在摩鹿加群島南邊的塔寧巴群島（Tanimbar Islands）設立貿易站。1646 年，葡萄牙亦在西帝汶的古邦，建立殖民地點。1646 年荷蘭重新佔領梭洛。

1651 年，荷蘭佔領西帝汶的古邦，並開始移民到東帝汶的利埠（今天的 Oecussi 或 Pantemakassar）。

1849 年 4 月，荷軍再度入侵巴里島，吉蘭逖克（Gusti Ketut Jilantik）拉惹戰敗。荷軍控制布里連（Buleleng）（位在巴里島的北部）和巴里島北岸。5 月，荷軍首度進入巴里島南部，經過卡蘭嘎森（Karangasem）和格隆貢（Klungkun），擊敗反荷勢力，控制巴里島。在 1849 年，荷蘭同意不侵犯巴里島，也不干預其內政，而由巴里島國王承認荷蘭的「權威」而結束衝突。[42] 1853 年，荷蘭開始在巴里島北部的布

---

[41] M. C. Ricklefs, *op.cit.*, 2001, p.59. 但 Robert Pringle 的書說是在 1640 年。參見 Robert Pringle, *op.cit.*, p.66.

[42] Bruce Grant, *op.cit.*, p.16.

里連和堅布拉納（Jembrana）實施直接行政管理。雖然抗荷活動不絕，荷蘭在 1856 年在北巴里（North Bali）（即布里連）派駐行政官員，進行直接管轄。

1868 年，荷蘭派軍鎮壓巴里島上的抗荷活動，有 20 名荷軍陣亡。1872 年，荷蘭將製造麻煩的巴里島攝政官放逐到蘇門答臘。1882 年，荷屬東印度政府在布里連和巴里島的堅布拉納，派遣「駐紮官（Resident）」，實施直接統治。[43]

1908 年 4 月 28 日，巴里島爆發反荷暴動，荷軍進入格隆貢和格爾格爾進行鎮壓，巴里人有 400 人被殺，一些格隆貢貴族被放逐到龍目島。皇宮則被摧毀，其大門遺跡至今尚存。[44]

1894 年 8 月，龍目島數千名巴里人和龍目島西部的沙沙克族（Sasaks）人起來反抗荷蘭，遭大屠殺，拒絕投降者，於 11 月 22 日早晨約有 400 名穿著白衣的男子、婦女和兒童手拿著短矛，從廢墟的村子中衝向荷蘭軍隊，進行自殺性攻擊（榮譽自殺（puputan）），全數壯烈犧牲。荷印政府在 1895 年 8 月 31 日將龍目改為荷印直接統治區。

松巴哇島在 1875 年成為荷印政府直轄區。1880 年，唐坡和比馬亦淪為荷印政府轄區。

五、荷蘭入侵蘇門答臘島

1642 年，蘇門答臘南部的巴鄰旁王親自到馬塔蘭首都卡達蘇拉請求援助，以反抗荷屬東印度公司的入侵，蘇丹阿貢派遣海軍援助，但中途遭荷蘭艦隊消滅。荷蘭與巴鄰旁簽訂條約，取得該地的專屬貿易權。同年，荷蘭公佈巴達維亞法令（Statutes of Batavia），作為其控制領地的法律。

1658-9 年，荷蘭封鎖巴鄰旁港，以武力佔領該港，掠奪和焚燒該城。占卑因為協助荷蘭提供情報，而獲得武器的報酬，以及由占卑提名巴鄰旁國王的機會。[45]至此，占卑和巴鄰旁都中斷了與爪哇的馬塔蘭王國的

[43] Robert Pringle, *op.cit.*, p.101.

[44] Robert Pringle, *op.cit.*, p.105.

[45] M. C. Ricklefs, *op.cit.*, 2001, p.85.

關係。

占卑在 1663 年後，拒絕承認馬塔蘭的宗主權，而與荷屬東印度公司合作。

1663 年 7 月 6 日，荷蘭與蘇門答臘島亞齊以南的米南加保（Minangkabau）簽訂派南條約（Treaty of Painan），規定米南加保的沿海地帶，包括巴東，成為荷蘭的保護地，荷蘭保證其安全，以免亞齊的侵犯。

1784 年，荷蘭出兵廖內，防止英國佔領該地。10 月 29 日，荷蘭擊敗武吉斯人，佔領廖內，廖內蘇丹沒有子嗣，遂由荷蘭完全控制柔佛和廖內，並在民丹島（Bintan）建造堡壘。在該年英國和荷蘭簽訂巴黎條約，結束兩國在西蘇門答臘巴東的戰爭，錫蘭歸由荷蘭統治，英國取得荷屬東印度部分地區的自由貿易權。

1833 年，占卑蘇丹法魯丁（Sultan Muhammad Fahruddin）請求荷蘭協助，對抗巴鄰旁。荷印政府強迫占卑蘇丹簽訂條約，規定蘇丹必須把輸出入的徵稅權和販賣食鹽專賣權交給荷印政府，荷印政府每年給予補償費 8 千盾。1834 年，荷蘭強迫占卑蘇丹承認荷蘭的主權。1855 年，蘇丹答哈登基，他不承認荷蘭的統治權，荷軍進攻占卑，答哈蘇丹戰敗後退到上游地區，荷印政府委任答哈的叔叔納柴魯丁為蘇丹，惟未獲人民支持。[46]

1901 年，在歷經繼承問題和政局不安之後，荷蘭將占卑置於荷蘭駐巴鄰旁之「駐紮官」的控制之下。1906 年 2 月 1 日，荷印政府將占卑和固林基合併為一州。1912 年，占卑地方政府機構改組，設立了區的機構（有 25 人辦公）。1916 年，爆發反荷事件，經調派巴東、班章、巴鄰旁和吧城的軍隊加以鎮壓。[47]

荷蘭在 1784 年與廖內蘇丹馬慕德（Sultan Mahmud）簽訂條約，馬慕德蘇丹將柔佛、彭亨、廖內及其屬領割讓給荷屬東印度公司。1899 年，荷印政府委任宰相之子為蘇丹，其稱號為阿布都拉‧拉曼‧瑪阿藍‧夏。

---

[46] 〔印尼〕薩努西‧巴尼著，前引書，下冊，頁 541。
[47] 〔印尼〕薩努西‧巴尼著，前引書，下冊，頁 612。

1913 年，荷印政府為鞏固其在廖內群島的地位，逼迫蘇丹下臺，廢除蘇丹制。[48]

1886 年，荷印政府派遣軍艦和官員駐守蘇門答臘西海岸的門塔威島（Mentawi）。1905 年，將該島置於其直接管轄之下。

荷蘭從 1829 年起出兵攻擊北蘇門答臘，戰事持續至 1874 年荷蘭始滅亞齊王國。以後由回教長老擔負起抗荷運動之主力，直至 1908 年才向荷蘭投降。

荷蘭從 1596 年進入印尼，經過鯨吞蠶食，驅逐葡萄牙、西班牙和英國的勢力，至 1908 年佔領全部印尼群島，前後總共花了 312 年。

六、荷蘭開闢印尼航線對印尼群島之影響

英國在 1786 年控制檳榔嶼，1819 年又控制新加坡島，該島原被荷蘭視為其勢力範圍，因此對英國提出抗議。兩國遂在 1824 年 3 月 17 日在倫敦談判，簽訂倫敦條約，劃分兩國在印尼群島和馬來半島的勢力範圍。英國將其位在蘇門答臘島東南方的明古魯（Bengulu）和荷蘭控制的馬六甲領土交換，以及荷蘭承認新加坡屬於英國，而英國承認新加坡島以南的島嶼屬於荷蘭。當時亞齊是一個獨立國家，故荷蘭控制的是亞齊以南的蘇門答臘島。荷蘭從 1860 年代挑戰亞齊，雙方戰爭持續到 1908 年，最後亞齊投降。

荷蘭從 1596 年開始進入印尼群島起到 1908 年滅亞齊王國止，花了將近 312 年的時間征服印尼群島大大小小的島嶼和王國，先是在 1641 年將葡萄牙逐出馬六甲，繼之在 1663 年將西班牙和葡萄牙勢力逐出摩鹿加群島，1667 年逼迫英國放棄班達島，接著就是征服印尼群島內部各土邦。在這漫長的征服過程中，荷蘭對於印尼群島的航線已相當清楚，並在十九世紀建立島間的定期川行的航線，透過航線的連結，荷蘭將分散的各島統合成單一的行政體系，使得印尼原屬於不同王國和部落的土著發展出印度尼西亞人的概念和認知，有助於印尼民族主義之發展。此外，荷蘭亦自十

---

[48] 〔印尼〕薩努西·巴尼著，前引書，下冊，頁 612-613。

九世紀初將現代化的設施引入印尼群島，例如電報、電話、郵政、醫療、郵政、鐵路和公路，然後將之延伸到各個島嶼。特別是治療霍亂、天花、瘧疾等風土病成效卓著，因為要在如此廣袤的群島地區做好衛生和醫療工作，確實很困難。

　　荷蘭人在繪製海圖上亦有卓越的成就，例如，繪出詳細的摩鹿加群島以及南沙群島圖就是荷蘭人普藍修斯，他在 1592 年繪的摩鹿加群島（Insulae Moluccae）圖，在越南中部外海畫了長條狀的沙洲地形，在沙洲東南方向標示有文字 Pracel，應即是西沙群島。最值得注意的是在 Pracel 的下方，有一塊點狀圖，上繪有一條魚，該點狀圖應即是南沙群島的位置。在西沙群島的右方，延伸到呂宋島外海，有文字 Des Txxxx（字跡不清），上繪有一條魚，此點狀圖應即為中沙群島。（參見圖 9-4）從而可知，當時已知有南沙群島和中沙群島，惟並未予以命名。

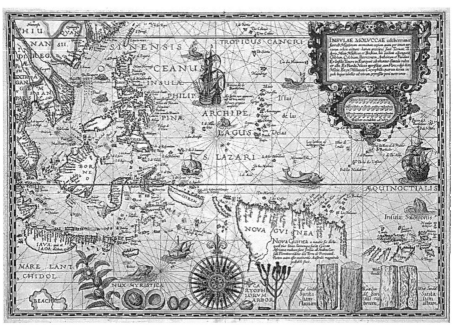

資料來源：https://upload.wikimedia.org/wikipedia/commons/5/57/1592_Insullae_Moluc._Plancius.jpg（2020 年 4 月 15 日瀏覽）。

圖 9-3：Petrus Plancius 在 1592 年畫的摩鹿加群島（Insulae Moluccae）

資料來源：https://upload.wikimedia.org/wikipedia/commons/5/57/1592_Insullae_Moluc._
　　　　　Plancius.jpg（2020 年 4 月 15 日瀏覽）。

圖 9-4：Petrus Plancius 在 1592 年畫的摩鹿加群島（Insulae Moluccae）
圖中繪有 Pracel 群島和南沙群島

　　最重要的是，普藍修斯是在 1592 年畫出摩鹿加群島的位置圖，而郝
特曼是根據此圖在 1596 年出發前往摩鹿加群島，足見該圖對於荷蘭航海
家之重要性。荷蘭能畫出摩鹿加群島之位置圖，應歸功於葡萄牙的繪圖
家，畢竟葡萄牙是最早到摩鹿加群島的西方人，且繪製有相當精確的印尼
群島圖。

第二節　荷蘭人到東北亞之航路與活動

一、荷蘭人到中國之航路與活動

1601 年 9 月，一艘荷蘭船隻航抵澳門，想尋找西班牙人使用的皮埃爾島，引發澳門葡人激烈的反應，予以拒絕。但中國明朝地方稅使李道卻邀請荷蘭人入城遊覽和居住一個月，沒有向明朝中央政府通報。從明史之記載可知，由於澳門的葡人不願讓荷蘭人入城，所以荷蘭人才離去。因此，李道邀請荷蘭人進城，應是廣州城。

「自佛郎機市香山，據呂宋，和蘭聞而慕之。（萬曆）29 年（1601年）駕大艦，攜巨礮，直薄呂宋。呂宋人力拒之，則轉薄香山澳。澳中人數詰問，言欲通貢市，不敢為寇。當事難之。稅使李道即召其酋入城，遊處一月，不敢聞於朝，乃遣還。澳中人慮其登陸，謹防禦，始引去。」[49]

海澄人李錦及奸商潘秀、郭震，住在泰國南部的北大年（大泥），與荷蘭人熟悉。李錦跟荷蘭人說：「若欲通貢市，無若漳州者。漳南有彭湖嶼，去海遠，誠奪而守之，貢市不難成也。」荷軍指揮官韋麻郎（Wybrand van Warwijck）說：「守臣不許，奈何？」李錦說：「稅使高寀嗜金銀甚，若厚賄之，彼特疏上聞，天子必報可，守臣敢抗旨哉。」隨後李錦乃代大泥國王致函給高寀、兵備副使和守將。守將陶拱聖接到信，非常驚駭，將潘秀關在牢裡，郭震遂不敢入。當初潘秀曾與韋麻郎約好，他到福建商議，若成功，會派人通報他。但韋麻郎等不及，在萬曆 32 年（1604 年）7 月立即駕二大艦，直抵澎湖。當時明朝已撤退駐軍，所以荷軍如入無人之境，伐木築舍為久居計。李錦亦潛入漳州偵探，詭言他被荷蘭人逮獲，現在逃回來，當局不相信他的話還是將他關在監獄裡。福建當局派遣將校詹獻忠齎檄前往澎湖，多攜帶幣帛和食物，覬覦荷蘭人會給他厚酬。海濱人又潛載貨物前往交易，荷蘭人益觀望不肯離去。當局屢遣使諭之，見到荷蘭人語氣溫和，荷蘭人愈不予理會。高寀遣心腹周之範去見

---

[49]　〔清〕張廷玉，明史，列傳第二百十三，外國六，和蘭條。收錄在中國哲學書電子化計畫。

韋麻郎，要求韋麻郎贈給高寀三萬金，即同意其貢市，韋麻郎很高興就給了賄款。而總兵施德政令都司沈有容率兵前往澎湖諭知荷軍撤退。沈有容與韋麻郎論辯，韋麻郎退讓，乃要求周之範退還所贈金，另還給高寀哆羅嗹、玻璃器及番刀、番酒饋，請其代奏通市。高寀不敢應允，而撫、按嚴禁奸民下海，犯者必加懲罰，因此荷人無法獲得糧食供應，最後在 10 月末揚帆而去。福建巡撫徐學聚彈劾潘秀、李錦等罪，有人判處死刑，有人流放遠地。[50]

荷蘭為了取得中國港口之貿易機會，在 1618 年攻擊中國船隻，逮捕數艘中國船隻，結果中國拒絕其要求。[51]

荷軍艦隊司令雷爾生（雷理生）在 1622 年 4 月從巴達維亞出發攻擊澳門，遭葡軍擊退。7 月 11 日，荷軍轉往澎湖，建立堡壘，繼續要求中國開放港口，仍遭中國拒絕。7 月 27 日，他又親自率領兩艘船到臺灣島探勘港口，發現中、日兩國人多年來在大員地區進行貿易。[52] 8 月 2 日，荷蘭人開始在澎湖馬公風櫃尾築堡壘。明朝派官員前往交涉，要求荷人退出澎湖。11 月 26 日，荷軍到漳州灣劫掠。

嗣後，西班牙（佛郎機）與荷蘭互爭海上霸權，荷蘭入據印尼摩鹿加群島（美洛居國），與西班牙各佔一部分地區。後荷軍又侵奪臺灣地，築室耕田，久留不去，海上商民，與荷蘭互市。以後荷軍又出據澎湖，築城設守，想與中國進行貿易。澎湖守臣害怕，告訴荷軍毀城遠徙，即同意與之互市。荷人遂在天啟 3 年（1623 年）拆毀其城，轉移到臺灣。然而，明朝還是不答應與荷蘭互市。荷人怨怒，又到澎湖築城，逮捕漁舟六百餘艘，迫令華人運土石協助其築城。1623 年 10 月，荷軍攻擊廈門，遭擊退，四艘船中的一艘被擊沉，荷軍指揮官法蘭克斯（Christian Francs）被逮捕。[53]荷人雖答應毀城遠徙，但仍繼續修築。其船艦停泊澎湖風櫃仔，

50 〔清〕張廷玉，前引書。

51 J. P., Cooper (ed.), *The decline of Spain and the Thirty Years War, 1609-59*, Volume 4 of The New Cambridge Modern History (reprint ed.), Cambridge University Press, England, 1979, p.658.

52 高凱俊，臺灣城殘蹟，臺南市政府文化局，臺南市，2014 年，頁 47。

53 "Sino-Dutch conflicts," *Wikipedia*, https://en.wikipedia.org/wiki/Sino-Dutch_conflicts#cite_

出沒浯嶼、白坑、東椗、莆頭、古雷、洪嶼、沙洲、甲洲間，要求互市。此時海寇李旦又協助荷軍，騷擾沿海地帶。

1623 年 11 月，福建巡撫南居益與荷蘭司令官高文律（Kobenlat）在廈門談判，要求荷人退出澎湖，未達協議，明人燒毀荷蘭船隻。

天啟 4 年（1624 年）正月，明朝福建總兵俞諮皋和守備王夢熊率軍 5,000 人、船艦 40-50 艘，進攻澎湖鎮海港，荷人退到風櫃城。7 月 30 日，明朝軍隊兵臨荷軍堡壘，雙方戰鬥數月，中因糧食不足，迫使荷蘭駐澎湖司令官馬爾顛·松克（Marten Sonck）求和，請求明軍允許其運米糧後才退去。8 月 3 日雙方達成和平協議，荷軍退出澎湖，轉往大員。最後有荷軍指揮官高文律等 12 人據高樓自守，最後被明軍俘虜，解送北京處死。[54]

1633 年 7 月 7 日，荷軍突襲鄭芝龍（在 1628 年投降明朝，成為海軍司令）在廈門的據點，鄭軍措手不及，受到重創。有中國海盜劉香與李國助加入荷軍，荷軍儼然成為中國海盜頭子，有 41 艘中國海盜船及 450 名中國海盜。[55] 10 月 22 日，鄭芝龍率領 150 艘船艦進攻停泊在金門島南部海岸料羅灣的荷蘭船隊，將之驅離開中國沿海地帶。

荷人有數年不敢窺視福建沿海，乃與香山葡人通好，私貿外洋。崇禎 10 年（1637 年），荷人駕四艘船，由虎跳門到廣州，要求互市。其酋招搖市上，奸民視之若金穴，蓋有大姓在背後撐腰。最後廣州當局還是拒絕與荷蘭互市。[56]

1642 年 8 月，在南臺灣的荷軍進攻控制基隆的西班牙軍隊，將之驅逐，而控制整個臺灣島。1662 年鄭成功驅逐荷軍，控制臺灣。1665 年，

---

note-9（2020 年 3 月 18 日瀏覽）。

[54]　〔清〕張廷玉，前引書。"Sino-Dutch conflicts," *Wikipedia*.

[55]　Tonio Andrade, "The Company's Chinese Pirates: How the Dutch East India Company Tried to Lead a Coalition of Pirates to War against China, 1621-1662." *Journal of World History*, Vol.15, No.4, pp.415-444, at p. 438; Tonio Andrade, *Lost Colony: The Untold Story of China's First Great Victory Over the West,* Princeton University Press, 2011, pp.47-48.

[56]　〔清〕張廷玉，前引書。

荷軍在舟山群島的普陀山跟鄭經的軍隊相戰。[57] 1672 年，一艘荷蘭船隻「庫連伯格號」（Cuylenburg）從長崎開往巴達維亞，在臺灣東北海域遭鄭經的海軍攻擊而沉沒，殺害 34 名荷蘭船員、8 人溺死，21 人逃回日本。[58]

王之春所寫的國朝柔遠記曾記載清國開放海禁的進程：「康熙 22 年（1683 年），時沿海居民雖復業，尚禁商舶出洋互市。施琅等屢以為言。又荷蘭以曾助勦鄭氏，首請通市，許之。而大西洋諸國，因荷蘭得請於是，凡明以前未通中國勤貿易而操海舶為生涯者，皆爭趨疆臣。因請開海禁，設粵海、閩海、浙海、江海権關四於廣州之澳門、福建之漳州、浙江之寧波府、江南之雲臺山，署吏以蒞之。」[59]

荷蘭因為協助清軍擊敗鄭氏有功，所以清國允許其通市貿易。荷蘭進入中國港口貿易應該是在澳門。

「設粵海、閩海、浙海、江海権關四於廣州之澳門、福建之漳州、浙江之寧波府、江南之雲臺山，署吏以蒞之。」即先在澳門、漳州、寧波、雲臺山派遣海關官員。

康熙 55 年（1716 年）10 月辛亥，鑑於南洋地方海賊眾多，清廷唯恐海賊與中國沿海人民勾結為患，繼續禁止南洋貿易，東洋則沒有限制。荷蘭船則沒有限制，許其自由來往。「……出海貿易，海路或七八更，遠亦不過二十更，所帶之米，適用而止，不應令其多帶。再東洋，可使貿易。若南洋，商船不可令往。第當如紅毛等船聽其自來耳，且出南洋，必從海壇經過，此處截留不放，豈能飛渡乎？又沿海砲臺足資防守。明代即有之，應令各地方設立。往年由福建運米廣東，所雇民船三四百隻，每隻約用三四十人，通計即數千人聚集海上，不可不加意防範。臺灣之人，時與呂宋地方人互相往來，亦須豫為措置。凡福建廣東及江南浙江等沿海地方

---

[57] Tonio Andrade, *op.cit.*, 2011, pp.47-48.

[58] Hang, Xing, *Conflict and Commerce in Maritime East Asia: The Zheng Family and the Shaping of the Modern World, c.1620-1720*, Cambridge University Press, UK, 2016, p.190.

[59] 王之春，國朝柔遠記，卷二，清光緒 7 年刊本，臺灣學生書局，臺北市，1985 年，頁117。

之人，在京師者，爾等可加細詢。」[60]

二、荷蘭人到臺灣之航路與活動

荷人因與明朝和解，而在 1624 年從澎湖遷移到南臺灣的臺員（大員）。從 1624 年到 1662 年荷蘭統治臺灣期間，因為中國不允許荷蘭船隻入港貿易，故都是透過中國船隻將中國商品運至臺灣與荷商貿易。但日本允許荷商貿易和居住，所以在臺灣的荷商將臺灣商品運至日本銷售，臺灣成為荷蘭在東亞地區的貿易據點，臺灣也因此躍上東亞海洋貿易的重要地位。此後該一海洋貿易地位一直影響臺灣的經貿發展。

鄭氏的東寧王國從 1662 年到 1683 年期間控制臺灣，臺灣和荷蘭沒有貿易關係，從荷蘭到日本的貿易船也不停泊臺灣，而是直航日本。1683年，清國滅東寧王國，荷蘭因為協助清國有功，而獲允跟中國進行貿易，以後就不再利用臺灣跟中國進行貿易。臺灣被清國納入其版圖後，也失去其海洋貿易的角色，清國對臺灣實行海禁政策，臺海之間的貿易往來，則限制須集中 20-30 艘，一起行動。「康熙 55 年（1716 年）10 月，兵部議覆，福建巡撫陳璸疏言：『往臺灣彭湖貿易之船，不宜零星放出，必至二、三十隻，方許一同出洋。臺、廈兩汛亦酌量船隻多寡，撥哨船三、四隻護送。應如所請』從之。」[61]此一作法雖然說是為了防止中途為海盜劫掠，其實仍有監視臺灣之目的，防止走私偷渡，以及防止船隻航行到東南亞或其他國家。

荷蘭人開發臺灣最大的貢獻是將臺灣從一個偏遠的孤島變成海上貿易的重要據點，不僅從印尼雅加達到臺灣有航線，從臺灣到中國和日本長崎亦有航線，臺灣成為南洋、中國和日本三處地方商品交易的中心點。其次，荷蘭為了開發臺灣，從中國福建引進大量漢人到臺灣從事農業和商業，1660 年統計，約有 25,000 名漢人移入臺灣。漢人將其生活習慣、宗

60　〔清〕馬齊、張廷玉、蔣廷錫撰，大清聖祖仁（康熙）皇帝實錄（六），卷二百七十，頁 14-16。

61　〔清〕馬齊、張廷玉、蔣廷錫撰，大清聖祖仁（康熙）皇帝實錄（六），卷二百七十，頁 11。

教信仰和社會組織帶入了臺灣，因為漢人和土著婦女通婚，所以臺灣社會日益漢化。荷蘭到遠東之目的是尋求商業利益，傳教並非其主要目的，但荷蘭統治時仍鼓勵土著信教及辦小學，當時臺灣土著總數約有 68,000人，約有 80% 的土著接受基督教的教育。砂糖和稻米為當時的主要農作物，砂糖主要外銷到日本、伊朗和巴達維亞。此外還出產鹿皮，主要銷到日本。礦產方面，主要開採基隆的煤礦、淡水的硫磺和東海岸的沙金。[62]

　　鄭氏統治臺灣後，由於荷蘭人均已離臺，已無傳教士，所以住在平地的土著不再信奉基督教而接受漢化，到清國時更為嚴重，成為熟蕃的土著因為和漢人通婚和混居，以致於喪失其語言和生活習慣。而住在山地的土著，原就沒有接受荷蘭的基督教，仍保留其原先的傳統宗教信仰。

三、荷蘭人到日本之航路與活動

(一) 荷蘭人到日本的航路

　　1598 年 6 月 27 日，荷蘭派遣 5 艘船從鹿特丹出發，原先跟船員講此次航行的目標是前往摩鹿加群島及探險銀帝國日本，但船上卻裝了許多大砲。等到船隊航行到公海時，跟船員說此行之另一個目的是要到南美洲和亞洲航線上掠奪和打擊葡萄牙和西班牙的船隻和據點。船隊在到達麥哲倫海峽之前，「信心號」（T Gheloove，Faith）返回鹿特丹，有 3 艘船失去聯絡，唯有「愛情號」（Liefde）於 1600 年 4 月 19 日航抵日本九州島東北部的差布（Sashifu）（今之大分縣臼杵（Usuki）），原先該船有船員110 人，到日本時剩下 24 人，德川家康政府給這些荷蘭人糧食、土地和工作，因為他們懂得地圖、航海、造船和戰鬥。該船裝載了 19 門加農砲、許多槍枝、五支弓箭等各種武器。荷蘭船員卓斯登（Jan Joosten van Lodensteyn）和英國人亞當斯（William Adams）被送到江戶，透過葡人翻譯，知悉他們到日本的目的，獲得日本政府的接受，後來這兩人跟日本

[62] 參見中村孝志演講，「荷蘭時代在臺灣歷史上的意義」，1989 年臺灣史蹟源流研究會七十八年會友年會實錄，載於中村孝志著，荷蘭時代臺灣史研究，上卷，產業概說，稻鄉出版社，臺北縣，1997 年，頁 27-41。

政府維持友好的關係。[63]

　　若干「愛情號」的船員在 1605 年搭乘日本船到泰國南部的北大年，聯繫到一名船員的叔叔梅特李福船長（Captain Matelieff），告知他有些船員在日本獲救。荷屬東印度公司收到日本政府的信，歡迎荷蘭船隻到日本港口做生意，該公司亦答覆願意到日本做生意。[64]

　　荷屬東印度公司在 1609 年派遣兩艘船代表該公司到平戶島，並遞送了由荷蘭橘子王子（Prince of Orange）毛里茲（Maurits）的信函。當時德川家康正在鎮壓葡人耶穌會傳教士以及限制天主教信仰，而荷蘭人的到來，受到他的歡迎，因為他想利用荷蘭人對付葡人。不過，荷人到日本的主要目標在做生意，及與日本開展特別的關係，傳教並非荷蘭到東方來的主要目的。德川政府允許荷蘭人在平戶島上建設貿易站，是由荷人司培克斯（Jacques Specx）所建。

　　在 1600-1641 年期間，荷蘭人可以自由地在日本居住、旅行及和日本人接觸。他們在平戶建造一所鑄造廠，並圍以牆籬，聘僱日本人工作。荷人初期並未從貿易獲利，因為與荷屬東印度公司的前哨據點接觸有限；其次是荷蘭在中國沒有貿易據點，無法從中國將絲織品運至日本；第三是經常遭到葡國船隻的海盜劫掠威脅。德川政府為了防止葡人海盜在日本海域活動，於 1614 年下令禁止天主教，將傳教士和有名的日本天主教徒逐出日本。有許多日本教徒被殺、關在監獄或流亡海外。1621 年，除領有特別許可，日本人不可離國及搭乘外國船隻。隨後又下令禁止出洋。1639年，父為外國人、母為日本人的小孩強制離境。在平戶的荷蘭商人領袖尼仁路德（Van Nijenroode）的女兒則被遣送到巴達維亞。這些小孩不可與其日本母親有所接觸。1657 年，日本政府放寬規定，允許這些離散家庭

63　"Dutch-Japanese relations," *Kingdom of the Netherlands*, https://www.netherlandsandyou. nl/your-country-and-the-netherlands/japan/and-the-netherlands/dutch-japanese-relations（2020 年 4 月 16 日瀏覽）。

64　"Dutch-Japanese relations," *Kingdom of the Netherlands*, https://www.netherlandsandyou. nl/your-country-and-the-netherlands/japan/and-the-netherlands/dutch-japanese-relations（2020 年 3 月 29 日瀏覽）。

通信。[65]

　　日本政府為了限制葡人與日人之接觸，在 1636-1639 年間特別規定葡人要住在長崎的人造的出島（Deshima）內。直至 1639 年，因為葡人涉嫌支持島原天主教徒叛亂活動而被驅離。葡人撤離出島後，德川政府於 1640 年規劃將荷人遷入出島，重修建房舍，1641 年下令將荷人從平戶遷入出島。[66]

　　在日本採取鎖國政策期間，從 1641 年到 1853 年間，唯二可跟日本做生意的國家是中國和荷蘭。日本透過荷蘭這個窗口，引進了荷蘭人所帶來的科學、醫學、產品和武器，形成所謂「蘭學」的知識來源。當時有出生於德國的荷蘭人席伯德（Philip Franz von Siebold）在出島傳授西方的科學、醫學和文化價值觀。有一些荷蘭語變成日語的外來語。例如荷蘭語的啤酒（bier），成為日語的 biiru。[67]同時，荷蘭商人也出口日本的商品到世界各地。

　　然而，荷人居住在出島受到很大的限制，未經許可，不可離開出島，而且婦女不可住在出島。唯有村山地區的公共婦女（指妓女）可以進入出島停一個晚上。因此住在島上相當無聊。每年 8 到 10 月船隻進出港較為頻繁，才顯得忙碌。荷人在平戶時，可自由買賣貨物商品，但在出島則受到限制，商品價格先由日本政府規定，沒有賣出的商品，必須載回。儘管管制很多，荷人船隻還是絡繹到長崎，運進中國的絲綢，然後將日本的金、銀、銅、樟腦、漆器、瓷器和茶葉等運至巴達維亞或歐洲銷售。

　　在出島的荷蘭人跟日本其他地方一樣，每年要派人到江戶進貢，會見將軍。在出島的荷人領袖（Opperhoofd）每年前往江戶進貢，並報告海外事情，稱為「荷蘭新聞報告」（fusetsu gaki，Dutch News Reports）。每次行程約三個月，出訪的人包括荷屬東印度公司的醫生、雇員、長崎市政府的官員和通事，總數約 150-200 人。其路程是從長崎出發，走路到下關，搭船到肥後/大阪，再走東海道到江戶（東京）。在日本鎖國期間，

---

[65] 同上註。

[66] 同上註。

[67] 同上註。

荷人進貢次數多達 170 多次。[68]

　　1840 年，中國和英國爆發鴉片戰爭，中國戰敗，被迫開放五個港口。席伯德因涉嫌間諜罪被日本驅逐後回到荷蘭，他向荷蘭國王威廉二世（Willem II）建議，致函日本要求其對外國開放。1844 年威廉二世請長崎當局轉達其信函給日本將軍，被日本婉拒。荷蘭在 1852 年派任駐出島領袖克修斯（Donker Curtius），他轉達荷蘭政府的一封信給日本政府，通報美國已計畫以武力打開日本門戶。日本對此信息毫無反應。1853 年美國海軍司令培里（Matthew Calbraith Perry）率領黑船迫使日本打開門戶。日本和美國交涉初期是使用荷蘭文。在日本鎖國期間，日本透過荷蘭逐漸打開西化之窗口，從荷蘭引進造船、軍事科技、醫藥和土木工程等知識。

（二）荷蘭對日本之影響

　　1720 年，德川義宗（Tokugawa Yoshimune, 1684-1751）放寬了對西方商品進口的禁令，荷蘭的書籍和商品，包括科學知識，引進了日本，成為學者和一般人感興趣的知識來源。

　　十八世紀下半葉，「荷蘭學」成為學習的對象，逐漸取代以前的中國學問。長崎成為日人學習西學的窗口，但當他們前往長崎時，感到失望，因為只允許當地官員和妓女可進入出島，他們僅能在當地買到圖書或木刻版畫。[69]

　　荷蘭人出現在日本，成為畫家筆下的人物，許多日本畫家到長崎荷人居住的出島畫畫，有些畫在書上、明信片和瓷器上，荷蘭來的畫作和書籍也影響日本畫家的畫風。

　　荷蘭人引進科學到日本，卡斯帕（Caspar Schambergen）以其名字建立卡斯帕魯魯（Kasuparu-Ryu）醫學校（或稱 Caspar School）。亨德里克・多夫（Hendrik Doeff）編了荷日字典（*Zufu Haruma*）。

---

[68] 同上註。

[69] V & A, "Japan's encounter with Europe, 1573-1853," https://www.vam.ac.uk/articles/japans-encounter-with-europe-1573-1853（2020 年 2 月 29 日瀏覽）。

最有名的西學傳授人是德國出生的荷人席伯德，他在 1823 年被派至日本，由於他精通植物學、醫學和藥學，而成為荷屬東印度公司最受尊敬的雇員，他為荷蘭人和日人服務，日本政府給予他靠近長崎的一塊地設立那魯塔（Narutaki Juku）西醫學校。他除了擔任醫生外，也教授醫學知識和生物學，他還蓋了一所植物園。但他後來被指控涉嫌間諜罪，而於 1829 年被驅逐出境，他離開了他的日籍妻子和女兒歐妮（Oine），歐妮後來成為日本第一位女醫生。席伯德在日本所蒐集有關日本的文物現在存放在荷蘭萊登（Leiden）的國立民族博物館（National Museum of Ethnology）。[70]

第三節　荷蘭人到印度支那半島之航路與活動

一、泰國

1601 年，荷蘭人范內克率領「阿姆斯特丹號」（Amsterdam）和「勾達號」（Gouda）抵達北大年進行貿易，購買胡椒等商品。1604 年，荷蘭共和國執政弗雷德里克‧亨德里（Frederick Henry）遣使到暹羅，談判建立貿易關係，結果獲允在湄南河口建立一處船塢，荷人稱之為「新阿姆斯特丹」（New Amsterdam），暹羅人稱之為「荷蘭人村」（Baan Vilanda 或 Baan Holanda）。[71] 1605 年，荷蘭在北大年的倉庫被日本人燒毀。1607 年，荷蘭在宋卡設立貿易站。

暹羅大城王朝在 1608 年同意荷屬東印度公司在大城設立倉庫，荷蘭在暹羅購買錫、鹿皮、蘇木、魚皮、米等商品出口到歐洲國家和日本，其

[70] "Dutch-Japanese relations," *Kingdom of the Netherlands*, https://www.netherlandsandyou.nl/your-country-and-the-netherlands/japan/and-the-netherlands/dutch-japanese-relations（2020年 3 月 29 日瀏覽）。

"Siebold: A German Naturalist in Nineteenth-Century Nagasaki," *Your doorway to Japan*, https://www.nippon.com/en/views/b06901/siebold-a-german-naturalist-in-nineteenth-century-nagasaki.html（2020 年 4 月 16 日瀏覽）。

[71] "Dutch-Thai Relations in Brief," *Diplomat Magazine*, http://www.diplomatmagazine.nl/2016/03/05/thailand-thailand-thailand/（2020 年 4 月 16 日瀏覽）。

輸入暹羅的貨物有日本的銀、印度的印染紡織品。暹羅在 1608 年派遣使節至荷蘭海牙。荷蘭利用暹羅的蘇木和鹿皮去交換日本的銀和銅、中國的絲織品和印度的紡織品。[72]

1617 年，暹羅和荷蘭簽署條約。1618 年，葡萄牙駐果阿總督派遣一名傳教士法蘭西斯科（Frei Francisco da Annunciacao）到大城，協商簽訂條約事宜，暹羅國王宋檀（Songtham）同意兩個條款，但對於第三條要求驅逐在暹羅的荷蘭勢力，暹羅國王沒有同意。談判沒有結果。由於荷蘭在暹羅的貿易沒有賺錢，所以荷蘭在 1622 年關閉在大城的貿易站。但荷屬東印度公司在大城仍派駐有代表，繼續購買商品，雙邊貿易仍在進行。1624 年，荷蘭擔心其在暹羅的貿易地位會喪失，故重開在大城的貿易站。在該年一艘西班牙船隻攻擊在暹羅領海內的一艘荷蘭船隻，暹羅國王宋檀立即派兵攻擊該艘西班牙船，殺了 150 名西班牙人，其他人則被關在監獄。[73]

1628 年 9 月，荷蘭遣使昆寧漢（William Cunningham）到暹羅，死於路途上，由斯周登（Joost Schouten）替補到暹羅。1629 年 2 月，斯周登離開暹羅前往日本。在該年荷蘭關閉在大城的貿易站。

1632 年，暹羅國王普拉沙特・東派軍鎮壓北大年亂事，結果失敗。1633 年，荷蘭重開在大城的貿易站。1634 年 2 月 3 日，荷蘭大使斯周登謁見暹羅國王，荷屬東印度公司付出 5 千金幣（Florins）取得貿易權，暹羅國王同意給荷屬東印度公司從暹羅出口到荷蘭的貿易專有權以及在大城設立倉庫的權利。荷蘭則需要派遣一支艦隊協助暹羅攻打北大年的叛軍。[74]該年中，暹羅派遣 5 萬多兵力出征北大年，但未等荷蘭 6 艘船隻抵達，

---

[72] "The Diplomatic Correspondence between The Kingdom of Siam and The Castle of Batavia during the 17th and 18th centuries," *Sejarah Nusantara*, Arsip Nasional Republik Indonesia, The Corts Foundation, ANRI/TCF, October 2018, p.2. https://www.cortsfoundation.org/images/PDF/HKFULL_Siam_Eng_V20181016.pdf（2020 年 4 月 16 日瀏覽）。

[73] "Historical events, 1600-1649," *History of Ayutthaya*, https://www.ayutthaya-history.com/Historical_Events16.html（2020 年 4 月 16 日瀏覽）。

[74] "Historical events, 1600-1649," *op.cit.*

就攻擊北大年，葡萄牙海軍從馬六甲趕到北大年，協助北大年女王擊敗暹羅海軍。[75]荷蘭船隻到達北大年時，暹羅軍隊已撤退至宋卡。普拉沙特・東將戰敗的將軍砍頭，其他將領則受到嚴厲處罰。

由於荷屬東印度總督致函暹羅國王對於暹羅遲延交付給荷蘭米糧有所不滿，而引起普拉沙特・東國王對荷蘭的反感。1636 年 12 月 10 日，有兩位荷屬東印度公司職員與一些傳教士發生口角，後被一大群暹羅人攻擊和逮捕，他們被控攻擊國王之弟弟的住所，有兩人被判處以大象踩死的罪刑。這兩人被綁縛手腳在大街上示眾，荷屬東印度公司駐暹羅代表韋禮特（JeremiasVan Vliet）向國王及大官贈送禮物並請求釋放這兩人，在簽署以後遵守暹羅法令後被釋放。

1648 年，宋卡發生叛亂，暹羅出兵鎮壓。巴達維亞的荷蘭總督下令派船協助暹羅。結果暹羅未能平息叛亂。1654 年，暹羅國王普拉沙特・東和荷蘭發生衝突，因為荷蘭未能如期派遣 20 艘船協助暹羅攻打宋卡，接替韋禮特的荷屬東印度公司駐暹羅代表威斯特瓦爾特（Volckerus Westerwolt）受到暹羅不友善的對待，當他威脅要離開暹羅時，他被警告若離開，將與他的伙伴一起由大象踐踏致死。後來有人告訴普拉沙特・東由於荷蘭和英國發生戰爭，所以荷蘭無法提供船隻。荷蘭也送了許多禮物，才平息普拉沙特・東的怒氣。此時停在單馬令候令的暹羅陸軍，則被召回，停止前進攻打宋卡，指揮官則被逮捕入獄。1655 年，暹羅再度出兵宋卡，因海軍指揮官脫逃，以致失敗。

英屬東印度公司在 1661 年在大城重建商館。隔年，法國傳教士在大城建一所教堂和神學院。荷蘭對於暹羅給予英國和法國這些特權感到不滿，乃在 1664 年初要求暹羅給予各種商業特權，未獲允，即派船艦封鎖湄南河口，暹羅被迫在 8 月 10 日簽訂條約，允許荷蘭取得獸皮專賣權，以及暹羅不得雇用華人、日本人和安南人船員，此一規定使得暹羅無法與荷蘭競爭對中國的貿易。該約亦規定荷蘭人在暹羅境內可自由貿易、暹羅不得隨意增加荷蘭商品的關稅，在暹羅犯罪享有治外法權，暹羅應將該荷

---

[75] "Historical events, 1600-1649," *op.cit.*

蘭人移交荷印公司首長處斷。暹羅船隻在孟加拉灣貿易時，若有困難，可獲得荷蘭人的善待、食物供應和工匠的協助。

　　由於英國在大城的商館獲利不多，葡萄牙人在大城也缺乏實力，故暹羅那萊（Narai, 1656-1688）國王欲藉法國之力量以阻遏荷蘭之野心，他允許法國傳教士傳教，1662 年，貝魯特（Bérythe, Beirut）的主教藍伯特（Monsignor de la Motte Lambert）從廷那沙林抵達暹羅傳教。1664 年，接替他的是法國黑里歐波里斯（Heliopolis）市的主教帕魯（Monsignor Pallu）及其他耶穌會傳教士。那萊國王請湯瑪士神父（Father Thomas）在曼谷、阿瑜陀耶、龍塔武里（Nontaburi）及其他重要地點建設砲臺以防備荷蘭入侵。

　　暹羅在 1684 年 1 月第二度遣使到歐洲，尋求與法國結盟。法國和暹羅在 1685 年 12 月 19 日簽署條約，法國使節團獲得宗教和商業租界地。除了進出口關稅以及所有貨物需存放王室倉庫外，法屬東印度公司（La Compagnie française des Indes orientales）（成立於 1664 年）擁有商務自由權；該公司亦擁有治外法權；公司在普吉島擁有錫礦獨佔權；割讓宋卡給法國，法國有權在該地建造堡壘；允許法國人在暹羅自由傳教、修建教堂、創辦學校；教徒之訴訟由教會裁決；豁免法國人進出口稅。法、暹之間且有秘密諒解，就是法國將協助暹羅對抗荷蘭。[76]由於荷蘭在 1641 年控制馬六甲，威脅暹羅在馬來半島的安全，所以暹羅欲利用法國制衡荷蘭的勢力。

　　在十七世紀，暹羅的經濟蓬勃發展，阿瑜陀耶成為中國和印度貿易的中間站，荷蘭勢力進入印尼群島、西班牙控制菲律賓群島、中國和日本正積極擴展對東南亞和南亞的貿易，因此，包括華人、日本人、荷蘭人、法國人、葡萄牙人、阿拉伯人、越南人、馬來人、印度人和波斯人都在阿瑜陀耶居住，而且也受到暹羅國王的歡迎。暹羅國王任用馬來人、印度人、日本人和葡萄牙擔任王宮守衛。任用華人和波斯人管理商業貿易工作。雇用荷蘭工匠建造船隻，聘請法國和義大利工程師建造堡壘和水利工程。

---

[76] W. A. R. Wood, *A History of Siam*, Chalermnit Press, Bangkok, 1982, p.204.

任用英國人和印度人擔任省級的官員。任用華人和波斯人為醫生。日本人、波斯人和希臘人（例如傅爾康（Constantine Phaulkon））成為王朝內重要人物。那萊國王統治時期，歡迎新知識，與荷蘭、法國和波斯互派使節，從波斯、歐洲和中國引入衣著和建築風格。特別是在宗教上採取寬容政策，允許基督教和天主教在阿瑜陀耶設立教堂及傳教。[77]

二、柬埔寨

1642 年，柬埔寨王子彭希昌（Ponhea Chan）獲得來自馬來亞的回教商人之支持，暗殺前王安隆一世（Ang Non I）而登基為王，王號為李米提普泰一世（Reameathiptei I），他遂改信回教，並改王號為蘇丹伊布拉欣（Ibrahim），娶了一名馬來婦女。由於荷蘭海軍攻擊金邊，以報復一

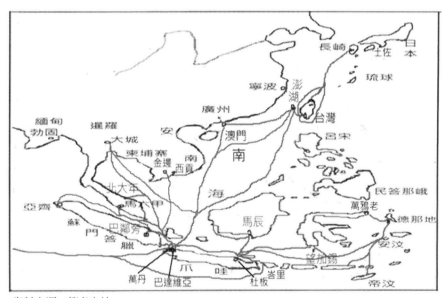

資料來源：筆者自繪。

圖 9-5：荷蘭人在東亞之航路

---

[77] Chris Baker and Pasuk Phongpaichit, *A History of Thailand*, Cambridge University Press, Cambridge, 2005, p.14.

名荷蘭人在金邊遭到暗殺，雙方遂發生戰爭。[78]他開始屠殺在金邊的荷蘭人，攻擊兩艘荷蘭船隻，殺害一名荷屬東印度公司的外交大使羅吉摩特斯（Pierre de Rogemortes）及該公司 35 名荷蘭雇員。1643-44 年間，柬埔寨海軍在湄公河擊敗荷蘭海軍，柬埔寨軍人死 1 千人，荷軍死 156 人（荷軍總數有 432 人），多艘荷蘭軍艦被俘虜。後來伊布拉欣的弟弟投靠越南阮主，越南派兵協助伊布拉欣的弟弟推翻伊布拉欣，而登基為王。1670 年代，荷蘭退出了在柬埔寨的貿易據點。[79]

---

[78] David P. Chandler, *A History of Cambodia*, O. S. Printing House, Bangkok, Thailand, 1993, p.88.

[79] "Cambodian-Dutch War," *Wikipedia*, https://en.wikipedia.org/wiki/Cambodian%E2%80%93Dutch_War（2020 年 3 月 29 日瀏覽）。

第十章 結 論

一、中、印航線的形成

　　海洋透過了船隻的穿梭和聯繫，孕育了文明的發展和茁壯，創造了數千年人類的文明。東亞文明以中國最為古老，其成文歷史有 3 千多年，惟從西元前第一世紀才開始其海洋文化，派遣使節搭船到下緬甸，西元第一世紀到印度，開展中國和印度之間的海洋交流。

　　從中國往海外擴散的文明接觸，是沿著中國東南沿海，循著印度支那半島沿岸，經由泰南半島、馬來半島，然後越過安達曼海到達印度。從馬來半島往南延伸到爪哇島和蘇門答臘島。早期船隻小及性能有限，所以都是貼著海岸航行。

　　西漢使節在西元前第一世紀出使黃支國，應是黃支國的人先到中國，才促使西漢遣使進行交易，由於史書沒有記載西漢使節搭乘何國船隻，所以無從加以判斷。惟當西漢使節越過馬來半島時，在安達曼海是搭乘當地國船隻。

　　開闢大秦、印度到中國航線的先驅者是住在埃及的希臘航海家希帕勒斯，他曾親自到東印度的恆河出海口一帶旅行，知悉中國人以步行方式將絲綢運到東印度販賣。接著也是住在埃及的希臘人托勒密從來往旅商知道通往東南亞的航路，並據此繪出地圖。根據前述兩人提供的資訊，南印度人從海上航行到中國，隨後在埃及的大秦人也走南印度人的航線到中國，完成了從大秦、印度到中國的航線。

　　位在印度洋沿岸國家的船隻從第一世紀後相繼到中國，它們使用風帆，中國人直到第三世紀學習也在船上加上風帆。然而中國船隻還是使用平底船，即使加上風帆仍只能在沿岸航行，而無法越洋航海。

在第五世紀，東晉和尚法顯作了一次偉大的航行，他是走陸路經由絲路到印度，回程時從印度恆河出海後往南航行到師子國（斯里蘭卡），再從師子國航越安達曼海，抵達爪哇島西北端的耶婆提（位在萬丹），古稱葉調國，然後搭船直航到中國廣州，因遇暴風，船隻偏航到山東半島。此一歷史記載，確認了從印度到中國，有一條完整的航線。透過該一航線，有愈來愈多的沿線港市國家的人前往中國進行朝貢貿易，物產交流愈趨頻繁。

在該一航線上來往的船隻主要是大秦人、阿拉伯人、印度人、波斯人和扶南人的船，他們使用多桅帆的大舶。唐朝宰相賈耽記錄了各國船隻到廣州的海道，包括來自東非、阿拉伯半島、印度及東南亞的船隻，但並非唐朝的船隻遠航到上述各地，因為當時中國尚無能力製造遠航的尖底船隻。直到北宋末期第十一世紀才能建造尖底船，改變了中國遠洋航行的弱勢，也才能加入該一遠洋貿易。從唐朝到北宋，中國的絲綢、陶瓷器都是經由這些外國船舶運到外國銷售，中國船隻則在東北亞的朝鮮半島和日本、印度支那半島的鄰近國家進行貿易。

二、唐朝到東非已有航線

賈耽是唐朝貞元時期（785-805 年）的宰相，凡是四夷使節到來必定詢問他們國家方位、道里遠近而將之記載下來，以後編纂成古今郡國縣道四夷述（四十卷）及皇華四達記（十卷），對於唐朝從廣州到四夷的海道作了全盤的描述，堪稱是一本重要的地誌著作。

賈耽所記載的是外國船隻航行到中國的航線，不是唐朝船隻前往西洋各國，因為唐朝還無法製造在海洋航行的船隻。唐朝時在中國、印度、阿拉伯半島和東非等港口之間已有船隻穿梭航行，其路線跟 7 百多年後鄭和航路竟然大致相同，令人驚訝，唯一差別是鄭和是一個船隊航行 7 次所經過的航路，而唐朝是由各國遣使到中國所構成的航路。

由於中國船隻性能無法遠洋航行，就很少遠航至東南亞的印尼群島和馬來半島等地，而印度、波斯和阿拉伯船隻性能可以遠航，所以位在從印度到中國的航線中間的東南亞就成為印度人遷徙的新開發地區，東南亞成

為印度化的地區，其人種、宗教、生活習慣和文化深受印度的影響。

三、宋朝船隻改進後開展對外貿易活動

　　北宋末期因為有能力製造尖底船，才能遠航至東南亞的蘇門答臘島，甚至越過安達曼海到印度。到了南宋，因為地理位置在長江以南，北方陷於戰爭，故唯有向南方發展，海洋貿易因而蓬勃發展，遠超過以前的朝代。可以確定的說，南宋之經濟繁榮跟其船隻之精進有利其海外貿易有必然的關連，也改變了以前朝貢貿易的型態，在此之前，都是從東南亞、南亞和阿拉伯各國到中國進行貿易活動，中國船隻只能在靠近中國附近的印度支那國家進行貿易。南宋以後，中國船隻可以越洋到更遠的地方進行貿易。

　　宋朝船隻最遠航行到麻離拔國，位置在今西南印度之科欽（Cochin）（明朝稱之為柯枝）。但若要前往大食（指阿拉伯），則中國船隻會在故臨國（指今之奎隆）停靠，改換乘小船。嶺外代答曾記載：「中國舶商欲往大食，必自故臨易小舟而往。」[1]又記載：「大食國之來也，以小舟運而南行，至故臨國易大舟而東行。」[2]此一記載說明了在第十一世紀中國宋朝才有船隻能航行到西南印度，然後換乘當地的印度船或阿拉伯船前往大食國。尤有進者，南宋時期，往來中國和印度之間的船隻僅有中國船一種而已。[3]最重要者，在第十一世紀末期和十二世紀初期，宋朝海船已裝設有羅盤針，有利於海洋航行。[4]

　　拜受南宋船隻改進之賜，元朝利用南宋的船隻和航海技術，發動數波對安南、占城、日本和爪哇的跨海戰爭，雖然功敗垂成，亦展現了跨海作戰的能力。此為中國歷史上所無的創舉。

　　到了明朝，有了明成祖這樣想在海上稱雄的君王，加上不辱使命的鄭

---

[1]　〔南宋〕周去非，嶺外代答，卷二，故臨國條。
[2]　〔南宋〕周去非，嶺外代答，卷三，航海外夷條。
[3]　桑原隲藏著，馮悠譯，中國阿拉伯海上交通史，臺灣商務印書館，臺北市，1985 年，頁 115。
[4]　桑原隲藏著，馮悠譯，前引書，頁 126。

和的鼎力，才有七下西洋之壯舉。到了明宣宗雖然想延續明成祖之偉業，因鄭和去世、大臣反對、國庫財政空虛等因素，而停止了海洋活動。沒有想到這一停，不僅影響明國從海洋退縮，亦影響清國對海洋之認知，長期的海禁政策，使得中國的造船能力嚴重衰退，對海權的漠視，才導致鴉片戰爭之敗。

四、西洋勢力東侵之影響

在 1511 年以前，中國和馬來半島以西諸國有貿易關係，孰料葡萄牙在該年滅了與中國關係友好的馬六甲王國，葡萄牙勢力東侵，間接阻斷了西洋各國和中國之間的朝貢貿易，從此以後，中國退縮到只與印度支那國家維持朝貢貿易關係。

西班牙在 1565 年開始殖民統治菲律賓群島，並開闢從馬尼拉到墨西哥西海岸的大帆船貿易，中國為了參與該一新航線，而開闢了東洋航路，從廈門經澎湖、臺灣南部、呂宋島、婆羅洲西岸、進入摩鹿加群島。約在 1575 年開闢了從馬尼拉到廈門的直航航線、1602 年左右開闢了從泉州到馬尼拉的直航航線，不再經由澎湖和臺灣中轉。從中國到菲律賓呂宋島航線之開發，使中國商人大發利市，大量華人移入菲島，而引來西班牙人數次大屠殺華人，最後禁止中國人入境菲島。

荷蘭在 1619 年控制雅加達，中國不同意跟荷蘭進行貿易，但中國船隻可到印尼群島做生意。一直到 1683 年荷蘭協助清國佔領臺灣後，中國才允與荷蘭進行貿易。1740 年，因為華人人數過多進入巴達維亞城，遭荷蘭禁止，而爆發紅溪慘案，華人被殺 4,300 多人。儘管如此，仍無法阻止中國人成千上萬的到印尼群島尋找工作機會。

當英國先後控制檳榔嶼、馬六甲、新加坡以及馬來半島後，引進大量華人進入馬來半島開發錫礦、橡膠園、蔗糖業、靛藍（一種染布料之植物）、甘蜜（一種染皮革之植物）等，使得新加坡和馬來亞的經濟欣欣向榮。

西方國家，包括葡萄牙、西班牙、荷蘭、英國等進入東亞地區，為了爭奪該地的香料和熱帶商業經濟利益而彼此戰爭，對於航線採取獨佔控

制，禁止其他西歐國家的船隻航行，但不禁止東亞國家船隻之航行。此種獨佔航線的行為直至英國和荷蘭在 1784 年簽訂巴黎條約，結束兩國在西蘇門答臘巴東的戰爭，錫蘭歸由荷蘭統治，英國取得荷屬東印度部分地區（指蘇門答臘）的自由貿易權。

接著西班牙在 1789 年開放馬尼拉為國際貿易港口，英、美、法、德、瑞士等國紛紛在馬尼拉設立商業辦事處。1815 年 4 月 23 日，西班牙廢止了大帆船貿易，開放了墨西哥、加里福尼亞、秘魯、厄瓜多等港口與菲律賓貿易。1824 年 3 月英國和荷蘭為了劃分兩國在馬來半島和印尼群島的勢力範圍而簽署倫敦條約，其中第四條規定，兩國尊重雙方人民在馬來半島和印尼群島之港口的自由往來和貿易。

由於開發缺乏資金，國際投資觀念改變，西班牙國王首先在 1834 年廢止菲律賓皇家公司，正式允許自由貿易，開放馬尼拉港與外國貿易。只稍幾年，約在 1870 年英、美商人獨佔了菲島貿易，菲島進出口貿易興旺。荷蘭在 1870 年亦開放英國和美國等國商人到荷屬東印度市場投資，英國也採取同樣的措施，開放其控制的新加坡和馬來半島市場給荷蘭商人投資。至此以前西歐國家在東亞地區建立的獨佔貿易權觀念走入了歷史，取而代之的是更為開放的自由貿易觀念。

法國和西班牙在東亞的商業利益沒有發生衝突，因為法國是東亞商業利益競爭的後進者，也不會挑戰西班牙在菲島的控制權，所以兩國在越南事務上卻成為同盟國。越南在 1832 年和 1835 年兩度頒佈禁教令，不僅殺害法國天主教傳教士，也殺害西班牙傳教士，此事使得該兩國結盟，在 1858 年 8 月兩國海軍聯合進攻越南的峴港，隔年 2 月最後佔領西貢。1862 年 5 月，越南和法國簽署第一次西貢條約，割讓南部邊和、嘉定和定祥三省及崑崙島給法國。該約不僅允許法國人在越南自由傳教、經商及賠償戰費，而且也給予西班牙人同樣的利權。1874 年，法國和越南簽訂第二次西貢條約，法國還不忘在該新約中規定越南欠西班牙戰費 100 萬銀元，由越南依其每年收取之關稅支付。法國照顧西班牙的利益，到了難以想像的狼狽關係。

至於西方勢力入侵中國的故事，大家都耳熟能詳。筆者想說的要點

是，中國從明宣宗以後，就不重視海洋船隻之改進，停留在沿岸近海使用
的小型船隻，1840 年與英國爆發鴉片戰爭，遭敗後，外國船艦首次駛入
長江以北，撼動古老帝國的防衛能力。中國被迫簽訂南京條約，開放五口
通商及割讓香港島。其他西方列強也隨英國之後，相繼入侵中國，簽訂各
種條約，取得中國重要港埠的租借區的權利以及治外法權，各國租借區猶
如國中之小國。此外，在不平等條約下，中國亦開放市場讓外國資金進入
投資生產，例如馬關條約第六款規定日本得在中國已經開放以及新增之港
口僑寓、從事商業、工藝製作。以後亦允准西方各國在中國投資生產。固
然外資可引進新工藝技術，惟其對中國剛萌芽的民族工業亦帶來嚴重衝
擊。

　　很清楚的，中國之所以連遭戰敗，就是武器和船艦性能不如西洋列
強。我們可看到西方國家如何在軍艦上進行改良的過程。法國在 1859 年
將傳統木製船，外包以鐵甲，製成鐵甲艦「光榮號」（Gloire）。此一新
軍艦引起英國緊張，立即在同年建造兩艘完全鐵製船身的勇士級鐵甲艦
（Warrior Class Ironclad），而成為製造鐵甲艦的先驅。英國憑恃此一鐵
甲艦稱霸海洋，其他海洋先進國如葡萄牙、西班牙和荷蘭逐漸被迫退出東
亞商業市場的競爭。

　　相對地，中國能自製鐵甲艦，要到 1889 年 5 月由馬尾造船廠製造的
「平遠」號。其他北洋艦隊的船隻則係購自德國和英國。因為缺乏海軍作
戰之戰術，而在 1894 年遭日本擊敗。從前述可知，日本不再向中國學
習，而改向歐美國家學習，首度擊敗中國的海軍。美國打開日本的門戶，
給予日本一次很好的機會，在歷經「脫亞入歐」的政策下，終於成為東亞
地區的海上霸權國家。就此而言，海路的開展，使得中國瀕臨亡國，卻使
得日本得以翻身，成為東亞海上新霸主。其之間的差別，在於國家統治者
是否有心強國以及現代科技背後的文化精神的掌握。慈禧太后和明治天皇
就是這兩種人物的鮮明對比。

五、為香料而戰

　　第一個搶進東南亞的國家葡萄牙，千里迢迢航海到東南亞，就是為了

尋找香料的產地。1512 年初，葡萄牙憑其優勢武力很快的就佔領摩鹿加群島的主要島嶼德那地島，然後與敵對的蒂多雷島戰爭。1521 年 11 月 8 日，西班牙遠征軍從菲島返國時經過摩鹿加群島的蒂多雷島，以後以該島為據點。1526 年 9 月，西班牙第二次遠征軍航抵蒂多蕾島。1528 年 2 月，西班牙第三次遠征軍又航抵蒂多雷島，該島成為西班牙在摩鹿加群島活動的發展據點。西班牙和葡萄牙為了爭奪香料貿易權經常發生衝突，也捲入了土著之間的衝突。雙方為此在 1529 年簽署札拉哥札條約，劃分在東半球的勢力範圍，摩鹿加群島歸屬葡萄牙所有。

然而紛爭並未就此停止，隨著西班牙退出摩鹿加群島，葡萄牙與土著之間亦戰爭不止。1580 年，西班牙和葡萄牙兩國合併，1585 年西班牙從馬尼拉派軍協助葡軍攻打德那地的堡壘，沒有成功。荷軍在 1605 年 5 月佔領德那地島。1606 年，西班牙出兵驅逐荷軍，佔領德那地島。西班牙人將德那地蘇丹巴拉卡特（Said Barakat）及其兒子和貴族總數 30 人流放到馬尼拉。西班牙統治德那地島至 1663 年，西班牙退出了摩鹿加群島的競爭。

1601 年，英國在班達島建立堡壘。1616 年，荷蘭攻打班達島。1620 年，由於班達島的土著將島上的香料走私賣給爪哇人、馬來人和其他歐洲人，引起荷蘭的不滿，除了殺害島上大部分土著（1 萬 5 千人）外，另將少數土著遷移到靠近西蘭島（Seram）的數個小島，有 800 人被擄往巴達維亞城作為奴隸。荷屬東印度公司將班達島的土地分給荷蘭退伍軍人。荷蘭運來奴隸填補人口。從 1665 年到 1667 年，英國和荷蘭進行第二次戰爭，英國仍控制班達島附近的巒安島（Run Island），1667 年，雙方達成布里達條約（Treaty of Breda），英國聲明放棄巒安島，以換取荷蘭在北美的曼哈頓（Manhattan）島（又稱為新阿姆斯特丹（New Amsterdam）島）（今紐約）。

西班牙勢力退出摩鹿加群島後，荷蘭勢力隨之陸續控制摩鹿加群島各個大島。荷蘭對於不合作的土著或暗中將香料賣給其他西方國家的土著採取嚴厲的鎮壓、屠殺和將統治者流放他地，例如 1634 年，荷蘭逮捕希度地區的統治者卡基亞里（Kakiali），其罪名為將香料「走私」賣給其他歐

洲人。1655 年 12 月和 1666 年對望加錫之戰爭，理由也是將香料賣給其他西歐國家商人。

　　1652 年，荷蘭將德那地蘇丹曼達士雅（Sultan Mandarsyah）送到巴達維亞城，逼迫他簽署條約，停止生產丁香，以維持丁香的價格。荷蘭在該島採取軍事行動，對付反對分子。荷蘭在布祿（Buru）利用「快艇」（Hongi）巡邏砍除多餘的丁香樹，以維持丁香的國際價格。

　　住在摩鹿加群島的土著，應該萬萬沒有想到，香料帶來致命的毀滅，西歐列強的槍砲聲為土著奏起哀歌，在刀光劍影下，許多土著因此喪命。西方列強發現了到達香料群島的新航線，引進了一群虎狼豺豹，從十六世紀到十九世紀，香料像被施了魔咒般，是厄運的象徵。

六、以鴉片毒化東亞國家

　　在西元前 3400 年，在伊拉克和敘利亞的底格里斯河（Tigris）和幼發拉底河（Euphrates）兩河流域的美梭不達米亞（Mesopotamia）南部就有種植罌粟花，蘇美爾人（Sumerians）稱其為「歡樂植物」，將其傳給亞述人（Assyrians）、巴比倫人（Babylonians）和埃及人。在埃及首都底比斯（Thebes），開始種植罌粟花，並將之賣到希臘、迦太基（Carthage）和歐洲。西元第八世紀阿拉伯人征服西班牙、埃及、波斯和一部分印度之後，阿拉伯商人和傳教士到印度和東南亞經商和傳教時，亦將鴉片帶入這兩個地區，甚至傳入中國。[5]

　　唐朝時大秦商人將鴉片傳入中國，舊唐書西戎列傳記載：「干封 2 年（667 年）拂菻遣使獻底也伽。」[6]拂菻就是大秦，即羅馬帝國所統治的埃及到伊朗一帶。底也伽是一種解毒藥，其最重要的成分就是鴉片。鴉片一名阿芙蓉[7]或烏香。明朝大明會典記載，榜葛剌、暹羅進貢烏香，[8]爪哇

---

[5]　Pierre-Arnaud Chouvy, *Opium: Uncovering the Politics of the Poppy*, Harvard University Press, Cambridge, 2010, p.4.

[6]　〔後晉〕劉昫等撰，舊唐書，西戎列傳卷一百四十八，拂菻國條。

[7]　阿芙蓉是阿拉伯文和波斯文對鴉片的稱呼「afiun」，土耳其文為「afium」。參見 Pierre-Arnaud Chouvy, *op.cit.*, pp.4-5.

[8]　〔明〕李東陽等纂，大明會典，卷之一百五，朝貢一，暹羅國條；卷之一百六，朝貢

國亦進貢烏香。[9]烏香即是鴉片。明神宗萬曆 17 年（1589 年），鴉片首次被列入關稅貨物的範圍。

　　當葡萄牙在十六世紀初航行到東南亞國家時，開始抽鴉片煙，發現有瞬間快樂的感覺。葡萄牙在 1511 年佔領馬六甲時，就使用鴉片作為與東南亞各地統治者的見面禮。[10]

　　第十七世紀，波斯人和印度人抽鴉片煙，作為一種娛樂。葡萄牙人將印度的鴉片賣到澳門。1606 年，英國女王伊麗莎白一世（Elizabeth I）下令購買最好的印度鴉片運回英國。

　　1642 年，荷屬東印度公司獲得蘇門答臘島的巴鄰旁蘇丹的許可，享有進口鴉片和紡織品的專有權。荷蘭以之換取當地生產的胡椒。荷蘭在安汶島的策略又有所不同，1660 年代，由於荷蘭擔心丁香生產過剩會影響價格，所以派遣快艇砍除安汶島上的丁香樹，甚至考慮利用鴉片來降低土著的勞動力，以減少丁香的產量。[11] 1833 年至 1836 年擔任荷屬東印度總督的鮑德（Jean Chrétien Baud）曾記載：「從 1640 年到 1652 年，該公司進口鴉片平均每年 500 英鎊。從 1653 年到 1665 年，每年平均進口鴉片 1,100 英鎊。1666 年到 1677 年，平均每年進口鴉片 10,000 英鎊，而 1666 年剛好是馬塔蘭王國（指統治中爪哇和東爪哇的土著國家）的蘇蘇胡南（Susuhunan）（指蘇丹）給予荷蘭鴉片貿易獨佔權。」[12] 1705 年，馬塔蘭王國蘇蘇胡南再度給予荷屬東印度公司鴉片貿易獨佔權。荷屬東印度係從孟加拉進口鴉片到印尼群島。整個十七世紀，荷屬東印度從孟加拉進口的鴉片總值為 210 萬英鎊；十八世紀約有 1,260 萬英鎊，而且這僅是孟加拉一地進口的數額。而抽鴉片煙者有荷蘭士兵、爪哇貴族和華人。荷屬東印度進口如此大量的鴉片，並非僅供給荷屬東印度使用，它還賣至菲律

二，東南夷下，榜葛剌國條。

[9]　〔明〕慎懋賞撰，四夷廣記（下），國立中央圖書館出版，正中書局印行，臺北市，民國 74 年，榜葛剌條，頁 2-22-110；暹羅國條，頁 2-22-479；爪哇國條，頁 2-22-539。

[10]　Hans Derks, *History of the Opium Problem: The Assault on the East, ca. 1600-1950*, BRILL, 2012, p.229.

[11]　Hans Derks, *op.cit.*, p.199.

[12]　Hans Derks, *op.cit.*, p.230.

賓、臺灣和日本。[13]

　　1700 年，荷屬東印度將印度鴉片賣至中國和東南亞，還將抽鴉片煙管引進中國，中國開始流傳抽鴉片煙。1729 年，雍正皇帝禁止抽鴉片煙和銷售，除非藥用。中國在 1736 年在雲南種植鴉片，商人將鴉片賣至緬甸北部，農民甚至在緬甸北部種植鴉片。當時鴉片大都作為藥用。[14]然後從緬甸擴散到泰北和寮國北部山區都種植鴉片。

　　1750 年，英屬東印度公司控制印度、孟加拉和印度東北部的比哈爾（Bihar）邦生產的鴉片，1773 年第一艘從加爾各答出口鴉片的船隻抵達中國，當時中國禁止鴉片貿易。英屬東印度公司的鴉片係先賣給加爾各答的商人，再透過走私進入到中國市場。[15]

　　1767 年，英屬東印度公司每年出口兩千箱鴉片到中國。1793 年，英屬東印度公司在印度建立鴉片專賣制度，禁止鴉片生產者將鴉片賣給其他公司。1799 年，嘉慶皇帝禁止鴉片買賣和種植。[16] 1839 年 3 月 18 日，林則徐命令外國人交出鴉片，禁止買賣和抽吸鴉片。1840 年 6 月，英國派遣軍艦 16 艘、武裝輪船 4 艘、運輸艦 28 艘、陸軍 4,000 人，抵達廣州，要求中國開放貿易門戶，雙方乃爆發戰爭，結果清國戰敗，1842 年簽訂南京條約，中國割讓香港、賠款和開放五口通商。

　　1852 年 4 月，英軍攻佔緬甸馬塔班（Martaban）和仰光。5 月，英軍又佔領巴生港（Bassein）。10 月 10 日，佔領卑謬（Prome），11 月 22 日，佔領勃固（Bago, Pegu）。英國開始將鴉片從印度運至緬甸市場。從 1856 年到 1860 年，英國和法國聯合起來發動第二次鴉片戰爭，中國被迫開放鴉片進口。1878 年，英國通過適用在印度的鴉片法（Opium Act），

---

[13] Hans Derks, *op.cit.*, pp.231,234,235.

[14] Ronald D. Renard, *The Burmese Connection: Illegal Drugs and the Making of the Golden Triangle*, Boulder, Lynne Riener, London, 1996, p.14.

[15] Pierre-Arnaud Chouvy, *op.cit.*, p.5.「不列顛東印度公司」，維基百科，https://zh.wikipedia.org/wiki/%E4%B8%8D%E5%88%97%E9%A2%A0%E4%B8%9C%E5%8D%B0%E5%BA%A6%E5%85%AC%E5%8F%B8#%E5%9C%A8%E5%8D%B0%E5%BA%A6%E7%B3%8B%E8%B6%B3（2020 年 4 月 23 日瀏覽）。

[16] "Opium throughout history," *The Opium Kings*, https://www.pbs.org/wgbh/pages/frontline/shows/heroin/etc/history.html（2020 年 4 月 8 日瀏覽）。

限制鴉片持有、運輸和買賣。1886 年，英國出兵滅緬甸國，英國在緬甸東北部的撣邦種植鴉片。而法國在 1893 年控制寮國後亦在寮國北部種植鴉片，使得金三角地區成為重要的鴉片產地。1909 年，英國通過緬甸鴉片法，禁止緬甸人持有、運輸和買賣鴉片。[17]

除了葡萄牙、荷蘭和英國利用鴉片作為入侵東南亞之手段外，法國亦有類似手法。法國為了控制柬埔寨國王諾羅敦（Norodom），而免費贈送鴉片給他，使其因吸食鴉片而健康惡化，最後無法處理朝政。法國駐柬埔寨高級駐紮官（résident supérieur）瓦尼維樂（Huynh de Verneville）於 1897 年發電報給巴黎，報告諾羅敦已無法視事，請求由他代理執政。巴黎同意他的請求，瓦尼維樂遂得以自由發佈敕令、任命官員、徵收直接稅、選任王儲。法國亦在同年同意由西梭瓦特（Sisowath）出任國王。諾羅敦只剩下舉行佛教儀式的權力。同樣地，每年法國供應西梭瓦特鴉片 113 公斤（249 英鎊）。[18]

法國統治寮國時也在 1895 年 12 月設立「鴉片委員會」（Régie de l'opium），負責鴉片的生產、銷售和徵稅，法國鼓勵蒙族（Hmong）（即苗族）在寮國北部種植鴉片，販賣鴉片的收入是由法國財政官和寮國國王的財政官各分一半。警察則另有收入。法國在寮國生產製造和買賣鴉片，占其歲收的一半，1914 年鴉片歲收有 26 萬 5 千美元。鴉片商是來自印度和緬甸的商人，生產者是寮北和越北的蒙族。法國在寮國推動的文化和民族意識的各項活動經費大都依賴販賣鴉片之收入。[19]鴉片的生產對於寮國經濟有重要性，所以法國統治寮國時一直在種植和販售鴉片。

泰國沒有經歷過西方列強殖民統治，對於鴉片的政策則從限制到管制。1811 年，拉瑪二世（Rama II）下令禁止銷售和吸食鴉片，違者鞭刑，但未執行。鴉片都是從英屬印度的加爾各答港口和新加坡進口的，吸

[17] "The Opium Act," file:///D:/%E4%B8%8B%E8%BC%89/1-1878%20The%20Opium%20Act%20(1).pdf（2020 年 4 月 8 日瀏覽）。

[18] David P. Chandler, *A History of Cambodia*, Silkworm Books, Chiang Mai, Thailand, 1993, p.149.

[19] 摘要自 Martin Stuart-Fox, *A History of Laos*, Cambridge University Press, Cambridge, 1997, pp.55-56.

食者大多數是華人。1839 年，拉瑪三世重申禁鴉片令。1840 年，英國因
為鴉片銷售問題而與中國發生戰爭，最後中國戰敗，英國挾其戰勝餘威，
要求暹羅也開放鴉片進口。1844 年，因為政府官員暗中同意，所以鴉片
再度進口，亦有許多人改吸當地生產的大麻煙。日後，在暹羅北部有人開
始種植鴉片，鴉片成為暹羅政府難以克服的問題。1851 年 4 月，拉瑪四
世（Rama IV）上臺後，改革派認為對西方船隻和中國船隻給予不同的關
稅是毫無意義的，而且禁止鴉片進口的結果，反而造成更大的走私鴉片的
獲利者以及幫派的鬥爭。因此，他們主張與英國就此一問題進行談判。同
年 7 月，減少關稅率一半，取消稻米出口限制，由官方專賣鴉片，以控制
其使用。1855 年 4 月，暹羅和英國簽署暹英友好與商業條約（Treaty of
Friendship and Commerce Between Siam and UK），允許英商進口鴉片不
徵關稅而由暹羅政府專賣。在鴉片由國家專賣之前，鴉片買賣大都由華商
經營，暹羅政府給予這些華商鴉片承包稅的權力，成為王室重要稅收來源
之一。1959 年 2 月，沙立（Sarit Thanarat）出任首相，宣布從 1959 年 6
月 30 日起禁止吸食鴉片。在這之前泰國政府發給鴉片館執照，據估計當
時吸食鴉片的人數有 8 萬到 10 萬人，領有鴉片館執照者已從 1,200 家減
少到 990 家。[20]

　　越南在 1820 年 7 月公布鴉片條禁，官民敢有吃鴉片及藏匿煎煮、販
賣，其罪徒捕，告發者，賞銀 20 兩。父子不能禁約子弟及鄰佑知而不檢
舉，各以杖論。明命帝特別規定職官有犯者開革。[21] 1832 年 12 月，重申
禁鴉片煙令。1852 年 1 月，公布鴉片條禁，官吏、兵民犯禁者，強制 6
個月治療。[22]

　　1865 年 1 月，越南為了籌措對法國之賠款，由政府開徵高稅，允許
鴉片買賣。如有清國（指中國）商人進口鴉片，則徵以 40 斤取 1 斤之關

---

[20] *Keesing's Contemporary Archives*, December 13-20, 1958, p.16540.

[21] 〔越〕潘清簡等纂，大南寔錄，第五冊，正編第二紀，卷四，越南國家圖書館，河內，
1844 年，頁 6-7。

[22] 〔越〕阮仲和等纂修，大南寔錄，第十五冊，正編第四紀──翼宗寔錄，卷八，頁 7。

稅。該年越南之鴉片稅款達 38 萬 2 千 2 百緡。[23] 1873 年 6 月，申定鴉片禁例。申定舉人、秀才、士人有犯吃罪證確鑿者，限 1 年洗除。違者，削籍有差，永不得預試（參加考試）。[24]

1888 年，法軍為了逮捕抗法的咸宜帝，對蒙族頭領賄賂以鴉片和畀予軍事頭銜，蒙族頭領遂出賣咸宜帝，咸宜帝在 1888 年 9 月 26 日被法軍逮捕。法國統治越南期間，是採取開放鴉片買賣政策，交趾支那政府經營的鴉片、鹽和酒的稅收，約佔政府歲入的 70%。

英國也是很會利用鴉片以達其政治目的的手段，新加坡之開埠者萊佛士（Thomas Stamford Raffles），為了取得新加坡之使用權，而與柔佛蘇丹胡笙（Sultan Hussein Muhammad Shah）見面時就贈以鴉片、槍、深紅色的毛毯做為禮物。英國在遠東之主要商業利益來源是從事鴉片貿易，它從印度運輸鴉片經由新加坡到中國，從中國賺取大量鴉片錢，甚至為了強銷鴉片，而於 1840 年 5 月與中國清朝發生鴉片戰爭。自該戰爭後，英國在遠東的發展，新加坡成為重要的前進基地。從印度西岸的孟買、東岸的馬德拉斯、加爾各答，經由新加坡到達廣州，成為該一鴉片貿易的重要航運據點。英國為了獲取鴉片利益，在新加坡設立中央鴉片廠，公開及合法的製造鴉片。當時「海峽殖民地」約有一半的收入來自鴉片貿易。

1856 年 10 月，英、法發動第二次鴉片戰爭，聯軍攻打北京，英國軍艦從印度途經新加坡時，還受到華商的歡迎。[25]這些華商應該與經營鴉片業有關，他們之所以支持英軍攻打中國，乃在維護其鴉片利益。

鴉片產自中東的伊拉克和敘利亞一帶，因為大秦國的商人到印度，所以鴉片也傳到印度，以後在阿富汗和印度的北部地區開始種植鴉片。第七世紀唐朝時鴉片傳入中國，早期鴉片是用來解毒的良方，其危害性不強。十六世紀初，葡萄牙和荷蘭勢力進入東南亞，同時運進很多鴉片，目的在

---

[23] 〔越〕阮仲和等纂修，大南寔錄，第十六冊，正編第四紀──翼宗寔錄，卷三十一，頁 5-6。

[24] 〔越〕阮仲和等纂修，大南寔錄，第十七冊，正編第四紀──翼宗寔錄，卷四十八，頁 26。

[25] 李恩涵，東南亞華人史，五南圖書公司，臺北市，2003 年，頁 268。

以鴉片作為與土著交易胡椒之通貨工具。十八世紀，荷蘭將抽鴉片煙管引進中國，此後鴉片成為危害人體健康的毒品。鴉片隨著中國和阿拉伯、印度交通航線之暢通以俱來，也隨著西方列強到東南亞殖民，而流入東南亞，土著民抽不起昂貴的鴉片，唯有荷蘭士兵、爪哇貴族和華人抽鴉片，其危害性有限，但在中國，因為過多的人抽鴉片煙，禁鴉片而與英國和法國發生戰爭。鴉片成為中國從海上絲路出口絲、茶、瓷器的反向進口商品，其危害性導致清末的衰敗。

七、海運發達之副產物：滋生海盜

海盜之出現必然與海運愈趨繁榮有關，蓋航運愈發達，船貨愈值錢，乃引來海盜覬覦。因此，自第七世紀馬來半島以南地區成為航運必經之地後，海盜即開始活躍。中文文獻中，最早的記載是當義淨返國時行經恆河口的「耽摩立底國」，「遭大劫賊，僅免剚刃之禍，得存朝夕之命。」[26] 顯示當時東印度海岸一帶，盜賊橫行。

至於馬六甲海峽出現海盜，應是在第十三世紀宋朝的記載。趙汝适在諸番志中記載三佛齊的情況，他說：「三佛齊其國在大海中，扼諸番舟車往來之咽喉，古用鐵索為限，以備他盜，操縱有機，若商舶至，則縱之，比年寧謐，撤而不用……。」[27] 顯見當地有海盜活動。至明朝時，在爪哇海，海盜非常活躍，鄭和前往西洋時，路經印尼，即在蘇門答臘舊港擊敗以華人為主的陳祖義海盜集團，將之縛綁至南京斬首。

同樣地，由於十五到十六世紀中國和阿拉伯、印度之間貿易頻繁，航路沿線地帶充斥海盜，在東亞海域，從北往南的有名海盜，有日本的倭寇、在琉球、北臺灣和福建活躍的閩南海盜、廣東海盜、交趾（位在越南北部）海盜、廣南（位在越南中部）海盜、菲律賓蘇祿海盜、婆羅洲沙巴的伊拉倫（Illanuns）海盜、婆羅洲海達雅克（Sea Dayak）海盜、蘇拉威西武吉斯（Bugis）海盜、北爪哇海盜、亞齊的蘇門答剌海盜、孟加拉海

---

[26] 義淨，大唐西域求法高僧傳，卷下，義淨自述。
[27] 〔宋〕趙汝适原著，馮承鈞校注，諸蕃志校注，頁13。

盜、亞丁灣海盜、留尼旺（Reunion）海盜、模里西斯（Mauritius）海盜
和馬達加斯加（Madagascar）海盜等。

　　自第十六世紀以後，西方勢力，包括葡萄牙、西班牙、英國和荷蘭的
商船相繼前往東南亞，引起當地海盜注意，於是從馬六甲海峽、爪哇海、
越南東海岸、中國廣東、福建海岸、臺灣北海岸和日本九州等地海盜益形
猖獗。這些西歐海權國家的冒險家進入東亞地區的行徑猶如海盜，他們成
為政府許可的海盜，專門以武力攻擊、劫掠其他西歐國家的競爭船隻及打
開東亞國家的港口門戶。甚至有英國人基德（William Kidd）和布師
（George Booth）、法國人李瓦秀爾（Olivier Levasseur）和英屬北美殖民
地人哈斯里（John Hasley）在印度洋從事海盜活動，[28]此外，葡萄牙的達
加瑪之行為就類似海盜，第一個環遊世界航行的英國人德瑞克（Francis
Drake）是有名的海盜，英國女王伊莉沙白一世（Elizabeth I）暱稱他為
「我的海盜」。[29]

　　住在蘇拉威西島南部的武吉斯人，是善於航海的民族，早期都從事海
盜，荷蘭人進入印尼群島後，利用他們擔任水手。當荷蘭在 1641 年佔領
馬六甲後，招引武吉斯商人前往雪蘭莪開發，以取代葡萄牙的商人。武吉
斯人善於經商和航海，與荷蘭人合作，他們移入雪蘭莪的人數超過較早移
入的米南加保人。武吉斯人集中住在雪蘭莪境內雪蘭莪、巴生和郎額
（Langat）（又譯為冷岳）三條河流，形成小型的聚落。1766 年左右，
雪蘭莪的武吉斯領袖沙拉胡丁（Sallehuddin）請求吉打蘇丹立其為雪蘭莪
的蘇丹，而開啟了雪蘭莪蘇丹王系，首都在瓜拉雪蘭莪（Kuala
Selangor）。[30]武吉斯人從海商變成為雪蘭莪的統治者。

　　1549 年，葡國派遣貿易船隻到廣東省台山市外海的上川島，因為協

[28] "Pirates and piracy in the Indian Ocean," *Indian Ocean Travellers' Guide*, https://www.
indian-ocean.com/pirates-and-piracy-in-the-indian-ocean/（2020 年 5 月 12 日瀏覽）。

[29] Jesse Greenspan, "8 Real-Life Pirates Who Roved the High Seas," *History Stories*,
https://www.history.com/news/8-real-life-pirates-who-roved-the-high-seas（2020 年 5 月 12
日瀏覽）。

[30] R. O. Winstedt, "A History of Selangor," *Journal of the Malayan Branch of the Royal Asiatic
Society*, Vol. 12, No. 3 (120), (October, 1934), pp.1-34.

助中國掃蕩沿海的海盜有功,而獲允與中國進行貿易。明朝為了剿滅流竄在臺灣和菲律賓的海盜林鳳,在 1575 年派遣官員到馬尼拉交涉聯合緝捕林鳳事宜。日本在 1639 年宣布鎖國政策後,除了中國和荷蘭尚保留貿易關係外,中斷對其他國家的對外關係,受此政策影響,日本海盜逐漸消聲匿跡,因為海上川行的船隻大量減少。

荷蘭在 1683 年因為協助清國終結在臺灣的鄭氏政權有功,故清國允許其進行貿易。荷蘭和中國海盜勾結的行徑,亦漸減少,變成跟中國正規貿易的商人。英國在 1786 年從吉打蘇丹取得檳榔嶼使用權,1791 年 4 月因為英國不願出兵保護吉打以及拒付給吉打蘇丹年金 1 萬元,而引發吉打號召附近土著國家派遣船隻及聯合蘇祿和伊拉倫海盜攻打,最後英軍將此一聯合海軍擊敗。荷蘭在 1830 年代從蘇門答臘東部往北部擴展勢力,首先遭到亞齊一帶海盜的攻擊,到了 1870 年代掃蕩海盜完後才進軍陸上的亞齊王國,最後將之滅國。

進入二十一世紀,從臺灣到日本的海盜絕跡,越南到廣東沿海偶有海盜,只剩下馬六甲海峽西北端出口、新加坡海峽東邊出口、蘇祿海域等地海盜為患未衰。

八、東亞國家文化交流之逆流

東北亞的朝鮮半島和日本除了與中國發展貿易外,也同時派遣遣隋使和遣唐使到中國,學習及吸收中國的典章制度和文化精髓,豐富了這兩地的文化內涵,經過融合而產生新的文化面貌,包括受中國殖民統治一千多年的越南,共同構成中華文化圈,以儒家思想為核心,外包以大乘佛教,再加上崇法自然的道家思想。這三個地區中,以越南和朝鮮半島漢化程度最深,日本亦駸駸然有華風。只是日本在十九世紀中葉後「脫亞入歐」,而快速接受西化,不再倡議接受中華文化,而是要超越中華文化。在第八世紀時日本逐漸興起小中華思想,將朝鮮半島新羅視為藩屬國,將日本南方的南島人和北方的蝦夷看成夷人,並要求他們向日本進貢,猶如中國朝貢體系的小翻版。經過數百年的中國對日本文化交流的一面倒傾斜,日本大力吸收中華文化,日本卻對中國不懷好意,一直想取代中國而成為東方

的霸主，663 年 8 月，日本聯合百濟和唐朝與新羅聯軍在白江口（今韓國錦江）大戰，結果百濟亡國，日本退兵。

在豐臣秀吉於 1590 年統一日本以後，日本倭寇入侵朝鮮半島，豐臣秀吉在 1591 年致函朝鮮要求假道朝鮮進攻中國，遭朝鮮拒絕，日本遂在 1592 年出兵朝鮮半島，朝鮮請求中國明朝援救，中國派兵入朝鮮與日本作戰，1593 年雙方議和。1597 年戰事再起，因豐臣秀吉在隔年 9 月去世而退兵，結束日本侵略朝鮮和中國之野心。

就文化發展史而言，中國以其文明而為周邊國家所學習效法，應是正面的文化發展效應。但沒有想到，日本從中國學習其文明，在日漸強盛後，卻萌生侵略野心，此對於中國而言真是情何以堪？難怪以後明朝對於外國人在會同館進行交易時禁止他們收買史書，[31]清朝順治時期，也禁止外國人收買史書，[32]該項禁令主要就是針對懂得漢字的日本、朝鮮和越南，防止這些國家對中國的國情知道太多。

由於中國禁止外國人購買史書，而越南明命皇帝對於中國史書和詩畫特感興趣，每叮嚀使節到中國時要高價收買。「清宣宗道光 10 年（越南明命 11 年，1830 年）10 月，遣使如清，以吏部左侍郎黃文亶充正使，廣安參協張好合改授太常寺少卿，翰林編修潘輝注陞授侍講，充甲乙副使。帝諭之曰：『朕最好古詩、古畫及古人奇書而未能多得，爾等宜加心購買以進。且朕聞燕京仕宦之家多撰私書、寔錄，但以事涉清朝，故猶私藏未敢付梓。爾等如見有此等書籍，雖草本亦不吝厚價購之。』」[33]

更甚者，越南長期受中國統治，文治禮樂深受中華文化薰陶，官方考試以漢學為主，是以一般士人都能閱讀書寫漢字，久之，官方文書每以「中國」自居，從大越史記全書到大南寔錄等官方文書，均不時流露此一以中國自況之歷史紀錄。例如，大南寔錄記載，嘉隆 13 年（1814 年）10 月，阮福映對群臣說：「正名乃為政之先，邇來中外章奏，其中或只稱官爵。揆之君前，臣名於義未協，至所稱人民雜用國音，尤為鄙俚。自今章

31　〔明〕申時行等撰，明會典，卷一百八，禮部六十六，朝貢四，朝貢通例，頁 587。

32　〔清〕允祿等監修，大清會典（雍正朝），卷之一百五，外國貿易，頁 16。

33　〔越〕潘清簡等纂修，大南寔錄，第七冊，正編第二紀，卷六十九，頁 29-30。

疏冊籍所敘職官者,具著官銜姓名,民人則男稱名,女稱氏(如名甲,陳文甲,氏乙,李氏乙之類)。」[34]嘉隆稱「中外」,顯係將越南比附為中國,其未將清國視為中國,蓋可見其輕鄙清國之意。以後大南寔錄都是使用「中外」一詞,用以指稱越南和外國的關係。

越南輕鄙中國跟日本輕鄙中國的情況和結果不同,越南長期以來學習中華文化,認為自己才是正統中華文化的繼承人,清國滿族非我族類。日本則是在學習西洋文化之後,認為西洋文化優越於中華文化,故要拋棄中華文化。越南因為過分以中華文化自況,且放不下中華文化,當它被法國入侵時,還不肯學習法國之知識和學問,最後被法國殖民統治。高度漢化的越南經不起法國的武力侵略,在法國的控制指揮下,只好宣佈廢棄漢字,改採用羅馬拼音;亦同時廢除儒學科舉考試,改採西學教育。越南「脫亞入歐」沒有日本徹底和成功,反而因為後來引入社會主義思想和制度,而延誤了現代化的步伐。

日本則因為西化有成,成為東亞強國,而萌生侵略周圍的朝鮮半島和中國之野心。這些受中華文化影響的中國周邊國家,從十七到十九世紀受到西方文化之影響和衝擊,在文化激盪下產生不同的回應。

九、東南亞文明之發展深受印度和阿拉伯之影響

印度人應該在西元前第六世紀左右開始移入東南亞,隨著航線的擴大,印度人遷徙到馬來半島、柬埔寨、占婆、爪哇、蘇門答臘、峇里島、龍目島、婆羅洲、摩鹿加群島等的港口地區。他們同時帶入了印度人的生活習慣(左手用來洗淨屁股)、音樂、舞蹈、使用貝多葉(棕櫚葉)書寫、梵文文字、巴利文(Pali)文字和宗教信仰。

第八世紀後,阿拉伯人加入了到中國的航線,而開始落腳於航線沿路的各個港口,以致於亞齊地區有很多阿拉伯人居住,甚至在宋朝時稱呼的大食指的是亞齊。

阿拉伯人也到菲律賓南部民答那峨島傳布回教。「古麻剌,在福建泉

---

[34] 〔越〕張登桂等纂,大南寔錄,第三冊,正編第一紀,卷五十,頁10。

州府東南海中。其國有州百餘，佛宇至四千區。南有層拔國，在大海中，西接大山。其人大食種也，多崖谷，產象牙生金。」[35]

十五世紀在北爪哇的錦石、杜並、淡目等港口也有許多阿拉伯商人和傳教士活動。

阿拉伯人帶入東南亞的是回教以及阿拉伯文字，印尼群島、馬來半島和菲律賓南部成為回教信仰地區，印尼成為全球最大的回教國家。阿拉伯回教傳教士使用阿拉伯文字拼寫當地土著的話語而形成爪夷文，至今仍是東南亞國家回教堂使用的文字，甚至成為汶萊的國語字。

十、宗教傳播的邊陲地帶出現宗教質變現象

佛教從印度北傳經由西藏、蒙古、中國到日本和越南，一路上佛教出現各種質變現象，在中國的佛教和民間信仰和道教混合，佛廟內供奉的神祇有佛陀和民間信仰的各種神祇。在越南的和好教，為佛教的變體，與佛教不同的是，和好教並不興建寺廟，而是用一塊紅布代替神像，供品為鮮花和清水。越南還有高臺教，主張信仰三教、五道，所謂三教是指佛教、聖教和仙教；五道則是指人道（孔子）、神道（姜太公）、聖道（耶穌）、仙道（老子）和佛道（釋跡）。高臺教承認有一位宇宙的最高「主宰者」──高臺神，高臺教因此而得名。（「高臺」一詞出自道德經第二十章，「眾人熙熙，如享太牢，如春登臺」。高臺教徒解釋「如春登臺」為「上禱高臺」，高臺就是神靈居住的最高的宮殿的意思。）[36]

另外根據高臺教教義一書的說法，高臺教是包含佛教、道教、儒家、祖先崇拜和西方宗教教義的綜合，其目標在實踐普世和平。該教認為過去宗教之本質常被迷信和無知誤導，該教要重建宗教的真正意義。該教相信人類精神是不朽的，最高的神是普世的先知和所有物種之父；肉體之死不

---

[35] 〔清〕邵星巖，薄海番域錄，卷八，文海出版社，臺北市，1971，頁 12。古麻剌郎，或古麻剌，為菲律賓南部民答納峨島的音譯。古麻剌的西邊有大山，因此較為可能的地點是位在三寶顏省的巴加連市或納卯（Davao）。

[36] 「高臺教」，維基百科，http://zh.wikipedia.org/wiki/%E9%AB%98%E5%8F%B0%E6%95%99（2020 年 4 月 17 日瀏覽）。

是結束，而是生命的持續；肉體會死，但精神長存，或與最高的神結合為一。[37]

當佛教越過海洋從中國傳到日本後，發生更為激烈的質變，更傾向世俗化，在明治維新後和尚可以結婚生子，可以吃肉喝酒，甚至經營商業，唯一屬於佛教教儀的是剃光頭和念經祈福。

當西班牙將天主教傳到菲律賓，為了吸引當地人信仰，教儀也作了若干調整，信仰聖母瑪麗亞和聖嬰，且允許拜偶像，允許信仰祖先，可點香。在華人住區，甚至將聖母的面孔和打扮予以觀音化，使之看起來像觀音。當杜特地（Rodrigo Duterte）在 2016 年當選菲律賓總統時，他立即前往其父母親祖墳祠堂稟告其已當選菲國總統。

同樣地，佛教和印度教傳到印尼群島，東爪哇成為該兩宗教的末端地帶，而出現兩教在地化現象，兩教不僅混合，成為濕婆佛陀教，亦即濕婆就是佛陀，佛陀就是濕婆，國王去世後的陵廟會同時供奉濕婆神和佛陀；而且會攙雜密教信仰，相信符錄和神秘力量。

第八世紀回教傳入東南亞，也在印尼群島和馬來半島發展出各種質變的回教信仰，攙雜當地的密教信仰，於 1998 年在東爪哇還爆發回教密教派教徒 1 千多人在森林中修鍊刀槍不入術，然後手拿大刀跨海前往蘇拉威西島和摩鹿加群島攻擊異教徒。

十一、日本人領先東亞人環半球航行

在一般的認知裡，日本是在美國的黑船事件下被打開門戶，事實上，在此之前日本卻是得風氣之先，在東亞國家中最早派人環球航行。

1582 年 2 月 20 日，在葡萄牙耶穌會傳教士瓦里格那洛之建議及三位天主教大名大村純忠、大友宗麟和有馬晴信資助下，由伊藤萬壽為使團發言人及三位貴族從長崎出發，經由澳門、印度科欽、果阿，於 1584 年 8 月抵達葡國首都里斯本，再到西班牙的首都馬德里，會見西班牙和葡萄牙

---

[37] Sergei Blagov, *Caodaist Doctrine*, Extracted from Sergei Blagov, *Caodai: A new Religious Movement*, The Institute of Oriental Studies, Moscow, 1999, pp.10-12.

國王菲律普二世。然後轉往羅馬梵諦岡，會見教皇葛瑞哥里十三世。此次出使被稱為「天正使節」。伊藤萬壽成為航行到義大利的第一位日本人。

1609 年，菲島總督韋瓦諾（Rodrigo de Vivero y Aberrucia）任期屆滿搭船回到墨西哥，因為船隻在日本海岸觸礁，他利用此一機會建議德川家康和西班牙簽署通商友好條約，他搭乘日本建造的船隻越過太平洋返回墨西哥，日本派遣田中若介同行，成為日本官方出使西班牙的第一人。他攜帶德川家康的信函和禮物去會見西班牙國王。

日本信仰天主教的地方大名和武士受到天主教傳教士之影響，也派遣一個朝聖訪問團，支倉常長於 1613 年 10 月 28 日搭乘日本建造的第一艘仿照西洋船隻的「聖鍾寶替斯塔號」從宮城縣石卷市出發航越太平洋到墨西哥西海岸的阿卡普爾科，從墨西哥的維拉克魯茲港出海，越過大西洋，1614 年 10 月 5 日航抵西班牙聖魯卡港。1615 年 1 月 30 日，抵達首都馬德里，獲得國王菲律普三世之接見。1615 年 11 月，日本使團前往梵諦岡，獲得教皇保祿五世之接見。因為支倉常長不具日本國官方代表之身分，沒有攜帶日本統治者德川家康之信函；再加上日本已下令禁止天主教，所以西班牙拒絕和支倉常長簽署貿易條約。6 月，日本使團離開西班牙前往墨西哥，橫越太平洋，1618 年 4 月航抵菲律賓。支倉常長在 1620 年 8 月回到日本長崎。這次遣使被稱為「慶長使節」。

以上三次出使，一次是得葡萄牙人之助，走葡人所開闢的東亞航路前往葡萄牙、西班牙和義大利；兩次是得西班牙人之助，走西班牙人所開闢的大帆船貿易航線前往西班牙和義大利。這三次出使共構成環球之航行。

日本在 1614 年 1 月下令禁止天主教及禁止人民前往澳門和馬尼拉。1624 年下令所有西班牙人離境，終止和葡萄牙與西班牙的外交關係。日本在與葡萄牙和西班牙的友好期間，曾有三次遣使完成環球航行，應是東亞人的創舉。後來日本進入鎖國階段，只與荷蘭進行有限的交流。

十二、航線海圖繪製

航海最重要的工具之一就是海圖，精確的海圖可作為航海之指南，幫助航海者知悉航行之方向和位置。中國雖然航海歷有一千多年，但在史書

中僅指出某地的方位，而未繪製海圖，故古書中均未曾得見。

　　最早簡略繪出東亞海域國家的地圖是宋朝的**古今華夷區域總要圖**，該
圖標出的靠海東南亞國家有三佛齊、闍婆、扶南等國。

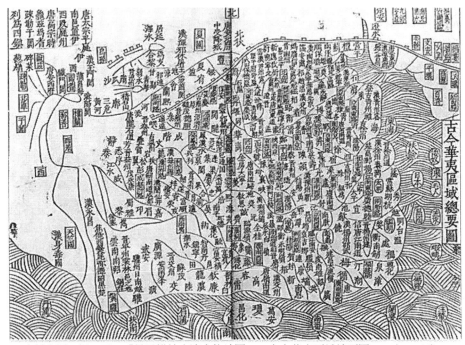

資料來源：梁二平，「最早描繪出流求的地圖——古今華夷區域總要圖」，每日頭條，
2016 年 3 月 26 日。https://kknews.cc/culture/qyylvab.html（2020 年 4 月 22 日
瀏覽）。

圖 10-1：古今華夷區域總要圖

　　其次，是明朝嘉靖 41 年（1562 年）胡宗憲主持編纂，鄭若曾撰的**籌
海圖編**，該書卷一，第七十四圖，清楚地繪出日本入寇中國沿海各城市和
地點的路線。

　　第三，是 1621 年出版的**武備志**一書，亦詳細繪製了中國沿海海圖。
在海防這一部分，**武備志**畫了中國沿海的城市、港灣的防衛情況。中國之
外的外洋航線，在該書最後一卷附有**鄭和航海圖**。該鄭和航海圖應是鄭和
時期繪製的海圖，該圖成為中國最早的外洋海圖以及航線圖。

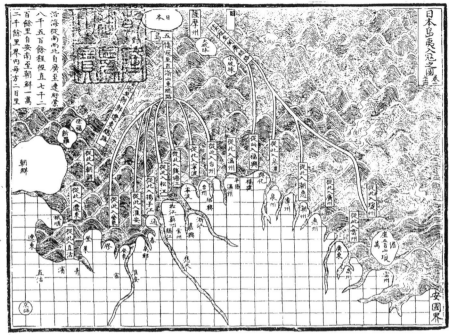

資料來源：〔明〕鄭若曾撰，籌海圖編（電子版），卷一，七十四，收錄於「欽定四庫
　　　　全書史部十一・地理類」：http://archive.org/stream/06041954.cn#page/n28/mo
　　　　de/2up（2020 年 6 月 1 日瀏覽）。

圖 10-2：日本島夷入寇中國路線圖

　　英國牛津大學波德連圖書館典藏的約翰・雪爾登收藏的中國航海圖是
一張相當翔實的東亞航線圖，該圖繪圖者應曾參考利瑪竇的坤輿萬國全圖
的東亞各國和地點的位置和方位，然後再繪出各主要港口和航線。坤輿萬
國全圖是在 1602 年公開印製的，約翰・雪爾登收藏的中國航海圖也大概
是在這個時間繪製的。

十三、促成華人大量移入東南亞

　　在十六世紀西方人進入東亞之前，隨著中國和印度商業關係的發展，
華人已在沿線港口做生意和定居，但人數不多，因為除了商業之外，這些
港口地區產業尚未開發，無需大量勞動力。華人在該海路沿線聚居的港市
有越南的會安、峴港、西貢、河仙，柬埔寨的金磅遜港（今施亞努港），

泰國的尖竹汶、羅勇、阿瑜陀耶、吞武里（曼谷左岸）、曼谷、佛統、佛丕、萬崙、蘇叻他尼、宋卡、北大年，馬來西亞的彭亨、吉打、馬六甲，印尼的龍門島、萬丹、雅加達、三寶壟、杜並、錦石、泗水、巴鄰旁、棉蘭，菲律賓的呂宋、三嶼、宿霧等。

　　自葡萄牙人進入東亞後，情況有很大的轉變，主要是受新航路開闢的影響最大，華人出航東南亞的船舶和機會增加。葡萄牙經營東亞偏重傳教和商業，沒有廣大的殖民地，都是點狀的港口據點，並不需要大量引入華人勞動力，所以在葡國統治東南亞的期間，沒有招攬華人從事開發之舉。西班牙在 1571 年佔領馬尼拉，開始大量招引華人開發。荷蘭在 1619 年佔領雅加達，大量招引華人築城及開發商業活動。荷蘭在 1624 年佔領南臺灣，也大量招引福建人前來開墾。英國在 1786 年佔領檳榔嶼，也是招募華人進行開發。1819 年控制新加坡，大量招來華人，進行開發。1830 年代英國在馬來半島開發錫礦、1870 年代種植橡膠，大量引入華人開發。因為西方人進入東亞後，發現土著無法承擔體力勞動，而且熱中於宗教信仰和活動，不擅長於工商活動，所以大量引入華人和印度人填補該一勞動力之空檔。

　　在 1842 年南京條約下，中國被迫開放五口通商，英國和其他西方國家開始暗中輸出中國勞工到東南亞從事採礦或種植園工作。1860 年在中、英和中、法北京條約下，中國才被迫允許中國勞工以契約方式出洋工作。洋人（包括葡萄牙人、西班牙人、英國人、法國人、德國人）在中國設立各種移民公司，專門從事勞力出口生意。至 1893 年，中國始開放人民可自由領取護照出洋。至此時，中國人前往南洋者，已高達 2 百多萬人，且很多經營商業有成而成為殷商鉅賈。清國迫於現實，為了爭取這些有錢的華商返國投資，在 1909 年公布大清國籍條例，承認海外數百萬華人為其子民。據 1930-1933 年之統計，東南亞華人人口數有 630 萬人，[38]足見新航路開闢後，華人移入東南亞的速度更快。

　　總之，在西歐人在東亞開闢新航路後，為了開發經濟需要大量勞動

---

[38]　李長傅，中國殖民史，臺灣商務印書館，臺北市，民國 79 年，頁 324-325。

力，遂招募華人從事商業或礦場勞工，華人在商業利益之誘引下，大量外移至東南亞地區。華人以其經商才幹，為他們帶動了經濟進步和發展，也協助他們建國，特別是新加坡、馬來西亞和泰國。

十四、東亞在沒有新航路下的面貌

東亞地區歷經西方列強的競爭角逐，熱帶經濟作物相繼被開發，十九世紀初葉後也將西歐國家先進的醫療設施、科學技術、電報、電話、郵政、鐵路和公路、學校、官僚機構和運作、報紙等引入東亞地區，催迫東亞國家走上現代化之路。此毋寧是西方列強在東亞地區的正面刺激。惟西方列強在東亞所進行的殖民統治、血腥戰爭、經濟剝削和奴役人民，也是嚴重的負面評價。

二戰結束後，西方列強逐步退出東亞的舞臺，已經沒有航路的爭奪，也沒有什麼新航路可以發現，每個東亞國家都成為獨立國家，進出港口受到一定的規範，再加上各國頒佈領海法，以及受到 1982 年聯合國海洋法公約之規範和保護，海路之開闊的意義已經跟以前大為不同。隨著東亞經濟蓬勃發展，各港口的航運熱鬧情況比以前更甚，但透過海洋航線所引發的文明刺激，已比不上飛機航行所帶來的更快更大量的文化流動。

徵引書目

一、中文書籍

〔元〕汪大淵，島夷志略，中國史學叢書續編，中國南海諸群島文獻彙編，臺灣學生書局，臺北市，民國 64 年元月印行。

〔元〕脫脫等撰，宋史，鼎文書局，臺北市，1980 年。

〔日〕圓仁撰，入唐求法巡禮行記，CBETA 電子佛典集成，補編，第 18 冊。http://tripitaka.cbeta.org/B18n0095_001（2020 年 6 月 19 日瀏覽）。

〔民國〕柯劭忞撰，新元史，成文出版社，臺北市，1971 年。

〔印尼〕薩努西・巴尼著，吳世璜譯，印度尼西亞史，上、下冊，商務印書館香港分館，香港，1980 年。

〔宋〕王欽諾、楊億等奉敕撰，冊府元龜，卷九六八，外臣部十三，朝貢第一。

〔宋〕王溥，唐會要，卷一百，天竺國條。收錄在中國哲學書電子化計畫。

〔宋〕李昉等人撰，太平御覽，新興書局重印，臺北市，1959 年。

〔宋〕徐兢，宣和奉使高麗圖經，卷三十四，海道一；卷三十五，海道二；卷三十六、海道三；卷三十七，海道四；卷三十八，海道五；卷三十九，海道六。收入欽定四庫全書。

〔宋〕馬端臨撰，文獻通考，卷三百二十七、四裔考四、琉球。

〔宋〕葉適，水心集，卷二十四，臺灣中華書局印，臺北市，民國 55 年 3 月。

〔宋〕趙汝适原著，馮承鈞校注，諸蕃志校注，臺灣商務印書館，臺北市，民國 75 年 11 月臺 4 版。

〔宋〕樂史，太平寰宇記，卷一五六，嶺南道一，廣州，東莞縣，木刻本。

〔宋〕歐陽修、宋祁，新唐書，卷四十三下，地理志下，廣州通海夷道條；卷二百二十二下，列傳第一百四十七下，南蠻條。收錄在中國哲學書電子化計畫。

〔宋〕歐陽修、宋祁撰，楊家駱主編，新校本新唐書附索引，卷六，本紀第六，肅宗，鼎文書局，臺北市，1998 年。

〔宋〕鄭樵撰，通志，卷一百九十八，四夷傳第五，頓遜條。收錄在欽定四庫全書。

〔明〕王圻，續文獻通考，卷二百三十六，四裔考，西南夷，西南夷別錄，第一輯。

〔明〕申時行等撰，明會典，卷一百八，禮部六十六，朝貢四，朝貢通例。

〔明〕李東陽等纂，大明會典，卷之一百五，朝貢一，暹羅國條；卷之一百六，朝貢二，東南夷下，榜葛剌國條。

〔明〕宋濂等撰，楊家駱主編，新校本元史并附編二種，鼎文書局，臺北市，1981 年。

〔明〕沈有容輯，閩海贈言，卷之二／記／舟師客問，臺灣文獻叢刊，第五十六種，臺灣銀行經濟研究室，臺北市，1959 年。

〔明〕沈有容輯，閩海贈言，卷之二／記／東番記，臺灣文獻叢刊，第五十六種，臺灣銀行經濟研究室，臺北市，1959 年。

〔明〕茅元儀輯，武備志，第二十二冊，卷二百四十，華世出版社，臺北市，1984 年。

〔明〕祝允明撰，前聞記，叢書集成（初編），商務印書館，上海市，民國 26 年。

〔明〕張居正等纂修，明世宗肅皇帝實錄，卷之 4，中央研究院歷史語言研究所校勘，臺北市，1984 年。

〔明〕張燮，東西洋考，卷四，柔佛條，臺灣商務印書館，臺北市，1971 年。

〔明〕郭汝霖，重編使琉球錄，卷上，「使事記」，四庫全書存目叢書，史部第 49 冊，莊嚴文化事業有限公司，臺南縣，1996 年。

〔明〕陳邦瞻撰，宋史紀事本末，卷一百八，二王之立，頁 1177。

〔明〕陳侃，使琉球錄（電子版），1534 年。收錄於中國哲學書電子化計畫。

〔明〕費宏等纂修，明武宗實錄，卷一百五十八，中央研究院歷史語言研究所校勘，臺北市，1984 年。

〔明〕黃光昇撰，昭代典則，卷二十一，憲宗純皇帝成化 19 年 2 月。〔明萬曆 28（庚子）年（1600 年）萬卷樓刊本〕。

〔明〕黃省曾、張燮著，謝方點校，西洋朝貢典錄校注、東西洋考，中華書局，北京市，2000 年。

〔明〕慎懋賞撰，四夷廣記（下），國立中央圖書館出版，正中書局印行，臺北市，民國 74 年。

〔明〕楊士奇等纂修，明實錄（宣宗章皇帝實錄），卷六十七。

〔明〕蹇義等纂修，明實錄（仁宗昭皇帝實錄），卷一上，中央研究院歷史語言研究所校勘，臺北市，1984 年。

〔明〕譚希思撰，明大政纂要（五），卷二十九，清光緒思賢書局刊本，文海出版社，臺北縣，民國 77 年。

〔東晉〕法顯，佛國記。收錄在欽定四庫全書。

〔南宋〕周去非，嶺外代答，卷二，外國門上，注輦國條、故臨國條、麻離拔國條。

〔南朝·宋〕范曄撰，後漢書，卷六，順帝紀第六；卷八十六，南蠻西南夷列傳第七十六，哀牢條；卷八八，西域傳·天竺；卷一一八，西域大秦傳；西戎列傳卷一百四十八，拂菻國條。

〔後晉〕劉昫撰，舊唐書。收錄在欽定四庫全書。

〔唐〕李廷壽撰，南史。收錄在欽定四庫全書。

〔唐〕李延壽撰，北史。收錄在欽定四庫全書。

〔唐〕李泰主修，蕭德育等撰，括地誌輯校/004，卷四，東夷，https://zh.wikisource.org/zh-hant/%E6%8B%AC%E5%9C%B0%E5%BF%97%E8%BC%AF%E6%A0%A1/004（2020 年 2 月 21 日瀏覽）。

〔唐〕杜佑，通典。收錄在欽定四庫全書。

〔唐〕姚思廉撰，梁書。收錄在欽定四庫全書。

〔唐〕義淨原著，王邦雄校注，大唐西域求法高僧傳校注，中華書局，北京市，1988 年。

〔唐〕歐陽詢撰，藝文類聚，卷八四，寶玉部下，瑠璃，收錄在欽定四庫全書。

〔唐〕顏師古注，班固撰，漢書，百衲本二十四史，宋景祐本，上海商務印書館，上海市，1930 年。

〔唐〕魏徵撰，隋書。收錄在欽定四庫全書。

〔泰〕黎道綱，泰國古代史地叢考，中華書局，北京市，2000 年。

〔梁〕沈約撰，宋書。收錄在欽定四庫全書。

〔梁〕蕭子顯撰，南齊書。收錄在欽定四庫全書。

〔梁〕釋慧皎撰，高僧傳，卷第三，釋經下，宋江陵辛寺釋法顯。

〔清〕丁謙撰，宋史外國傳地理考證，載於嚴一萍選輯，叢書集成三篇，藝文印書館印行，臺北市，1972 年。

〔清〕允祿等監修，大清會典（雍正朝），卷之一百五，外國貿易。

〔清〕王之春，國朝柔遠記，卷二，清光緒 7 年刊本，臺灣學生書局，臺北市，1985 年。

〔清〕汪楫，使琉球雜錄（電子版），卷五，「神異」，北京圖書館出版社，北京市，2007 年。

〔清〕邵星巖，薄海番域錄，京都書業堂藏板，文海出版社，臺北市，民國 60 年重印。

〔清〕周凱修，凌翰等纂，廈門志，卷二，沿革，清道光 19 年刊本，成文出版社，臺北市，民國 56 年。

〔清〕施鴻保，閩雜記，福建人民出版社，福州市，1985 年。

〔清〕郁永河，「宇內形勢」，載於裨海紀遊，成文書局，臺北市，1983 年。

〔清〕徐松，宋會要輯稿，第一百九十七冊，番夷四，真里富國條，中華書局影印本，臺北市，1957 年。

〔清〕徐葆光，中山傳信錄（電子版），卷一和卷四。收錄於中國哲學書電子化計畫。

〔清〕徐繼畬撰，瀛環志略，臺灣商務印書館，臺北市，1986 年。

〔清〕馬齊、張廷玉、蔣廷錫撰，大清聖祖仁（康熙）皇帝實錄（六），卷二百七十。

〔清〕高拱乾纂，臺灣府志，卷七，風土志，「土番風俗」。沈雲龍主編，近代中國史料叢刊續編第五十一輯，文海出版社，臺北市，民國 45 年重印。

〔清〕張廷玉，明史。收錄在中國哲學書電子化計畫。

〔清〕張廷玉等撰，楊家駱主編，新校本明史并附編六種。鼎文書局，臺北市，1994 年。

〔清〕張廷玉撰，明史。收錄在中國哲學書電子化計畫。

〔清〕畢沅撰，續資治通鑑。收錄在中國哲學書電子化計畫。

〔清〕陳昌齋等撰，廣東通志（五），華文書局股份有限公司印行，臺北市，民國 57 年。

〔清〕陳夢雷編，古今圖書集成（電子版）。

〔清〕趙翼撰，二十二史劄記。收錄在中國哲學書電子化計劃。

〔越〕潘清簡等纂，大南寔錄，第五冊，正編第二紀，卷四，越南國家圖書館，河內，1844 年。

〔越〕潘清簡等纂修，大南寔錄，第七冊，正編第二紀，卷六十九。

〔越〕阮仲和等纂修，大南寔錄，第十七冊，正編第四紀——翼宗寔錄，卷四十八。

〔越〕阮仲和等纂修，大南寔錄，第十五冊，正編第四紀——翼宗寔錄，卷八。

〔越〕阮仲和等纂修，大南寔錄，第十六冊，正編第四紀——翼宗寔錄，卷二十。

〔漢〕司馬遷，史記，十二本紀，秦始皇本紀；卷一百一十八，淮南衡山列傳第五十八。

G. P. Dartford，不著譯者，馬來亞史略，聯營出版有限公司，新加坡，1959 年。

中山大學東南亞歷史研究所編，中國古籍中有關菲律賓資料匯編，中華書局，北京市，1980 年。

中村孝志著，荷蘭時代臺灣史研究，上卷，產業概說，稻鄉出版社，臺北縣，1997 年。

王必昌，重修臺灣縣志（臺灣銀行經濟研究室編），卷十五　雜紀／祥異（附兵燹）／兵
　　燹（附），臺灣銀行經濟研究室，臺北市，1961 年。
王民信，王民信高麗史研究論文集，國立臺灣大學出版中心，臺北市，2010 年。
伊能嘉矩，「菲律賓群島的 BISAYA 和臺灣的 SIRAIYA 之近似」，載於載於黃秀敏譯，
　　臺灣南島語言研究論文日文中譯彙編，國立臺灣史前文化博物館籌備處，臺東市，
　　民國 82 年 6 月，頁 34-35。
伊能嘉矩原著，溫吉編譯，臺灣番政志（一），臺灣省文獻委員會出版，臺北市，民國 46
　　年 12 月。
向達校注，兩種海道針經，中華書局，北京市，2000 年。
吳翊麟，暹南別錄，臺灣商務印書館，臺北市，民國 74 年。
李金明、廖大珂，中國古代海外貿易史，廣西人民出版社，南寧市，1995 年。
李長傅，中國殖民史，臺灣商務印書館，臺北市，民國 79 年。
李恩涵，東南亞華人史，五南圖書公司，臺北市，2003 年。
李謀、姚秉彥、蔡祝生、汪大年等譯注，琉璃宮史，上卷，商務印書館，北京市，2017
　　年。
汶江，古代中國與亞非地區的海上交通，四川省社會科學院出版社，四川成都，1989。
沈鈞編著，蘭領東印度史，中華學術院南洋研究所重刊，文史哲出版社，臺北市，民國 72
　　年。
周偉民和唐玲玲，中國和馬來西亞文化交流史，文史哲出版社印行，臺北市，民國 91 年。
周新華，鄭和七下西洋記，浙江教育出版社，杭州市，2008 年。
林衡道主編，臺灣史，臺灣省文獻委員會編印，臺中市，1977 年。
邱新民，東南亞古代史地論叢，南洋學會出版，新加坡，1969 年。
段立生，泰國史散論，廣西人民出版社，南寧市，1993 年。
唐祖培，鄭和航海志，無出版處和年代，臺北市。
桑原隲藏著，馮悠譯，中國阿拉伯海上交通史，臺灣商務印書館，臺北市，1985 年。
浦野起央、劉甦朝、植榮邊吉編修，釣魚臺群島（尖閣諸島）問題研究資料匯編，刀水書
　　房，東京，2001 年。
高凱俊，臺灣城殘蹟，臺南市政府文化局，臺南市，2014 年。
張榮芳，秦漢史論集（外三篇），中山大學出版社，廣州市，1995 年。
許雲樵，馬來亞史，上冊，新嘉坡青年書局，新加坡，1961 年。
陳佳榮、謝方、陸峻嶺編，古代南海地名匯釋，中華書局，北京市，1986。
陳冠學，老臺灣，東大圖書公司，臺北市，民國 70 年 9 月初版。
陳荊和，十六世紀之菲律賓華僑，新亞研究所東南亞研究室刊，香港，1963 年。
費瑯著，馮承鈞譯，崑崙及南海古代航行考，臺灣商務印書館，臺北市，民國 51 年。
費瑯著，蘇門答剌古國考，臺灣商務印書館，臺北市，民國 59 年。
馮承鈞，中國南洋交通史，臺灣商務印書館，臺北市，民國 51 年。
楊家駱主編，新校本三國志注附索引，鼎文書局，臺北市，1993 年。
楊家駱主編，新校本宋史并附編三種，鼎文書局，臺北市，1994 年。
楊顯若，六書辨通，嘉禾瑞石軒藏版，1803 年。
臺灣史蹟研究會彙編，臺灣叢談，幼獅文化事業公司印行，臺北市，民國 73 年 11 月 3
　　版。

臺灣省文獻委員會編，臺灣史，眾文書局，臺北市，1988 年。

臺灣銀行經濟研究室編，清一統志臺灣府，附錄/漳州府志摘錄/洋稅考，臺灣銀行經濟研究室，臺北市，1960 年。

劉繼宣、束世澂合著，中華民族拓殖南洋史，臺灣商務印書館，臺北市，民國 60 年 8 月臺一版。

謝清高口述，楊炳南筆錄，安京校釋，海錄校釋，商務印書館，北京市，2002 年。

鍾錫金，吉打二千年，佳運印務文具有限公司，馬來西亞吉打州，1993 年。

韓振華主編，我國南海諸島史料匯編，東方出版社，北京市，1988 年。

蘇繼卿，南海鈎沉錄，臺灣商務印書館，臺北市，民國 78 年。

二、中文期刊論文和短文

全漢昇，「明代中葉後澳門的海外貿易」，中國文化研究所學報，第 5 卷，第 1 期，1972 年 12 月，頁 245-272、249。

朱傑勤，「漢代中國與東南亞和南亞海上交通路線試探」，載於朱傑勤著，中外關係史論文集，河南人民出版社，鄭州市，1984 年，頁 70-77。

別技篤彥原著，潘明智譯，「西洋地圖學史對馬來西亞的認識」，東南亞研究（新加坡），1966 年，第二卷，頁 103-110。

李全壽，「馬來語言與文學」，許雲樵輯，馬來亞研究講座，世界書局，新加坡，1961 年，頁 29-37。

李德霞，「日本朱印船在東南亞的貿易」，東南亞南研究，2010 年第 4 期，頁 80-92。

周佳，「鄭和下西洋所攜入異獸『麋裡羔』再考——圖像與文本中的藍牛羚」，福建師範大學學報（哲學社會科學版），2020 年第 1 期，頁 149-170。

姚枬，「古印度移民橫越馬來半島蹤跡考察記」，載於姚枬、許鈺編譯，古代南洋史地叢考，頁 119-135。

許雲樵，「古代南海航程中之地峽與地極」，南洋學報，第五卷，第二輯，民國 37 年 12 月，頁 26-37。

許雲樵，「馬來亞古代史研究」，許雲樵輯，馬來亞研究講座，世界書局，新加坡，1961 年，頁 8-18。

許雲樵，「墮羅缽底考」，南洋學報，新加坡南洋學會出版，新加坡，第四卷，第一輯，1947 年 3 月，頁 1-7。

許鈺，「丹丹考」，載於姚枬、許鈺編譯，古代南洋史地叢考，商務印書館，上海，1958 年，頁 3-10。

陳能宗，「古爪哇文『納卡拉柯爾塔卡麻』史詩贊頌滿者伯夷帝國版圖的三首詩譯注」，東南亞史論文集，第一集，暨南大學歷史系東南亞研究室出版，廣州，1980 年，頁 222-232。

陳棠花，「泰國史地叢考（二三），（五）泰日古代關係」，陳毓泰主編，泰國研究，彙訂本第二卷，第 0076 期，泰國曼谷，民國 29 年 10 月 1 日出版，頁 152-153。

陳棠花，「泰國史地叢考（二五）」，陳毓泰主編，泰國研究，頁 156-157。

陳棠花，「泰國史地叢考（二六）」，陳毓泰主編，泰國研究，頁 157-158。

費耶撰，馮承鈞譯，「葉調斯調與爪哇」，載於馮承鈞譯，西域南海史地考證譯叢，乙集，臺灣商務印書館，臺北市，民國 61 年，頁 111-120。

韓振華，「中國古籍記載上的緬甸」，載於韓丘漣痕、韓卓新、陳佳榮、錢江編，韓振華
　　選集之一：中外關係歷史研究，香港大學亞洲研究中心，香港，1999 年，頁 536-
　　560。

韓槐準，「舊柔佛之研究」，南洋學報，第五卷，第二輯，民國 37 年 12 月，頁 5-25。

蘇繼廎，「漢書地理志已程不國即錫蘭說」，南洋學報，新加坡南洋學會出版，新加坡，
　　第五卷，第二輯，民國 37 年 12 月，頁 1-4。

三、英文書籍

Andrade, Tonio, *Lost Colony: The Untold Story of China's First Great Victory Over the West*, Princeton University Press, 2011.

Aung, Maung Htin, *A History of Burma*, Columbia University Press, New York and London, 1967.

Baker, Chris and Pasuk Phongpaichit, *A History of Thailand*, Cambridge University Press, Cambridge, 2005.

Blagov, Sergei, *Caodaist Doctrine*, Extracted from Sergei Blagov, *Caodai: A new Religious Movement*, The Institute of Oriental Studies, Moscow, 1999.

Boxer, C. R., *South China in the Sixteenth Century (1550-1575): Being the Narratives of Galeote Pereira, Fr. Gaspar da Cruz, O.P., Fr. Martin de Rada, O.E.S.A., (1550-1575)*, Routledge, New York, 2017.

Campos, Joaquim de, *Early Portuguese Accounts of Thailand*, Lisboa, Portugal, Câmara Municipal, 1983.

Chandler, David P., *A History of Cambodia*, O. S. Printing House, Bangkok, Thailand, 1993.

Chatterji, B. R., *History of Indonesia: Early and Medieval*, Meenakhi Prakashan, Meerut, Delhi, India, 1967.

Chouvy, Pierre-Arnaud, *Opium: Uncovering the Politics of the Poppy*, Harvard University Press, Cambridge, 2010.

Cooper, J. P., (ed.), *The decline of Spain and the Thirty Years War, 1609-59*, Volume 4 of The New Cambridge Modern History (reprint ed.), Cambridge University Press, England, 1979, p.658.

Derks, Hans, *History of the Opium Problem: The Assault on the East, ca. 1600-1950*, BRILL, 2012.

Dias, Maria Suzette Fernandes (ed.), *Legacies of Slavery: Comparative Perspectives*, Cambridge Scholars Publishing, Newcastle, UK, 2007.

Francis, Peter, Jr., *Asia's Maritime Bead Trade: 300B.C. to the Present*, University of Hawaii Press, Honolulu, 2002.

Grimes, A., "The Journey of Fa-hsien from Ceylon to Canton," in Geoff Wade (selected and introduced), *Southeast Asia-China Interactions*, Reprint of articles from the Journal of the Malaysian Branch, Royal Asiatic Society, Academic Art and Printing Services Sdn. Bhd, Selangor, Malaysia, 2007, pp.167-182.

Groeneveldt, W. P., *Notes on the Malay Archipelago and Malacca*, compiled from Chinese Sources, 1880.

Hall, D. G. E., *A History of Southeast Asia*, St Martin's Press, Inc., New York, 1955.

Hall, Kenneth R., "Economic History of Early Southeast Asia," in Nicholas Tarling(ed.), *op.cit.*, pp.182-275.

Harrison, Brian, *Southeast Asia: A Short History*, Macmillan & Co., Ltd., London, 1954.

Higham, Charles, *The Archaeology of Mainland Southeast Asia*, Cambridge University Press, Cambridge, New York, 1989.

Hoc, Vien Van, *Van De Cai Tien Chu Quoc Ngu*, Ha Noi: Nha Xuat Ban Van Hoa, 1961.

Keesing's Contemporary Archives, December 13-20, 1958, p.16540.

Kennedy, J., *A History of Malaya*, A. D. 1400-1959, Macmillan, London, 1967.

Klerck, Eduard Servaas de, *History of the Netherlands East Indies*, W. L. & J. Brusse, Rotterdam, 1938.

Lach, Donald Frederick, Edwin J. Van Kley, *Asia in the Making of Europe*, Vol. III, A Century of Advance, University of Chicago Press, 1998.

Middleton, John, *World Monarchies and Dynasties*, Routledge, London and New York, 2015.

Miller, Harry, *A Short History of Malaysia*, Frederick A. Praeger, Inc., New York, 1966.

Minh Chi, Ha Van Tan, Nguyen Tai Thu, *Buddhism in Vietnam*, The Gioi Publishers, Hanoi, 1993.

Muhaimin, A. G., *The Islamic Tradition of Cirebon, Ibadat and Adat among Javanese Muslims*, Anu. E Press, 2006, p.207. in https://library.oapen.org/bitstream/id/be9fc723-0396-4b78-9138-2617f7a528d3/459298.pdf（2020 年 6 月 10 日瀏覽）。

Oka, Mihoko（岡美穗子）, "The Nanban and Shuinsen Trade in Sixteenth and Seventeenth-Century Japan," in Perez Garcia M., De Sousa L. (eds.), *Global History and New Polycentric Approaches*, Palgrave Studies in Comparative Global History, Palgrave Macmillan, Singapore, 2018, pp.163-182.

Patanne, E. P., *The Philippines in the 6th to 16th Centuries*, Quezon City, the Philippines: LSA Press Inc., 1996.

Pringle, Robert, *A Short History of Bali, Indonesia's Hindu Realm*, Allen & Unwin, Australia, 2004.

Rajani, Mom Chao Chand Chirayu, *Sri-vijaya in Chaiya*, Madsray Printling, Bangkoknoi, Bangkok, 1999. 該書原文為泰文。

Ray, Himanshu P., *The Winds of Change, Buddhism and the Maritime Links of Early South Asia*, Oxford University Press, New Delhi, 1994.

Renard, Ronald D., *The Burmese Connection: Illegal Drugs and the Making of the Golden Triangle, Boulder*, Lynne Riener, London, 1996.

Scott, William Henry, *Filipinos in China Before 1500*, De La Salle University, Manila, 1989.

Smith, Stefan Halikowski, *Creolization and Diaspora in the Portuguese Indies: The Social World of Ayutthaya*, 1640-1720, BRI, Leiden, 2011.

Smith, T. O., *Cambodia and the West, 1500-2000*, Palgrave Macmillan, London, 2018.

Stuart-Fox, Martin, *A History of Laos*, Cambridge University Press, Cambridge, 1997.

Tarling, Nicholas (ed.), *The Cambridge History of Southeast Asia*, Vol. One, From Early Times to C.1500, Cambridge University Press, UK, 1999.

Tarver, H. Micheal, ed., *The Spanish Empire: A Historical Encyclopedia [2 volumes]: A Historical Encyclopedia*, ABC-CLIO, California, 2016.

Vella, Walter F., ed., *The Indianized States of Southeast Asia by G. Coedès*, An East-West Center Book, the University Press of Hawaii, Honolulu, 1968.

Vlekke, Bernard H. M., *Nusantara: A History of the East Indian Archipelago*, Harvard University Press, Cambridge, Massachusetts, U.S.A., 1943.

Wheatley, Paul, *The Golden Khersonese: Studies in the Historical Geography of the Malay Peninsula Before A.D. 1500*, University of Malaya Press, Kuala Lumpur, 1961.

Wolters, O. W., *Early Indonesian Commerce, A Study of the Origins of Srivijaya*, Cornell University Press, Ithaca, New York, 1967.

Wongthes, Sujit, ed., *Srivijaya*, The Promotion and Public Relations Office of Fine Arts Department, Bangkok, 1988.

Wood, W. A. R., *A History of Siam*, Chalermnit Press, Bangkok, 1982.

Wu Chunming (ed.), Early Navigation in the Asia-Pacific Region, A Maritime Archaeological Perspective, Springer Science+Business Media, Singapore, 2016.

Xing, Hang, *Conflict and Commerce in Maritime East Asia: The Zheng Family and the Shaping of the Modern World, c.1620-1720*, Cambridge University Press, UK, 2016.

Zaide, Gregorio F., *Philippine Political and Cultural History*, Vol.1, Philippine Education Company, Manila, revised edition, 1957.

Zaide, Gregorio F., *World History in an Asian Setting*, Rex Bookstore, Inc., Manila, 1994.

四、英文期刊論文和短文

"Portuguese History of Malacca," *Journal of the Straits Branch of the Royal Asiatic Society* (Singapore), June 1886, pp.117-149.

Andrade, Tonio, "The Company's Chinese Pirates: How the Dutch East India Company Tried to Lead a Coalition of Pirates to War against China, 1621-1662." *Journal of World History*, Vol.15, No.4, pp.415-444.

Batchelor, Robert, "The Selden Map Rediscovered: A Chinese Map of East Asian Shipping Routes, c.1619," *Imago Mundi, The International Journal for the History of Cartography*, Vol.65, part 1, 2013, pp.37-63.

Braddell, Sir Roland, "Notes on Ancient Times in Malaya：Che-li-fo-che, Mo-lo-yu, and Ho-ling," *Journal of the Malayan Branch of the Royal Asiatic Society* (Singapore), 24, 1, 1951, pp.1-27.

Briggs, Lawrence Palmer, "The Khmer Empire and the Malay Peninsula," *The Far Eastern Quarterly*, Vol.9, Issue 3, May 1950, pp.256-305.

Briggs, Lawrence Palmer, "The Khmer Empire and the Malay Peninsula," *The Far Eastern Quarterly*, Vol.9, Issue 3, May 1950, pp.256-305.

Bronson, Bennet, Jan Wisseman, "Palembang as Srivijaya: The Lateness of Early Cities in Southern Southeast Asia," *Asian Perspectives, A Journal of Archaeology and Prehistory of Asia and the Pacific*, Hongkong, Vol. XIX, No.2, 1976, pp.220-239.

Charney, Michael W, "From Merchants to Musketeers in Ayutthaya: The Portuguese and the

Thais and their Cultures of War in the Sixteenth Century," In: Smithies, Michael, (ed.), *Five Hundred Years of Thai-Portuguese Relations: A Festschrift*, Siam Society, Bangkok, 2011, pp.1-11, at p.4. https://pdfs.semanticscholar.org/7de3/73fe8ebc86eb4e348f1cb3acb2 4668ba4be2.pdf（2020 年 6 月 5 日瀏覽）。

Fahy, Brian and Veronica Walker Vadillo, "From Magellan to Urdaneta: The Early Spanish Exploration of the Pacific and the Establishment of the Manila Acapulco Galleon Trade," in Chunming Wu (ed.), *Early Navigation in the Asia-Pacific Region, A Maritime Archaeological Perspective*, Springer Science+Business Media, Singapore, 2016, pp.75-89.

Flood, E. Thaddeus, "Sukhothai-Mongol Relations," *Journal of the Siam Society*, 57:2 (July 1969), pp.243-244.

Miksic, John N., "Heterogenetic Cities in Premodern Southeast Asia," *World Archaeology*, Vol.32, No.1, Archaeology in Southeast Asia, June 2000, pp.106-120.

Pachow, W., "An Assessment of the Highlights in the Milindapanha," *Chung-Hwa Buddhist Journal*, No.13.2, May 2000, pp.1-27.

Rajani, Mom Chao Chand Chirayu, "Background to the Sri Vijaya Story – Part I," *The Journal of the Siam Society*, Vol.62, Part I, January 1974, pp.174-211.

Ricklefs, M. C., *A History of Modern Indonesia Since C. 1200*, Stanford University Press, Stanford, California, 2001, third edition.

Rockhill, W. W., "Notes on the Relations and Trade of China with the Archipelago and the Coasts of the Indian Ocean during the Fourteenth Century", *T'oung Pao* 15 (1914), pp.419-447, and 16 (1915), pp. 61-159, 236-271, 374-392, 435-467, 604-626.

Seidenfaden, Erik, "The Name of Lopburi," *The Journal of the Thailand Research Society*, Bangkok, Vol. XXXIII, PT. 11, November 1941, pp.147-148.

Taylor, Keith W., "The Early Kingdom," in Nicholas Tarling (ed.), *The Cambridge History of Southeast Asia*, Vol. 1, From early times to c. 1500, Cambridge University Press, 1999, pp.137-182.

Wilkinson, The Hon'ble R. J., "The Capture of Malacca," *Journal of the Straits Branch of the Royal Asiatic Society* (Singapore), June 1912, pp.71-76.

Winstedt, R. O., "A History of Selangor," *Journal of the Malayan Branch of the Royal Asiatic Society*, Vol. 12, No. 3 (120), (October, 1934), pp.1-34.

Zhu Jieqin, "Zhongguo he Yilang lishi shang de youhao guanxi," *Lishi yanjiu*, No.7, 1978, pp.72-82.

五、網路資源

"The Development of the Printed Atlas, Part 2: Ptolemaic Atlases," http://www.mapforum.c om/02/ptolemy1.htm（2020 年 3 月 15 日瀏覽）。

「精湛的造船技術」，指南針與古代航海，https://hk.chiculture.net/0802/html/b31/0802b31.ht ml（2020 年 4 月 1 日瀏覽）。

「奎隆」，維基百科，https://zh.wikipedia.org/wiki/%E5%A5%8E%E9%9A%86（2020 年 4 月 3 日瀏覽）。

「麻離拔」，百度百科，https://baike.baidu.com/item/%E9%BA%BB%E7%A6%BB%E6%8B%94%E5%9B%BD（2020 年 4 月 6 日瀏覽）。

「徐福公園」，維基百科，https://zh.wikipedia.org/wiki/%E5%BE%90%E7%A6%8F%E5%85%AC%E5%9C%92（2020 年 2 月 21 日瀏覽）。

"Bago," *Wikipedia*, http://en.wikipedia.org/wiki/Bago,_Myanmar（2007 年 5 月 29 日瀏覽）。

http://www.allmyanmar.com/new%20allmyanmar.com/Bago.htm（2007 年 5 月 29 日瀏覽）。

"Mottama," *Wikipedia*, http://en.wikipedia.org/wiki/Martaban（2020 年 3 月 29 日瀏覽）。

http://www.triplegem.plus.com/shwesanp.htm（2007 年 5 月 29 日瀏覽）。

Dr. Richard M. Cooler, *The Art and Culture of Burma*, Chapter II The Pre-Pagan Period: The Urban Age of the Mon and the Pyu. http://www.seasite.niu.edu/burmese/Cooler/Chapter_2/Chapter_2.htm（2020 年 3 月 29 日瀏覽）。

http://www.allmyanmar.com/new%20allmyanmar.com/Pyi-Pprome-Pyay.htm（2007 年 6 月 1 日瀏覽）。

"Hippalus," *Wikipedia*, https://en.wikipedia.org/wiki/Hippalus（2020 年 3 月 28 日瀏覽）。

Patit Paban Mishap, "India-Southeast Asian Relations: An Overview," *Teaching South Asia*, Volume I, No. 1, Winter 2001. http://www.mssu.edu/projectsouthasia/tsa/VIN1/Mishra.htm（2005 年 8 月 10 日瀏覽）。

Robert Guisepi, "The Meeting of East and West in Ancient Times: The Asian Way of Life," 1992, http://www. The Meeting Of East And West In Ancient Times.htm（2004 年 8 月 15 日瀏覽）。

Wilfred H. Schoff, *The Periplus of the Erythraean Sea: Travel and Trade in the Indian Ocean by a Merchant of the First Century,* Longmans, Green, and Co., New York, 1912. "The Voyage around the Erythraean Sea," https://depts.washington.edu/silkroad/texts/periplus/periplus.html（2020 年 3 月 26 日瀏覽）。

S. J. Gunasegaram, "Early Tamil Cultural Influences in South East Asia," Selected Writings published 1985. http://www.tamilnation.org/heritage/earlyinfluence.htm（2005 年 6 月 28 日瀏覽）。

"The Development of the Printed Atlas, Part 2: Ptolemaic Atlases," http://www.mapforum.com/02/ptolemy1.htm（2020 年 3 月 15 日瀏覽）。

陳佳榮「南溟網」　第四章唐代與南海諸國之交通，第一節唐代的廣州通海夷道，http://www.world10k.com/blog/?p=665（2020 年 3 月 25 日瀏覽）。

〔日〕藤家禮之助著，章林譯，「日本遣唐使來華的路線及其興衰」，澎湃新聞，2019 年 6 月，https://k.sina.cn/article_5044281310_12ca99fde02000y2ah.html?from=history（2020 年 2 月 22 日瀏覽）。

陳佳榮，「宋代與高麗之往來及徐兢所記航路」，南溟網，http://www.world10k.com/blog/?p=687（2020 年 4 月 1 日瀏覽）。

「耽羅」，維基百科，https://zh.wikipedia.org/wiki/%E8%80%BD%E7%BE%85（2020 年 2 月 23 日瀏覽）。

「海青牌」，百度百科，https://baike.baidu.com/item/%E6%B5%B7%E9%9D%92%E7%89%8C（2020 年 2 月 23 日瀏覽）。

「水達達」，百度百科，https://baike.baidu.com/item/%E6%B0%B4%E8%BE%BE%E8%BE

%BE/2095755?fromtitle=%E5%A5%B3%E7%9C%9F%C2%B7%E6%B0%B4%E8%BE
%BE%E8%BE%BE&fromid=5575333（2020 年 2 月 23 日瀏覽）。

「文老古」，古代南海地名匯釋，http://mall.cnki.net/Reference/ref_search.aspx?bid=R200809
105&inputText=%E6%96%87%E8%80%81%E5%8F%A4（2020 年 2 月 19 日瀏覽）。

「花面」，古代南海地名匯釋，http://mall.cnki.net/Reference/ref_search.aspx?bid=R20080910
5&inputText=%E8%8A%B1%E9%9D%A2（2020 年 2 月 19 日瀏覽）。

「淡洋」，古代南海地名匯釋，http://mall.cnki.net/Reference/ref_search.aspx?bid=R20080910
5&inputText=%E6%B7%A1%E6%B4%8B（2020 年 2 月 19 日瀏覽）。

「納加帕蒂南」，維基百科，https://zh.wikipedia.org/wiki/%E7%BA%B3%E5%8A%A0%E5
%B8%95%E8%92%82%E5%8D%97（2020 年 3 月 8 日瀏覽）。

「曼陀郎」，古代南海地名匯釋，http://mall.cnki.net/Reference/ref_search.aspx?bid=R200809
105&inputText=%E6%9B%BC%E9%99%80%E9%83%8E（2020 年 2 月 19 日瀏覽）。

「放拜」，古代南海地名匯釋，http://mall.cnki.net/Reference/ref_search.aspx?bid=R20080910
5&inputText=%E6%94%BE%E6%8B%9C（2020 年 2 月 19 日瀏覽）。

「北溜」，古代南海地名匯釋，http://mall.cnki.net/Reference/ref_search.aspx?bid=R20080910
5&inputText=%E5%8C%97%E6%BA%9C（2020 年 2 月 19 日瀏覽）。

「下里」，古代南海地名匯釋，http://mall.cnki.net/Reference/ref_search.aspx?bid=R20080910
5&inputText=%E4%B8%8B%E9%87%8C（2020 年 2 月 19 日瀏覽）。

「加里那」，古代南海地名匯釋，http://mall.cnki.net/Reference/ref_search.aspx?bid=R200809
105&inputText=%E5%8A%A0%E9%87%8C%E9%82%A3（2020 年 2 月 19 日瀏覽）。

「古里佛」，古代南海地名匯釋，http://mall.cnki.net/Reference/ref_search.aspx?bid=R200809
105&inputText=%E5%8F%A4%E9%87%8C%E4%BD%9B（2020 年 2 月 19 日瀏覽）。

「巴南巴西」，古代南海地名匯釋，http://mall.cnki.net/Reference/ref_search.aspx?bid=R2008
09105&inputText=%E5%B7%B4%E5%8D%97%E5%B7%B4%E8%A5%BF（2020 年 2
月 19 日瀏覽）。

Anshan Li, *A History of Overseas Chinese in Africa to 1911*, Diasporic Africa Press, New York,
2017, p.33. https://books.google.com.tw/books?id=Xuq7QCmY6jQC&pg=PR5&lpg=PR5
&dq=asli,Anshan+Li&source=bl&ots=6OpVBqihdP&sig=ACfU3U1vOjLn2KGD6gAmv
zWuwedTzClVdg&hl=zh-TW&sa=X&ved=2ahUKEwi70NPx493nAhXBLqYKHT23Ass
Q6AEwAXoECAkQAQ#v=onepage&q=asli%2CAnshan%20Li&f=false（2020 年 2 月
19 日瀏覽）。

「波斯離」，百度百科，https://baike.baidu.com/item/%E6%B3%A2%E6%96%AF%E7%A6%
BB（2020 年 2 月 19 日瀏覽）。

「麻呵斯離」，知識貝殼，https://www.zsbeike.com/cd/43472941.html（2020 年 2 月 19 日瀏
覽）。

「天堂」，古代南海地名匯釋，http://mall.cnki.net/Reference/ref_search.aspx?bid=R20080910
5&inputText=%E5%A4%A9%E5%A0%82（2020 年 2 月 19 日瀏覽）。

Kauz Ralph, Ptak Roderich, "Hormuz in Yuan and Ming sources," *Bulletin de l'Ecole française
d'Extrême-Orient*, Tome 88, 2001, pp.27-75, p.39. https://www.persee.fr/doc/befeo_0336-
1519_2001_num_88_1_3509.　http://www.taiwan123.com.tw/LOCAL/name03-13.htm
（2012 年 6 月 12 日瀏覽）。

「班隘」，古代南海地名匯釋，中國知網，http://mall.cnki.net/Reference/ref_search.aspx?bid
　　=R200809105&inputText=%E7%8F%AD%E9%9A%98（2020 年 3 月 23 日瀏覽）。

「斗嶼」，南溟網，http://www.world10k.com/blog/?p=1144（2020 年 2 月 24 日瀏覽）。

「東西竺」，維基百科，https://zh.wikipedia.org/wiki/%E6%BE%B3%E5%B2%9B（2020 年
　　2 月 24 日瀏覽）。

「吉利門」，南溟網，http://www.world10k.com/blog/?p=1179（2020 年 2 月 24 日瀏覽）。

「丁機宜」，詞典網，https://www.cidianwang.com/lishi/diming/5/66125jv.htm（2020 年 2 月
　　24 日瀏覽）。

「三麥嶼」，南溟網，http://www.world10k.com/blog/?p=1297（2020 年 2 月 24 日瀏覽）。

「都麻橫」，南溟網，http://www.world10k.com/blog/?p=1144（2020 年 2 月 24 日瀏覽）。

「吉力石」，古代南海地名匯釋，中國知網，http://mall.cnki.net/Reference/ref_search.aspx?b
　　id=R200809105&inputText=%E5%90%89%E5%8A%9B%E7%9F%B3（2020 年 2 月 2
　　5 日瀏覽）。

「磨里山」，古代南海地名匯釋，中國知網，http://mall.cnki.net/Reference/ref_search.aspx?b
　　id=R200809105&inputText=%E7%A3%A8%E9%87%8C%E5%B1%B1（2020 年 2 月 2
　　5 日瀏覽）。

「郎木山」，古代南海地名匯釋，中國知網，http://mall.cnki.net/Reference/ref_search.aspx?b
　　id=R200809105&inputText=%E9%83%8E%E6%9C%A8%E5%B1%B1（2020 年 2 月 2
　　5 日瀏覽）。

「大急水」，古代南海地名匯釋，中國知網，http://mall.cnki.net/Reference/ref_search.aspx?b
　　id=R200809105&inputText=%E5%A4%A7%E6%80%A5%E6%B0%B4（2020 年 2 月
　　25 日瀏覽）。

「蘇律山」，南溟網，http://www.world10k.com/blog/?p=1320（2020 年 2 月 25 日瀏覽）。

「吉寧馬礁」，南溟網，http://www.world10k.com/blog/?p=1180（2020 年 2 月 25 日瀏覽）。

「吧哩馬閣」，南溟網，http://www.world10k.com/blog/index.php?s=%E5%90%A7%E5%93
　　%A9%E9%A6%AC%E9%96%A3（2020 年 2 月 25 日瀏覽）。

「三密港」，南溟網，http://www.world10k.com/blog/index.php?s=%E4%B8%89%E5%AF%8
　　6%E6%B8%AF（2020 年 2 月 25 日瀏覽）。

「單戎世力山」，南溟網，http://www.world10k.com/blog/?p=1129（2020 年 2 月 25 日瀏
　　覽）。

「美啞柔」，南溟網，http://www.world10k.com/blog/index.php?s=%E7%BE%8E%E5%95%9
　　E%E6%9F%94（2020 年 2 月 25 日瀏覽）。

「文郎馬神」，南溟網，http://www.world10k.com/blog/?p=1343（2020 年 2 月 25 日瀏
　　覽）。

「卜剌哇國」，中文百科，https://www.newton.com.tw/wiki/%E5%8D%9C%E5%89%8C%E5
　　%93%87%E5%9C%8B（2020 年 4 月 11 日瀏覽）。

楊馥戎，「琉球王國文獻證實：釣魚島是中國的固有領土」，收錄於「華夏經緯網」，
　　2012 年 9 月 26 日：http://big5.huaxia.com/zhwh/sslh/3016184.html（2015 年 9 月 26
　　日瀏覽）。

"Tenshō embassy," *Wikipedia*, https://en.wikipedia.org/wiki/Tensh%C5%8D_embassy（2020
　　年 3 月 1 日瀏覽）。

"Hasekura Tsunenaga," *Wikipedia*, https://en.wikipedia.org/wiki/Hasekura_Tsunenaga（2020
年 3 月 1 日瀏覽）。

"Foreign relations of Japan," *Wikipedia*, https://en.wikipedia.org/wiki/Foreign_relations_of_Ja
pan（2020 年 3 月 1 日瀏覽）。

翁佳音，「釋〈東番記〉中的近代初期番漢關係」，原住民族文獻（電子期刊），2015 年
4 月 20 期，https://ihc.apc.gov.tw/Journals.php?pid=627&id=857（2020 年 4 月 2 日瀏
覽）。

"Bartolomeu Dias," *Wikipedia*, https://en.wikipedia.org/wiki/Bartolomeu_Dias（2020 年 3 月 3
日瀏覽）。

"Vasco da Gama," *Wikipedia*, https://en.wikipedia.org/wiki/Vasco_da_Gama（2020 年 2 月 25
日瀏覽）。

"Vasco da Gama," *Wikipedia*, https://en.wikipedia.org/wiki/Vasco_da_Gama（2020 年 2 月 25
日瀏覽）。

"Francisco de Almeida," *Wikipedia*, https://en.wikipedia.org/wiki/Francisco_de_Almeida（2020 年
2 月 26 日瀏覽）。

"Afonso de Albuquerque," *Wikipedia*, https://en.wikipedia.org/wiki/Afonso_de_Albuquerque
（2020 年 2 月 26 日瀏覽）。

"Afonso de Albuquerque," *Wikipedia*, https://en.wikipedia.org/wiki/Afonso_de_Albuquerque
（2020 年 2 月 26 日瀏覽）。

"Afonso de Albuquerque," *Wikipedia*, https://en.wikipedia.org/wiki/Afonso_de_Albuquerque
（2020 年 2 月 26 日瀏覽）。

"An online timeline of Indonesian history," *Sejarah Indonesia*, http://www.gimonca.com/seja
rah/sejarah02.shtml（2020 年 3 月 15 日瀏覽）。

"Babullah of Ternate," *Wikipedia*, https://en.wikipedia.org/wiki/Babullah_of_Ternate（2020 年 3
月 5 日瀏覽）。

No author, "History of Timor," pp.18-19. http://pascal.iseg.utl.pt/~cesa/History_of_Timor.pdf
（2006 年 12 月 27 日瀏覽）。

"The Portuguese in Makassar," *Colonial voyage*, http://www.colonialvoyage.com/makassar.ht
ml（2020 年 3 月 21 日瀏覽）。

No author, "History of Timor," p.18. 參見 http://pascal.iseg.utl.pt/~cesa/History_of_Timor.pdf
（2006 年 12 月 27 日瀏覽）。

Dietrich Köster, "The role of the Portuguese Language in Lusophone Asia," *Colonial Voyage*,
https://www.colonialvoyage.com/role-portuguese-language-lusophone-asia/（2020 年 3
月 4 日瀏覽）。

"Fernão Pires de Andrade," *Wikipedia*, https://en.wikipedia.org/wiki/Fern%C3%A3o_Pires_de
_Andrade#Initial_contact_with_China（2020 年 2 月 28 日瀏覽）。

"Fernão Pires de Andrade," *Wikipedia*, https://en.wikipedia.org/wiki/Fern%C3%A3o_Pires_de
_Andrade#Initial_contact_with_China（2020 年 2 月 28 日瀏覽）。

"Tomé Pires," *Wikipedia*, https://en.wikipedia.org/wiki/Afonso_de_Albuquerque（2020 年 2 月
26 日瀏覽）。

"Fernão Pires de Andrade," *Wikipedia*, https://en.wikipedia.org/wiki/Fern%C3%A3o_Pires_de

_Andrade#Initial_contact_with_China（2020 年 2 月 28 日瀏覽）。

"Fernão Pires de Andrade," *Wikipedia*, https://en.wikipedia.org/wiki/Fern%C3%A3o_Pires_de
_Andrade#Initial_contact_with_China（2020 年 2 月 28 日瀏覽）。

"Lampacau," *Wikipedia*, https://en.wikipedia.org/wiki/Lampacau（2020 年 2 月 28 日瀏覽）。

"History of Macau," *Wikipedia*, https://en.wikipedia.org/wiki/History_of_Macau（2020 年 2 月
28 日瀏覽）。

Olof G. Lidin, "Tanegashima – The arrival of Europe in Japan," NIAS press, Nordic Institute of
Asian Studies, Copenhagen S, Denmark, 2002, p.1. http://www.diva-portal.org/smash/
get/diva2:789497/FULLTEXT01.pdf（2020 年 3 月 1 日瀏覽）。

Michael Hoffman, "The rarely, if ever, told story of Japanese sold as slaves by Portuguese
traders," *The Japan Times*, May 26, 2013. https://www.japantimes.co.jp/culture/2013/05
/26/books/book-reviews/the-rarely-if-ever-told-story-of-japanese-sold-as-slaves-by-portug
uese-traders/#.XlonOyEzbX4（2020 年 2 月 29 日瀏覽）。

「島原之亂」，維基百科，https://zh.wikipedia.org/wiki/%E5%B3%B6%E5%8E%9F%E4%B9
%8B%E4%BA%82（2020 年 3 月 1 日瀏覽）。

V & A, "Japan's encounter with Europe, 1573-1853," *Victoria and Albert Museum*, London,
https://www.vam.ac.uk/articles/japans-encounter-with-europe-1573-1853（2020 年 2 月
29 日瀏覽）。

"Treaty of Tordesillas," *Wikipedia*, https://en.wikipedia.org/wiki/Treaty_of_Tordesillas（2020 年
3 月 4 日瀏覽）。

"Ferdinand Magellan," *Wikipedia*, https://en.wikipedia.org/wiki/Ferdinand_Magellan（2020 年 3
月 4 日瀏覽）。

"Ladrones," *Wikipedia*, https://en.wikipedia.org/wiki/Ladrones（2020 年 4 月 14 日瀏覽）。

Marco Ramerini, "The Spanish presence in Moluccas: Ternate and Tidore," *Colonial voyage*,
https://www.colonialvoyage.com/spanish-presence-moluccas-ternate-tidore/（2020 年 3
月 5 日瀏覽）。

"Juan Sebastián Elcano," *Wikipedia*, https://en.wikipedia.org/wiki/Juan_Sebasti%C3%A1n_Elc
ano（2020 年 3 月 5 日瀏覽）。

"Trinidad (ship)," *Wikipedia*, https://en.wikipedia.org/wiki/Trinidad_(ship)（2020 年 3 月 5 日瀏
覽）。

"Loaísa expedition," *Wikipedia*, https://en.wikipedia.org/wiki/Loa%C3%ADsa_expedition#Paci
fic_voyage（2020 年 3 月 5 日瀏覽）。

"Álvaro de Saavedra Cerón," *Wikipedia*, https://en.wikipedia.org/wiki/%C3%81lvaro_de_Saav
edra_Cer%C3%B3n（2020 年 3 月 4 日瀏覽）。

"Treaty of Zaragoza," *Wikipedia*, https://en.wikipedia.org/wiki/Treaty_of_Zaragoza（2020 年 3
月 5 日瀏覽）。

May history, "Today in Philippine history, May 6, 1662, Governor de Lara ordered abandonment
of forts in Zamboanga, Ternate," https://kahimyang.com/kauswagan/articles/1791/today-
in-philippine-history-may-6-1662-governor-de-lara-ordered-abandonment-of-forts-in-zam
boanga-ternate（2020 年 3 月 6 日瀏覽）。

"Sabiniano Manrique de Lara," *Wikipedia*, https://en.wikipedia.org/wiki/Sabiniano_Manrique_

de_Lara（2020 年 3 月 6 日瀏覽）。

"Ternate, Cavite," *Wikipedia*, https://en.wikipedia.org/wiki/Ternate,_Cavite（2020 年 3 月 6 日瀏覽）。

"El Piñal," *Wikipedia*, https://en.wikipedia.org/wiki/El_Pi%C3%B1al（2020 年 3 月 7 日瀏覽）。

"San Felipe incident (1596)," *Wikipedia*, https://en.wikipedia.org/wiki/San_Felipe_incident_(1596)（2020 年 3 月 7 日瀏覽）。

"San Felipe incident (1596)," *Wikipedia*, https://en.wikipedia.org/wiki/San_Felipe_incident_(1596)（2020 年 3 月 7 日瀏覽）。

"Cambodian-Spanish War," *Wikipedia*, https://en.wikipedia.org/wiki/Cambodian%E2%80%93Spanish_War（2020 年 3 月 18 日瀏覽）。

Wikipedians (ed.), "History of Cambodia," in *Cambodia*, Pedia Press, no date of publication, pp.57-58. https://books.google.com.tw/books?id=5oGnZRd4GKwC&printsec=frontcover&hl=zh-TW#v=onepage&q&f=false（2019 年 1 月 3 日瀏覽）。

William A. Lessa, "Drake in the Marianas?," *Micronesica*, vol.10, June 1974, pp.7-11. https://micronesica.org/sites/default/files/drake_in_the_marianas_by_lessa_w.a._-micronesica_vol._10_no.1_jun._1974_o.pdf（2020 年 3 月 7 日瀏覽）。

"Francis Drake," *Wikipedia*, https://en.wikipedia.org/wiki/Francis_Drake#Circumnavigation_of_the_Earth_(1577%E2%80%931580)（2020 年 3 月 4 日瀏覽）。

"Petrus Plancius," *Wikipedia*, https://en.wikipedia.org/wiki/Petrus_Plancius（2020 年 3 月 9 日瀏覽）。

"Jan Huyghen van Linschoten," *Wikipedia*, https://en.wikipedia.org/wiki/Jan_Huyghen_van_Linschoten（2020 年 3 月 15 日瀏覽）。

"First Dutch Expedition to Nusantara," *Wikipedia*, https://en.wikipedia.org/wiki/First_Dutch_Expedition_to_Nusantara（2020 年 3 月 10 日瀏覽）。

"Olivier van Noort," *Wikipedia*, https://en.wikipedia.org/wiki/Olivier_van_Noort（2020 年 3 月 10 日瀏覽）。

"Second Dutch Expedition to Nusantara," *Wikipedia*, https://en.wikipedia.org/wiki/Second_Dutch_Expedition_to_Nusantara（2020 年 3 月 10 日瀏覽）。

"Second Dutch Expedition to Nusantara," *Wikipedia*, https://en.wikipedia.org/wiki/Second_Dutch_Expedition_to_Nusantara（2020 年 3 月 10 日瀏覽）。

"Sino-Dutch conflicts," *Wikipedia*, https://en.wikipedia.org/wiki/Sino-Dutch_conflicts#cite_note-9（2020 年 3 月 18 日瀏覽）。

"Dutch-Japanese relations," *Kingdom of the Netherlands*, https://www.netherlandsandyou.nl/your-country-and-the-netherlands/japan/and-the-netherlands/dutch-japanese-relations（2020 年 4 月 16 日瀏覽）。

"Dutch-Japanese relations," *Kingdom of the Netherlands*, https://www.netherlandsandyou.nl/your-country-and-the-netherlands/japan/and-the-netherlands/dutch-japanese-relations（2020 年 3 月 29 日瀏覽）。

V & A, "Japan's encounter with Europe, 1573-1853," https://www.vam.ac.uk/articles/japans-encounter-with-europe-1573-1853（2020 年 2 月 29 日瀏覽）。

"Dutch-Japanese relations," *Kingdom of the Netherlands*, https://www.netherlandsandyou.nl/y

our-country-and-the-netherlands/japan/and-the-netherlands/dutch-japanese-relations（2020
年 3 月 29 日瀏覽）。

"Siebold: A German Naturalist in Nineteenth-Century Nagasaki," *Your doorway to Japan*,
https://www.nippon.com/en/views/b06901/siebold-a-german-naturalist-in-nineteenth-centu
ry-nagasaki.html（2020 年 4 月 16 日瀏覽）。

"Dutch-Thai Relations in Brief," *Diplomat Magazine*, http://www.diplomatmagazine.nl/2016/
03/05/thailand-thailand-thailand/（2020 年 4 月 16 日瀏覽）。

"The Diplomatic Correspondence between The Kingdom of Siam and The Castle of Batavia
during the 17th and 18th centuries," *Sejarah Nusantara*, Arsip Nasional Republik
Indonesia, The Corts Foundation, ANRI/TCF, October 2018, p.2. https://www.cortsfounda
tion.org/images/PDF/HKFULL_Siam_Eng_V20181016.pdf（2020 年 4 月 16 日瀏覽）。

"Historical events, 1600-1649," *History of Ayutthaya*, https://www.ayutthaya-history.com/Hist
orical_Events16.html（2020 年 4 月 16 日瀏覽）。

"Cambodian-Dutch War," *Wikipedia*, https://en.wikipedia.org/wiki/Cambodian%E2%80%93Du
tch_War（2020 年 3 月 29 日瀏覽）。

「不列顛東印度公司」，維基百科，https://zh.wikipedia.org/wiki/%E4%B8%8D%E5%88%97
%E9%A2%A0%E4%B8%9C%E5%8D%B0%E5%BA%A6%E5%85%AC%E5%8F%B8#
%E5%9C%A8%E5%8D%B0%E5%BA%A6%E7%AB%8B%E8%B6%B3（2020 年 4
月 23 日瀏覽）。

"Opium throughout history," *The Opium Kings*, https://www.pbs.org/wgbh/pages/frontline/sho
ws/heroin/etc/history.html（2020 年 4 月 8 日瀏覽）。

"The Opium Act," file:///D:/%E4%B8%8B%E8%BC%89/1-1878%20The%20Opium%20Act%
20(1).pdf（2020 年 4 月 8 日瀏覽）。

「高臺教」，維基百科，http://zh.wikipedia.org/wiki/%E9%AB%98%E5%8F%B0%E6%95%99
（2020 年 4 月 17 日瀏覽）。

"Kollam," *Wikipedia*, https://en.wikipedia.org/wiki/Kollam（2020 年 4 月 24 日瀏覽）。

"History of Kozhikode," *Wikipedia*, https://en.wikipedia.org/wiki/History_of_Kozhikode（2020
年 4 月 24 日瀏覽）。

"Pondicherry," *Wikipedia*, https://en.wikipedia.org/wiki/Pondicherry（2020 年 4 月 26 日瀏覽）。

"7 Ancient Sea Ports of India," *Maritime Insight*, https://www.marineinsight.com/ports/7-oldest-
sea-ports-of-india/（2020 年 4 月 29 日瀏覽）。

「謝崑米嶼」，南溟網，http://www.world10k.com/blog/?p=1366（2020 年 4 月 29 日瀏覽）。

「大小覆釜山」，南溟網，http://www.world10k.com/blog/?p=1126（2020 年 4 月 29 日瀏
覽）。

"Atlas Universal de Fernão Vaz Dourado," *Wikipedia*, https://es.wikipedia.org/wiki/Atlas_Un
iversal_de_Fern%C3%A3o_Vaz_Dourado（2020 年 4 月 40 日瀏覽）。

Jesse Greenspan, "8 Real-Life Pirates Who Roved the High Seas," *History Stories*, https://
www.history.com/news/8-real-life-pirates-who-roved-the-high-seas（2020 年 5 月 12 日
瀏覽）。

"Pirates and piracy in the Indian Ocean," *Indian Ocean Travellers' Guide*, https://www.indi
an-ocean.com/pirates-and-piracy-in-the-indian-ocean/（2020 年 5 月 12 日瀏覽）。

「察罕腦兒」，華人百科，https://www.itsfun.com.tw/%E5%AF%9F%E7%BD%95%E8%85%A6%E5%85%92/wiki-626804-419583（2020 年 6 月 8 日瀏覽）。

「加異勒」，維基百科，https://zh.wikipedia.org/wiki/%E5%8A%A0%E7%95%B0%E5%8B%92（2020 年 6 月 7 日瀏覽）。

"The Friar's missions and Mendoza's book, Martin de Rada, a tributary mission's protocol," *Universatat Pompeu Fabra, Barcelona*, https://www.upf.edu/documents/88317877/91074250/6.2.1_EN.pdf/b7ed8bcd-7052-b946-7af3-daaf4b217973（2020 年 6 月 8 日瀏覽）。

"4364 martin de rada," *Augnet*, http://www.augnet.org/en/history/people/4364-martin-de-rada/（2020 年 6 月 8 日瀏覽）。

索 引

國家圖書館出版品預行編目資料

東亞航路與文明之發展

陳鴻瑜著. – 初版. – 臺北市：臺灣學生，2020.10
面；公分

ISBN 978-957-15-1832-9 (平裝)

1. 航運史　2. 文化史　3. 國際貿易史　4. 東亞

557.483　　　　　　　　　　　　　　109012151

東亞航路與文明之發展

著　作　者　陳鴻瑜
出　版　者　臺灣學生書局有限公司
發　行　人　楊雲龍
發　行　所　臺灣學生書局有限公司
地　　　址　臺北市和平東路一段 75 巷 11 號
劃 撥 帳 號　00024668
電　　　話　(02)23928185
傳　　　真　(02)23928105
E - m a i l　student.book@msa.hinet.net
網　　　址　www.studentbook.com.tw
登記證字號　行政院新聞局局版北市業字第玖捌壹號
定　　　價　新臺幣五〇〇元
出 版 日 期　二〇二〇年十月初版
I S B N　　978-957-15-1832-9